현대조선어
문법연구방법론 탐구

현대조선어
# 문법연구방법론 탐구

김 진 용

이 책은 연변대학교 한어문화대학 조한언어 대조연구 전공 석사연구생들을 위하여 편찬한 것인데 여러 일로 바삐 보내다보니 지금까지 출판에 교부하지 못하다가 산동빈해대학에서 일하게 되는 기회를 가져 지도부의 대폭 지지로 세상에 내놓게 되었다.

조한언어대조연구를 위하여서는 깊은 언어학리론 수양을 닦아야 할 뿐만 아니라 조선어와 한어의 개별언어학에 관하여서도 상당한 조예가 있어야 할 것을 요구하고 있다. 두 언어를 대조하여 연구하는 것이 하나의 방법론인 이상 이들 개별언어학에 대한 연구에서는 대상언어를 의식하면서 고찰하는 것이 유익하다. 조선어에 대한 연구에서는 기타 언어에서의 연구 성과를 참작하는 것도 상당히 중요하다.

우리는 이런 생각을 가지고 있었기 때문에 한어와 대조 연구를 할 목적으로 조선어를 관찰해왔으며 조선어 본체연구를 하는 학자들의 성과를 예의 주시하면서 그들의 우수한 성과를 받아들이고 또한 그들의 입장에만 추종한 것이 아니라 타언어의 연구성과도 받아들여 일부 새로운 견해도 세우게 되었다. 비록 우리의 생각이 미비한 것도 있을 수 있다고 생각하나 우리의 입장에서 새로운 목소리를 내어본 것이다.

"현대조선어 문법연구 방법론 탐구 I"은 1996년~1999년간 석사 연구생에게 강의록인데 여기에는 작자의 여러 가지 탐구적인 토론이 들어 있다. '현대조선어 문법연구 방법론 탐구 II"는 이 강의안의 연장선에서 현대조선어 어음론, 형태론을 새로 편찬한 교과서이다.

　이런 시도를 해보는 가운데 여러 학자들의 연구 성과들을 많이 참작하였
는데 초고를 작성할 때 일일이 각주로 밝히지 못해 지금 와서 추가하자니
거의 불가능하게 되었다. 이 점을 무척 송구스럽게 생각하면서 책 뒤에 주
요참고문헌이라고 모두어 올려놓고 양해를 구하고자 한다.
　이 책이 여러 관심 있는 학자들의 비판과 지적을 받는다면 아주 기쁜 심
정으로 받아들여 재수정할 것이다.


2009년 4월

청도빈해대학 성덕재(青島濱海學院圣德齋)에서

# 목 차

머리말 · 5


## 제1부 현대조선어 문법연구방법론 탐구 Ⅰ


| 제1강 | 조선어문법연구를 어떻게 할 것인가? _ 13

1. 서정수 "국어문법"(1996년 출판)의 특성 … 13

2. 전통문법의 성과를 주선으로 삼고 여러 가지 문법학설의 장점을 취해야 한다 … 14

3. 조선어문법연구의 력사를 잘 참조해야 한다 … 16

4. 조선어의 문법적특성을 잘 알고 연구를 해야 한다 … 17


| 제2강 | "형태소와 낱말" 부분 토론 요지 _ 25


| 제3강 | "문장 구성소의 범주 구분" 부분 토론요지 _ 37

1. 몇 가지 중요한 개념에 관하여 … 37

2. 품사 분류의 기준 문제와 문장구성소의 범주구분 문제 … 43

3. 단순문의 기본구조 문제 … 47

4. 겹주격 문장 문제와 겹대격 문장 문제 … 51

5. 조선어의 主題 문제 … 53

6. 문장구조의 직접성분 분석 … 55

7. 구구조와 문법 기능 … 58


| 제4강 | "서술보조소" 부분 토론 요지 _ 61

1. 시제와 시간 … 61

2. 상(aspect) … 64

3. 서법(mood) … 66

| 제5강 | "명사구와 명사" 부분 토론 요지 _ 71

　　1. 명사구와 체언, 관형어의 관계 … 71

　　2. 명사구의 기능 … 72

　　3. "지정사" "이다"와 "보어"설에 대하여 … 73

　　4. 명사구의 수식기능 … 75

　　5. 명사와 기타 기능 … 75

　　6. 명사의 가름 … 76

| 제6강 | "대명사와 수사와 관형사" 부분 토론 요지 _ 83

　　1. 대명사 … 83

　　2. 수사 … 86

　　3. 관형사와 관형어 … 87

| 제7강 | "용언의 구문론적/의미적 특성" 부분 토론 요지 _ 91

　　1. 용언의 범주 구분 문제 … 91

　　2. 용언의 환경적 제약과 하위 분류 … 93

　　3. 변칙용언 … 95

　　4. 용언의 의미적 특질 … 97

| 제8강 | "보조용언과 용언 '하다'" 부분 토론 요지 _ 101

　　1. 보조용언의 식별 … 101

　　2. 허형태소와 대행용언의 구실을 하는 "하다" 문제 … 105

| 제9강 | "동사, 형용사, 존재사 및 지정사" 부분 토론 요지 _ 109

　　1. 동사의 하위 분류와 그 문법적 특성 … 109

| 제10강 | 부사어의 형태와 구문론적 특성 _ 125

　　1. 부사와 부사어 … 125

　　2. 부사어의 분류 문제와 조선어 문장성분 문제 … 126

　　3. 부사어의 구문론적 특성 … 130

| 제11강 | "한정사, 부정법, 대우법" 부분 토론 요지 _ 135

  1. 한정사 ··· 135

  2. 부정문 ··· 144

  3. 대우법 ··· 149

| 제12강 | "피동문, 사동문" 부분 토론 요지 _ 155

  1. 피동문, 사동문 또는 문법적 범주로서의
     피동범주와 사동범주를 인정하지 않는 리유 ··· 155

  2. 피동문 ··· 157

  3. 피동성 표현 ··· 165

  4. 사동문 ··· 166

  5. 사동표현 "시키다" ··· 169

  6. 접미사동법과 보조사동법의 비교 ··· 170

  7. 사동법의 의미적 특성 ··· 171

  8. 사동문과 명령문의 차이 ··· 171

| 제13강 | 조선어 복합문 문제 부분 토론 요지 _ 173

  1. 단순문과 복합문 ··· 173

  2. 본 저서에서의 구조에 따른 문장의 분류 ··· 173

  3. 대등문과 대등접속 ··· 174

  4. 부사절 포유문 ··· 184

| 제14강 | 관형절 포유문과 인용문 부분 토론 요지 _ 201

  1. 관형절 포유문 ··· 201

  2. 명사화 보족절 ··· 206

  3. 간접의문 명사화 보족절 ··· 207

  4. 인용 보족절 ··· 208

  5. 인용 관형화 보족절 ··· 209

  6. 복합문에 관한 종합적 론의 ··· 210

| 제15강 | 조선어 문장성분과 문장종류에 대한 재검토 _ 213

조선어의 문장성분 재검토 … 213

문장성분에 대한 재검토 시안 … 214

1. 주어와 주제어 … 214

2. 술어 … 216

3. 목적어 : 의미적으로 타동사의 동작이 미치는 대상 … 218

4. 상황어 … 218

5. 독립어 … 219

문장종류 재검토 … 220


# 제 2 부 현대조선어 문법연구방법론 탐구 Ⅱ


서 론 _ 223

| 제1장 | 어음론 _ 229

1. 음성학 … 230

2. 음운론 … 242

| 제2장 | 형태론 _ 267

1. 형태소 … 268

2. 형태소의 종류 … 278

3. 품사 … 328

4. 조선어의 토와 문법적 범주 … 434

▶ 주요 참고문헌 … 551

제1부 **현대조선어 문법연구방법론 탐구 I**


제1강 　조선어문법연구를 어떻게 할 것인가?

제2강 　"형태소와 낱말" 부분 토론 요지

제3강 　"문장 구성소의 범주 구분" 부분 토론요지

제4강 　"서술보조소" 부분 토론 요지

제5강 　"명사구와 명사" 부분 토론 요지

제6강 　"대명사와 수사와 관형사" 부분 토론 요지

세7강 　"용언의 구문론적 / 의미적 특성" 부분 토론 요지

제8강 　"보조용언과 용언 '하다'" 부분 토론 요지

제9강 　"동사, 형용사, 존재사 및 지정사" 부분 토론 요지

제10강 　부사어의 형태와 구문론적 특성

제11강 　"한정사, 부정법, 대우법" 부분 토론 요지

제12강 　"피동문, 사동문" 부분 토론 요지

제13강 　조선어 복합문 문제 부분 토론 요지

제14강 　관형절 포유문과 인용문 부분 토론 요지

제15강 　조선어 문장성분과 문장종류에 대한 재검토

**❚ 현대조선어 연구의 주요참고서**

• 서정수 : 국어문법, 학술원 대상 수상작품, 학술원은 다른 나라의 과학
　　　　원에 상당하고 학술원 위원은 과학원 원사에 대등하다.
• 고영근, 남기심 : 표준 국어 문법, 학교문법이며 문교부의 인가를 받은
　　　　문법체계(우리 말로는 규범문법체계에 해당한다)에 따라 편찬, 주
　　　　로 사범대학 학생을 대상으로 하고 있으나 국어국문학과 학생들
　　　　도 쓸 수 있도록 편찬된 문법서이다.
• 북조선의 리론문법서들 :
　　　　조선어리론문법(형태론), 리근영 편
　　　　조선어리론문법(문장론), 김용구 편
　　　　조선어리론문법(품사론), 고신숙 편
• 연변의 문법서들 :
　　　　조선어문법, 최윤갑 저
　　　　조선어문형연구, 강은국 저

# 조선어문법연구를 어떻게 할 것인가?

조선어연구는 외국인이 연구하기 시작한것부터 치면 한 세기 남짓한 력사를 가지며 그동안 부동한 학설, 류파가 많이 나타났으며 수많은 문법서들이 출판되었었다. 문법을 연구하자면 이와같이 많은 선배들의 저작을 읽어야 하거니와 또 적당히 외국문법 학계의 경험도 섭취해야 한다. 이 방면에서 최근 아주 잘 된 책이 한권 나왔는데 이 책을 평가하는데로부터 시작하여 조선어문법연구를 어떻게 하는 것이 좋을 것인가를 더듬어보기로 한다.

## 제1절 서정수 "국어문법"(1996년 출판)의 특성

1. 변형생성문법(초기 리론)에 의지하여 구조주의의 장점도 섭취하였다. 례컨대 형태음운론, 분포리론, 언어의 층차성 등은 구조주의 성과들이다.

2. 문장론과 형태론이 각각으로 갈리어 서술된 것이 아니라 문장론을 주선으로 하고 형태론의 내용들을 문장론 속에 융합시켜놓았다. 례컨대 문장론의 분야로 되는 명사구아래에서 명사, 대명사 등 품사를 서술하고 있다.

3. 매개 문제에 대하여 여러 학자들(북조선 학자들을 포함함)의 각이한 견해들을 자상히 소개해놓아서 연구생들이 읽기에 좋은 책으로 된다.

4. 새로운 문법체계와 분류를 시도하였다. 례컨대 품사는 기능적 분류를 중요시하였고 문법적 범주도 기능 위주의 분류를 했는데 그에 대한 설명도 자상하여 새로운 것이 많다.

그러므로 남조선 학계에서는 최현배 "우리말본"(1937년) 이후 뛰어난 저서라고 평가하고 있다.


## 제2절 전통문법의 성과를 주선으로 삼고 여러 가지 문법학설의 장점을 취해야 한다

전통문법을 포함한 여러 가지 문법학설은 그 어느 하나도 완벽한 리론이 아니다.

문법적 범주를 다루는데 있어서 구조주의는 단계적분석만 하고 생성문법에서는 론리적 의미와 구조적특성을 결합한다. 그러므로 분류는 다르게 될 수 있다. 그렇지만 문법연구에서는 아무튼 범주설정은 연전히 필요한 것이다. 범주설정이 없이는 복잡한 문법적 현상을 조리있게 설명할 수 없으며 기실은 낱개의 낱말을 대상으로 하여 문법을 기술하는 수밖에 없게 되는데 이렇게 하여서는 사실상 문법을 연구할 수가 없는 것이다.

심층구조와 표층구조는 생성문법이 내놓은 리론인데 이것은 의미와 구조의 관계에서 해석해 볼 수 있다. 이것은 다른 말로 말하면 의미와 형식의 관계인데 여기에 대하여 어느 것이든 편파적으로 리용하지 말아야 한다. 이 점에 대하여 呂淑湘은 50년대부터 강조해왔다.

변형의 방법에 대하여 중국어 연구자들은 아주 큰 흥미를 가지고 있다. 그들은 이 방법이 상당히 유용하다고 생각하고 80년대 초반기부터 광범위하게 문법연구에 적용하여 많은 성과들을 거두었다. 그들은 이런 연구에서 많은 문법규칙들을 더듬어내였다. 우리 문법연구에서도 변형을 취급해야 하며 여기에서 문법규칙들을 찾아 종당에는 공식화할 필요성이 있다. 례를 들면 조선어의 주동-피동규칙, 주제화규칙, 의문문규칙 등의 설정이 필요하다.

격문법도 문장과 명제의 관계, 동사와 명사의 관계 해명에 큰 도움을 주므로 문법연구에 유용하게 써먹을 수 있다.

이상의 생각들을 가지고 서정수의 "국어문법"을 관찰한다면 모든 기준을 의미기준에 두는 경향을 발견하게 된다. 심지어 단일문, 복합문 구분에서도 철저한 의미기준을 앞세우고 구조적 기준은 적게 고려했다. 그 일례로 "주어와 서술어의 결합이 한번만 이루어진 문장을 단순문 또는 단일문"이라고 하고

"노래를 부르는 남편이 아내를 부추긴다."를
[(남편이) 노래를 부르는][남편이 아내를 부추긴다]

로 분석하고 [남편이 노래를 부른다], [남편이 아내를 부추긴다]의 주어와 서술어의 결합이 두 번 이루어지므로 "복합문"으로 보고 있다(서정수 "국어문법"-아래에서 "서문법"으로 략칭함-, p.165). [남편이 노래를 부르다]는 의미적이고 구조적으로는 [노래를 부르는]이 단일문의 주어인 [남편이]의 규정어이다. 그러므로 구조적으로 볼 때 이 문장은 의문없이 단일문으로 되어야 하나 "서문법"에서는 복합문이 된다.

또 하나 더욱 명백한 사실은

"박씨와 김씨는 결혼했다."를
[박씨와 김씨는 서로 상대자로 삼아 결혼했다]

로 의미해석이 되면 단일문이고 [박씨와 김씨는 각각 상대자를 찾아 결혼했다]로 의미해석이 되면 주어와 서술어의 관계가 꼭 두 번 발생하므로 복합문이 된다는 것이다. 이렇게 되면 모든 병렬관계를 가진 체언이 주어 자리에 오기만 하면 다 복합문으로 될 가능성을 가지는 것이 된다. 이것은 병렬적 단어결합이 하나로 뭉친 다음 다른 문장론적 단위와 구조적관계를 발생하는 재래의 구조적규칙을 전반적으로 뒤집지 않으면 안될 지경으로 밀고 가게 되는 것이다. 이렇게 하는 것이 의미적으로는 가능성을 가지나 구조적

으로 이렇게 해야 할 근거가 든든하지 못한것만은 사실이다. 우리는 전통문
법이 결함이 있다는 것은 인정하나 이런 식으로 전통문법을 깨는 것은 타당
성이 결여되여있다고 보며 여전히 전통문법의 기반에 서서 기타 유용한 리
론들을 적용하는 것이 좋다고 본다.

### 제3절 조선어문법연구의 력사를 잘 참조해야 한다

조선어연구자들이 력대로 조선어의 토를 중요시해서 연구해온것만은 사
실이다. 또 토가 중요한 문법적의미표달의 담당자라는것도 의심할나위 없다.
그러나 조선어에서는 토외에도 문법적의미를 표달하는 수단들이 많다는 사
실을 잊지 말고 토만 다루려는 일면성을 극복해야 한다.

토의 체계 설정에서 북조선의 처리는 좋은것이라고 할수 있다. 물론 남조
선 학자들도 이와 류사한 견해가 없은것은 아니나 지나보니 토를 하나의 체
계로 잡는 것은 조사와 어미 둘로 나누어 처리하는것보다는 많이 편리하다.
토를 하나의 체계로 잡으면 사실상 주요한 문법적의미를 체계화하는것과
같기때문이다.

조선어는 토 말고도 불완전명사, 보조동사들이 다른 언어의 문법적의미를
표달하는 언어요소와 같은 역할을 하는 것이 많은데 이것도 그 기능과 의미
면에서 깊이 연구할 필요성이 있다는것을 설명해주고 있다.

본민족어 교수와 외민족을 대상으로 하는 문법교육은 많은 면에서 다르
다. 우리는 외민족을 대상으로 한 언어교수에서 많은 문제들을 포착할수 있
다. 례를 들면 한족에게 조선어 "은/는"과 "가/이"의 구별을 가르칠 때 "기
지, 미지"설로만 절대 제대로 가르칠수 없다. 반드시 어떤 조건에서, 어떤
장면에서, 어떤 문형에서, 어떤 동사와의 관련 가운데서 어떤 규칙이 성립
되는가를 세밀하게 캐야 한다.

조선어를 연구하는 한족 학자들의 저작을 보면 토에 대한 연구가 조선족
학자들보다 세밀하고 깊다. 세계 개별언어 문법학자중 가장 깊이 연구할수

있었고 영향력이 큰 저작을 낸 학자들은 거개 타민족 대상의 언어교육 전문가들이였다. 례컨대 라틴문법, 에스페르센의 "당대영어",룬꼬브 "중국어동사연구",콰이크 "현대영어" 등이 그러하다. 중국어문법의 권위저작은 서양인에게서 나올 가능성이 크며 조선어의 권위문법은 중국 사람이나 서양인이 내놓을 가능성이 크다.

타민족을 대상으로 하는 문법교수는 보통 전통문법에 기반을 두고 자세하게 언어사실을 다루면서 될수록 자세하게 언어규칙을 기술하고 있다. 생성문법리론이 리론상의 선진성을 가지고있기는 하나 어떤 개별언어를 포괄적으로 기술한 문법서는 아직 없으며 또 그러하기 때문에 외국어문법 교수에서는 거의 작용이 없다고 보고 있는데 이런 의견들을 참조할 필요성이 있다고 본다.

## 제4절 조선어의 문법적특성을 잘 알고 연구를 해야 한다

조선어는 교착어라는데 그 특성의 뿌리가 있다.

우선 형태론적특성을 고찰해보면(리근영을 주로 참고하라) 다음과 같다.

1) 조선어의 단어에서 어근과 접사를 쉽게 구분할수 있다.

어근과 접사가 마구 융합되여있는 상황이 개별적경우를 제외하고는 아주 드물며 대부분의 경우는 어음상 명백히 구분되여진다.

접사는 또 단어조성접사와 문법적접사로 나누이며 그 한계선도 분명하다. 단어조성접사는 새 단어 조성의 기능만 가지고 일단 단어조성에 참가하면 어간내부에 들어가버리고 단어의 형태변화에는 참가하지 않는다. 반면에 문법적접사(즉 토)는 단어의 어간 뒤에만 올수 있으며 문법적관계표시에만 역할하고 새 단어조성에는 참가하지 못한다. 례컨대

농사 + 군 → 농사군 → 농사군이, 농사군을, 농사군에게, 농사군이다.
　　단어
　　조성
　　접사

흔들 + 거리 + 다 → 흔들거리다 → 흔들거리고, 흔들거리며, 흔들거리니
어근      단어             새단어                        단어의 형태 변화
         조성             대표 형태
         접사

단어조성접사나 문법적접사는 하나의 어근 또는 어간에 여럿이 붙을 수 있다.

품 + 팔 + 이 + 군 → 붙는데도 층위가 있다.
먹 + 이 + 시 + 였 + 겠 + 더 + 군 + 요 → 문법적접사들은 정해진 차례대로
    1   2   3    4    5    6    7          붙는다.

어근에 붙을 때 토들은 종결토를 중심으로 하여 붙는다. 이 견해의 타당성은 검토가 필요한것 같다.

2) 단어구조로 볼 때 어휘적접사(단어조성접사)가 앞에 오고 문법적접사가 뒤에 온다. 접두사에는 문법적접사가 없고 어휘적접사만 있으며 접미사에는 어휘적접사와 문법적접사가의 두가지가 있는데 여기에도 어휘적접사가 먼저 오고 문법적접사가 뒤에 온다. 례컨대

깨   뜨리    다 → 깨뜨리 ^ 시였겠습니다
어근 어휘적접사      어휘적접사      문법적접사

* 문법적접사는 어근과 어휘적접사 사이에 끼일 수 없다.

각 접사들끼리의 순서도 엄밀하다. 특히 문법적접사들의 결합 순서가 엄밀하게 고정되여있다.

주격토, 대격토, 속격토와 도움토의 결합순서는 도움토가 먼저 오고 격토들이 뒤에 오는 현상이 있다. 례컨대

사람마다가, 사람마다의, 사람마다를

그러나 같은 도움토라도 "*사람도가, 사람도의, 사람도를", "*사람은가, 사람은의, 사람은을" 따위는 비문법적이고 "사람조차가, 사람조차의, 사람조차를", "사람까지가, 사람까지의, 사람까지를"은 문법적이다. 그러므로 규칙화한 기술을 하기 위해서는 아직 더 전면적인 연구가 필요하다.

다른 격토(위격, 여격, 조격, 구격)와 도움토의 결합순서를 보면 격토가 먼저 오고 도움토가 뒤에 오는 현상을 볼수 있다. 레컨대

학교에서는, 학교에는, 학교로부터, 학교와는

3) 체언의 문법적접사는 체언어간에 차례로 덧붙으며 용언의 문법적접사는 종결토나 접속토,규정토,수식토중 어느 하나가 마감에 붙고 기타 비위치토들이 그 사이에 끼인다. 레컨대,

먹이시였다, 갖추시였고, 먹이시였던, 먹이시게

4) 조선어의 문법적의미는 비교적 단순하다. 격, 수, 시칭, 존칭 등 의미들은 개개의 단순한 문법적의미를 가진 부동한 토들에 의하여 표현된다. 그러므로 한 단어가 복잡한 문법적의미를 나타낼 경우는 여러개의 토들이 덧붙는것이 조선어에서는 특징적이다. 레컨대

사람들이(복수, 주격), 주무시였겠습니다그려(존칭, 과거시칭, 추측, 식과
계칭, 감탄)

그러나 조선어에도 하나의 토에 두세 가지 문법적의미가 고착된 상황이 있는데 이는 종결토에서 볼 수 있다. 이런 현상은 중세기만 해도 비교적 단순하던 것이 그후 조선어의 변화발전으로 하여 나타난 현상이다. 레컨대

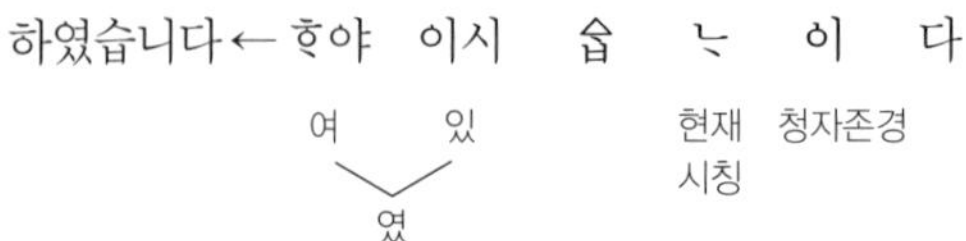

보는 바와 같이 15세기는 단순했으나 그후 융합되어 계칭과 식을 동시에 나타내는 종결토 "습니다"로 된 것이다.

5) 조선의 토는 그 수량이 아주 많다. 다른 언어의 문법적범주 표현수단에 비하면 비교가 안될 정도로 많은 것이다. 조선어와 비슷한 일본어보다 훨씬 많으나 만주어, 몽골어, 터기어와 비교할 때는 거의 비슷한 정도라고 할 수 있을 것이다.

리세룡, 최윤갑 공저로 된 "조선어학사전"에는 397개 토를 수록했고 "조선말대사전"은 400여 개를 수록했다. 그러므로 외국인이 조선어의 토를 배우는 데는 많은 노력이 들지 않으면 안된다.

다음으로 품사의 특성을 살펴보면 주로 동사와 형용사가 거의 같은 특성을 보이는 것이 특징적이다. 로어의 경우 형용사는 격변화를 하며 명사류에 가깝고 그 주된 기능은 규정어로 되는 것이다. 그러나 조선어의 형용사는 격과는 인연이 없고 오히려 동사와 같이 주로 술어를 구성하며 일부 형용사는 동사처럼 쓰이기조차 한다. "맑다"→"맑는다", "없는 일" 등이 그 례로 된다. 15세기로 소급하면 지금의 "없다"도 "없ㄴ다"로 쓰인 것을 볼 수 있다. 일부 형용사(주로는 심리상태를 나타내는 형용사)는 또 동사처럼 명령식, 권유식도 가진다.

마지막으로 조선어의 문장론적 특성을 고찰해보면 다음과 같은 특성들이 보인다.

1) 주어－목적어－술어형의 언어이다. 즉 SOV형 언어다(S－주어, O－목적어, V－동사). 여기에서 말하는 목적어는 "보어"와 달리 "직접보어"만 가리킨다.

2) 주제어와 주어가 명확히 구분된다.

이것은 일본어의 특성과 같다. 일본어에서는 주제어를 하나의 문장성분으로 설정하고 있는 바 일본어의 문장성분은 주제어, 보충어, 수식어(체언수식어도 포함된다), 술어로 되고 있다.

신창순은 주어로 되는 주격형태를 취한 성분을 보어라고 보고 있다.

여기에서 해결하고 넘어가야 할 문제는 화용론과 문장론의 한계선을 어떻게 그을 것인가 하는 문제이다."주제어" 용어자체는 화용론의 범주에서 하는 말이고 화용론이라면 주로 주제어와 "설명"으로 대응되는 성분구분을 하는데 "설명"안에는 또 "설명"의 종속성분들인 목적어, 수식어들이 포함될 수 있다. 화용론의 "주제어"는 통상 어떤 정해진 형태를 가진다고 말하기 곤란하다.

그런데 조선어와 일본어에서는 "주어"와 "주제어"가 각각 다른 형태를 취하게 되므로 문장론에서 론의해야 할것이 아니냐는 의견이 많다. 조선어의 경우 주제어는 많은 경우 "은/는"으로 표현되고 주어는 "가/이"로 표현되나 때로 주제어가 "가/이"로 표현되기도 하므로 결론을 내리기에는 아직 이른 것 같다. 례컨대

중국은 땅이 넓고 물산이 풍부하다(정보구조로 보면 구정보-신정보)

에서 "중국은"을 흔히 주제어로 보나

중국이 땅이 넓고 물산이 풍부하다(정보구조로 보면 신정보-구정보)

에서 "중국이"를 곧 주어로 보겠느냐는 문제로 된다. 화용론에서는 흔히 구정보가 주제 또는 화제로 되며 신정보는 물음에 대답, 풀이하는 성격을 가져 화제로 되지 않는다고 본다. 그런데 웃문장에서 "중국이"를 주어로 본다면 그의 술어는 무엇인가가 제기된다. "땅이 넓고 물산이 풍부하다" 전체를 술어라고 본다면 "술어가 주체를 설명한다, 주어의 동작, 상태를 나타낸다"

는 재래의 관점에 맞지 않는다. 또 "중국이"를 주제어로 보자면 재래의 "주제어는 구정보를 나타낸다"는 설과 맞지 않는다.

다른 일설에 따르면 주제문, 서술문을 갈라 보자는 것인데 전자는 주격형태를 갖춘 문장이요, 후자는 "은/는"을 쓰는 문장이라는 것이다. 그러나 이러한 주장도 문제의 실질적 해결을 가져다주지 못한다고 본다.

우리의 주장은 조선어는 주제어경향을 가진 언어로서 본래 주어와 주제어가 한데 엉켜있는 것이므로 억지로 주제어와 주어를 구분하려 시도하는 것은 비현실적이라고 본다. 주격을 취하든 "은/는"을 취하든 술어와의 상관적관계가 성립되면 다 주어로 보아 무방하다고 보며 동시에 그 표현 형태에 상관없이 "화제—평론"구조에 들어가면 모두 주제어로 보아 무방하다고 본다. 단, 문장론적질서와 화용론적 질서를 뒤섞는 것만은 피해야 된다고 본다. 이런 방향에서 이 문제를 풀려고 할 때 또 리론적, 실천적으로 어떤 모순되는 점들이 나타나겠는지는 모두가 더듬어 볼 필요가 있다고 본다.

3) 문장성분의 위치는 비교적 자유롭다. 특별히는 보어, 상황어의 위치가 자유롭다.

일부 성분은 물론 위치가 고정되여있고 도치하는 것을 허용하지 않는다. 례컨대 규정어와 피규정어, 상황어와 술어의 전후 위치는 도치할수 없는 것이다.

4) 존재문 구분이 필요하다.

나에게 돈이 있다.(있다, 없다)—존재문
어제 비가 왔다.(시간상황어는 문장의 머리에 온다)

5) 조선어에서 주도 단어는 문장의 뒤부분에 오며 종속단어는 언제나 그 앞에 온다. 례컨대

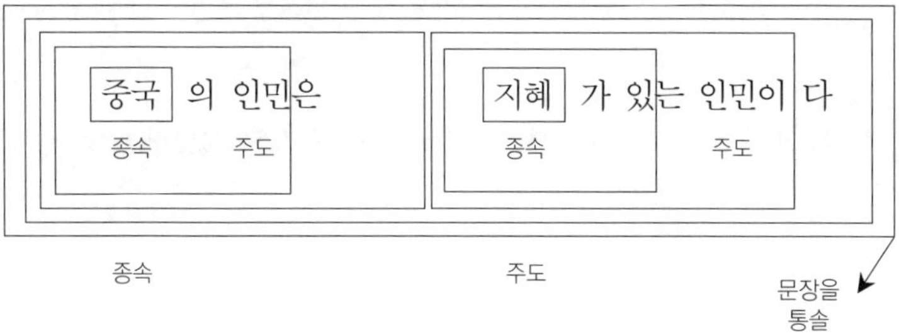

중국 의 인민은
종속  주도
지혜 가 있는 인민이 다
종속  주도
종속  주도  문장을 통솔

일본 문법의 거장 도께다(時技)는 이런 관계를 목욕탕식이라고 하였다. 서문법은 "다"가 문장전체에 붙는다고 보았으며 술어가 전체 문장에서 주도적작용을 한다고 보았다.

6) 한 문장에 주어가 여러 개 나타난다(겹주격문장, 이중주격 문장). 례를 들면

책상이 다리가 구멍이 났다.

서문법은 이 문장을 변환할 때

책상의 다리에 구멍이 났다.
책상에 다리가 구멍이 났다.

로 볼 수 있다고 했는데 자세한 것은 뒤에서 보기로 한다.

일본어에서는 "나는 네가 좋다"에서 "네가"를 대상어로 보자는 견해가 있다. 또 다른 한가지 견해는 이런 것도 보어의 한 종류로 보자는 것이다. 그들의 리유는 보어에 직접보어, 간접보어가 있듯이 "대상보어"도 안될리 없다는 것이다. 어떤 이들은 보어도 가려낼 필요 없이 다 수식어로 처리하자는것도 있다. 어느것이 더 타당성을 가지겠는가는 아직 더 연구할 필요가 있다고 본다.

7) 부문(分句)의 련결에 다른 언어(례컨대 서구 언어)에서처럼 관계대명사를 쓰지 않고 직접 토에 의해 확대시키는데 그 확대의 양상은 나무가지식이다.

례를 들면,

> 날씨가 따뜻한 봄이 왔다.(서문법에서는 복합문으로 보았다.)
> 그는 범을 잡고 산에서 내려왔다.

조선어에서 복합문을 자기 특성에 맞게 어떻게 볼것인가?

한국의 안병희(전 국어연구소 소장)는 확대문이라고만 인정하고 복합문이라 하지 않았다. "그러나"따위는 복합문을 결정하지 못한다. 문장을 잇는 작용은 모두 접속토가 담당하고 있다.

8) 계칭과 존경법이 발달한 것도 조선어 특성의 하나로 된다.

이상의 조선어 문법의 특성을 쥐면 조선어연구에 줄이 설 수 있다.

(113쪽까지 읽고 다음 시간에 토론 : 주요 문법학설, 형태소와 변이형태, 형태소의 갈래, 합성어의 분간 등)

# "형태소와 낱말" 부분 토론 요지

1. "문법은 "줄기"이고 말소리와 낱말은 거기에 달린 잎이나 가지이다." 란 말을 어떻게 리해할 것인가?

일본어에서 "骨組み(ほねく"み)"는 "골격"이란 뜻이다. 생성문법에서 "말은 전체 문장이다"라고 한다. 그러므로 문법은 말(문장)의 골격이 된다. 문장안에 낱말도 들어오므로 소리도 달려있다고 할수 있으나 그 층차는 다르다고 보아야 한다. 소리에는 비분절요소도 있기 때문이다. 그러므로 소리는 말의 외피(문장전체 또는 개개의 낱말)이다. 말의 골격은 문법이라 할수 있다.

2. 좌분지언어 기술에서 서술 보조수(종결술어이 토부분)가 전체 문징을 지배한다고 보면

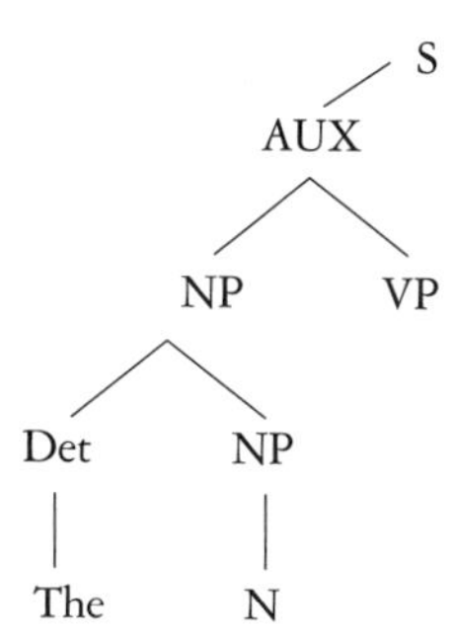

로 볼 수 있지 않는가?

즉 영어는 주술구조가 문장의 징표라는데 조선어는 흔히 주어 생략이 가능하다. 술어만 문장의 필수 조건으로 볼 수 있지 않을가?

> 대표단 북경으로 출발(∅).
> (모든 문장에 서술보조소가 있다고 보는 관점에서, ∅는 서술보조소).

문장징표를 보는 정도는 어느 범위안에서 할것인가? 화용론을 제외한 리상적인 환경만 할 것인가, 아니면 다 포함시킬 것인가? 화용론을 포함한다면 영어에서도 대답문은 꼭 동사가 있는 것이 아니다. 리상적 환경만 본다면 조선어는 "주어+술어+서술보조소"이고 화용론까지 포함한다면 술어만으로도 족하다.

3. (31쪽)"언어능력은 인류에게 선천적으로 보편성을 지닌다"고 가정하니 문법도 보편성을 지니는 것으로 보는 것이다. 그 증거는 어린이가 단시일내에 언어를 배우는 사실을 든다. 이렇게 생각하면 보편문법은 간단할 것이다.

그런데 이 증거자체가 아직 해석을 받지 못한 것이다. 사람의 신경세포는 1000억 개라고 하는데 이것이 아주 짧은 시간에 급속히 자라며 각 세포들은 서로 련계되여 신경망을 이룩한다. 이 신경망은 무한한 처리 능력을 가지고 있다. 서로 다른 언어를 동시에 습득할 때 인간은 각각 다른 회로를 어린이 시기에 만드는지도 모른다. 한 회로가 먼저 형성하면 다른 회로 형성에 지장을 주는 것은 어린이 시절이 아니라 성인 시절이다.

4. (46쪽)"형태소의 의미소(sememe)"를 어떻게 리해할 것인가? 형태소는 형태와 의미의 통일물인데 형태는 중국어의 形素에 해당하고 그에 대응되는 의미는 義素, 義位라고 한다. 의미소분석에서 다루어지는 seme라는 것은 semantic component, 즉 의미성분이다. 이를 중국어에서 義素라고도 하는데 이 때의 義素는 의미성분이며 이와 대응되는 한국어의 용어는 意素이다(리영배 : "언어학사전" 참조).

5. (57쪽) 한자어의 형태소 구분 문제 : 서문법의 견해에 거의 따를수 있다.

[덧붙이 2]에 소개한데 따르면 남기심/고영근(1985 : 43)에서는 "童話"라는 한자어가 "童"과 "話"라는 두 형태소로 이루어진 것이라 분석하였다. 리익섭(1986 : 85)에서도 "學校"의 성분 "學"과 "校" 따위를 각기 한 형태소로 보았다.

한자어 중에는 다음과 같이 형태소 분석이 어려운 경우가 있다."언어, 리별, 도로" 같은 경우는 "두 글자가 동일한 의미로 된것이므로 두 형태소로 분석하기는 무리하다." "또 '풍월', '춘추'(나이라는 뜻)따위는 성분의 의미와 낱말 의미가 거의 관계없으니 형태소 분석이 어려워진다. 또 "학교,  교실, 선생, 칠판"따위 일상어는 …… 한덩어리로 알아듣는 것이 례사이고 형태소 분석이 오히려 거치장스러울 수가 있다. 이처럼 한자어의 형태소분석과 고유어의 형태소분석은 색다른 바가 있다.

이와 관련하여 최근 송기중(1992)에서 심도있게 다룬 바가 있다. 그는 한자어를 "전형적"인 한자어(어떤 어휘항을 구성하는 음절 형태소가 다른 어휘항에도 등장하는 것)와 "비전형적"인 한자어(그렇지 않은 것)로 나누고 "전형적 한자어"의 경우는 매개 음절을 형태소로 보며(분석 가능하므로) "비전형적 한자어"에서는 더 형태소분석을 하지 않는 것이 좋다는 견해를 내놓았다.

이것은 한자어 실태에 맞는 것이라고 볼수 있다.

6. (61쪽) 형식형태소의 개념 문제 : "형식형태소(empty morpheme)란 일반으로 그 자체의 고유한 의미를 지니지 않고 실질형태소에 덧붙어 쓰이거나 그것들 사이의 문법적관계등을 나타내는 구실을 한다."여기에서 밑줄을 그은 부분은 어느 정도 문제시된다(참고 : "실질형태소(full morpheme)란 그 자체로서 고유의미를 뚜렷이 드러내는 형태소를 가리킨다"). 그 의미의 추상성과 비독립성이 동시에 존재하는데 의미의 "추상성"을 "그 자체의 고유한 의미를 지니지 않고"라고 한 것은 적당치 못하다.

형식형태소에 단어조성접사를 포함하는 것은 옳으나 "추상화된 어휘적의미와 문법적의미를 나타낸다."고 보는 것이 적당할 것 같다.

7. (88쪽) "들, 님"의 접사 여부 문제 : 서문법은 이들이 새 단어를 조성하지 않고 거의 모든 같은 부류의 단어에 붙을수 있으므로 접사로는 보기 어려우며 구문론적 접사로 봄이 타당하다고 하였다. 즉 우리 용어로는 "토"로 보자는 것이다. 여기에 일리가 있으나 "님"의 경우는 "들"보다도 결합비률이 낮은것 같다. "들"의 경우도 격토처럼 자유롭게 붙는 것은 아니다. 이들 둘이 결합비률이 낮은 점으로 보아서는 단어조성접사의 성격을 다분히 가진다고 할수 있으나 새 단어를 파생하지 않는다는 점에서는 "토"의 성격도 가진다고 볼 수 있다.이와 비슷한 기능을 가진 체언토인 도움토 중에 넣을 수 있지 않을가? 고려의 여지가 있을 같다.

서문법은 구문론적 접사라고 하면서도 그 기능에 들어가서는 "특정한 의미를 첨가할 뿐"이라고 하였다.이런 기능은 곧 도움토가 가지는 기능인 것이다.

8. (95~113쪽)합성어 분간의 기준과 실천적인 문제 :

합성어란 그 성분이 의미적으로 융합관계를 가지며 구문론적으로 "한 낱말과 동일한 문법적 기능을 지닌다." 즉 한 형태론적구조를 이룬다. 이리하여 합성어와 구(단어결합)는 구분된다.

먼저 구문론적 기준으로는 내적 비분리성과 외적 분포관계이다.

구문론적기준 1 : 비분리성

합성어의 성분은 쉽사리 갈라놓을수 없을 정도의 의미적 또는 구문론적 결합관계를 보인다. 례컨대

그는 밤낮 남의 칭찬만 하였다. ?그는 밤과 낮에 남의 칭찬만 하였다.
("과"를 삽입하여 어색하면 합성어)
구문론적기준 2 : 외적 분포 관계

합성어 성분이 딴 외부 수식어 등과 결합하는 관계에서 보이는 제약을 말한다. 례컨대

그는 시골에 가서 집안 사람들을 만났다.(집안→친척)
*그는 시골 가서 기와 집안 사람들을 만났다.
?그 녀자는 친척 집안 사람들을 싫어했다.
우리는 기와 집(의) 안 사람들을 만났다.(기와 집(의) 안의 사람)
의미적 기준 : 융합관계


합성어를 이루는 두 성분의 융합관계는 그 밀도가 경우에 따라 차이가 있다. 합성어의 의미적 융합관계는 대체로 다음 네 가지로 나누어 볼 수 있다. (1) 두 성분의 의미가 다 바뀌였다고 할 수 있는 것. (2) 주로 앞성분의 의미가 바뀌였다고 할수 있는 것. (3) 뒤 성분의 의미가 바뀐 것. (4) 두 성분의 의미가 조금 달라졌다고 할수 있는 것. 여기 (1), (2), (3)의 경우 모두 본래 의미를 바탕으로 이루어진 관용적 합성어와 비유나 상징적 의미를 바탕으로 형성된 비유적 합성어가 포함된다.


   (1)의 례 : 관용적합성어             비유적합성어
        집안(친척/일가)             두꺼비씨름(승부없는 씨름)
        실마리(단서)               밤손님(도적)
   (2)의 례 : 빈말(거짓말/헛소리)      모기소리(작은 소리)
        손우(웃사람)              감투싸움(권력 싸움)
   (3)의 례 : 일손(일할 사람)        물귀신(물에 빠져 죽은 사람)
        몸살(몸이 아픈 것)         손바람(일솜씨의 기세)
   (4)의 례는 밤나무, 단풍나무, 장미꽃 등을 들 수 있는데 의미변화가 없기 때문에 구문론적 조건을 참고하는 쪽이 좋을 것이다.


합성어 분간의 보조 기준 : 주로 음운론적 기준을 드는데 휴지/련접, 강세, 음운변화 등이다.


합성어 분간의 실제 과정 :
첫째, 구문론적 기준(비분리성과 외적 분포 관계)을 기준으로 삼아 따져본다.

우선 비분리성 기준이 적용되여 합성어임이 밝혀지면 외적 분포 관계는 고려하지 않아도 된다. 둘째, 의미관계를 살핀다. 비분리성을 보이는 합성어들은 의미적으로도 융합관계를 드러낸다. "재미있다, 멋있다, 맛있다, _흥미있다_, _재주있다_, 힘있다, _복있다_, …없다, 배부르다, 배고프다, _담크다_, 통크다, _키크다_, _정많다_, 색다르다, 입바르다, _셈바르다_, _혀짧다_, 입싸다, 귀밝다, 귀어둡다, 눈밝다, 눈어둡다, _머리무겁다_" 따위는 두 성분사이에 "이/가"를 삽입하나 마나 의미와 외적 분포가 다른 점이 없다. 따라서 이런 류들은 합성어로 보기 힘들다(그렇지만 이 가운데서 기울임체로 표시하지 않은 구들을 재래의 사전들에서는 합성어로 인정하여왔다).

　그러나 "손쉽다, 터무니없다, 엉터리없다, 덧없다, 류다르다, 색다르다, 빛좋다, 꼴사납다, 기분상하다, 해묵다"따위는 "이/가"의 개입을 허용하지 않으므로 합성어로 볼만하다(지금 사전들은 "빛좋다"만 합성어로 인정하지 않는다).

　"힘들다"는 동사로 쓰일 때는 합성어가 되지 않으나 형용사로 쓰일 때는 합성어로 봄이 온당할 것 같다.

　"애타다, 성가시다, 길들다, 손타다, 뒤보다, 소변보다, 선보다, 애기보다, 장보다, 집보다, 흉보다, 손보다, 여름타다, 틈타다, 숨타다('태여나다'의 의미로), 말타다('남의 말에 민감한 것), 부끄럼타다, 떼쓰다, 악쓰다, 용쓰다, 애쓰다, 마음쓰다, 신경쓰다, 마음먹다, 마음놓다, 마음잡다" 등(지금 사전들은 "애기보다, 숨타다, 말타다, 신경쓰다"만은 합성어로 보지 않는다)은 분리성이 보이더라도 의미적 면에서 관용화된 면모를 드러내고 있어 합성어로 볼만하다.

　합성어 처리의 바람직한 방향 : 합성어를 되도록 엄격한 기준으로 구분하여 그 수효를 줄이는것이 바람직하다. 그 리유는 첫째, 합성어를 원칙 없이 설정하면 어휘구조를 필요 없이 복잡하게 만든다. 둘째, 합성어의 수효를 대량생산할 가능성이 있다.

## 토론의 종결

### 一. 문장이란 무엇인가?

서문법에서는 문장이란 "주어-서술어 구조를 가진것"이라고 가정하기로 했다. 이것은 문장에 대한 정의가 매우 많으며("영어 구조"의 작자에 따르면 약 100여 개 있다고 한다) 서로 다른 문법학설에 따라 다양하므로 정면적인 대답을 피하고 편의적으로 문장을 구획짓자는 의도에서 내놓은 말이라고 볼 수 있다.

주어-서술어 구조를 갖춘 것을 문장으로 보자는 것은 일반적으로 보아서는 그러하다고 할 수 있으나 모든 경우에 그런 것이라고 보기에는 곤난이 있다. 단어문장, 호칭어 같은 것은 화용론에서 다루어야 할 것이다. 존재문에서 보면

어제 비가 왔다.

에서 "어제"는 상황구 부분이 되고 "비가 왔다"는 "주어-서술어" 부분이 된다. 그런데

책상우에 책이 있다.

는 정상적인 존재문이라고 볼수 있는데
"책이 있다"를 서술어로 보자면 다음과 같이 상황구가 서술어 안으로 들어오는 경우에 처리하기 어렵다.

책이 책상우에 있다.(이때는 "책"이 강조된다)

즉 상황구와 주어-서술어 구조가 갈라진다는 가설이 성립되기 힘들다.
조선어에는 무주어문도 많다. 주어-서술어 구조를 문장의 기본 징표로

간주한다면 무주어문이 배제 된다.

이런 곤난을 극복하기 위하여 어떤이들은 문장의 징표를 "술어를 기준으로 하자."는 생각도 있다(신창순).

조선어에서는 "주어-술어" 구조를 가져도 문장이 되지 않는 경우가 많다. 례컨대

비가 오면…(주-술 구조가 있으나 문장이 끝나지 않았다. 문장이 안된다)

그러므로 최윤갑은 "문장이란 언어교제에서 화자와 청자간에 의사교환이 실현될수 있는 말토막이다."라고 하자는 의견이 있다.

이런 최소의 말토막이 되는 조건은 무엇인가?

1) 의미적 완결성이 갖추어져야 한다. 즉 서술 내용이 있어야 한다. 이 내용이란 주로 서술하는 사람의 태도를 가리켜 하는 말이다. 태도란 주로 양태성에 의하여 표현되는데 서술 내용에 대한 긍정, 부정, 의문 등이 망라된다.

2) 형식적 면에서 종결성을 가져야 한다. 이는 의미적 완결성과 서로 보충관계를 가진다. 종결어조는 모든 언어에서 문장을 구획짓는 표준으로 된다. 그리고 이로 하여 문장은 자립성을 가진다. 조선어에서는 종결토와 종결의 어조(긴 휴지)가 동시에 나타나며 양태, 시칭, 인칭(조선어에서는 계칭으로 나타난다)도 여기에 집중적으로 반영된다.

3) 사용적 측면, 언어환경도 아주 중요하다. 즉 화용론적 측면을 고려 해야 한다.

"신문 사시오!"
"나는 길림일보요."

두 번째 문장은 구조적으로는 문장이 안되는것 같지만 "길림일보를 사겠다"로 리해된다. 이런것을 문장이 아니라고 배제하는것은 사실에 어긋나는

일 같으니 문장의 범위안으로 받아들여야 할 것이다.

## 二. 각종의 문법학설에 대하여

생성문법은 언어구조의 표층구조와 심층구조를 각각 작용하는 방법으로 구분해보고있는데 여기에는 문제가 있다. 사실 언어구조의 표층구조는 기저가 되고 심층구조는 표층구조의 해석에 쓸수 있는 것이다. 생성문법에서 여러 표층구조의 변환의 조건을 찾는 것은 언어구조 연구에 많은 좋은 점이 있다.

## 三. 형태소와 변이형태 문제

변이형태부 문제는 김대문법에서 제기되였다.

형태소는 최소의 유의미적 단위이다. 형태부란 로어에서 온 말이다.(морф ема(詞素) .морфологическя(詞法, 形態學) едница(구성단위)) 남조선 문법학계에서 "주변이형태"란 것을 북조선 문법학계에서는 기본변이형태부(기본형태)라고 한다.

<pre>
김동무가 책을 | 읽는다. (성립된다)
              | 고      (성립된다)
              | 자      (성립될 수 없다, 이런 문장은 권유식이 없다)
</pre>

종결토는 문장 전체를 관할하며 모든 문장에 모든 종결토가 붙는것도 아니다. 그러나 여하튼 종결토가 술어에만 관계되기만 한다는 사실은 부정할 수 있다. 그러면 종결토는 체언조사와 같이 볼 수 있을 것인가? 그렇지도 않다. 용언에 붙는 토는 비자립적 어간에 붙고 체언에 붙는 토는 자립성이 있는 어간에 붙는다. 이런 차이가 있기 때문에 체언토와 용언어미로 보는 것이 사리에 맞을 듯하다.

## 四. 접미사와 토의 차이

1. 그들이 나타내는 의미적 성격이 다르다.

접미사는 어근에 파생적의미(어근보다는 추상적인 의미, 성격은 여전히 어휘적이라 할 수 있다)를 더해주며 토는 문법적의미(여기에는 단어와 단어사이의 구조적 의미, 즉 관계적의미, 단어계렬 중에서의 관계적 의미, 문장의 내용과 현실과의 관계를 나타내는 것들이 포괄된다)만 나타낸다.

2. 그들의 기능으로 보아 접사는 단어조성의 기능만 놀고 토는 형태조성, 즉 단어들이 변화하여 문장의 한 성분으로 되게 하는 기능을 놀게 된다. 역으로 접사는 문법적관계표시에 가담할 능력이 없으며 토 또한 단어조성의 기능을 놀 수 없는 것이 특징적이다.

3. 결합관계의 측면에서 고찰하면 토는 모든 같은 부류의 품사에 두루 붙을수 있으나 접사는 같은 류의 어근일지라도 경우에 따라서 붙을수도 있고 안붙을수도 있다. 례를 들면 "손을 높이 들었다"와 "행진대렬이 길게 늘어섰다"에서 접미사 "이"가 나타내는 의미나 토 "게"가 나타내는 의미는 그 추상성 정도에서는 큰 구별이 없다. 그렇지만 토 "게"는 많은 용언에 붙을 수 있으나 접미사 "이"는 제한된 어근 뒤에만 와서 새 단어를 조성한다.

> 길이 빛나다—길게 늘어서다
> *검이 보이다—검게 칠하다
> *노랗이 물들다—노랗게 물들다
> ···············

4. 관할 범위로 보아 접사는 붙는 어근에만 관계되만 토는 붙은 단어에만 관계되는 것이 아니라 구조적으로 관련되는 단어결합 심지어는 완전한 전체 문장에까지도 관계된다. 례를 들면,

> 착취자와 근로인민의 관계는 뜯고 뜯기는 관계이다.

에서 "뜯기"에 들어있는 접미사 "기"는 그 앞에 있는 "뜯"에만 관계되나 "뜯기는"에 있는 토 "는"은 "뜯고 뜯기" 전체에 관계된다. 또

　　남편이 미국에서 돌아왔다는 기쁜 소식에 접한 안해는 들뛰는 가슴을 눅잦힐수 없었다.

에서 "남편이 미국에서 돌아왔다" 뒤에 온 "는"은 이 전체 문장에 관계되는 것이다.

　5. 결합되는 위치로 보아 접사는 바로 어근뒤에 오나 토는 파생어의 경우 반드시 접사뒤에 오며 절대로 접사를 뛰어넘어 직접 어근과 결합하지 않는다. 례컨대,

　　나무군은 산을 내려왔다―"나무"뒤에 "군"이 왔다―"*나무는군"는 비합법적이다.
　　집에서들 나오시오.―"들"은 어근 바로 뒤에 온 것이 아니라 토"에서" 뒤에 왔다.

이 점에서 "들"을 접미사로 취급하는 것이 합리적이 아니다.

# "문장 구성소의 범주 구분" 부분 토론요지

## 1. 몇 가지 중요한 개념에 관하여

### 1) 문장 구성소

"문장 구성소"란 다른 문법서나 언어학사전들에 나타난 적이 없으므로 서정수가 리해하고있는 내용으로 리해할 수밖에 없다. 그의 말에 의하면 문장 구성소란 "문장을 이루는 낱말이나 형태소 따위"이다. 이것은 또 "상당수의 범주(category)로 갈라서 다루는 것이 예사이다."라고 하였다.

이런 점으로 미루어볼 때 서정수의 문장 구성소는 문장을 이루는데 가담하는 낱말이나 형태소의 전부가 된다. 구조주의 관점에서 문장을 이루는 최소의 단위는 단어가 아니라 형태소라는데서 출발한다면 형태소, 단어(엄밀히 말하면 이외에도 단어결합, 분문장 등이 더 포함될 수 있다)를 문장을 이루는 요소로 보는것은 큰 무리가 없다.그러나 이러한 요소를 "구성소"라는 말로 나타낼 때는 혼란이 초래될 우려가 있다.

"구성소" 또는 "형성소(formative)"는 본래 변형생성문법의 용어로서 "최소의 통사적 기능단위로, 종단렬(terminal string)의 각 성원(member)을 말하나 일반적으로 문장을 형성하는 단어라고 말할 수 있다. 즉 시발기호(initial symbol)

S로부터 다시쓰기규칙에 의해서 순차적으로 유도(derivation)되어가는 렬이 그 이상 유도할 수 없는 단계에 이르렀을 때, 그 렬을 형성하고있는것을 형성소라 한다. 형성소에는 례를 들면 boy, see와 같은 어휘형성소(lexical formative)와 현재시제를 나타내는 Pres, 소유격을 나타내는 Poss와 같은 문법형성소(grammatical formative) 두 종류가 있다(리영배, "언어학사전", p.367). 보는 바와 같이 서정수는 완전히 변형생성문법의 술어를 사용한것이나 다름없다. 이럴 때는 응당 명백히 변형생성문법의 술어라고 밝혀야 하며 형성소를 구성소라 하여도 별문제는 되지 않으나 괄호안에 반드시 영문을 달아주어야 한다. 그래야만 독자들이 작자의 의도를 명백히 포착할수 있다.

전통문법에서는 이와 관련된 것을 어떻게 처리해왔는가?문장을 이루는 최소의 단위, 즉 문장론적 규칙이 작용하여 문장을 만드는 자료로서의 최소의 단위는 단어라고 보며 단어의 아래급에 들어가는 형태부(어휘적이든, 문법적이든)는 직접 문장을 이루는 단위로 참가할 수 없다고 본다. 형태부는 오직 단어를 조성하는 재료로 되며 그것이 문장 구성에 가담하자면 반드시 단어조성단계(이때는 형태조성도 포함한다.사실 외국어는 단어조성과 형태조성을 구분할 필요가 없다)를 거쳐 단어의 변화를 거쳐(이것이 형태조성이다) 단어와 함께 (사실은 단어에 내속된 형태로) 문장을 이루는데 작용한다고 보아왔다. 그러므로 전통문법에서는 문법에 관한 정의를 내릴 때 흔히 "단어를 변화시켜 문장을 이루는 규칙의 집성"이란 말을 쓰게 된 것이다.


## 2) 범주

### (1) 일상용어로서의 범주

"범주"란 우선 일상용어로 많이 쓰이는데 이 때의 의미는 "같은 성격이나 성질의 대상, 현상들에 속하는 부류.∥극예술의 ～에 들어가는 예술형태."("조선말 대사전", p.1379) ; "類型 ; 範圍 : 漢字屬于表意文字～。"("現代漢語詞典", p.352) ; "① [일반적으로] 같은 성질의 것이 딸려야 할 부류 또는 범위.

② 사물의 개념을 분류할 때 가장 기본적이고 보편적인 최고의 유개념.카테고리.("동아 새국어사전", p.1000)

## (2) 언어학용어로서의 "범주"

언어학용어로서의 "범주"는 문법학파의 다름에 따라 그 의미가 다르다. "범주(category)"가 언어학 학술용어로 쓰이는 경우는 변형생성문법과 체계문법(systemic grammar)의 창시자 Halliday의 저작들에서만 볼 수 있다.

### a. 변형생성문법에서의 "범주"

"시발기호(initial symbol) S를 전개해서 얻어진 기호 가운데 종단렬(terminal string)에 나타나는 형성소(formative) 이외의 모든 것을 말한다.예를 들어, 樹型圖에 나오는 NP(명사구), Aux(서술보조소), VP(동사구), N(명사), M(서법소), V(동사), Det(한정사) 등은 모두 범주이다. 나아가서,  NP나 N의 범주에 속하는 성원은 다시쓰기규칙(Rewriting rule)에 의해서 NP나 N을 전개했을 때 얻어지는 모든 렬이라고 할수 있다.("언어학사전" p.161)"

이 변형생성문법의 "범주(category)"를 중국에서는 "語類"라고 대응시키고 있다.

### b. 체계문법에서의 "범주"

Halliday 는 언어란 型을 이룬 행위(Language is patterned activity)라고 말한다. 따라서 그의 언어연구 목표는 모국어 화자의 언어수행(the languistic performance) 속에 존재하는 고유한 형을 표현하는것이다.문법이라는 층위에서 이 型을 포착하려고 할 때, 일반언어리론의 문법부문에는 네개의 범주가 필요불가결하다고 제안한다. 그 네 가지 범주는 단위(unit), 구조(structure), 류(class), 체계(system)이다.

### (3) 언어학용어로서의 "문법(적)범주"

변형생성문법에서 "문법적범주"는 "통사론의 규칙기술에 있어 원초적개념(primitive concept)이 되는 S, NP, VP, N, V, Det 등으로서 구절구조상의 계층에 따른 단위가 된다."

전통문법의 관점에서 "문법적범주"라는것은 형태적범주라는 말과 같다. 이런 문법적범주는 어떤 형태적 특성을 기준으로 하여, 특정 언어의 단위나 형태소를 크게 분할했을 때 나타나는 각각의 대부문 혹은 이들의 대부문을 더욱 분할했을 때 생기는 각각의 부문을 가리키게 된다. 이를테면, 영어의 품사(명사, 동사, 형용사)는 영어의 범주다. 또 명사라는 대부문은 거의 같은 두개의 부문인 단수형과 복수형으로 구분되므로 단수명사와 복수명사는 역시 각각 범주이다. 일반적으로 어떤 계렬을 이루는 굴절변화형은 다른 계렬을 이루는 굴절변화형과 함께 각각 범주를 이룬다.이를테면 동사의 여러가지 변화계렬을 이루는 굴절변화형은 각각 인칭(person), 시제(tense), 서법(mood) 등의 범주를 형성한다.그러나 모든 범주가 굴절변화형에 기반을 두는 것은 아니다. 이를테면, 사람을 나타내는 영어의 명사는 남성형(mansculine)과 녀성형(feminine)이라는 두개의 범주로 나누어지나 이것은 사람을 나타내는 명사를 he 또는 she로 받는 대명사의 선택에 의하여 결정되는것이지 굴절형에 의한것이 아니다. 또 어떤 때는 범주의 설정이 통사론적으로 일어난다. 동사의 態(voice)와 相(aspect) 등이 그 례이다.

영어문법에서 비교적 중요한 범주로서는 각 품사외에 數(number), 人稱(person), 性(gender), 格(case), 比較(comparison), 時制(tense), 相(aspect), 態(voice), 서법(mood) 등을 들 수 있다. 문법범주는 각 언어에 따라서 다르며 또한 형태를 기반으로 하여 설정된 문법범주가 가진 의미를 정확히 기술하기는 어렵다("언어학사전", pp.403~404).

### (4) 소위 "어휘범주(l.exical category)" 문제

서정수의 "국어문법" 117쪽에서 "문법기술에서 가르는 범주는 크게 어휘범주(lexical category)와 문법범주(grammatical category)로 나뉜다. 전자에는 주로 실질적 의미를 가진 낱말들이 포함된다. 이 범주는 전통적으로 품사(parts of speech)라고 하는 것에 해당하며 명사, 동사 따위 품사가 대표적이다.”라고 서술하고 있다. 이 말의 참뜻과 타당성 여부를 세밀히 검토할 것이 요구된다.

전통문법의 관점으로 볼 때 우의 서술은 문제점을 가지고 있다. 왜냐면 전통문법에는 “어휘범주”란 말이 문법체계서술에 나오지 않으며 서정수가 말하는 “어휘범주”를 문법적범주로 보기 때문이다. 즉 품사도 문법적범주이지 어휘측면에서 다루지 않는다는 것이며 사실 품사가 갈라지는 주요한 근거 역시 문법적형태에 따른 것이다. 이것은 전통문법의 문법적범주가 곧 형태적범주라는 원칙에 맞는 것이다.

변형생성문법의 립장에서는 “어휘범주”라는 말을 쓰고있으나 그 개념은 서정수가 인정하는 개념과 어느 정도 차이를 가지고있다. 어휘범주는 “Z가 대역기호(종단렬의 한 가지로서 △로 기록하는 것)일 때에만 어휘규칙 A → Z의 왼쪽에 나타나는 범주, 환언하면 어휘형성소를 지배하는 범주, 례를 들면 N, V, Adj 등을 일컫는다.”(“언어학사전”, p.506)

여기에는 두가지 사정을 분명히 밝히고 넘어가야 할 것이 있다. 첫째는 대역기호는 어휘규칙에 의하여 적당한 시기 어휘를 쓸 수도 있고 형태소를 쓸 수도 있다는 점이다. 그렇다면 A가 품사 맞잡이로 되기가 힘든 것만은 사실이다. 둘째는 대역기호가 아닐 때 나타나는 어휘적 종단렬 상위범주는 무시해도 된다는 말인가 하는 것이다. 우리의 리해에 따르면 형태소 차원이 아니라 단어 차원으로 나타나는 종단렬의 상위 범주, 즉 이런 것들을 지배하는 범주라야 품사에 맞먹는 것으로 될 수 있다. 그러므로 생성문법의 “어휘범주”라는 것은 꼭 품사와 맞먹는 것이 아니라는 것을 알수 있다.

다음 하나의 문제로 되는 것은 서정수가 말하는 “문법적범주” 문제이다. 어휘적 범주의 미흡한 처리는 문법적 범주에도 영향을 주게 되어 전통문법에서 볼바에는 본래 문법적 범주에 속하는 일부분만 문법적범주로 보는 결과를 초래했다.

해결 방법은 어떤 것이 있을까? 아예 철저히 생성문법 쪽으로 나가려면 "문장형성소안에는 여러 충차의 범주가 들어가있는데 전통문법에서 말하는 품사와 같은 류, 구와 같은 류, 절과 같은 류, 문법적형태소(허형태소) 같은 것들이 망라된다."라고 하고 "어휘범주"와 "문법범주"를 가르노라고 하지 말아야 한다. 전통문법립장에서 처리하자면 우에서 본 기본체계대로 서술하되 품사와 문법형태소가 이루는 범주는 다 문법적 범주이나 기능 면에서와 추상적의미의 성격상 다른 점이 있다고 밝힐 필요가 있다. 이렇게 되면 종전의 전통문법보다 좀더 선진적인 방향으로 나갈 수 있다고 본다.

### 3) "기능(function)"에 관하여 – 漢語의 功能

"기능"이란 용어는 수리언어학, 계산기과학에서도 쓰이고 있다. 언어와 관련하여서는 "(1) 직능. 어떤 구체적인 목적을 위한 언어의 사용. 례를 들면, 한가지 상황을 기술한다면 기술직능(representational function)을 나타내며 화자와 청자 사이에 정보를 교류한다면 교제직능(communicative function)을 나타내며 청자로 하여금 어떤 반응을 가지도록 한다면 호칭직능(appellative function)을 나타내며 감정을 표달한다면 표현적 직능(expressive function)을 나타내고 지력적추리를 한다면 인지직능(cognitive function)을 나타낸다. (2) 기능. 한 언어적 성분이 발화중에서와 그와 다른 성분간의 구조적관계중에서 일으키는 역할을 가리켜 이른다. 례를 들면 어음요소 /p/, /i/, /n/는 각기 pin 이라는 어음결합체를 구성할 기능을 가졌다고 한다. 문법학에서 기능이라는 용어는 하나의 단어가 보다 큰 문장론적 단위속에서 일으키는 역할을 가리켜 이른다. 례를 들면 명사는 문장의 주어나 목적어로 될수 있는 것 같은 것이다. 또 이런 품사들의 일부 범주, 례컨대 동사의 시제와 수 같은것도 기능이라고 할수 있다."(하드맨, 스토크 저, 黃長著 等 譯 "언어 및 언어학사전", 上海辭書出版社, 1981, p.138)

## 2. 품사 분류의 기준 문제와 문장구성소의 범주구분 문제

서정수 "국어문법"의 범주구분에서의 독특한 점은 다음과 같다. 첫째, 체언이든 용언이든 관계없이 기능이 공통적인 것이면 한데 묶었다. 례를 들면 변환소에는 규정토, 속격토가 하나의 범주를 이룬다. 둘째, 종전의 격을 기능표지와 기능변환소 두 가지로 나누었다. 어떤 것은 후치사라고까지 하였다. 셋째, 복수범주를 인정하지 않았고 제기하지도 않았다. 넷째, 도움토를 의미한정소라고 하여 문법적 범주에 넣고있다. 접속토도 "접속소"라고 하여 문법적 범주에 넣었다.

이런 특성은 많은 새 시도를 반영하고 있지만 아래에서 보는 바와 같이 많은 연구의 여지를 남기고 있다.

서정수 문법에서는 문장 구성소를 우선 크게 나누어 어휘적 범주와 문법적 범주로 하였는데 어휘적 범주는 옛날에 말하던 품사와 같다고 하였고 문법적 범주는 격, 수, 성, 시제, 상, 서법 같은 것이라고 하였다.

우선 품사분류의 기준 문제에서 전통적 품사분류의 문제점을 지적하고 새로운 범주구분의 기준을 내세웠다.

새로운 기준은 기능 위주라는 것이다. 옛날 최현배도 기능을 주장으로 삼는다고 하였으니 사실 본질직으로 나른 섬은 없다. 다르다면 옛날에는 이 원칙을 품사분류에만 사용한 것에 반하여 서정수는 품사분류와 다른 문장 구성소 분류에 확대하여 적용한 것이다. 이것은 pp.125~126 부분을 보면 알수 있다.

그러므로 서정수는 단독으로 품사분류를 한 것이 아니라 포괄적으로 문장구성소의 범주구분을 한 것이다. 서정수의 범주구분을 보면

    어휘범주 (1) 체언, 명사, 대명사, 수사
           (2) 용언, 동사, <u>존재사</u>, 형용사, <u>지정사</u>
           (3) 수식어, 관형사, 부사

       (4) 독립어, 감탄사, <u>간투사</u>

문법범주 (5) <u>기능표지 주격조사, 목적격 조사</u>

       (6) <u>기능변환소, 관형사형, 부사형, 피동, 사동 선어말어미 따위</u>

       (7) 의미한정소, 한정사(보조사/특수조사)

       (8) <u>접속소, 접속부사(접속사), 접속조사, 접속어미 따위</u>

       (9) <u>서술보조소 시제/상, 서법 따위 말어미</u>

여기에서 밑줄을 친 부분은 새로 제기했거나 귀속을 새롭게 한 부분이다.

(1) 체언의 본래 기능 문제—체언은 주격, 목적격, 보격 기능을 본래부터 가지고 있으나 "관형적 수식 기능을 가지게 되는것은 체언이 가진 본 기능이 아니고 관형화소 "의"의 첨가로 말미암은 것이다"(p.130 거꾸로 6행부터)라고 한 것은 좀더 연구해볼 여지가 있다. 서정수는 체언이 본래 가지고 있는 특성을 연구할 때 해당 기능표지가 없이도 그 기능을 가지는가 여부를 가지고 판단하였다. 우리는 같은 방법으로 "의" 없이도 관형어 자리에 올수 있는 체언을 고려할 때 체언 자체가 관형화 기능을 가지지 않는다고 볼 근거가 없어진다.

(2) 체언은 그 기능으로 보면 더 나눌 필요가 없다는 문제(p.130)—체언을 더 나누는 것은 전통적 관례에 따른 것이라고 하는데, 얼핏 보기에는 그런 것 같으나 명사와 수사, 명사와 대명사 수사와 대명사는 문법적 특성상 공통점이 있으면서도 일부 엄연한 차이를 보이고 있으므로 문법적특성의 차이에 따라 더 나누어진다는 증명을 할수 있다. 례를 들면 수사는 형태론적으로 호격토를 붙일 수 없으며 대명사, 특히 인칭대명사는 인칭, 계칭의 구별이 있으며 그런 특성이 문장 성분 사이의 일치관계를 요구할 정도로 엄밀하게 되여있다. 그러므로 단순히 전통에 따른 것이라는 말은 앞으로 문법연구를 심화시키는데 유조한 것이 아니다.

(3) "용언은 그 의미부인 어간만 가리킨다"는 문제(p.132)—용언을 의미부만 떼여, 즉 어간만 가지고는 "문장의 서술 기능을 띠는 낱말"이라는것을 증명할 방법이 없다. 즉

　　우리는 공부를 하
　　백두산은 아름답

　따위 문장이 절대로 존재하지 않으므로 적격성을 못 가지며 조선어에 있
는 말이라고 단정할수 없으며 따라서 "하"나 "아름답"이 조선어의 용언이
라고 인정할 수 없다. 이것은 상식에 속하는 문제이다. 그리고 사실 용언이
서술기능을 가지는 것은 그 어미까지 나타날 때라야 증명이 되는 것이다.

　　우리는 공부를 합니다.
　　백두산은 아름답습니다.

　이 때에라야 "합니다", "아름답습니다"가 용언으로 되며 동시에 그 서술
성이 증명이 된다. 그러므로 용언을 어간만 가지고 다루는 것은 문제로 되
며 접수되기 힘든 부분이다. 이와 동시에 관형화소 "ㄴ, 는"을 따로 떼내여
관형화 기능만 놓고 서술적 기능은 무시하는것은 일면성을 가진 견해라고
볼수 있다.

　(4) 존재사와 지정사 문제-"있다, 없다, 계시다"를 존재사로 구분한 것과
"이다"를 지정사로 한 것은 토론의 여지가 많으나 뒤에서 전문 다루기로 하
겠기에 여기서는 줄이기로 한다.

　(5) 감탄사(exclamative)와 간투사(inerjection)의 구분 문제-재래의 감탄사는
모두 interjection이라고 하고 있는데(Quirk 1973 : 45) exclamative라는 것을
더 내왔다. 기실 영어에서는 interjection은 품사 차원에서 쓰는 말이고 그
의미도 "다른 단어와 문장론적 관계가 발생하지 않으며 감탄문에 쓰이여 감
정을 나타내는 형태변화를 하지 않는 형태"(하트맨, 스토크 "언어 및 언어학 사
전" p.174)라고 하며 그 중에 일부 감탄사는 다른 기능으로 쓰일 때와 같은
형식을 취하는 것도 있고(례 : hell(원뜻 : 지옥, 감탄사로 쓸 때는 "제기랄"의 뜻) 또
일부 감탄사는 언어중의 다른 형식과 관계없으며 다른 언어장면에서는 나

타날 수 없는 어음조합으로 된 것도 있다(례 : ugh(악!),  phew(휴, 체!)) "감탄어 (exclamation)"라는 것은 있으나 exclamative라는 단어는 희소하다. 감탄어는 실제로 감탄의 뜻을 가진 보통문장들을 일컫는 말로 많이 쓴다. 그러므로 구태여 감탄사와 간투사로 나눌 필요성이 있는 것 같지 않다.

　(6) 기능표지와 기능변환소의 구분 문제(p.136)－기능표지와 기능변환소를 설정한 주요한 근거가 관계 품사의 본래기능과 관련되며 그 립증의 방식은 해당 기능표지나 변환소를 쓰지 않고도 그 기능이 발휘되는가 여부를 보는 것이다. 그런데 서정수가 본데 따르면 주어, 목적어, 보어는 기능표지 없이도 그 기능을 나타내나 그 기능을 분명히 하려 할 때 기능표지를 쓴다는것이다. 이 점은 맞는 말이나 기능변환소로 잡은 "의"(아버지 모자), "에", "로" (학교(에) 간다, 학교(로) 간다) 등도 변환소 없이 그 기능을 나타낸다. 이렇게 보면 이런 기능변화는 기능변화소에 넣을 것인가가 문제 된다.물론 기능변환소중 일부는 "체언이나 용언을 딴 기능으로 바꾸는 구실"을 하는것이 있다. 소위 "명사화소(명사형, 'ㅁ', '기')"가 그런 것이다. 그러나 이런 경우라 하더라도 완전히 명사로는 만들지 못한다("*청산리 벽계수야 빠른 감을 자랑마라"에서 "빠른"이 "감"을 규정하지는 못한다. 그런데 명사는 규정어의 규정을 받는 것이 독특한 특성이다).

　(7) 의미한정소(p.145)－서정수는 종전의 도움토(보조사, 윤색토)를 문법적범주로 인정하고 있다. 북조선의 리근영도 "관련범주"라하여 문법적 범주로 인상시켰으나 많은 사람들은 이에 동의하지 않는다. 그 리유는 "의미적으로만 한정한다"는 것과 다른 범주처럼 의미를 추상화할 수 없다. 그래서 문법적 형태와 같은 형태론적 특성을 가지나 문법적 형태로 보기 힘들고 동시에 문법적 범주로 인정하지 않았던 것이다. 접속토 역시 이러한 리유로 문법적 범주로 인정되지 못하였다.

　(8) "내용 서술은 용언(어간)이 맡는다. 거기에 문법적인 기능을 첨가하고 문법적인 형식을 갖추게 하는 것이 서술보조소이다"(p.147)－이 말 자체는 용언(어간)에는 문법적 기능이 없다는 말과 같이 된다. 이것은 문제를 너무

간단화한것이다. 자동사,  타동사의 구분은 어간에서 나타나지 어미에서 나타나지 않는다. 례를 들면

아이가 웃는다
아이가 젖을 먹는다

에서 다 같이 "는다"라는 서술보조소를 쓰는데 "웃"은 목적어를 가질 수 없고 "먹"은 목적어를 가질 수 있다. 이 사실에서 품사도 문법적 범주이지 "어휘범주"가 아니라는 것을 다시 한번 과시한다. 전통문법의 리론을 비판할 수는 있으나 사실을 옳게 반영한 리론은 마구 부정하지 말아야 한다.


## 3. 단순문의 기본구조 문제


"주어와 서술어의 결합이 한번만 이루어진 문장을 단순문 또는 단일문이라고 한다"(p.165)—이 말 자체는 문제로 되지 않는다. 왜냐면 서정수는 문장이란 "주어와 서술어를 갖춘 것"으로 가정하였기때문에. 그러나 이 관점에는 규정어구에 들어간 주술구조조차 단일문으로 처리하는 것을 내포하게 된다.

노래를 부르는 남편이 아내를 부추긴다.
[(남편이) 노래를 부르는] [남편이 아내를 부추긴다]

아래 줄에서처럼 복합문으로 본다는 것이다.
이 문제의 철저한 해결을 위해서는 조선어 문장의 기본 표지가 무엇인가를 먼저 연구해야 한다. 조선어 언어의식에 따르면 다음과 같은 언어토막은

모두 문장이 아니라고 생각한다.


　　남편이 노래를 부르는(주술관계가 있으나 규정토로 끝났으며 앞으로 규
정어로 쓰일 단위이다)
　　눈이 빠지게(주술관계 있으나 수식토로 끝나고 앞으로 상황어로 쓰인다)
　　순이가 그림을 그리는 것을(주술관계가 있으며 대격토로 끝났고 앞으로
보어로 쓰일 언어토막이다)


다음과 같은 언어토막은 문장이 끝나지 않았다는 감을 주기는 하나 그것
이 앞으로 쓰일 자리가 우의 정황과는 다르다.


　　바람이 불고(주술관계가 있고 접속토로 끝나며 앞으로 이와 같은 단위와
련합하지 규정어, 상황어, 보어 등으로는 쓰이지 않는다)


다음과 같은 언어토막은 누구나 문장이라고 본다.


　　어느 때나 춤 잘 추고 노래 잘하며 쾌활하기만 한 철남이였다(체언술어
만 있고 주어가 없다. 여기서 주의할 것은 접속토로 된 언어단위도 규정토
의 통제아래 들어간다면 다른 문장 단위와 이어질 수 없다는 사실이다).
　　자나 깨나 그리던 고향으로 돌아왔다(종결토로 끝나고 주어가 없다. 문
맥에 의하여 주어를 쓰지 않아도 문장이 된다고 여긴다).


영어에서는 문맥이 있어도 주어는 꼭 있어야 한다. 례를 들면,


One night, Yohyo heard a knock at the door. When he opened it,  he
found a beautifull young woman standing in the snow.
　　어느 날 밤, 여휴는 문 두드리는 소리를 들었다. (그가) 문을 열고 보니
(그는) 한 젊은 여성이 눈 속에 서있었다(서있는 것을 발견했다).

여기서 우리는 주어-술어구조가 영어에서는 문장의 표지로 되지만 조선어에서는 문장의 표지로 되지 않는다는 것을 알 수 있다).

여기서 우리는 조선어 문장의 표지는 다른 문장성분으로 되지 않는 접속형과 종결형이라는 것을 알 수 있다.

다음으로 다른 언어의 복합문이 어떤 것이며 조선어의 복합문은 어떻게 가려 잡는 것이 좋겠는가를 살필 필요가 있다.

영어 등 서방언어에서 주술구조가 문장이 된다고 보는 리유는 매개 문장에 주어, 술어가 있어야 하는것외에도 영어 문장의 골격이 주술구조로 되여 있는것과도 관련된다. 례를 들면

Please tell me when you joined the League.

(당신이 언제 공청단에 참가했는지를 저에게 알려주시오)

일반적으로 어조를 고려하지 않으면 주문으로만도 말이 된다. 또 한 례를 보면,

I don't know whose coat that is.

(그 외투가 누구 것인지 나는 모릅니다)

여기서도 주문만으로 말이 되는데 목적어부문이 덧붙은 것이다. 또

I'll tell you as soon as I know.

(내가 알면 즉시 너에게 알려주마)

여기서도 주문만으로 말이 되는데 상황어 부문을 덧붙인 것이다.

영어에는 문장성분처럼 서로 종속되지 않는 두 주술구조를 가진 언어단위가 있다면 그를 병렬문(The Compound Sentence)이라 하고 주술구조가 종속적인 것, 즉 문장성분으로 되는 것을 복합문(The Complex Sentence)라고 한다. 병렬문의 례는 다음 같은 것이다.

Suzhou is an old city, but it has many modern factories.
(소주는 오랜 도시지만 많은 현대화한 공장을 가지고 있다)

사정이 이러하다면 조선어에서는 어떻게 할 것인가? 조선어 문장의 기본표지는 우에서 본 바와 같이 문장성분처럼 종속되지 않는 접속형과 종결형이다. 이것을 기본으로 하고 이런 조건을 갖추지 않은 것은 문장자격이 없다고 본다. 따라서 규정어, 상황어, 보어로 되는 주술구조나 주술구조가 아닌것은 모두 단일문 안의 한 성분으로 하고 접속토나 종결토로 이어지는 부분들을 합하여 복합문이라고 본다. 즉

<u>비가 오던 날 아침에 있은</u> 일입니다.
　　　　규정어

비가 오고 바람이 붑니다.(병렬복합문)
해가 나니 날씨가 따뜻합니다.(종속복합문－영어 처럼 문장성분으로 종속되는 것이 아니라 론리적인 종속이다.)
바람이 불어 ① 먹장구름을 몰아오더니 ② 순식간에 벼락이 치고 ③ 폭우가 억수로 쏟아져 ④ 10메터 밖도 내다볼 수 없는지라 ⑤ 할수없이 자동차를 멈추고 ⑥ 비가 멎기를 기다렸다. ⑦ (복잡한 복합문)

오직 이렇게 하는 것만이 조선어 특성에 맞는 처리라고 할 수 있다.

## 4. 겹주격 문장 문제와 겹대격 문장 문제

겹주격문장을 그 심층구조에서 보아 그중의 하나를 "의" 또는 "에서"로 해석하고 있는데 다음과 같이 길게 나타나는 겹주격문장은 이런 방식으로 처리할 수가 없다.

책상이 귀퉁이가 구멍이 세 개가 났다
－책상의 귀퉁이에 구멍이 세 개가 났다
－책상에 귀퉁이의 구멍이 세 개가 났다

이렇게 제좋을대로 해석을 할 수 있기때문에 주관성을 피면하기 어렵다. 또,

한강이 뚝이 세군데가 구멍이 열개가 났다
－한강의 뚝의 세군데에...
－한강에 뚝의 세군데에..

유일한 해석을 주기 곤난하다.
이것과 함께 고려할 사항은 겹대격 문장이다. 즉

과수나무를 가지를 두 군데를 잘랐다.

겹주격, 겹대격을 고려할 때 첫 주격이나 대격이 주제이고 나머지는 평언이라면 해결할 수 있다.
책상이 어떠하냐? 한강이 어떠하냐? 과수나무를 어찌하였느냐?의 물음에 해답을 주는 것이 다음부분이다. 다음 부분 안에도 겹겹으로 이런 주제와 설명관계가 성립된다. 귀퉁이가 어떠하냐? 뚝이 어떠하냐? 가지를 어쨌느

냐? 등등.

이렇게 하자면 주술구조가 술어로 되는 것과 보충구조가 목적어를 가지는 문제를 해결해야 한다.

물통이 바닥이 구멍이 세 개가 났다.

여기서 볼 수 있는 바와 같이 "구멍이 나다"는 그런대로 주술구조라 볼 수 있으나 "새가 난다", "바람이 불다" 경우처럼 "구멍"은 동작을 만드는 것이 아니라 "나다" 동작 결과에 나타난 것이다. "구멍이 있다"와 같아서 "나다"는 사실 상태성을 가진 것이다. 그리고 "세개"는 수량을 나타내며 선행 체언에 종속되여 있을 뿐만 아니라 단독으로 문장성분도 되지 않는다. 그래서 "구멍이 세 개가 났다"를 하나의 주술구조라고 보고 그것이 평언의 자리에 나타났다고 본다. 다음은 "구멍이 세 개가 났다"가 "바닥이"라는 주제를 평언한다. 이 부분을 엄밀히 말해서는 평언이나 "술어"라고 해도 좋을 듯하다. 이러면 주술구조가 술어로 되는 문제를 용납할 수 있다. 또

배나무를 낡은 가지를 열 곳을 잘랐다.

여기에서 "가지를 잘랐다"는 손색없는 보충구 수량조로 된다. 그리고 "열 곳을"은 수량을 나타낸다. 하여 "가지를 열 곳을 잘랐다"는 하나의 주제 평언 보충구조로 된다. 이 보충구조는 "배나무를"에 대하여 완전히 타동사처럼(례컨대 : 심다, 베다, 자르다) 앞에 대격성분을 요구한다. 그러나 타동사처럼 강렬한 미침성을 나타내지 못하고 "가지를 열 곳을 잘랐다"는 "어찌하였

느냐”에 해답하는 기능만 한다. 즉 목적어의 처치성보다는 약한 처치성을 나타내므로 앞의 “배나무를”은 목적어로 되기에는 격이 모자라다. 그러나 주제라고 하면 “배나무에 대하여”, 심지어 “배나무는” “가지를 열 곳을 잘랐다”하여 아무런 어색함이 없다. 가령 목적어라면 “우리는 저녁밥을 먹었다”의 경우처럼 “저녁밥은 우리는 먹었다”로 될 때 뜻이 바뀌는 일이 생긴다. “배나무는 가지를 잘랐다”에서는 의미변화가 보이지 않는다.

이상과 같이 처리할 때에 그 층차가 얼마나 많든지 관계없이 설명의 타당성을 기할 수 있는 것으로 보여진다.


## 5. 조선어의 主題 문제


주제(topic)와 평언(comment)은 화제와 평언, 화제와 설명 등으로 불리기도 하는데 통사론과 의미에 관계되는 대상이며 화용론의 대상이 아니다.

“자연언어의 문장은 모두 어떤 사항에 관하여 무엇인가를 기술하는 것으로 볼수 있다. 례를 들면 (1)‘저산은 높다’는 ‘저 산’에 대하여 그것이 ‘높다’고 하는 것을 표현한 문장이다. 이와 같이 문장은 이야기되는 것을 나타내는 부분과 그것에 대하여 말하는 부분으로 이루어진다고 생각되는데, 이때 전자를 話題, 후자를 評言이라고 한다. 현재는 임의의 문장에서 일반적으로 화제, 평언을 결정할 명확한 기준은 없을 뿐만 아니라, 화제, 평언의 정의도 명백히 되여있지 않지만 보통 문장의 화제가 결정되면 그 나머지 부분을 평언이라 부른다. 이에 관하여 다음과 같은 점이 지적되고 있다. 원래는 Hockett(1958)의 용어.

화제와 평언은 통사론적으로 심층구조(deep structure) 또는 기저구조(underlying structure)보다 오히려 표면구조(surface structure) 또는 도출구조(derived structure)와 밀접한 관계를 갖는다. 화제는 대체로 표면구조의 맨 앞(좌측)에 위치하는 요소이고, 따라서 변형규칙에 의해 이 위치로 이동된 요소가 화제로 되는 경우가 많다. 한국어에서는 대체로 맨 앞에 위치하고 있는 조사 '은/는'을 따르게 하는 요소가 화제인 경우가 많은데 종래 한국어에서 주어라고 여겨진 것들이 화제로 간주되어야 할 경우가 많다. 레 (5) <u>그러한 것은</u> 나는 모른다 '(6)' <u>그 점은</u> 이미 충분히 논의되었다. Kiparsky는 심층구조에서 '문장의 주어'라는 개념에 대응하여 표면구조에서 맨 앞에 있는 명사구를 '문장의 화제'라고 정의하자고 제창했으며 이에 Chomsky는 Kiparsky의 제안을 약간 수정해야 한다고 시사하고 있다. 화제-평언의 개념을 정확히 해야 할 필요도 있지만 이것이 문법에서 수행하는 역할에 관하여서는 앞으로 더욱 연구해야 할 것이다.("언어학사전" pp.924~925)

서정수의 의견을 더 보태면 (1) 주제는 문장의 첫머리에 나타나며 한정사 '는/은'이 덧붙는 일이 많다. 이 두 표지가 다 갖추어져도 주제가 안되는 경우가 있으므로 주제의 표지라고는 할 수 없다. (2) 주제는 이미 화제거리가 되여 있으나 주어는 새로 등장하는 서술 대상이다. (3) 주제는 평언이나 논의의 대상이고 주어는 대개 비교적 단순하다. 이상 표지를 다 갖추면 주제임이 틀림없으나 때에 따라서는 두어가지만 갖추어져도 주제로 인정할 수 있다.

주제 문제의 본질을 인식하는데 유조하게 하기 위하여 다음의 몇 가지를 고찰해보자.

**주격토가 붙어 있어 주어로 되는 경우 :**
(1) 누가 왔습니까?-'누가'는 새로 등장한 대상이고 '왔다'는 이미 아는 상태며 '누가'가 문장의 앞자리에 왔다.
(2) 바람이 분다-'바람' 새로 등장, '분다'는 새 대상에 대한 설명
(3) 진달래꽃이 아름답다-'진달래꽃'새로 등장, '아름답다'는 새 대상에 대한 설명

**주격토가 붙어도 주제인 경우 :**
(1) 이것이 연필입니다-'다른것이 연필이 아니라는 것을 전제로 알고 있으며 이것이 연필이라는 것도 알고 있으므로 새로 등장한 대상이 아

니다. 새로 등장하면 주어, 그렇지 않으면 주제이다'

(2) 아까 당신을 찾던 사람이 누구요?–'사람이'는 새로 거론하는 대상이 아니며 알자는 것은 '누구'다

(3) 인도네시아가 열대림이 풍부하고 석유자원도 많습니다–'다른 나라가 아니라'라는 뜻이 전제되며 '인도네시아' 이미 알고 있는 것으로 새로 등장하는 것이 아니다.

**도움토가 붙어도 주제가 아니며 주어인 경우 :**

(1) 이것은 연필입니다–'이것은' 새로 등장, 체언 술어 경우는 다 이러하다.

(2) 인도네시아는 열대림이 풍부하고 석유자원도 많습니다–'인도네시아' 새로 등장, '열대림, 자원'은 새 대상이 어떠함을 설명하는데 사용됨, 즉 무엇인가 모르는 것을 알게 해줌.

**도움토가 붙으며 주제인 경우 :**

(1) 바람은 세차다–주어로 되자면, "바람이 세차다"

(2) 저녁노을은 붉다–주어로 되자면, "저녁노을이 붉다."

이리하여

주어 : 새로 제기되는 대상(미지의 대상)
술어 : 어떠하다는 설명
주제 : 이미 알고 있는 대상(기지의 대상)
평언 : 이미 알고 있는 대상이 어떠하다

로 볼 수 있지 않을까?


## 6. 문장구조의 직접성분 분석

서로 밀접한 관련을 가지는 요소들이 제1차로 어울려 구성체를 이룬 다음 또 서로 관련되는 요소들이 구성체를 이루며 최종적으로 문장의 구조를

이루게 된다. 주의해야 할 것은 어느 것과 어느 것이 먼저 관련을 가지며 다음으로 어느 것과 어느 것이 관련을 가지는가 하는 층차성 문제다.

하나의 문제점은 93쪽 <새김>에서 ""부르"와 "ㄴ다"가 일차로 결합하는 것처럼 표시한 것은 문제가 있다."는 부분이다.

우리는 용언을 "어간"만이 서술기능을 가진다는 견해를 반대한적 있다. 그것은 서술 기능을 밝힐 때 한 말이고 문장의 구성체로서 "ㄴ다" 같은 것이 문장 전체를 통솔한다는 것은 반대한적 없다. 즉, 서정수의 이 관점만은 정확한 것이라고 본다. 그렇다면 직접성분 분석의 원칙을 견지하여 'ㄴ다"를 전체 문장을 관할하는 요소로 그려야 하는 것이다.

"하늘이 푸르다"는 우선 "하늘이 푸르"+"다"로 되여야 한다. 이것을 그림으로 나타내면

이렇게 그리면 첫째 "다"가 전체 문장을 지배하며 문장의 표지는 곧 "종속되지 않은 종결토가 령솔하는 언어 단위, 즉 최고의 언어단위"가 된다. 그 다음 동사 '푸르다'는 '하늘+이' 전체를 지배한다. 이것은 조선어 특성에 맞는 표시다. 조선어와 문법구조가 기본상 같은 일본어에 대하여 久野章라는 재미 일본 학자는 이런 언어를 左分枝言語라고 하면서 그 구조를 좌와 같이 그리였다.

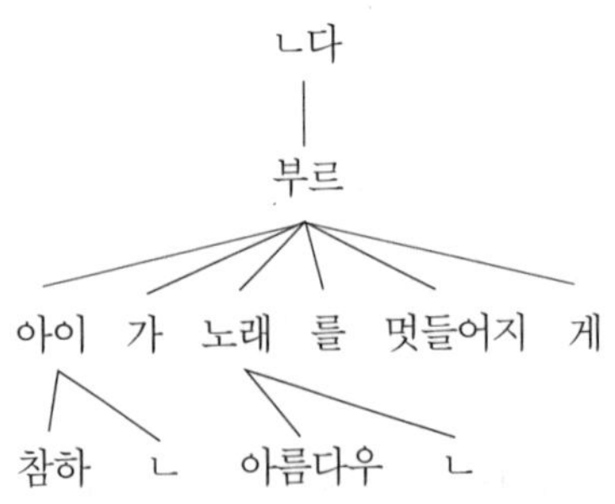

또 례를 들면 보는 바와 같이 "ㄴ다"는 직접적으로 동사 어간에 붙은 다음 전체 문장을 지배하고 있다. 또 보는바와 같이 동사는 주어, 목적어, 상황어를 일차적으로 지배한다. 이것은 영어에서 우선 명사구, 동사구가 맞서고 동사구가 목적어를 지배하는 것과는 다른 특성을 보이는 것이다. 이런 점으로 보면 조선어에는 영어와 같은 주어가 없으며 조

선어의 주어는 극히 개별적인 경우를 제외하고(존경할 대상일 때는 술어에
존경의 표현이 어울리는 현상이 있다) 주어가 동사의 형태를 지배하지 않는
다. 이리하여 일부 일본어 학자들은 일본어에 주어가 없다고 하며 모두 동
사의 수식어 작용을 한다는 사람도 있다.

　　직접성분분석은 우에서 본 것처럼 상승방식(Harris, 1951)으로 할 수도 있
고 아래와 같이 하강분석(Bloomfield, 1933 ; Hockett, 1958)을 할 수도 있다. 사
실 전자는 구조형성과정에 맞으며 후자라야 분석과정에 맞는 것이라고 할
수 있다. 후자의 례를 들면

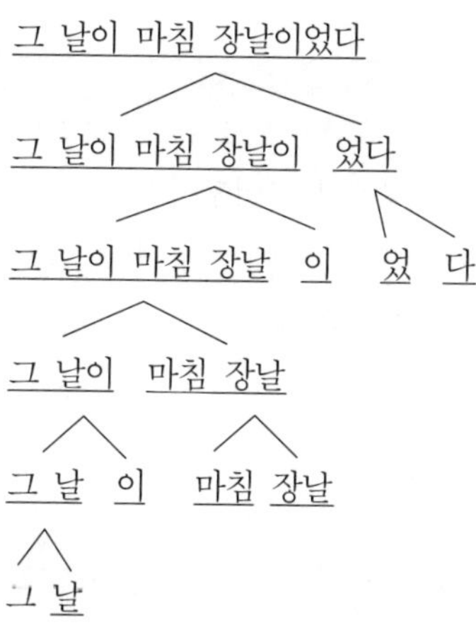

　　직접성분 분석의 문제점으로 제기된것 가운데 격토의 위치문제(단어결합 전
체를 관계하는가 아니면 뒤의 단어만 관계하는가)는 조선어에서 명백히 볼수 있는바
모두 단어결합의 뒤에 온다. 이것은 모든 토들이 다 그러하다. 즉,

　　[그 날]이
　　[[[[[아름다운 산천]과] 찬란한 문화]를 자랑하]는 [우리조국]은] 번영
하]라.

　　직접성분분석에서 진정 문제로 되는 것은 동형이의구조(p.98) 문제이다. 이

문제는 확실히 순환론증(직접성분분석은 의미를 해석하기 위한 것인데 동형이의 구조가 생길 때는 의미에 의해 구조를 리해한다)을 산생하는 것으로서 과학연구에서는 절대 금물이다. 이 결함은 생성문법에서 해결을 받을 수 있는데 그 주요 수단은 심층구조와 표층구조 설정이다.


# 7. 구구조와 문법 기능


## 1) 구

구란 두개이상의 단어가 직접성분관계를 발생하여 이루어진 것이며 이들도 문장 구성의 중간 절차로 되는 것이다. 그리고 구에서 뒤에 놓인 단어는 머리단어가 되여 그 구의 문법적 성질을 결정해준다.

그러면 조선어에는 이런 요구에 맞는 구들이 어떤 것들이 있는가?

우의 례들에서 보면 머리 단어가 명사로 되는 명사구가 있고, 례를 들면

참한 아이, 아름다운 노래, 그 날—명사구
매우 빨리, 아주 멋들어지게, 물어볼 사이도 없이—부사구
높고 높은, 아주 예리한, 손이 큰, 실력이 있는, 군중의 환영을 받는—동
사구

여기서 주의할 점은 조선어의 동사구는 최종적으로 규정형이나, 수식형(수식토)으로 되기때문에 머리 단어는 동사라도 동사가 지배할 수 있는 목적어를 가질수 없다. 이것은 영어의 동사구와 전연 다른 것이다.

이제 각 구들의 기능을 보면

명사구는 주어, 목적어, 상황어, 술어로 될 수 있다.

<u>참한 아이가</u> 노래한다.(주어)
<u>아름다운 노래를</u> 부른다.(목적어)
<u>도끼로 깎은</u> 흔적이 보인다.(규정어구, "흔적"까지 하면 또 명사구이고 작용은 주어로 되는 것이다. 이렇게 보면 규정어구 설정은 불필요한 것 같다)
그는 <u>잘 드는</u> 대패로 나무를 밀었다.(상황어)
연변은 <u>아름다운 고장이다.</u>(술어)
부사구는 상황어로만 될수 있다.
그는 칼을 <u>매우 잘</u> 갈았다.(상황어)
동사구는 상황어, 술어, 주어, 목적어로 될 수 있다.
소중한 진리를 <u>영원히 잃지 않도록</u> 싸우고 싸웠다.(상황어)
그 애는 <u>얼굴이 예쁘다.</u>(술어)
<u>얼굴을 소중히 여김이</u> 그 가문의 전통이다.(주어)
너희들은 <u>아무데서나 자랑하기 좋아함을</u> 삼가하라.(목적어)


이상의 구들이 일일이 어떤 성분으로 될 수 있다고 례를 드는 것은 영어의 리론이 조선어에 맞지 않음을 지적하기 위함이다.

영어에서는 명사가 절대로 술어로 될수 없고 동사가 절대로 주어, 목적어로 될수 없다. 그러므로 조선어에는 머리단어 리론이 맞지 않는다. 조선어는 명사이든, 동사이든 상관없이 모두 술어도 되고 주어도 되며 거의 모든 성분으로 된다. 어떤 성분이 되도록 구의 기능을 전환시키는 것은 토의 기능이지 머리단어의 기능이 아니다.

그러므로 구구조 규칙은 전혀 조선어에 맞는 것이 아니다.(p.103 참조)

또 구의 문법기능도 획일적으로 확정하기가 어렵다.

더구나 p.209에 례시한 것처럼 구구조를 보고 문장성분을 예측한다는 것은 불가능한 것이다.

영어의 주어는 [문장에 직속되는 명사구]이나 조선어에는 문장, 또는 동사에 직속되는 명사구가 주어, 목적어, 상황어, 술어가 다 될 수 있다.

영어의 목적어는 [동사구에 직속되는 명사구]로 유일하나 조선어에서는 동사에 직속되는 것이 주어, 목적어, 상황어가 있어 유일하지 않다.

그리하여 조선어 특성에 맞는 구구조 문법은 어떻게 설계해야 할지 사실은 하나도 해결되지 못하고 있다.

# "서술보조소" 부분 토론 요지

서술보조소는 세제, 상, 서법으로 이루어진다.


## 1. 시제와 시간

시제(tens)는 일정한 시점(말을 하고있는 시간)을 기준으로 사태의 시간적위치(말하고있는 지금 시간과 일치하면 현재, 앞이면 과거, 뒤면 미래)를 나타내는 문법적 범주이다. 이런 시제 개념에서 무엇보다도 중요한 것은 시제는 단순한 자연 시간(time)에 따른 앞뒤관계의 구분이 아니라 문법적 형태에 의한 시간적 자리매김이라는 점이다. 여기서 말하는 문법적 형태는 서구어에서는 굴절이고 우리말에서는 어미이다("았/었/였"과 "제로"의 대립). 일반적인 시간 단어로 나타나는 시간은 시제로 보지 않는다.

> 이 아이가 지금 사진을 찍는다.(현재-"제로"형태에 의해 표시됨)
> 이 사람이 어제 사진을 찍었다.(과거-토 "었"에 의해 표시됨)

"겠", "ㄹ 것", "리라" 따위가 미래를 나타내지 않는가 하는 우려도 있을 수 있으나 따지고 보면 이들은 "추측"의 의미를 나타냄이 본질적이다. 이 부분의 론술은 상당히 통속하면서도 세밀하여 설복력이 아주 강하다. "겠" 등이 미래 아니라는 증거는 다음 례문에 전형적으로 반영이 된다.

> 너는 북경 구경도 하였 <u>겠</u>구나.
> 　　　　　　　　　　과거 추정
> ("겠"이 미래라면 "었(과거)"과 충돌이 일어난다.)

요컨대 자연 시간은 현재, 과거, 미래가 있지만 한언어의 시제라는 것은 우선 형태에 의해 확연히 대립되는 체계를 이루는 만큼 해당 시제가 존재한다.조선어는 여러 모로 보아 과거, 현재(사실 미래가 포함된다) 두 가지로 나타났다.

이상의 것은 절대시제(absolute tens)인데 발화 시간을 기준으로 한 것이다. 조선어의 발화 시간이라는 것은 일반적으로 종결술어 위치에 나타난다.또 다른 한 가지 시제가 있는데 이 시제는 발화시간이 아닌 시점을 기준으로 하는 상대시제(relative tens)이다. 례를 들면

> 나는 어제 <u>룡정으로 가는</u> 최동무를 만났다.
> 　　　현재－발화시를　　　　발화시－과거
> 　　　기준으로 하여 보　　　종결술어
> 　　　면 그때 만날 때
> 　　　의 현재
> 　　　지금 와서 보면
> 　　　역시 과거임

절대시제, 상대시제 문제는 로씨아의 홀로도위치가 처음 제기했고 후에 여러 사람들이 주의하게 된 것이다.

시제 형태의 시간 지시 기능에 대하여 중시할 필요가 있다. 현재 시간이라고 하여 자연시간의 현재만 나타내는 것이 아니고 현재의 시간 길이도 똑같은 것은 아니다.

나는 시방 눈을 감는다.
우리는 시방 윷놀이를 한다.


"눈을 감"는 것은 상대적으로 짧은 시간이고 "윷놀이를 하"는 것은 상대적으로 긴 시간이지만 다 "현재"에 들어간다.


우리는 옛날부터 여기서 산다
해는 언제나 동쪽에서 뜬다.


윗 문장은 과거, 현재, 미래의 자연시간에 걸치나 "현재"이고 아래 문장은 시간이 무한대이지만 "현재"이다. 그러므로 시제로서의 현재와 자연 시간으로서의 시간은 좀 다른 데가 있다는 것을 명기해야 한다. 이것은 다른 언어의 시제에서도 흔히 볼 수 있는 현상이다.

반면에 "과거"는 과거에만 한정되여 쓰인다. 례를 들면 다음 말들은 비문이 되는데 그 리유가 바로 "과거"의 협소성 문제이다.


그이는 착한 사람이였다.
*그이는 지금 착한 사람이였다.
*그이는 앞으로 착한 사람이였다.


다만 특수 경우만이 자연시간의 현재나 미래를 가리킨다.


하늘에 지금 비행기 떴다, 잘 보아라.(현재)-떴으니 본다면 과거다.
이번 시험에도 또 일등 하기는 틀려먹었다.(미래)-사유활동의 시점을 시험친후로 예정하고 말한 것이면 역시 과거가 된다.

## 2. 상(aspect)

상은 한 사태가 일정한 시역 안에서 시간적으로 변화하는 양상을 나타내는 문법범주이다.

상은 우선 로씨어에 전형적으로 나타나 있는데 그것은 지속상(태)와 완료상(태)이다. 후에 다른 언어들에서 상을 도입하기는 하였으나 그 수단들이 문법적 수단(즉 문법적 형태)이 아닌 것이 있어 비난을 받다가 그대로 쓰는 언어도 있고 그만둔 언어도 있다. 영어의 경우는 진행상과 완성상이 기본적인 것이고 학자에 따라서는 시작상, 반복상, 다수상, 습관상, 순간상, 중단상, 고정상 등이 있으나 진행상, 완성상외에는 수단이 정규적이라고 하기 곤난하다. 조선어에서도 49년도 어문연구회 "조선어문법"까지 상(그 때는 "태"라고 하였음)이 제기되고 후에는 설정하지 않았다. 한국에서는 "표준국어문법"에서 "동작상"이라고 하여 "완료, 진행, 예정"의 세 상을 설정했다. 서정수는 보다 상세하게 구분하고 비교적 세밀한 론의를 하고있다.

상은 시제와 밀접히 관련되는 범주이다.

시제는 상황 밖의 기준시와 관련하여 그 상황의 시간적 위치만을 정해주는 구실을 하는데 반해서 상은 주어진 시간적 위치안에서 상황이 시간적으로 어떻게 변모하는지를 나타내는 것이다.

　　a. 그 애가 벌써 밥을 먹었다.
　　b. 그 애가 밥을 먹고 있었다.

시간적 위치는 다 과거에 속하고 a 는 과거 테두리 속에서 "끝났음"이 표시되고 b는 과거 시간 속에서 동작이 계속됨을 드러낸다. 또

　　a. 그 선수가 이제야 도착했다.
　　b. 그가 지금 테프를 [끊는다/끊고 있다].

a는 현재 완결상(?) b는 현재 진행상.

우에서 본 바와 같이 시제와 상은 같은 형태(“었” 같은 것)로 표시되는데 이것은 과거성 의미에 완결상적 의미가 내포되어있기 때문이다. 초점이 상에 맞추어질 때는 시제 의미는 약화된다고 볼 수 있다.

조선어의 상의 갈래는 기본적으로 완결상과 미완결상으로 나누어진다고 볼 수 있다. 완결상은 한 사태를 전체적인 한덩이로, 외부적인 관점에서 파악하고 비완결상은 상황의 내부적인 구조에 초점을 두고 그 위상이 어떤 모습으로 펼쳐지는가를 살핀다. 완결상은 형태 “었”으로 미완결상은 형태 “제로”, “고 있”으로 표시된다.

완결상은 상태성 용언과 결합될 경우 그 완결성이 잘 드러난다. “알았다, 믿었다, 남았다, 묻었다” 같은 것은 완결되고 상태지속이 있는 것이지 미완결 상태가 아니다.

비완결상은 진행상, 반복상, 습관상으로 더 나눌 수 있다는데 서정수는 설명의 편리를 위한 의미적 분류이지 비완결상의 하위분류는 아니라고 했다. 그러나 아래 내용을 보면 순수 의미적 분류라기 보다(“습관상”만은 의미적 분류이다) 동사의 의미특질에 제약을 받아 일부 동사의 경우(비상태성, 비순간성 동사는 진행상이 가능하나 기타 동사는 불가능) 진행상이 없다거나 하는 일들이 생긴다.


“*곱고 있다”, “*높고 있다”, “*있고 있다”


가 비문인 것은 상태성 용언에 진행상이 오지 못하기 때문이다.


“*서거하고 있다”, “*탄생하고 있다”


가 비문인 것은 순간성 동사에 진행상이 오지 않기 때문이다,

이것을 문법에서는 어휘 선택이라고 하고 이것을 문법형식(Bloomfield)이라

고 한다거나 문법적 특성(Chomsky)이라고 하였다. 사정이 이러하다면 순수 의미적인 것은 아니다. 반복상은 비상태성 용언에서만 나타난다. 습관상은 자기의 고정된 형태가 없거니와 다른 문법적 특질에 의해 어휘 선택이 이루지는 것도 아니여서 순수 의미적이라고 할수 있다. 순수 의미적인 것은 언제든 문법의 기술표준으로 삼을 수 없는 것이 지금까지의 관례이다. 이것은 의미를 아주 중시하는 생성문법에서도 아주 철저하다. 생성문법은 어떤 구조가 어떤 의미를 표현 한다하지 어떤 의미기에 어떤 구조가 나온다는 식의 설명을 피한다.

## 3. 서법(mood)

### 1) 용어 사용 문제

modal(modality라고 쓸 때는 때로 "서법"이란 의미가 있으나 포함하는 범위는 좀 다르다)은 일반적으로 "양태"라고 번역 되였는데 여기에는 긍정, 부정, 불확실성, 가능성 등이 포함되므로 적확한 용어가 되지 못하므로 신중히 써야 한다. "predicate auxiliary"는 서정수가 만든 술어로서 직역하면 "술어 조동사"가 된다. 물론 저작에서 새 술어를 만들수도 있으나 관례에 없으므로 리해하는 데 시간이 소요된다. 이 술어는 좋다, 나쁘다는 평론을 하기는 아직 이르다. 각국 학자들이 이 체계를 납득하고 수용할 때만이 류행될수 있다.

"서법"은 일본어의 술어를 그대로 가져 온 것인데 漢語에서는 式, 語氣라고 번역하며 북조선과 중국에서도 식(서술식, 의문식, 명령식, 권유식)이라고 한다.

### 2) 서법의 개념과 범위

화자가 문장의 내용에 대하여 가지는 정신적 태도를 나타내는 문법적범주가 서법이다. 서법은 화자가 말하게 되는 사물에 대한 태도를 표시하는 범주라고도 한다.

영어에는 진술법(공동식, 현실식), 명령법, 의문법, 가정법, 념원법, 강제법("언어 및 언어학 사전" p.220) 등이 있다고 하나 지금의 영어문법들에서는 체계적인 서술이 적다. "日本文法大辭典"(松村明 編, 1971년, p.765)에서는 "문법범주의 하나. mood를 번역한 말. 法, 敍法이라 한다. 동사가 나타내는 동작, 상태에 대하여 화자의 심적태도(mental attitude)의 종류를 나타내기 위하여 그 동사가 취하는 어형변화를 가리켜 이른다. 인도-구라파어에는 직설법, 가정법, 명령법, 기원법, 조건법, 가능법, 不定法, 허가법, 강제법 등 구별을 하나 지금은 직설법, 가정법, 명령법에 그치는 수가 많다. 일본어는 서구의 법을 말하나 동사활용과 함께 다루어 종지법(1, 2, 3), 부정법, 명령법으로 대별하고 각 부분에 또 련체법, 중지법, 련용법, 명사법 들을 들고 있다."

조선어의 서법 개념은 "말하는이의 심리적 태도를 나타내는 범주라고 할 수 있는데 거기에 포함되는 몇 가지를 보면 (1) 말하는 이의 심리적 태도는 명제 내용에 대한 태도와 말하는 이 자신의 언어적 행위를 표출하는 것을 포함한다. (2) 서법적문법 범주는 문말 형태와 비문말 서법 형태를 다 포함한다. (3) 부사어나 그 밖의 어휘는 비록 서법의미를 나타내더라도 서법으로 치지 않는다."

서법이 이러한 개념을 가지고 있다면 조선어의 서법의 범위는 어디까지 포괄할수 있는가?

서법은 주어에 대한 태도와 관련되는 인식적서법(명제적서법)과 말하는 자신에 관한 태도와 관련되는 사건적서법(행위적서법) 두 가지로 갈린다. 또 분포에 따라서는 문말 서법과 비문말서법으로 갈린다. 이것은 p.302에 도표로 나와있다.

## 3) 비문말 서법

비문말 서법은 다시 추정법, 의도법, 알림법으로 나뉘며 그들의 형태는 각각 "겠", "ㄹ 것이", "ㄹ 거", "리", "더"로 한것은 다 타당성을 가질 뿐만 아니라 일부 면에서 새로운 착상이 있다. 1인칭에서는 같은 형태가 의도법을 나타내고 2, 3인칭에서 추정법으로 된다는 론의는 문법 사실을 잘 포착한 사례가 되며 "ㄹ 것이"를 문법적 형태로 보는것은 아주 진보적인 견해라고 본다. p324에 나오는 "더"의 事件時와 知覺時의 구분도 새로운 시도며 일부 언어 규칙을 해석할 수 있고 p.326의 "더"의 기본기능에 관한 탐구 등은 진지한 것이다.

여기에서 문법적형태로 되고 안되는 표준을 좀 살펴볼 필요가 있다. (1) 해당 어음외피에 의해 나타나는 문법적 의미가 체계적인 범주를 이루는가? 그렇다면 문법형태로 될 가능성이 많다. 례를 들면 "친구가 래일 올 것이다"(추정)은 "거기는 지금 비가 오겠다"(추정)와 같이 같은 의미를 나타내며 "밖에는 지금 비가 온다"(단순 서술)와 대조를 이루어 다른 체계를 만든다. 이렇게 보면 서정수가 당분간 어휘적 형태라고 하여 문법적 형태라는 결론을 내리 못하고 있는 "듯 하다, 듯 싶다, 성(상) 싶다, 모양이다, 것 같다"도 모두 문법형태로 볼 수 있다. 왜나하면 이들 형식들이 이렇게 쓰일 때는 추정의 의미밖에 다른 뜻을 나타내지 않는다. (2) 문법적 형태는 어휘적 수단이 아닌 문법적 수단이여야 한다는 것이다. 어휘적 수단인가, 아닌가는 첫째로 문장에서 독립성분으로 되는 경우가 있는가 없는가를 보며 둘째로는 자유로운 단어결합인가 공고한 융합적 형태인가를 보아야 하며 셋째로 때로 독립성분으로 쓰이는 경우가 있다면 문법적 형태로 쓰일 때와 같은 의미로 쓰이는가 아닌가를 보아야 한다. 이렇게 볼 때 우에서 본 것 외에도 조선어의 많은 고정된 형식들이 문법형태의 자격을 가지며 따라서 새 범주가 세워질수 있다. 우리는 지금까지 너무 남의것에 얽매여 있어 조선어의 고유 문법범주를 루락하고 있다.그 례의 하나가 가능성 범주이다. "나는 그 일을 할 수 있다"의 "ㄹ 수 있"은 비문말 형태이며 가능성의 의미를 가지고 명제적 서법을 나타낸다. 영어에서는 have를 본동사로서 "가지다"의 의미를 인정하는 동시에 많은 문법적의미의 표시에 가담하는것을 부정하지 않는다. 말은 명백히 문법적형태라고 하지 않지만 시제와 피동의미 같은 문법적 의미를 나타내는데 참가한다고 보는 것은 그렇게 쓰일 때는 문법적형태로 본 것과 별반 다름이 없다고 할 수 있다.


## 4) 문말서법

문말서법의 분류, 형태는 p.332에 나와있다. 감탄식이 서술식과 대등한 급의 식이 아니라 서술식의 하위범주라는 것, 확인서술법이 필요하다는 것, 약속법을 따로 내온 것, 의문법과 명령법의 하위범주설정 등에서 모두 상세한 설명이 있고 많은 새 연구 성과들이 도입되고있다. 문말 서법은 종래 식으로 써왔으므로 생소한 감이 적고 접수하기 쉬운듯하다.

# "명사구와 명사" 부분 토론 요지

## 1. 명사구와 체언, 관형어의 관계

명사구란 체언을 머리로 하고 앞에 관형어를 임의로 거느린 구조이다. 그러므로 명사구란 사실 "체언구"라고 해야 정확할것이나 관례가 명사구라고 하여 명사구라고 부를 뿐이다.

명사구는 또 관형어를 임의로 가진 것이므로 관형어까지 포괄하여 명사구가 되는 셈이다. 그런데 조선어의 경우 서구 언어와 크게 다른 점이란 이린 관형어가 동사, 형용사의 규정형을 포괄하는 것이다. 서구 언어에서 농사는 명사구의 조성부분으로 될 수가 없다.

명사구는 또 하나의 체언으로 된 것도 명사구로 볼 수 있다.

명사구는 관형어를 가지더라도 그 문법적 기능은 주로 명사의 기능을 지니게 된다.

## 2. 명사구의 기능

서정수는 명사구의 주된 기능이 주어,  목적어 기능이라고 했으나 우리는 그렇게 볼수 없다. 왜냐면 우에서도 말한바 있지만 명사의 주어,  목적어 기능은 명사의 본 기능이고 관형어, 부사어, 술어 기능(서정수는 이 기능을 보어 기능이라고 했다)은 본 기능이 아니라는데 동의할 수 없기 때문이다.

사실 명사는 부사어, 술어로도 되는 것이 그 본 기능이다. 명사가 부사어로 되는 경우에 대하여 서정수는 명사구의 수식 기능이라고 했다.

그이는 학교에 갔다. →"그이는 학교 갔다"로도 되는데 이것이 명사의 주 기능이 아니라고 했는데 그 근거가 든든하지 못하다.

그이는 집에서 자고 있다. →*"그이는 집 자고 있다"(진행장소)와

물이 술로 변했다. →*"물이 술 변했다."(변화형성)는 잘 통하지 않는데 이 경우를 내놓고는 기타의 부사어 경우는 모두 "조사"(서정수는 부사어 조성의 조사는 후치사라 했다) 없이도 부사어 기능을 나타낸다.

명사구가 술어로 되는 것도 그 본 기능이지 변환소를 써서 되는것이 아님을 밝힐 필요가 있다. 이것은 체언 뒤에 체언 전성토 "이"(서정수는 "이"를 지정사로 보았고 그와 함께 결합된 술어를 "이"를 제외하고 "보어"로 보았다)를 쓰지 않고도 술어 기능을 하는데서 충분히 볼 수 있다.

너는 학생, 나는 교원, 서로의 신분은 달라도 나라 일 걱정은 매 한가지이다.

밑줄을 그은 두 문장은 "이"를 쓰지 않고 주술관계를 표현한 것이다. 여기에서 "학생", "교원"은 각각 술어임에 틀림이 없다.

## 3. "지정사" "이다"와 "보어"설에 대하여

우리는 무엇때문에 서정수의 "지정사"설과 "보어"설에 따를 수 없는가? 그 리유는 아래의 몇 가지가 있다. 첫째, 하나의 문장성분이 되자면 우선 자립적으로 사용되여야 하는데 "보어"나 "지정사"는 그 단독으로 하나의 성분이 될 때가 없고 언제나 다른것("이"나 체언)의 보충을 받아야 자립성이 있는 단위로 된다. 둘째, 조선어의 성분은 흔히 위치바꿈을 할 수 있고(위치이동시 규정어는 피규정어와 함께 이동된다) 생략도 가능하다 주어,  목적어, 상황어가 모두 각각 위치이동을 할 수 있다.

> 나비가 홍겹게 꽃사이를 난다
> > → 꽃사이를 나비가 홍겹게 난다
> > 나비가 꽃사이를 홍겹게 난다.
> > 난다, 나비가 홍겹게 꽃사이를.(시)

그 중의 어느 하나를 생략해도 말이 된다.

> > 홍겹게 꽃사이를 난다.
> > 나비가 꽃사이를 난다.
> > 나비가 꽃사이를 홍겹게.(표제어)

그러나 "보어"와 "지정사" 사이에는 절대 이런 일이 불가능하다.

> 그 사람은 여느 바보이다.
> > → *그 사람은 여느 이다.("이다"는 성분도 안되고 전
> > 체 문장이 비문이 되고 만다)
> > 그 사람은 여느 바보(이 때는 "바보"는 술어로 된다.)

셋째, 성분과 성분 사이에는 보통 휴지가 오며 력점이 온다. "바보이다"
는 두개 성분이라고("보어", "술어") 하면서도 휴지도 없고 두개의 력점이 나
타나지도 않는다. 넷째,  다른 성분이 성분과 성분 사이에 끼일 수 있으나
"보어"와 "이다" 사이에는 다른 성분이 끼일 수 없다.


봄에는 산마다 진달래가 핀다.
　상　　　상　　　주　　　술
봄에는 이곳의 산마다 아름다운 진달래가 곱게 핀다.
　규　　　　　규　　　　　　상


이렇게 성분 사이에 다른 성분이 삽입될 수 있으나 "보어"와 "이다" 사
이에는 다른 성분이 끼일 수 없다.


이것은 책상이다→*이것은 책상 아주 이다, *이것은 책상 진짜이다.


그러나 다 같은 "보어"라도 "아니다"의 경우는 다른 성분이 끼일 수 있다.


이것은 책상이 아니다.
　→이것은 책상이 분명 아니다.(이것은 분명 책상이 아니다)
　　이것은 책상이 절대 아니다.(이것은 절대 책상이 아니다)


이렇게 보면 "아니다"는 비록 "이다"의 부정형식이지만 단어의 자격을
가지며 따라서 문장성분의 자격도 가진다. "아니다" 앞에 오는 체언 성분은
동시에 문장성분의 자격을 가질 수 있다. 이때의 문장성분을 "보어"라고 하
겠는지 아니면 체언 술어 문장의 부정형식이라고 하겠는지는 더 고려해볼
필요가 있으나 아무튼 문장성분의 자격은 가진다고 볼 수 있다.

## 4. 명사구의 수식기능

명사구의 수식기능에는 체언 한정어인 관형어와 동사 한정어인 부사어를 포함한다.

그런데 명사구의 정의가 "체언을 머리로 하고 앞에 관형어를 임의로 거느린 구조"라고 한데 비추어보면 관형어는 명사구 안에 포괄되는 것이다. 정의를 내린 p.435에도 관형어가 들어간 명사구를 례문으로 들고 있다.

<u>앞쪽의 하나가 뒤쪽의 둘 보다</u> 더 비싸다.
관형어 + 수사       관형어 + 수사
명사구              명사구

그러므로 여기서 말하는 명사구의 수식기능이란 관형어를 가지고 있는 것을 포함한 전체 명사구가 관형어와 부사어로 되는 경우의 수식기능을 말하는 것이다.

## 5. 명사와 기타 기능

체언의 유정성과 무정성, 인간체언, 체언의 수 및 성에 대한 론의는 잘되였다고 보아진다.

특히 복수범주를 부정하였는데 이것은 조선어 사실에 맞는 것이라고 본다. 그러면 "들"의 귀속문제가 제기되는데 복수범주를 인정하지 않는한 도움토에 귀속하는 수밖에 없다고 생각된다.

## 6. 명사의 가름

일반명사, 의존명사, 고유명사를 들고 있는데 여기에 유정명사를 하나 더 넣고 체언의 "유정성"을 취소하는 것이 좋다.

### 1) 일반명사

일반명사는 다시 실체성명사와 비실체성명사, 시간명사와 처소명사, 비시간 비처소명사로 나누었는데 명사의 하위분류를 위하여 새로운 시도를 했다고 볼 수 있다.

실체성명사란 물체 물질따위를 가리키는 전형적 명사이고 비실체성명사란 의미면에서 동작성이나 상태성을 가진 명사라고 했다. 그런 다음 이들 명사들의 부동한 문법적 특성을 지적했는데 첫째, "실체성명사 + 하다"가 어울릴 수 없으나 비실체성명사는 가능하다는 것이다. 얼핏 보기에는 그런것 같으나 실체성명사인 "밥, 나무, 머리, 떡, 술, 자리" 등에는 "하다"가 곧잘 붙으며 비실체성명사 "웃음, 잠, 춤" 등에는 "하다"가 붙지 못한다. 그러므로 좀더 조사할 것이 요구되기도 하거니와 문법적 특성을 고려할 때 단어조성측면의 것을 들고나오는 것은 어쩐지 문법적 특성과 거리가 있는 것으로 생각된다. 단어조성까지는 어휘적 질서의 문제이고 단어의 형태나 단어와 단어사이의 문제만이 진정으로 문법의 문제라고 볼 수 있다. 둘째, 실체명사는 시간어 따위와 어울려 서술 기능을 드러내지 못하나 비실체성명사는 웬만큼 한다는 것이다. 이렇게 "웬만큼"한다는 것은 사실 문법 특성으로 내세우기 곤난하다. 셋째로 "되다"와의 어울림에서도 차이를 보인다. 실체명사는 "가 되다, 로 되다"가 되나 비실체 명사는 "가 되다"밖에 안된다는것이다. 기실 상태성을 나타내는 비실체성명사 "평온, 소란, 평탄, 건강"따위에는 "되다"가 오지 못하며 실체성 명사에도 "되다"가 오지 못하는 경우가 있다.

례컨대, "$^?$자유가 되다, $^?$자유로 되다, $^?$심리가 되다, $^?$심리로 되다"는 다 어색한 것이다. 이 문제도 "하다"문제와 같이 단어조성측면의 문제인데 여기에서 문법적 규칙을 찾으려고 하는것은 어쩐지 격에 맞지 않는것 같다. 넷째로 비실체성 명사는 "을/를 가다/오다" 형식으로 쓰일 수가 있다. 이것도 개별어휘에 한한 것이지 비실체명사에 다 맞는 것이 아니다. 비실체명사 "동작, 경주, 부탁, 씨름, 뜀뛰기, 노래" 등 많은 명사에 "을/를 가다/오"를 쓸 수 없다. 이렇다면 이것은 문법적 특성이라고 할 수가 없는 것이다. 다섯째도 "질, 화" 접미사문제를 들고 있는데 역시 례외가 많고 되는 것이 적다.

그러므로 실체명사·비실체명사의 구별은 무의미한 것으로 되였으며 문법적 특성도 밝히지 못했다. 이 문제에서 중요한 교훈이라면 첫째, 문법적 특성을 연구할 때는 단어조성층차에 매달리지 말며 둘째, 명사의 어떤 류가 어떤 토와 결합하지 않는가? 어떤 문장성분으로 되고 안되는가를 실험해야 하며 셋째로 피상적으로 그러려니 생각 말고 적어도 상용 명사 2만개 정도를 가지고 각 부동한 경우에(환경 또는 분포) 적용시켜 보고 일일이 기록하여 최종적으로 종합하고 결론을 내려야 한다. 결론은 가능하게 여러번 수정될 수 있고 실험도 여러 차례 반복될 수 있다는 것을 예측해야 한다.

실체성명사의 아래에 시간명사와 처소 명사가 하위범주로 소속된다. 여기의 설명은 잘된 셈이며 시점, 기간의 구분과 시간, 처소 명사의 상호 넘나듦에 관한 론의는 계발을 많이 준다.

비시간명사, 비처소 명사를 구분하고 있는데 이 때의 분류는 실체명사와 비실체명사를 포괄하여 나눈 것 같다. 무릇 분류에서 층차성과 배타성을 고려하지 않으면 왕왕 분류가 무의미한 것으로 될 수 있다. 그리고 비시간, 비처소명사의 경우 "에"를 붙여 시간부사어나 처소부사어가 되지 않는다는 것도 다 그런 것 같지 않다.

풀에 이슬이 맺혔다.("풀"은 시간명사나 처소명사로 볼 수 없으니 비시간, 비처소 명사라 할수 있으나 "풀에"는 엄연한 처소부사어이다.)

　　반대로 시간명사와 처소명사는 언제나 시간, 처소부사어로만 되듯이 말했는데 이것도 전적으로 그런 것 같지 않다.

　　　　그는 직장에 재미를 붙였다.(“직장”은 처소명사, “직장에”는 처소부사어
　　는 아니다.)
　　　　그는 생일에 깊은 흥미를 가지고 있다.(“생일”은 시간명사, “생일에”는
　　시간부사어는 아니다.)

　　이 문제에서 완전한 설명을 줄 수 없는 원인은 첫째 언어사실에 대한 자세한 고찰이 부족한 것이고 둘째, 더욱 중요한 것은 앞에 시간명사, 처소명사가 오는 것만 보고 뒤에 오는 용언의 특질을 고려하지 못한 것이다. 우에서 본바와 같이 같은 시간명사나 처소명사라도 뒤에 오는 체언이 다르면 다른 성분으로 되기 쉬운 것이다. 가령 우의 두 문장에서 동사만 바꾸면 영락없이 시간, 처소부사어로 될 수 있는 것이다.

　　　　그는 직장에 간다.(“직장에”는 처소부사어)
　　　　그는 생일에 앓는다.(“생일에”는 시간부사어)

　　저자는 이 문제와 관련하여 “일반 사물명사와 추상명사는…다른 낱말과의 어울림관계에서 각기 다른 특성을 드러내는 것이 있다. 그러나 그것들이 각기 구문론적으로 하위 구분이 되여야 할 만한 뚜렷한 근거는 아직 제시되기 어렵다.”고 했는데 지금까지의 연구는 참으로 미흡한 것만은 사실이다. 앞으로 많은 사례를 가지고 하위 구분이 되기를 기대해본다.


## 2) 의존명사(불완전명사)

　　의존명사의 식별기준을 잘 터득할 필요가 있으며 실천적인 문제들을 해결할 때 이 기준을 잘 리용해야 한다.

의존명사의 식별기준은 "(1) 으뜸기준 : 의존명사는 반드시 앞의 관형어와 어울린다. (2) 보조기준 : 의존명사는 일반으로 그 뒤에 조사나 지정사를 수반한다."

앞의 관형어는 관형사, 용언의 관형형(규정형), 체언의 관형형(속격 "의"), 체언 자체, 용언의 명사형 등이다. 다음 몇 가지 사례를 가지고 의존명사를 판정해본다.

ㄹ수록-그이는 늙을수록 생각이 깊었다.

*그이는 늙던수록 생각이 깊었다. *그이는 늙은수록 생각이 깊었다.("수록" 앞에는 용언토 "ㄹ"만 올 수 있다. *"새 수록", *"우리의 수록", *"대추 수록", *"날 밝기수록"이 모두 비문이 된다). 그이는 늙을수록(*에/*의) 생각이 깊었다.("ㄹ 수록" 뒤에 모든 체언토들이 오지 못한다.)

두 가지 표준을 다 적용해보아도 의존명사 같지 않으므로 어미(토)로 보게 된다.

ㄴ가, ㄹ가, 던가-앞성분이 규정토(관형화소) 같고 뒤 성분이 의존명사 같다.

력사적으로도 의존명사인적이 있다.-사람가

지금은 단순 규정어 아래만 오는 것도 아니다.

*어떻게 한가?

어떻게 하였는가?(시칭토 아래 왔다)

이리하여 이들도 의존명사라 보지 않고 어미로 본다.

나는 그를 안지가 10년도 더 된다-"알다+은+지", "지" 앞에 관형어가 오고 뒤에 조사가 오므로 전형적인 의존명사라 할 수 있다.

어떤 명사는 완전명사이면서 의존명사처럼 쓰이는 일도 있다. 이것도 경우를 밝혀 의존명사 여부를 판정해야 한다.

봄에는 훈훈한 바람이 계속 분다.(이때 "바람"은 완전명사)
날씨가 갑자기 추워지는 바람에 감기에 걸리는 사람들이 많다.(여기 "바람"은 규정어 뒤에 왔으며 토 "에"를 붙이며 의미적으로도 "원인"을 나타내여 의존명사이다.)
그 지경이면 진작 상급에 보고를 해야 했을걸 그러네("지경"은 완전명사)
나는 요지음 일이 딸리여 죽을 지경이다.("ㄹ 지경"형태로 불완전 명사적으로 쓰인 것이다. 의미도 "경우, 형편, 정도"의 뜻으로 변했다."조선말대사전"은 규정어나 지시대명사와 함께 쓰인다고  했으나 의존명사라고는 하지 않았다.)

어떤 의존명사는 조사나 지정사가 딸리는 일이 없이도 쓰인다.

교원 겸 기자—이 때는 아무런 토도 오지 못하고 앞뒤를 련계하는 작용을 하므로 접속부사로 보기 쉽다. 그런데 또
친구도 만날겸, 곳구경도 할겸 해서 여기로 왔다—"겸" 앞에 규정해주는 형태가 왔다. 뒤에는 여전히 아무런 토가 오지 못한다.

조사나 지정사들이 딸리지 못하는 의존 명사는 이외에도 "듯 하다", "만 하다", "상 싶다", "사 하다", "법 하다" 따위가 있다. 이런 류에 대하여 최현배는 동사(듯하다)라고 보았으나 사실은 의존명사이다. "듯" 같은것은 수식토로까지 되는데 이 때는 규정토 없이도 쓰인다.

모든 강물이 바다로 흐르듯 사람들의 마음도 어느 한곬으로 모아졌다.

이와 관련된 학계의 일반 처리는 "갈듯하다", "알만하다" 식으로 묶어 동사로 하나 문제가 없는것은 아니다. 례를 들면 "그럴듯하다"는 형용사로 올

리고 있으나 "좋을듯하다", "부족할듯하다" 따위는 그렇게 하지 않았다. 한 가지 출로는 규정형과 함께 묶어서 다루고 일정한 법의 의미체계를 발굴해 보는 것이다.

　　ㄹ/ㄴ 듯하다—추정형식
　　ㄹ만 하다—가능성형식 등

　일부 명사들은 그 쓰임이 심히 제한되여있어 의존명사로 볼 가능성이 많다. 례를 들면

　　그렇게 하다가는 씨름에서 지기 일쑤이다.("지기가 일쑤이다"처럼 앞에 주격토 "가"가 온 점으로 보아 규정어 아니며 따라서 "일쑤"도 의존명사 아니다.)
　　저렇게 하면 돈을 날리기 십상이다.("날리기가 십상이다"로 보면 "십상" 도 의존명사 아니다.)

　명사의 가름에서 마지막 한 종류로 되는 것이 고유명사이다. 고유명사의 정의를 "하나밖에 없는 대상을 가리키는 말"이라고 할 때는 문제가 생길수 있다. 례를 들면 "해"는 하나밖에 없는 것이지만 고유명사라고 하기 어렵다. 또 "사람 이름이나 단체 이름, 땅, 산, 강 등의 이름을 나타내는 특정명사" 라고 하는 말에서 단체이름이 곧 고유명사라고 하는 것은 엄밀한 의미에서 문제가 있다. "연변대학"을 분석해보면 "연변"은 곳 이름이므로 고유명사가 되고 "대학"은 보통명사로서 자체의 개념을 가지고 있다. 그러므로 명칭은 엄밀한 의미에서의 고유명사가 아니고 고유명사와 보통명사의 결합으로 된 것이다. 이상의 시끄러움이 있기때문에 "같은 부류의 대상과 구별하기 위하 여 이름지어주는 명사를 고유명사라 한다."고 하는 것이다.

# "대명사와 수사와 관형사" 부분 토론 요지

## 1. 대명사

### 1) 대명사의 정의 문제

전통문법에서는 "대명사는 명사 또는 명사구를 대신할 수 있는 품사"라고 정의한다. 이 정의에 부족한 감을 느껴(명사를 대신할 수 있다면 문법적으로 명사와 다른 것이 없으므로 명사의 한 부류로 할 수 있는 잘못이 있을 수 있다) "문맥과 상황(장면)에 따라 대상을 가리키는 품사"를 대명사라고 하였었으나 이것도 부족점이 있다고 생각되어(사실 언어의 모든 단어는 다 지시기능을 가지고 있는데 대명사만 그렇다고 말하기 어렵다) "화자를 기준으로 한 관계개념을 나타낸다는 점에서는 다른 단어들과 다르다"고 보고 대명사는 "화자와 事柄(사실, 사정)과의 관계개념을 화자의 립장에서 표현한 것이다"라고 하였다(時技誠記"日本文法口語篇"). 본 문법서에는 제1, 제2의 정의가 혼합되어 있고 제3의 정의는 고려하지 않았다. 이때까지의 우리의 정의는 "문맥과 장면에 따라 대상을 지시하는 품사"로 되여 있는데 제2의 정의를 택한 것이다. 그러나 제1의 정의는 채납하지 않았다.

## 2) 명사와 대명사의 가림 문제

명사와 대명사가 모두 체언이며 때로 명사가 지시기능을 놀므로 대명사인지 아닌지를 확정하기 어려울 때가 있다.

우선 어느 언어나 대명사는 그 개수가 많지 않으며 생산적이 아닌 페쇄된 어휘 부류이라는 것에 주의를 돌려 되는대로 대명사라고 확정하지 말아야 한다. 둘째로 대명사는 문맥과 장면에 따른 지시 기능만 있고 다른 의미가 더 없다. 그러나 지시기능을 갖춘 명사는 문맥과 장면에 따른 지시기능이 아닌 다른 지시기능을 가졌거나 또 다른 의미들을 더 가지고 있다.

선생님, 안녕하십니까?—"선생님"은 "김아무개"라는 이름 대신에 쓴 것이 지시기능을 나타낸 것이다. 그러나 "선생님"은 사회관계의 각도에서 한 직업에 종사하는 사람을 가리킨 것이며 "지식이 많고 남을 가르치는 일을 하는 한 부류의 사람이란 뜻도 내포되여 있다. 그러므로 대명사가 아니다.

동무 이름이 무엇이요?—"동무"에 "친한 사이, 동지적 관계"라는 뜻이 더 있다.

남은 생각지도 않는데 서두르긴.—"남"에는 "친척이 아닌 사람"이란 뜻이 더 있다.

그는 자신의 힘을 믿었다.—"자신"에 "제 몸"이란 뜻이 더 있다.

자동차는 자체의 무게를 견딜 수 없었다.—"자체"에는 "그 물건 자체"라는 뜻이 더 있다.

임자 나이 얼마라 했소?—"임자"는 남북이 모두 대명사로 보나 "물건을 소유하는 사람"이란 뜻으로 사용될 때는 명사이다.(이 책의 임자를 찾아서 되돌려 주시오.)

이이, 그이, 저이, 이분, 그분, 저분, 이애, 그애, 저애, 이양반, 저양반, 그양반, 어르신 등이 같은 실례에 속한다고 본다.

## 3) 대명사의 분류 문제

대명사를 보통 인칭대명사, 지시대명사, 의문대명사, 재귀대명사로 나누고 의문대명사에서 미정(부정칭)의 의미를 서술하였다. 이렇게 한 결과 일부 분류가 교조화되어 사실의 진상을 밝히는데 불리하였다. 그 일례로 1, 2인칭과 3인칭 계선이 모호해졌고 지시대명사, 의문대명사, 재귀대명사를 설명할 때는 인칭을 말하지 않았다. 사실 이들은 다 3인칭에 속하는 것이다.

인칭대명사 내부에서 1, 2인칭을 하나의 틀에 넣고 설명하기때문에 1인칭에서는 보통말(예사말)과 낮춤말(겸사말)로 갈라지나 2인칭에 가서는 아주낮춤, 보통낮춤, 보통높임, 아주높임을 가릴 수 없었다.

## 4) 조선어 대명사의 범주적 특성 문제

조선어 대명사는 인칭대명사가 문장구조에 영향을 줄뿐 기타는 문장구조에 지배력이 없다. 인칭대명사는 높임과 낮춤의 구별이 있으므로 관련 문장성분들은 그에 알맞는 일치관계를 나타내야 한다.

  *저는 그만 집으로 가겠다. → 저는… 가겠습니다.
  *그대들이 수고 많았으이. → 그대들이… 많으셨으이.
  *나는 그 일을 모릅니다. → 저는 그 일을 모릅니다.

그러나 영어에서는 우선 대명사 자체가 부동한 격 형태를 취할 수 있고

  주  격-I(나), you(너), he(그), she(그녀), it(그것), we(우리)
  목적격-me, him, her, us, them(그들)
  소유격-my, mine, your, his, hersits, our

또 1, 2인칭과 복수를 한편으로 하고 단수 3인칭을 한편으로 하여 긍정,

부정, 의문식이 다른 조동사를 선택하며 인칭에 따라 조동사 be의 부동한 형태가(am, are, is) 나타나고 그와 동시에 시칭형태들이 따라 변하며 피동형태도 변한다. 그러므로 대명사는 영어의 모든 문장구조에 깊이 침투하여 그것을 구조적으로 조종하고 있다고 볼 수 있다. 그리하여 영어에서는 대명사를 문법적 형태소로 보는 견해가 보편적이다.

여기에 비교하면 조선어의 대명사는 인칭대명사만이 일부 구조적 조종을 하고 기타는 문장구조에 무관하다고 볼 수 있다. 이것은 다른 서구 언어와 다른 점이다. 그리하여 대명사에 관한 서술이 다른 언어처럼 복잡하지 않은 것이다. 그리고 조선어의 대명사는 문법적 형태소라고 볼 근거가 미약하다.


## 2. 수사


수사는 수와 량을 나타내며 10진법에 의하여 계산단위로 될 수 있는 것이 수사이다. 수적 의미가 있어도 계산의 단위로 되지 못하면 수사가 아니라 명사로 된다. 례를 들면

하루, 이틀, 사흘, 나흘, 닷새, 엿새, 이레, 여드레, 아흐레－날짜와 관련되여 쓰이는 말로서 수량수사로 보자면 "책상 하나, 걸상 두개"처럼 뒤자리를 메울 수 있어야 하는데 사정은 그렇지 못하다.

"<sup>?</sup>날짜 하루, <sup>?</sup>날짜 이틀"은 의심스럽고 "<sup>*</sup>책상 하루, 걸상 이틀"은 전혀 안된다. 또 차례수사가 아니겠는가도 생각해볼 수 있는데 그러자면 "첫째 사람, 둘째 사람"처럼 앞자리를 메울 수 있어야 하는데 사실 곤난하다.

"하루 날, 이틀 날"은 되는 것이나 이미 단어화 되고 이와 같은 방법으로

이루어지는 결합 중 아직 단어라 보기 힘든 "여드레 날, 아흐레 날" 등이
있다. 날짜가 아니고 다른 대상일 때는 전혀 안 되는 것이다.
　"*하루 사람, *이틀 사람"


　　이태－2년이란 뜻으로만 쓰인다.
　　하릅, 사릅－소의 나이를 표시하는 데만 쓰인다.
　　여럿－사람에 한하여서만 쓰인다. "*책상 여럿", "*여럿 책상"은 불가능
한 것이다.
　　모두－"본래 부사인데 조사가 붙을 수 있으므로 수사로 본다"는것은 타
당성이 없다고 본다. "우리 모두가 학생이다"의 경우 "가"가 왔지만 여전히
부사로 쓰인 것이다. 이것은 "어느덧에 여름이 되였다"의 "어느덧에"를 부
사로 볼 수밖에 없는 경우와 같다. 그리고 "모두"는 "*사람 모두", "*모두
사람"이 다 되지 않으므로 수사의 분포 위치에 오는 것이 아니다. 따라서
수사로 되는 경우는 없다고 볼 수 있다.
　　얼마－의문대명사로는 되나 의문수사로는 되지 않는 리유가 바로 계산의
단위로 못되기 때문이다. "사람 하나", "한 사람"은 가능하나 "*사람 얼마,
*얼마 사람", "*수효 얼마, *얼마 수효"는 불가능하다. "수효가 얼마입니까?"
는 바로 "얼마"가 수사가 아니라 명사라는 것을 밝혀주고있다. 수사와 명사
의 분포관계는 "책상 하나", "한 책상"이 전형적이고 그 사이에 토가 끼이
지 않는 것이다.
　　몇－"몇 사람, 몇 동네"처럼 앞에 나타날 때는 자연스러우나 "²사람 몇",
"²동네 몇"은 의심스러우며 "사람 하나, 한 사람"처럼 자연스럽지 못하다.
　　다수, 소수, 전수, 반, 반수－같은 리유로 수사라고 보기 힘들다.


## 3. 관형사와 관형어


　관형사는 체언의 관형어를 이룰 수 있는 한 부류인데 관형어에는 관형사,
용언, 체언이 들어갈 수 있다. 그중 관형사는 체언의 관형어로만 쓰이는(술

어로 쓰이는 때가 없다) 품사이다. 그런데 본 문법서는 지시대명사에 나왔던 "이, 그, 저"를 포함시키고 있으나 수사의 규정어형 "한, 두, 다섯, 하나의"(남기심, 고영근의 '표준국어문법'에서는 수관형사라 하였다) 따위는 관형어로는 볼 수 있으나 관형사는 아니라고 하였다.

"이, 그, 저"를 두 곳에서 다 다루면서 그렇게 하는 리유를 대명사로 쓸 때는 조사가 붙으나 관형사로 쓸 때는 조사가 붙지 않는다는 것이다.(왠일인지 대명사에 "이"는 빠져있으나 사실은 "이를 두고 근심할건 없다", "이와 다른 해결책은 무엇인가?"와 같이 쓰일 수 있으므로 대명사 자격이 당당하다)

"이, 그, 저"가 관형어로 쓰일 때는 확실히 조사가 오지 않는다. 그러나 "관형사는 술어로 되지 않는다"는 규칙에 "그"는 들어맞지 않는다.

> 언제나 락관적인 그였다.("그였다"는 술어이다, 관점에 따라 "이다"를 지정사로 보더라도 "그"는 보어가 되므로 관형사는 다른 성분으로 되지 않고 관형어로만 된다는 규칙에도 맞지 않는다)

물론 "이, 저"의 경우는 술어로 되는 일이 없다.(*전번에 만난 사람이 이였다. *그번에 알게 된 친구가 저였다) 그러나 목적어, 부사어로는 될 수 있다.

> 사정은 이와 달라 많은 곤난에 봉착했다.
> 일이 잘 되지 않아 그와 상론해보았으나 뾰죽한 수는 없었다.
> 그일이 저와 다르게는 되지 않을 것이다
> 그는 이를 목표로 하고 30년 분투했다.
> 그들 주위에 한 오리 실개천이 흐른다.

이상으로 보아 관형사로 되기 어려우니 대명사로만 하는 것이 좋을듯하다. "무슨"은 "무엇"의 관형어형이라고 했는데 과연 그럴 것인가?

력사적으로는 련관있는 단어 "무스 (ㄱ)", "무스것"→"무엇" ; "무슴"(무슴, 무슴)→"무슨"에서 온 것이다. 지금의 "무슨 일", "무슨 곳"은 "무슴

일", "무슥 고대"로 표기되였다. 그러나 그것은 력사적 래원이지 현실의 언어사실이 아니다. 그리고 15세기만 하여도 다른 형태로 나타나 있었다.

현실에서는 "무엇"에는 조사가 붙으나 "무슨"에는 붙지 못한다. "무슨"이 의문대명사의 관형사형이라면

> "무엇의 열배가 20입니까?"는 가능하나
> 왜 "*무슨 열배가 20입니까?"는 안되는가?
> "무슨 사람이 찾아왔소?"는 가능하나
> 왜 "*무엇 사람이 찾아왔소?"는 안되는가?

이것은 일률적으로 간단하게 볼 것이 아니다. 그래도 온당한 방법은 "무엇"은 대명사, "무슨"은 관형사라고 하고 "무엇"은 절대격 형태로 규정어가 되지 않는다는 특별 성명을 하는 방법이라고 생각된다.

"이, 그, 저"의 현장지시 기능-현장지시 기능만 볼 때는 잘 설명된것이다. 그러나 "그"는 현장지시 기능 외에도 현장 밖을 가리키는 기능을 가지고 있다. 이것은 조선어의 "그"가 장면안의 3인칭을 나타내는 한어의 "他"와 다른 점을 보여주는 실마리로 된다.

> 我認爲你不喜歡他.-"他"는 현상에 있나
> 나는 자네가 그를 미워하는줄로 알아.-"그"는 절대로 현장에 있는것이
> 아니다. 현장에 있는 사람을 가리킬 경우는 "저 사람"으로 되는 것이다.

이런 의미에서 보면 "그"는 한어의 "他"와 동등한 것이 아니다. 설령 "그"를 3인칭 대명사로 본다쳐도(1, 2인칭 외의 것은 다 3인칭이라고 보는 관점에서) 완전히 같은 것은 아니다.

# "용언의 구문론적/의미적 특성" 부분 토론 요지

## 1. 용언의 범주 구분 문제

본 저서는 "구문적으로나 의미적으로 다른 특성"을 가지고 있다고 생각되여 용언을 다음과 같이 하위 분류했다.

(1) 동사
(2) 형용사
(3) 존재사(있다, 계시디, 없다)
(4) 지정사 (이다)

문법에서는 구문적으로 다른 특성을 가지는 것이 중요하지 의미적으로 다른 특성은 중요한 것이 아니다. 례를 들면

"운동↔운동하다"는 의미적으로 완전히 같다. 다른 것이라면 "운동"은 조사를 붙여 쓸 수 있으며 격범주를 가지고 "운동하다"는 서술보조소들이 와서 다양한 문법적 범주를 조성할 수 있는 것이다. 그러므로 전자는 명사, 후자는 동사로 된다.

영어에서도 곧 이렇게 문법적 특성을 중요시하여 품사를 나누었지 의미

를 고려하지 않았다. "exist"(자동사, 존재하다), "existence"(명사, 존재)로 되는 것은 의미보다도 문법적 특성을 중요시하였기 때문이다.

이제 우리는 본 저서의 존재사, 지정사가 어떤 문법적 성질을 가지고있는 가를 대조적으로 살펴보고 우리의 견해를 제기하려 한다. 여기에서 동사의 전형적대표로 "가다", 존재사의 "있다, 없다", 지정사의 "이다"를 들기로 한다.

| | | 가다 | 있다 | 높다 | 없다 | 이다 |
|---|---|---|---|---|---|---|
| 종결형 | 서술식 | 가다 | 있다 | 높다 | 없다 | 이다 |
| | | ㄴ다 | 다 | 다 | 다 | 다 |
| | | 는구나 | 구나 | 구나 | 구나 | 로구나 |
| | | 마 | 으마 | — | — | — |
| | 의문식 | 는가 | 는가 | ㄴ가 | 는가 | ㄴ가 |
| | 명령식 | 라 | 어라 | — | — | — |
| | 권유식 | 자 | 자 | — | — | — |
| 접속형 | | 는데 | 는데 | 은데 | 는데 | ㄴ데 |
| | | ㄴ데 | 은데 | — | — | — |
| | | 느라고 | 느라고 | — | — | — |
| 보조동사 | | 려고 | 으려고 | — | — | — |
| | | 고 있다 | — | — | — | — |

이상의 대조에서 보면 11가지 형태의 결합 능력을 대조한 결과 "가다"와 "있다"의 동일성 정도는 11 : 9이다. 또 "높다"와 "없다"의 동일성 정도는 11 : 9이다. "높다"와 "이다"의 동일성 정도는 11 : 10이다. 여기에서 좀더 대조해 보면 "가다"와 "높다"의 동일성 정도는 11 : 0이고 "있다"와 "높다"의 동일성 정도는 11 : 2 이며 "있다"와 "없다"의 동일성 정도는 1 : 4 이고 "가다"와 "이다"의 동일성 정도는 11 : 0 이다. 이 동일성 정도에 따라 분류를 한다면 "가다, 있다"는 한 부류이며 "높다, 없다, 이다"가 한 부류다. 그런데 "이다"는 단어 자격을 못 가지므로 후에 다른 방식으로 처리하기로 하고 "있다"는 동사, "없다"는 형용사라는 결론을 내릴 수 있다. 이것은 의미에 매달리지 않는 비교적 엄밀한 문법특성(즉 구문론적 특성)에 따른 분류라고 할 수 있다.

## 2. 용언의 환경적 제약과 하위 분류

용언은 앞 성분 또는 뒤 성분과 결합하여 쓰이는데 이런 성분들을 구문론적 환경이라고 한다. 같은 용언이라 하더라도 경우에 따라서는 이런 구문론적 환경이 다르게 나타나는바 이런 차이는 용언을 더 작은 부류로 분류할 수 있도록 해준다.

### 1) 용언과 앞 성분과의 결합관계

(1) 목적어 명사구를 가질 수 있는 용언은 타동사이다. 례를 들면

아니가 우유를 {마신다 / *흐른다 / *좋다 / *이다}.

(2) 동태부사 "잘"하고 어울릴수 있는 용언은 동사이다. 례를 들면

그애가 잘 {논다 / 있다 / *예쁘다}.

(3) 정도부사 "매우"와 어울리나 동태부사 "잘"과 어울릴수없는 용언은 형용사이다. 례를 들면

그애가 {매우/ *잘} 예쁘다.

(4) 상대후치사구와 어울리는 용언은 상대성용언(잠정)이다. 례를 들면

그 여자는 남편과 {싸운다 / 비슷하다 / *달린다 / *높다}.

(5) 종착후치사구와 어울리는 것은 종착성용언(잠정)이다. 례를 들면

나는 {마루에 / *마루에서} 섰다.


(6) 동작진행처소와 어울릴 수 있는 것은 동작진행성용언(잠정)이다. 례를
들면


나는 {마루에서 / *마루에} 뛴다.


(7) 여격과 목적어를 동시에 가질 수 있는 용언은 수여동사(잠정)이다. 례
를 들면


그이는 나에게 돈을 {주었다 / *만든다}.


(8) 목적어와 변성의 부사어를 동시에 가지는 용언은 미침동사(잠정)이다.
이외에도 더 분류될 수 있다. 이것은 선행어와의 어울림 제약에 따른 분
류이다.


## 2) 용언과 뒤 성분(주로는 서술보조소)과의 결합관계

서술보조소는 대부분 용언에 잘 결합하나 일부는 동사와만 결합하거나
형용사 또는 "지정사"하고만 결합하는 제약을 보이는데 전자를 "일반 서술
보조소 형태", 후자를 "한정 서술보조소 형태"라고 하였다.

전자는 p.598에, 후자는 p.604에 도표로 종합되여있다. 대부분 내용은 잘
된 것이나 다음 몇 가지는 보충이 필요하다.

598쪽의 도표에서 (5) 서술법 "는 / ㄴ다, 는구나, 는군(요)" 중 "형용사 /
지정사"란은 비어있다. 이것은 형용사에서 맞는 것이나 지정사에서는 "로
군, 로구나"로 된다. (6) 의문법 "ㄴ가(요)"는 형용사, 지정사에 못 붙는 것
으로 되여있는데 "높은가요", "걸상인가요"와 같이 붙을 수 있다. (7) 명령

법, (8) 청유법에 형용사, 지정사에는 못 붙는다고 되어있으나 심리형용사에는 붙을 수 있다. 례를 들면 "너 좀 대담해라, 좀 더 대담하자(속생각)".

604쪽 (3) 접속소 "목적"류는 형용사, 지정사에 못 붙는 것으로 되여 있으나 심리형용사에는 붙는다. 례를 들면 "아무리 용감하려 해도 안되는 걸.".


## 3. 변칙용언


### 1) "ㄹ" 변칙용언

현대어에서는 "ㄴ, ㅅ, ㅂ, 오" 앞에서 용언 받침 "ㄹ"이 탈락되는데 원인을 설명하기 힘들다.15세기 조선어에서는 이런 류가 규칙적이며 탈락되는 경우가 아주 적었다. 례를 들면

  중세-알으시니, ᄋᆞᆸᄂᆞᆫ이다, 아더니
  현대-아시니, 압니다, 알더니


### 2) "ㅅ" 변칙용언

15세기의 "ㅅ"받침을 쓰던 단어들중 모음으로 이어질 경우 "ㅿ"로 발음되던 단어들이다. "(젓다)저ᅀᅥ, 저ᅀᅳ니"(짓다)지ᅀᅥ, 지ᅀᅳ니", "(붓다)브ᅀᅥ, 브ᅀᅳ니"(동상).


### 3) "ㅂ" 변칙용언

15세기 "ㅂ"받침을 쓰던 용언들중 모음으로 이어질 경우 "ㅸ"로 발음되던 단어들이다. "(눕다)누ᄫᅵ", "(돕다)도ᄫᅵ", "(덥다)더ᄫᅵ, 더ᄫᅥ".

## 4) "르" 변칙용언

15세기부터 이미 지금과 같은 변화를 하였다. "(다르다)달ᄒ다→다르다, 달으아→달라"

## 5) "ㄷ" 변칙용언

이것도 15세기에 벌써 변칙 용언으로 되었다. 그런데 지금 평안도 방언에는 아직 변칙을 하지 않고있다. "듣으니, 듣어야 한다"

## 6) "ㅎ" 변칙용언

"ㄴ, ㄹ, ㅁ"로 시작되는 문법요소를 만날 때 탈락된다고 설명을 하고 있으나 사실은 "결합모음"을 가지는 "ㄴ, ㄹ, ㅁ"로 시작되는 토를 만날 경우 탈락하고 그렇지 않은 경우는 탈락하지 않는다. 례를 들면

　　하얗다-하얗니?(종결토 "니"는 결합모음이 오지 않는다)
　　옷이 하야니 사람도 맑아보인다.(접속토 "니"는 결합모음이 오는 토이다.
　-먹다, 먹으니)

　본 저서는 "까맣다→까마네"라고 하는데 종결토 "네"는 결합모음이 오지 않는 토이므로 "ㅎ"이 탈락되지 말아야 한다.(남기심, 고영근 "표준 국어문법론"도 우리와 같은 견해를 가지고 있다. p.149)
　이외에도 변칙용언을 더 들기도 하는데 이것은 "표준 국어문법론"을 보기 바란다.

## 4. 용언의 의미적 특질

여기에서 말하는 용언의 의미적 특질이란 용언의 구문론적 특성과 밀접한 관련을 가지는 의미 특질이다. 이것은 순수 어휘적인 것이 아니며 어휘-문법적인 특성이다. 이 특성을 충분히 고려하는 것은 동사의 구문론적 특성을 기술하는데 상당한 도움이 있다. 본 저서는 Chafe(1970)에서 연구한 업적을 바탕으로 조선어의 특성을 반영하는 분류를 시도하였다.

### 1) 상태성 용언

상태성 용언이란 의미적으로 성질이나 상태를 나타내는 용언으로서 서로 다른 문법적 성질을 드러내며 여기에는 형용사와 동사가 포함된다.

### (1) 비심리성 상태용언

여기에는 대다수 형용사(심리성 형용사는 제외), 지정사, 존재사(상태성을 나타낼 때)가 포함된다.

형용사 중에는 동일형태가 비심리성과 심리성 량면으로 쓰이는 것도 있다. 례를 들면

오늘은 날씨가 좋다.-비심리성 형용사
나는 그 녀자가 좋다.-심리성 형용사.

지정사는 그 앞의 보어와 어울리여 상태성을 서술한다. 례를 들면

돌이는 사내이고 순이는 처녀이다.(“사내이고, 처녀이다”는 상태성 서술이다)

존재사는 사물의 존재 상태를 나타낼 때 상태성 용언으로 인정된다. 례를 들면

그이는 늘 집에 있다 / 계시다.

비상태성을 나타낼 수도 있는바

너는 여기 있어라.
우리 여기에 있자.

이런 비상태성 용언의 구문론적 특성으로는
첫째, 정도부사로 된 수식어를 그 앞에 거느릴 수 있으나 시간적 변화를 드러내는 부사어와 결합하지 않으며 목적어도 가지지 않는다. 례를 들면

저 산은 {매우 / *진작} 가파르다.
그 사람은 언제나 {상당히 / *벌써} 말썽이다.

둘째, 진행상과 완료상을 드러내지 못하며 명령법, 청유법을 이루지 못한다. 례를 들면

*저 산은 가파르고 있다.
?저 산은 가파랐다.

## (2) 심리성 상태용언

여기에는 심리 형용사와 심리동사가 포괄된다.

## [1] 심리 형용사

이 때 "나", 즉 화자는 심리상태를 겪는 심적 체험자이다. 이는 수동자와

다르며 행동자와도 다르다.심리형용사는 화자가 아닌 주어가 나타날 때는 쓰이지 못한다.

　　*그이는 이 고추가 맵다.
　　*너는 지금 슬프다.

　그러나 의문문일 때는 2인칭 주어와 어울리고 1인칭 주어와는 어울리지 못한다.

　　너는 지금 슬프니?
　　*나는 지금 슬프니?
　　*그이도 지금 슬프니?

　"맵다", "무섭다"는 심리성 형용사이나 주관적으로 쓰이지 않을 때는 비심리성 용언이 된다.

　　작은 고추가 맵다.
　　호랑이는 무서운 동물이다.

### [2] 심리동사

　심리동사는 다른 동사와 같은 특성을 보이고 있으므로 사실상 분류하여 큰 의의가 없다. 좀 다른 점이 있다면 "고 있"이 진행상을 드러내는 것이 아니라 여전히 상태성을 나타내므로 사실 이 때는 "고 있"이 기능부담량이 없는 것으로 된다.

## 2) 비상태성 용언

### (1) 과정성용언

과정성용언도 의미적인 설명을 내놓고는 다른 동사와 별로 다른 점이 없는데 다만 순간성동사가 문법적으로 특수성을 보이고 있다. 례를 들면

　?그 새가 죽고 있다.("죽다"는 순간동사이므로 "고 있"으로 나타나는 진행상을 이룰 수 없다.)
　?그는 총에 맞고 있다.("맞다"도 순간 동사)

### (2) 행동성용언

여기에도 순간성 동사외에는 별로 큰 의의가 알리지 않는다.

이상에서 본 동사의 의미적 분류는 체계적이라기보다는 어떤 특질을 가진 동사가 다른 동사와 구별되는 특성을 보인다. 이 문제에 대한 연구는 본 저서의 성과로 만족할 수가 없으므로 계속되어야 한다고 본다.

# "보조용언과 용언 '하다'" 부분 토론 요지

## 1. 보조용언의 식별

어떤 것이 보조용언이며 어떤 보조용언들이 있는가 하는데 대하여 각 문법서들은 서로 다른 서술들을 하고 있다.

남기심, 고영근의 "표준국어문법론"에서는 "다른 말에 기대여 쓰이면서 그 말에 문법적 의미를 더해주는 용언을 보조용언이라고 하고 품사를 구별하여 보조동사, 보조형용사라 한다"고 하였으며 보조동사에

(1) 진행—어 가다, 어 오다,  고 있다,  고 계시다
(2) 종결—고 나다, 어 내다, 어 버리다, 고야 말다
(3) 봉사—어 주다, 어 드리다
(4) 시행—어 보다
(5) 보유—어 두다, 어 놓다, 어 가지다
(6) 사동—게 하다, 게 만들다
(7) 피동—어 지다, 게 되다.
(8) 부정—지 아니하다, 지 말다, 지 못하다
(9) 강세—어 대다
(10) 짐작—어 보이다

(11) 당위-어야 하다
(12) 시인-(기는) 하다

보조형용사

(1) 희망-고 싶다
(2) 부정-지 아니하다, 지 못하다
(3) 추측-는가 보다, 는가 싶다
(4) 상태-어 있다, 어 계시다
(5) 시인-(기는) 하다

이것은 보조용언의 특성을 어떻게 리해하는가와 밀접한 관련이 있다. 그러므로 보조용언이란 무엇인가? 그것을 실천적으로 어떻게 식별할 것인가를 연구하는 것은 의의가 있는 일이다.

첫째, 보조용언은 주용언과 결합하는 형태가 특수하다. 례를 들면

어 버리다-"어" 뒤에 오는 용언은 꼭 보조용언이다.

그러나 다른 형태로 바뀌면 같은 "버리다" 같은 용언이 오더라도 보조용언이 아니고 주용언으로 된다. 례를 들면

고 버리다, 면서 버리다, 고저 버리다.

둘째, 주용언과 보조용언은 결합관계가 긴밀하여 중간에 딴 말이 끼울 수 없다. 례를 들면

˒먹어 전부 버리다. → 먹어 버리다
˒피가 말라 영영 가다. → 말라 가다

어떤 것들은 그 사이에 딴말이 끼이지 못하나 그 기능으로 보아서 보조용언으로 보기 어렵다. 례를 들면

아주 밉게 굴다. →*아주 밉게 대단히 굴다
아주 귀엽게 놀다. →아주 귀엽게 잘 놀다.(본래 의미와 좀 달라지며 "놀다"는 자립성이 강한 동사로 변한다. 류패림은 "굴다, 놀다"를 보조용언으로 보았다.)

그러므로 다른 말을 그 사이에 끼워넣고도 말이 될 때는 반드시 완전 용언인것이다. 례를 들면

그런 꼴을 보고 나니 손맥이 풀렸다("고 나니"는 보조용언으로 쓰인 례이다.)
그는 남의 일에 발벗고 나섰다.
그는 남의 일에 발벗고 적극적으로 나섰다.("고 나서다"는 그 사이에 다른 말을 끼울 수 있으므로 보조용언이 아니다.(류패림은 "나서다"를 보조용언으로 보았다)

셋째, 보조용언의 기능은 주용언의 서술기능을 돕는 것이며 본래용언과 다른 추상적 의미를 나타내는 것이 통례이다.

음식이 입에 맞는가 먹어 본다 →"본다"는 "먹다"라는 주용언의 서술에 대하여 "시험적으로 해본다"는 의미를 보충하며 본래 "보다"의 의미와 다른 아주 추상적인 "시행"이라는 뜻을 나타낸다. 만일 앞의 용언의 서술을 돕는 것이 아니라 "부정" 등 의미를 나타낸다면 보조용언으로 보기 어렵다. 그는 집으로 가지 않았다.("가다"의 의미를 부정하는 방식으로 보충해주었다고 하기 곤난하다. "가다"에 대한 부정이라는 할 수 있다.)
그는 집으로 가고 말았다.("말다"의 본래 의미는 "하지 않다", "그만두다" 등 뜻을 가지는데 "고 말았다"에서도 "그만두다" 의미 그대로이다.)
그 일을 지내고 보니 그의 마음을 알 수 있었다.("보다"의 뜻이 그대로

남아 한어로 번역할 때 "之后"의 뜻이 나온다.그전에 말 하던 것처럼 "원인"의 뜻이 나오지 않는다. 원인의 뜻은 "니"에 의한 것이지 "보다"에 의한 것이 아니다.)

래일 미국으로 떠난다는 소식을 접하고 보니 어딘가 섭섭한 마음이 앞섰다.

갑자기 이사를 한다는 소식을 접하고 보면 언제나 뜻밖인 생각밖에 들지 않는다.(그전에는 "보면"이 조건의 뜻을 나타낸다고 보았으나 실은 "면"이 조건을 표시하고 "보다"는 그 의미를 그대로 가지고 있다.)

넷째, 보조용언은 그 의미가 추상적이기는 하나 아직까지는 어휘적 의미로 되고 있지 문법적형태가 나타내는 의미로는 되기 곤난하다.

수혜, 시행, 반복, 보유, 기동, 희망 등 의미를 문법적 형태의 뜻이라고 보자면 가장 큰 문제가 문법적의미의 체계적대립성이 알리지 않는 것이다. 례를 들어

해결해주다("주다"는 전형적 수혜보조용언인데 그와 대응되는 범주를 설정하자면 "해결받다"가 가능하나 이것은 순수 어휘 범주이지 보조동사에 의한 준문법적 형태도 안된다.)

알아보다("보다"는 시행의 뜻을 나타내는데 비시행의 뜻을 나타내는 것은 어떤 것인지 말하기조차 곤난하다.)

"반복, 보유, 기동, 희망" 등도 이와 같이 체계적 대립을 상정하기 힘들거나 대립되는 의미표현 방식이 있다하여도 순어휘적 표현 방식일 뿐이다. 남기심, 고영근이 17개 형식을 들고 문법적 의미를 나타낸다고 한 것은 그 설복력이 모자라다.

다섯째, 보용언은 서술보조소나 접속기능소 따위를 지탱하는 구실을 한다. 그러나 간단하게 "주용언에 덧붙이게 되어있는 문법요소들은 보조용언 쪽으로 옮기여 그 기능을 드러내"는 것이 아니라 보조용언이 결합된 술어단위는 새로운 성격을 가지고 서술보조소를 선택하여 혹 동사적으로 되기도 하고 형용사적으로 되기도 하는데 이 방면에 대한 주의는 돌려지지 못하고 있다. 례를 들면

보고 싶다—희망을 나타내는데 "보다"는 동사고 "싶다"는 기원적으로 형용사이다.

이것들이 결합된 후에는 "보다"가 가질 수 있던 명령, 청유법은 가질 수 없다. 례를 들면

그 사람을 보라.—*그 사람을 보고 싶어라.
그 사람을 보자.—*그 사람을 보고 싶자.

추정, 의도를 나타내는 형식은 앞뒤가 모두 동사인 때도 서술보조소는 형용사 형식과 맞물린다. 례를 들면

지금 밖에는 눈이 오는가 보다.—*지금 밖에는 눈이 오는가 본다.

이상의 사실들은 보조동사에 대한 연구가 아직도 극히 미비하다는 것을 설명해준다. 가능하다면 보조동사를 전문제목으로 학위론문들을 쓸 수 있다. 북조선의 김순기는 "보조어에 대한 연구"를 박사론문으로 하였다는데 어느 정도 연구되였는지는 알 수 없다. 연구 방법상에서는 조한언어를 대조하는 방식으로 하는 것도 문제의 실질을 밝히는데 많은 도움을 줄 수 있다.


## 2. 허형태소와 대행용언의 구실을 하는 "하다" 문제

조선어 연구력사에 있어서 "하다"와 "이다"는 리두 시기 토로 보아왔고 ("천지지간 만물지중에 유인이 최귀하니"를 "天地之間萬物之中厓  唯人是  最貴爲尼"라고 적었는데 "爲尼"가 "하니"이다 ; "이다"는 "是如"라고 적고 있으며 "이라고 하여"는 "是如爲", "이라고 하거늘"은 "是如爲去乙"이라고 적고 있다) 현대 문법연구의 백여 년

간 줄곧 쟁론이 그칠 사이 없이 연구된 문제로서 론문이 가장 많은 비중을 차지한다.이렇게 된 리유는 "이다"와 "하다"가 다른 언어의 어느 것과도 다른 독특한 특성을 가지고 있는데 기인한다.

백여 년래 "하다"에 관한 견해는 다음 7가지로 종합해볼 수 있다.

(1) "하다"의 다기능어설 : 본동사, 용언형성접미사 및 10여 가지 보조동사 기능을 가진다고 본다. 주요 대표인물은 주시경(1910), 최현배(1937), 정원수(1989), 김석득(1971), 고영근(1974), 학교문법(1985) 등이다.

(2) "하다"의 허형태설 : 허사적 형식적 문법기능소임을 강조했다. 주요 대표인물은 박승빈(1935), Ree, J(1974), 서정수(1975) 등이다.

(3) 허형태성, 본동사성의 겸유설 : 주요 대표인물은 남기심(1973), 윤만근(1982b), 하치근(1989), 신창순(1982), 김동식(1980) 등이다.

(4) 대동사 / 동사화소설 : 선행어근을 동사나 형용사로 만든다(접미사는 아니라고 보았다). 주요 대표인물은 송병학(1974), 심재기(1982), 이창덕(1984), 양인석(1971a), Martine(1954), Ree, C.M.(1973a), 성광수(1976a) 등이다.

(5) 본동사설 : "하다"는 어느경우나 본동사이다. 주요 대표인물은 Song, S.C.(1967), Park, B.S.(1974a), Ramstedt(1939), 조미정(1987), 고재설(1987), 임홍빈(1979) 등이다.

(6) 복합어형성요소설 : 주요 대표인물은 이상복(1975), 김창섭(1981) 등이다.

(7) 포괄동사설 : "하다"는 대리동사 차원을 넘어선 포괄적 대리기능을 보인다. 대문(代文)용언의 작용까지 찾아내고 있다. 주요대표인물은 김영희(1984b), 임홍빈(1973)이다.


본 저서는 "하다"를 허형태와 대행동사로 잡는 주요 리유를 다음 두 가지로 고려하고 있다. (1)"하다"가 비실체성 명사와 결합할 때는 명사에 서술기능이 있으므로 "하다"는 사실 허형태에 불과하다는것(우리는 앞에서 명사구의 특성을 론의할 때 명사구의 서술성기능을 말한바 있다. 그때 우리는 실체성명사에

서술기능이 있는가 없는가를 적게 고려했다. 지금 생각하면 실체성 명사도 "그것은 책상, 이것은 걸상"같은 피서술위치와 맞설 때는 서술성을 가진다고 볼수 있다. 그러므로 신문 표제어에서 '우리 선수 올림픽에서 金, 중국선수 銅'이 가능한 것이다.)이다. (2) 실체명사와 결합하는 경우는 "머리 하다" 같이 쓰일 때 "하다"가 "지지다" 같은 동사를 대행한다고 하면 자체모순을 극복할 수 있다는 것이다. 이렇게 하는 것은 사실 귀에 걸면 귀걸이 코에 걸면 코걸이식으로 되지 않느냐는 의문을 야기시킨다.

"하다"가 허형태라면 "이다"는 어떤 점에서 같은 점이 있으며 다른 점이 있는가도 연구되여야할 것 같다.

"하다" 문제는 조선어 본질규명의 좋은 제목으로 되나 그리 쉽게 연구할 수 있는 것은 아니다. 우리는 실천 속에서 더 깊이 숙고해볼 필요가 있으며 많은 언어자료를 수집하여 최종해결을 위한 준비를 쌓아야 할 것이다.

# "동사, 형용사, 존재사 및 지정사" 부분 토론 요지

## 1. 동사의 하위 분류와 그 문법적 특성

### 1) 자동사와 타동사

자동사와 타동사의 구분은 전통문법에서 다룬지가 아주 오래된 동사의 하위분류이다. 타동사를 transitive verb라고 하며 그 뜻은 "이행하는" 동사란것이고 자동사를 intransitive verb라고 하는데 "비이행" 동사라는 것이다. 물론 그 이름이 무슨 뜻인가는 대단히 중요한 것은 아니나 그 뜻에서 한어의 "及物動詞", "不及物動詞"라는 술어의 명명계기를 엿볼 수 있으며 "他動詞", "自動詞"라는 일본어, 조선어 술어의 명명계기를 엿볼 수 있다.

서구언어에서 보면 자동사는 "목적어(Object)를 요구하지 않고 자체로 완전한 뜻을 나타내는 동사"라고 하며 타동사는 "하나의 직접목적어를 요구하는 동사"라고 했다(하트만, 스토크 "언어 및 언어학 사전", p.179, p364). 이것은 물론 의미적 측면이 많이 섞여있는 정의이다. 형식적으로 본다면 독일어 같은 경우는 단어형태 자체에서 자동사, 타동사가 구분된다고 하며 영어 같은 경우는 그 외형에서 구별이 되지 않더라도 자동사는 직접 목적어와 결합하지 못하고 전치사를 매개로 대상과 련결되나 타동사는 직접 목적어와 련계

되는 구조적 특성을 보인다. 례를 들면

> **play** *vi* 1. 놀다, 장난하다
> There are children playing about in the garden.
> 뜰에서 아이들이 뛰놀고 있다.
> Play in the garden with a dog.
> 뜰에서 개와 장난치다.
> 2. a뛰어다니다, 뛰다, 날아다니다.
> Butterflies play among flowers.
> 나비들이 꽃 사이를 날아다닌다.
> b솔솔 불다, 흔들흔들하다, 휘날리다, 비치다.
> Sunlight plays on the water.
> 햇빛이 물 위에 반짝거리고 있다.
> 3. 경기(시합)을 하다.
> play at basket bal 롱구를 하다
> ………
>
> *vt* 1. a(놀이, 경기 등을)하다, 하며 놀다.
> play catch. 케치볼을 하다.
> b(공을)어떤식으로 치다.
> 2. a(선수권을 걸고) 겨루다.
> Dallas played Chicago for the foodball championship.
> 델리스는 미식 축구선수권을 걸고 시카고와 대전했다.
> 3. (장난 등을) 걸다.
> Don't a joke on her.
> 그녀에게 농담 걸지 마라.

자동사, 타동사가 동방언어에서는 이상과 같은 형식상의 특징이 잘 드러나지 않아 많은 혼란을 조성하고 있는데 그중 가장 근사하다고 볼 수 있는 일본어와 조선어의 사례를 보면 다음과 같다.

일본에서는 "동작이나 작용에 미쳐야 할 객체 개념을 필요로 하는 것"을 타동사라 하고 "객체 개념을 주로 동사자체의 의미 속에 받아넣은 것"을 자

동사라 한다. 일반으로 그 객체 개념을 "を"를 붙여서 목적어로 나타낸다. 松下大三郞은 동사를 "귀착동사"와 "비귀착동사"로 나누고 귀착동사에 타동성을 가진 동사를 인정하였다. 그 외의 것은 자동사로 된다. 그리하여 타동성동사에 대하여서는 작용의 개념을 분해하여 작용이 미치는 작용물과 작용재료 두 가지로 나누었다. 작용물만 나타내면 타동사로 되고 그렇지 않으면 자동사라 했다.  타동에는 "처리"뿐만 아니라 "생산, 보유, 사용, 처치"의 네 종류가 있다. 존재를 표시할 때(계속이 아니다) 자동사에는 "ている"가 쓰이고 타동사에는 "てある"가 쓰인다.  단지 "を"가 붙었다는것만 가지고 목적어인가, 아닌가를 판정하기엔 한도가 있다. "山を 行く", "國を 去る" 따위의 "行く", "去る"는 "を"를 가지나 타동사라 할 수 없기 때문이다.

영어에서는 타동사만이 피동을 나타내나 일본어와 조선어는 자동사도 피동식으로 되기 때문에 자동사와 타동사의 구분의 표식으로 피동식을 리용할수도 없는 것이다. 그러므로 자동사, 타동사의 구분이 일본어에는 필요하지 않다는 극단적 주장까지 나오게 되었다.("日本文法辭典", "自動詞", "他動詞" 條項)

일본어의 대격표시의 "を"의 의미도(羅敬仁 "日本語助詞槪論") 대격 외에 동작시간(十年を過す), 동작장소, 위치이동과 리탈(宇宙船か空を飛ふ,  わたしは每朝七時に家を出て, 學校へ行きます), 한도범위 초월(氣溫か零下20度を越えた) 등을 나타내는데 조선어의 "을"과 거의 같다.

조선어 "을"의 본질에 대하여 기능이 단일하지 않음에도 불구하고 아주 적게 연구되었다. 비교적 깊은 연구를 한 이들로는 임홍빈과 Kang과 리광호이다. 임홍빈은 의미적 접근방식을 취하여 대격외의 "을"의 의미는 "비대조적대립"이라고 밝혔으며 Kang과 리광호는 구조적접근방식을 써서 성분명사구들이 동사에 의해 지배된다는 것을 밝혔다.

이제 이때까지 연구된 "을"에 관한 최신 연구성과(리광호 : "국어 격조사 "을"의 연구")를 적으면 다음과 같다.

"국어에서 성분 주제로서의 "을" 주제화는 다음과 같이 정리된다.

(16) V에 지배받는 NP에 [+objective]의 격자질을 배당한다고 할 때, 그에 따라 표면구조에 실현되는 '을'성분의 명사구를 제외한, 모든 '을' 성분의 명사구는 '을' 주제화이다.

그러나 필자는 [+objective]의 격자질은 아니라도 동사에 의하여 배당되는 '을'성분의 명사구가 존재한다는 상정 하에, '을' 주제화에서 대격 '을' 주제화를 분리하였다.

대격 '을' 주제화의 목록은 다음과 같다.

(17)
가. '전체명사+부분명사' 형식의 합성명사구의 대격 '을' 주제화
    례 : 철수가 영희의 손을 붙잡았다 → 철수가 영희를 손을 붙잡았다.
나. 의미동치적 수량사 명사구의 대격 '을' 주제화
    례 : 철수가 집 셋을 팔았다 → 철수가 집을 셋을 팔았다.
다. 합성동사와 보문자의 대격 '을' 주제화
    례 : 철수가 수학을 연구한다 → 철수가 수학을 연구를 한다.
        철수가 동생을 좋아한다 → 철수가 동생을 좋아를 한다.
        철수가 동생을 가게 한다 → 철수가 동생을 가게를 한다.
        철수가 영희를 만나지 않는다 → 철수가 영희를 만나지를 않는다.
        철수가 영희를 남으라고 하였다 → 철수가 영희를 남으라고를 하였다.
        철수가 자리를 함께 하였다 → 철수가 자리를 함께를 하였다.
        마음이 든든하였다 → 마음이 든든을 하였다.

(17)과는 달리, 전혀 타동성을 가질 수 없는 동사인데도 불구하고 그 문장의 동사구내에서 '을' 성분의 명사구를 찾을 수 있는 례들이 있다. 이는 '을' 주제화로 분류된다. 그 목록은 다음과 같다.

(18)
가. 여격 명사구의 '을' 주제화
    례 : 철수가 영희에게 떡을 주었다 → 철수가 영희를 떡을 주었다.

나. 처소 명사구의 '을' 주제화

　례 : 죤이 뉴욕에 다녀왔다→죤이 뉴욕을 다녀왔다.

　　　죤이 뉴욕에서 떠났다→죤이 뉴욕을 떠났다.

다. 자료(자격) 명사구의 '을' 주제화

　례 : 철수가 흙으로 벽돌을 만들었다→철수가 흙을 벽돌을 만들었다.


이제 우리는 성분 주제로서의 대격 '을' 주제화의 령역, 그리고 그 의미를 다음과 같이 정리할 수 있게 되었다.


(20)

가. 대격 '을' 주제화 령역

　(1) 속격 '의'로 실현되는 '전체명사와 부분명사'

　(2) '명사+수량사' 형식의 합성명사

　(3) 합성동사에서 타동성을 갖는 동사(혹은 접미사)에 선행하는 명사,

　　　보문자 또는 어미, 부사, 형용사어 간

나. '을' 주제화 령역

　(1) 여격 명사구

　(2) 왕래발착의 자동사와 그 외의 몇 자동사문에 실현되는 처소명사구

　(3) 자료(자격) 명사구

다. 대격 '을' 주제화 및 '을' 주제화의 의미(임홍빈)

　(1) 비대조적 대립의 의미 특성을 갖는다.

　(2) 언급 대상성을 갖는다.

　(3) 특정성을 갖는다.


## 2) 불완전동사

동사는 대개 부사어와 임의로 어울리나 일부 동사는 반드시 부사어와 함께 쓰인다. 이렇게 부사어와 필수적으로 어울려야 하는 동사를 불완전동사라 한다.

불완전 동사에는 "되다, 싸우다, 머물다, 떠나다, 생기다" 등 류형이 있다

고 하나 그 외에도 "가입하다, 참석하다 ; 반하다, 열중하다 ; 속하다 ; 도달하다 ; 서명하다 ; 병존하다 ; 어울리다 ; 대립되다 ; 욕심나다 ; 복무하다 ; 청하다 ; 부설하다 ; 선거하다 ; 만들다 ; 여기다 ; 토의하다 ; 당부하다" 등이 있다.

먼저 자동사에서 고찰하면 다음과 같은 류형이 있다.

"달하다, 반하다, 정착하다" 류형(자동사의 12%)
목숨이 <u>경각에</u> 달하다. →*목숨이 달하다.
영수는 <u>처녀에게</u> 반하였다. →*영수는 반하였다.
그는 <u>무명도에</u> 정착했다. →*그는 정착했다.
영수는 <u>소선대에</u> 가입했다. →*영수는 가입했다.
나는 <u>학술토론회에</u> 참석했다. →*나는 참석했다.
철이는 <u>숙제 공부에</u> 열중했다. →*철이는 열중했다.
승리는 <u>우리에게</u> 속한다. →*승리는 속한다.
나는 <u>중국어과에</u> 소속되었다. →*나는 소속되었다.
비밀문건이 <u>품속에</u> 간직되었다. →*비밀문건이 간직되었다.
척후병들은 <u>솔개봉에</u> 이르렀다. →*척후병들은 이르렀다.
그는 <u>석탄가스에</u> 중독되였다. →*그는 중독되였다.
수탉은 <u>여우에게</u> 속히웠다. →*수탉은 속히웠다.
지배인은 <u>서류에</u> 서명했다. →*지배인은 서명했다.
영수가 <u>앞장에</u> 섰다. →*영수가 섰다.

"선거되다, 화하다, 장비되다" 류형
그는 <u>반장으로</u> 선거되였다. →*그는 선거되였다.
누에가 <u>번데기로</u> 화하였다. →*누에가 화하였다.
부대는 <u>신식무기로</u> 장비되였다. →*부대는 장비되였다.
동사가 <u>명사로</u> 전성되였다. →*동사가 전성되였다.
수공업이 <u>계공기업으로</u> 전환되였다. →*수공업이 전환되였다.
김로인이 <u>웃어른으로</u> 추대되였다. →*김로인이 추대되였다.
철수가 <u>직장장으로</u> 임명되였다. →*철수가 임명되였다.

"다투다, 맞상하다, 갈라지다" 류형
나는 <u>영수와</u> 다투었다. →*나는 다투었다.
부친은 <u>장인과</u> 맞상했다. →*부친은 맞상했다.

영철이는 <u>영희와</u> 갈라졌다. →*영철이는 갈라졌다.

중국은 <u>조선과</u> 접하였다. →*중국은 접하였다.

대초원이 <u>하늘과</u> 맞붙었다. →*대초원이 맞붙었다.

고동하는 <u>송화강과</u> 합수된다. →*고동하는 합수된다.

옷이 <u>체격과</u> 어울린다. →*옷이 어울린다.

담배는 <u>누에와</u> 상극된다. →*담배는 상극된다.

종교는 <u>과학과</u> 대립된다. →*종교는 대립된다.

언행이 <u>조국의 기대와</u> 어그러진다. →*언행이 어그러진다.

**"기원하다, 발원하다" 류형**

량서류는 <u>어류에서</u> 기원한다. →*량서류는 기원한다.

사상은 <u>실천에서</u> 발원한다. →*사상은 발원한다.

그들은 <u>낡은 습관에서</u> 해탈되였다. →*그들은 해탈되였다.

그는 <u>동맹회에서</u> 퇴회했다. →*그는 퇴회했다.

분쟁은 <u>토지쟁탈사건에서</u> 야기되였다. →*분쟁은 야기되였다.

이런 감정은 <u>민족자부심에서</u> 우러나온다. →*이런 감정은 우러나온다.

**"근심되다, 생각히다, 욕심나다" 류형**

나는 <u>그가</u> 근심된다. →*나는 근심된다.

나는 <u>고향마을이</u> 생각혔다. →*나는 생각혔다.

나는 <u>그 만년필이</u> 욕심난다. →*나는 욕심난다.

**"복무하다, 싸우다" 류형**

우리는 <u>인민을 위해</u> 복무한다. →*우리는 복무한다.

우리는 <u>네개현대화를 위해</u> 싸운다. →*우리는 싸운다.

**"주최되다, 추동되다" 류형**

운동대회는 <u>학생회에</u> 의해 주최괴였다. →*운동대회는 주최되였다.

운동은 <u>모순에</u> 의해 추동된다. →*운동은 추동된다.

**"생기다, 굴다, 되다" 류형**

영실이는 <u>곱게</u> 생겼다. →*영실이는 생겼다.

아이가 <u>성가시게</u> 군다. →*아이가 군다.

얼굴이 <u>곱게</u> 되였다. →*얼굴이 되였다.

**"두절되다, 재합되다, 틀리다" 류형**

나는 아바지와 <u>소식이</u> 두절되였다. →*나는 두절되였다. / *나는 아버지와
두절되였다.

나는 그와 <u>의견이</u> 재합되였다. →*나는 재합되였다. / *나는 그와 재합되였다.

나는 영옥이와 <u>사둔간이</u> 되였다. →*나는 되었다 / *나는 그와 되었다.

나는 그와 <u>관계가</u> 틀리였다. →*나는 틀리였다 / *나는 그와 틀리였다.


다음으로 타동사에서 고찰하면 또 다음과 같은 것들이 있다.


**"삼다, 제발하다" 류형**

그는 옥녀를 <u>며느리로</u> 삼았다. →*그는 옥녀를 삼았다.

회사에서는 그를 <u>업무과장으로</u> 제발했다. →*회사에서는 그를 제발했다.

그는 나귀를 <u>노새로</u> 갈음하였다. →*그는 나귀를 갈음하였다.

그는 갈"왈"자를 <u>날"일"자로</u> 오기하였다. →*그는 갈"왈"자를 오기하였다.

**"약속하다, 토의하다, 겨루다, 상환하다" 류형**

총각은 <u>처녀와</u> 아름다운 래일을 약속했다. →*총각은 아름다운 래일을 약속했다.

나는 <u>영수와</u> 앞으로의 행동방향을 토의하였다. →*나는 앞으로의 행동방향을 토의하였다.

나는 <u>영수와</u> 승부를 겨루었다. →*나는 승부를 겨루었다.

영일이는 <u>스승과</u> 바둑을 맞두었다. →*영일이는 바둑을 맞두었다.

우리 선수들은 <u>상촌마을 선수들과</u> 축기를 상환했다. →*우리 선수들은 축기를 상환했다.

그는 <u>보행상과</u> 입쌀 한말과 소금 한 되를 맞바꾸었다. →*그는 입쌀 한 말과 소금 한 되를 맞바꾸었다.

그들은 <u>모래와</u> 세멘트를 뒤섞었다. →*그들은 세멘트를 뒤섞었다.

한어학부에서는 <u>학부와</u> 교수연구중심을 합설하였다. →*한어학부에서는 교수연구중심을 합설하였다.

그는 <u>필사본과</u> 원본을 대조하였다. →*그는 원본을 대조하였다.

나는 <u>은숙이와</u> 철호를 비기였다. →*나는 철호를 비기였다.

**"일컫다, 부르다, 총칭하다" 류형**

사람들은 아스필린을 <u>만병통치약이라고</u> 일컫는다. →*사람들은 아스필린을 일컫는다.

우리는 선생님을 <u>어머니라고</u> 부릅니다. →*우리는 선생님을 부릅니다.

우리는 이 부류의 명사를 <u>동명사라고</u> 총칭합니다. →*우리는 이 부류의 명사를 총칭합니다.

**"동족 목적격 동사" 류형**

이 류형은 동족 명사가 없이는 쓰이지 못하는 동사라는 점에서 불완전 동사로 볼 수도 있다.

그 사람이 <u>꿈을</u> 꾸었다. →*그 사람이 꾸었다.

그 사람이 <u>뜀을</u> 뛰였다. →*그 사람이 뛰였다.


이상에서 본바와 같이 이렇게 많은 부류의 동사들이 불완전동사로 된다는 것은 그에 대한 간략한 설명을 하는데 불리하다. 이런 동사들을 앞으로 어떻게 처리할 것인가는 재고되어야할 것 같다.


## 3) 불완전형용사

형용사에도 그 자체로는 말뜻을 분명히 표시하지 못하고 반드시 보충되는 성분이 있어야 하는 부류들이 있는데 이를 불완전 형용사라고 할 수 있을 것이다. 이제 그 례들을 들어보면 다음과 같다.


**"유리하다, 해롭다, 능통하다, 알맞다, 충성하다, 선하다, 쟁쟁하다" 류형**

이약은 <u>몸에</u> 해롭다. →*이 약은 해롭다.

형세가 <u>우리에게</u> 불리하였다. →*형세가 불리하였다.

그는 <u>영어에</u> 능통했다. →*그는 능통했다.

운동량이 <u>나의 신체에</u> 알맞다. →*운동량이 알맞다.

그들은 <u>당에</u> 충성했다. →*그들은 충성했다.

영애는 <u>그림그리기에</u> 골몰했다. →*영애는 골몰했다.

어머님의 모습이 <u>눈에</u> 선했다. →*어머님의 모습이 선했다.

그이의 교시가 <u>귀에</u> 쟁쟁했다. →*그이의 교시가 쟁쟁했다.

**"같다, 비슷하다, 다르다" 류형**

달기가 <u>꿀과</u> 같다. →*달기가 같다.

이것이 <u>그것과</u> 비슷하다. →*이것이 비슷하다.
모양이 <u>이것과</u> 부동하다. →*모양이 부동하다.
그는 <u>나와</u> 친하다. →*그는 친하다.
"징그럽다, 그립다" 류형
나는 <u>뱀이</u> 징그럽다. →*나는 징그럽다.
나는 <u>고향이</u> 그립다. →*나는 그립다.
나는 <u>다리가</u> 저리다. →*나는 저리다.
우리는 <u>자금이</u> 부족하다. →*우리는 부족하다.
너는 <u>운명이</u> 기구하다. →*너는 기구하다.
그는 <u>문무가</u> 겸전했다. →*그는 겸전했다.
그는 <u>충효가</u> 량전했다. →*그는 량전했다.
그는 <u>머리가</u> 수긋했다. →*그는 수긋했다.
토끼는 <u>귀가</u> 발록했다. →*토끼는 발록했다.


## 4) 형용사의 구문론적 특성

첫째, 주어에 대한 서술적 기능과 한정적 기능을 가지고 있는데 주로 상태성 서술 기능을 가지며 부차적인 한정적 기능을 갖는다.

둘째, 형용사가 동사구의 머리가 될 때는 목적어 명사구가 나타나지 못한다.

셋째, 주격 명사구가 겹쳐서 나타나는 일이 잦다. 례 :

이 옷이 소매가 통이 좁다.
이 책이 내용이 좋다.

넷째, 일반으로 양태부사어와 어울리지 않고 정도 부사어하고만 어울린다. 례 :

이 꽃은 {매우/ *잘} 예쁘다.

다섯째, 수단을 나타내는 부사어와 어울리지 못한다. 례 :

그 녀자가 {*화장으로(써) / (?)화장함으로써 / 화장하였기 때문에} 아름답다.

여섯째, <명사구＋에>같은 구와는 자유로이 어울리나 처소부사어 <명사구＋에서>따위와는 일반으로 어울리지 않는다. 례 :

이 약은 몸에 좋다.
*이 물건이 백화점에서 비싸다. (단, 한정성을 띨 때는 가능하다. 이 물건이 백화점에서는 비싸다.)

일곱째, 시점이나 변화를 나타내는 시간부사어하고는 일반으로 어울리지 못한다. 례 :

이 꽃이 {$^?$(봄에 / 지금 / 아침에) / $^?$(곧 / 갑자기)}아름답다. (한정성을 띨 때는 가능하다 : 이 꽃이 봄에는 아름답다.)

여덟째, 형용사는 일반으로 완결상과 진행상을 나타내지 못한다. 례 :

$^?$그 사람은 기분이 이제 막 좋았다.
*그 사람은 기분이 좋고 있다.

아홉째, 형용사는 약속법, 명령법, 청유법, 의도법 형태들과 어울리지 못한다. 례 :

나는 래일도 기분이 {*좋으마 / *좋아라 / *좋자 / *좋으려고 한다 / *좋고자 한다}

## 5) 형용사의 하위분류와 그 특성

### (1) 일반형용사 : 상태나 성질을 나타내는 형용사

a. 성질형용사 : 시간적 변화를 입지 않는 항구적인 성질을 나타내는 형용사
시간적 변화를 나타내는 부사어와 전혀 어울리지 않는다. 례 :

*까마귀는 갑자기 검다.

b. 상태형용사 : 주위의 상황, 위치적 관계나 비항시적 모습 따위를 서술
한다. 이들은 시간적 변화를 나타내는 부사어와 어울리는 일이 많다. 례 :

주위가 갑자기 시끄럽구나. / 이 방이 이제 따뜻하구나.

***동일한 형용사라도 환경에 따라 성질을 나타내기도 하고 상태를 나타
내기도 한다. 례 :

그 사람은 {*갑자기} 키가 크다. / ²돈 액수가 {갑자기} 크다.

c. 심리형용사 : 주관적심리상태를 나타낸다, 주관형용사라고도 한다. 1인
칭 주어일 때와 의문에서는 2인칭 주어일 때만 쓰인다. 례 :

나는 기쁘다 / *너는 기쁘다 / *그도 기쁘다 / 너는 슬프니? / *나는 슬프니?

***동일한 형용사가 심리형용사로 쓰일 수도 있고 객관형용사로 쓰일 수
도 있다. 례 :

이 책은 참 좋다. / 나는 이 사람이 좋다
(*그 사람은 이 사람이 좋다 / *너는 그 사람이 좋다 / *나는 그 사람이 좋

니?/너는 그 사람이 좋니?)

***일부 심리 형용사는 명령법, 청유법을 쓸 수 있다. 례 :

　좀더 대담하자, 너 좀 용감하라.

***이렇게 일부 한자어 기원의 심리형용사가 이런 특성을 가지지 않는지 조사해 볼 필요가 있다.


## (2) 특수형용사

a. 비교형용사 : 사물의 서로 같거나 다름을 나타내는 형용사. 비교 대상을 나타내는 부사어를 반드시 거느려야 한다. 례 :

　이 책은 저 책과 같다. / *이 책은 같다.

이런 형용사는 "보다, 처럼, 같이"를 쓰는 비교구문에는 쓰이지 않는다. 례 :

　*이 모자가 저 모자처럼 {같다, 비슷하다, 다르다}

통상 비교 구문에는 다른 일반형용사가 쓰인다. 례 :

　이 옷이 저 옷 {같이 / 보다 / 처럼} {예쁘다, 크다, 비싸다}

b. 지시형용사 : 형용사를 대신하는 대용형 지시형용사.
c. 의문형용사 : 성질, 상태를 묻는 형용사
　***동사, 형용사의 동일형태 문제 — 밝다, 밝는다 / 늙다, 늙는다 / 늦다,

늦는다 / 낫다, 낫는다 / 크다, 큰다 / 맞다, 맞는다 / 틀리다, 틀린다 / 굳다, 굳는다 / 못하다, 못한다 / 않다, 않는다 / 흐리다, 흐린다

이상 형용사를 동사로 보려고 하는데 동사의 가장 본질적 속성의 하나가 명령법, 청유법인 점을 고려하여 여전히 형용사로 보는 것이 좋다고 본다. 이들이 동사로 쓰인다는 증거는 "는다"와 "고 있다"다 붙을 수 있을뿐 "라", "자"는 붙을 수 없기때문이다. 례 :

날이 밝는다 / *날이 밝아라 / 밝자
잘못하면 틀린다 / *잘못하면 틀리자 / 틀려라
그 일은 못한다 / *그 일을 못해라 / 못하자
나는 가지 않는다 / *가지 않자 / 않아라

그런데

모가 빨리 큰다 / 모야 빨리 커라 / *모야 빨리 크자
병이 낫는다 / 어서 병이 나아라 / *병이 어서 낫자

와 같은 현상은 있으나 동사처럼 자유롭지는 않다. 물론 동사라고 하여도 명령법, 청유법이 자유롭지 못한 것이 있다.

바람이 솔솔 분다 / 바람아 솔솔 불어라. / *바람아 솔솔 불자
물결이 출렁거린다 / *물결아 출렁거려라 / *물결아 출렁거리자
해빛이 반짝거린다 / *해빛아 반짝거려라 / *해빛아 반짝거리자

이런 점으로 미루어 보아 동사와 형용사 구분의 기준을 무엇으로 하는것이 타당성이 크겠는가는 다시 생각해 볼 필요도 있다.

***형용사의 기동성 동사화, 행동성 동사화, 사동동사화도 모두 재고할 것이 필요된다.

6) 존재사의 구문론적 특성은 곧 "있다, 계시다"의 동사성 "없다"의 형용사성을 립증하는 재료로 사용될 수 있다.

7) 지정사

"앞선 명사구와 함께 서술기능을 드러내는 용언이다." 라고 하면 앞 명사구가 보어가 아니고 술어란 말이 된다. 그러므로 이 서술 자체는 많은 모순을 내포하고 있다.

다만 주어와 보어의 의미관계만은 참고의 가치가 있다.

# 부사어의 형태와 구문론적 특성

## 1. 부사와 부사어

부사란 체언 이외의 여러 문장 성분(용언과 수식어라고 하여야 한다)을 수식하는 낱말이다. 부사어란 부사나 그와 같은 수식 기능을 가진 낱말(후치사가 붙은 명사), 구(구는 주술 구조외의 단어 결합) 또는 절(주술구조로 된 단어 결합)을 통털어 일컫는 말이다. 다시 말하면 서술어의 한 부분으로서 서술어의 중심어를 한정해주는 성분이다.

그런데

이 구두는 아주 헌 것이다.

"아주"가 부사이고 "아주 헌"이 부사구라고 하는데 이렇게 되면 머리단어가 "헌"으로 되므로 서술어를 직접 수식하지 못한다. "아주 헌"은 부사어가 아니며 "관형사"구가 된다. 그런데 본 저서는 "관형사구"를 설정하지 않았다. 우리가 볼 바에는 "관형사구" 설정은 필요하다.

이는 바로 저 옛 집에서 살았다.

"바로 저 옛"이 부사구라고 보았으며 "바로"는 "저 옛"을 수식한다고 보는데 이것은 층차를 무시한것도 있거니와 "관형사구"를 부사구로 오인한 것이다. 층차는 "바로＋저"＋"집", "옛＋집"이 될 것이다.)

## 2. 부사어의 분류 문제와 조선어 문장성분 문제

본 저서는 문장성분을 분류함에 있어서 주어, 목적어, 부사어, 서술어로 대별하고 주어와 목적어에 한정어가 붙는다고 보았으며 주어, 목적어, 서술어 외의것은 모조리 부사어로 보았다. 그러므로 부사어에는 "에, 에서, 에게, 로, 와/과" 등 "후치사"가 붙은 체언 성분과 부사가 망라된다.

고영근, 남기심의 "표준국어문법론"은 이와 거의 같으나 "그는 사람이 아니다"의 경우 "사람이"를 보어로 보고(이것은 서씨도 같다) "나는 대학생이 되였다"에서 "대학생"도 보어로 보았다(서씨는 부사어로 본다). 서씨는 겹목적어, 겹주격 문장을 각각 관형어,부사어로 갈라 보았다.

북조선 계통에서는 처음 술어의 필수적성분을(목적어, "에게"에 의한 간접목적어, "과/와"에 의한 상대의 목적어 등)을 "보어"라고 기타 성분은 "상황어"라고 보았다. "필수적"이라는 것은 경우에 따라 달라지며 그 수가 또는 대단히 많다(9강 참조). 이렇게 하여서는 종잡을 수가 없어서 후에는 모든 체언적 성분은 모조리 "보어"라고 하고 부사와 부사적작용을 하는 "적극적으로" 따위만을 상황어라고 하였다. 이렇게 하는 것은 문장성분의 기능을 홀시하는 경향을 낳는다. 조선어에서는 사실 보어와 상황어를 구별하기 쉬운 것이 아니다. 일본어도 조선어와 같은 특성을 보이므로 보어, 상황어를 통으로 수식어로 취급하는 처리법이 많다. 그리고 수식어에 체언수식어, 용언수식어를 갈라 서술한다. 최근 고영근도 목적어 외의 것은 모두 수식어로 하자는 의견이 나오고 있다. 중국에서는 최윤갑 선생이 80년대부터 목적어를 포함한 수식어를 설정해왔다.

우리는 여기서 세계 문법학사상 문장성분은 어떻게 등장했는가 하는 력사를 알아둠으로써 이 문제 해결의 길을 모색해 볼 수가 있을것이다. 위노그라또브의 소개에 따르면(북조선 출판 : "일반언어학 론문집", p.91 : 위노그라또브 : "문장에 관한 문장론의 기본문제") 고대 문법의 맹아시기 아리스토텔레스 같은 사람은 철학자였으며 그들은 철학 연구의 필요성에 따라 문법을 론리학으로 연구하였었다. 처음에는 주사와 빈사를 나누어 연구했는데 이것이 문장성분의 맹아라고 할 수 있다. 그런데 연구가 깊어갈수록 복잡한 사상을 주사, 빈사의 가름으로만은 설명하기에 충족하지 못했다. 주사, 빈사 외에 처음 보충된 것이 객어, 즉 목적어이다. 문장에는 목적어만 있는 것이 아니라 기타 성분도 있는데 그것은 대체적으로 시간, 장소, 방식, 수단 등등이였다. 사람들은 이 때에 와서야 비로소 상황어라는 문장성분을 설정하게 되였다. 이 력사는 우리에게 다음과 같은 것을 알려주고 있다. 즉 목적어는 어느 정도 문법적이며 의미적인 것은 아니다. 왜냐면 어느 나라 언어든지 목적어는 "동작이 미치는 대상"이라고 보며 서구라파 언어에서는 전치사를 거치지 않고 직접 련결되는 것이 목적어이기 때문이다. 사실 서방언어에서는 이 목석어를 제외하면 모든 성분이 상황어로 된다고 하여도 그 형식이 명백하며 의미적으로도 시간, 장소, 도구, 수단 등으로 되므로 별로 큰 의문이 없이 상황어가 받아들여지는 것이다.

동방언어에 와서는 우선 객어와 상황어가 형식적으로 뚜렷이 갈라지지 않으며 의미적으로도 시간, 장소, 방식, 도구 등이 획일적으로 나타나지 않는 곤난이 있다. 이런 상황에서는 이를 어떻게 처리하는 것이 문법연구에 유리하다고 볼 수 있겠는가? 우리는 우선 목적어 외의 것은 모조리 부사어라고 하는 처리에 따를 수 없다. 왜냐면 이렇게 하는 것은 사실 문장성분의 가리기 어려운 곤난을 대중에게 밀어버리고 부동한 문장성분의 차이를 밝히는데 소극적으로 나서게 되며 사실 문장성분을 가리지 않으나 다름없기 때문이다.

　　그러면 서방언어에서는 목적어와 상황어를 어떻게 처리하고있는가?우리는 영어의 사례를 간단히 살펴보기로 한다. 영어의 表語, 補足語는 조선어와 비슷한데가 없으므로 제쳐놓기로 하고 주로 賓語(目的語)와 狀語(狀況語)만 보기로 한다.(薄冰 : "高級英語語法"(下), 1991年, 高等教育出版社)

　　목적어란 "동작을 받는 성분이다"라고 정의한다. 목적어로 될수 있는 성분은 명사, 대명사, 수사, 명사화한 형용사, 부사, 부정식, 동명사, 명사화한 分詞, 전치사구, 내포문(從句) 등이다. 목적어는 동작을 받는 외에

　　사역의 대상(Please let *me* through. -좀 지나갑시다),
　　동작의 결과(She made *a fire*. -그녀는 불을 피웠다),
　　동작의 도구(He struck *his hand* on his knee. -그는 손으로 무릎을 쳤다),
　　동작의 목적(She nodded *assent*. -그녀는 동의한다고 머리를 끄덕이였다),
　　일종의 전유(He wiped off the *table*. -그는 테블을 깨끗이 닦았다.),
　　동작의 시간이나 지점(Some slept *the night* in the office. -밤에 사무실에서 자는 사람이 있다 ; She swam *the river*. -그녀는 강을 헤여건넜다.),
　　동사의 동일어근인 명사(She lived a *happy life*. -그녀는 행복한 삶을 살았다)
　　합성목적어(No one ever saw *him angry*. -누구도 그가 성을 내는 것을 보지 못했다.)
　　전치사 목적어(I said it only *in fun*. -나는 롱담을 했을뿐이다.)
　　간접 목적어(I gave *him* my address. -나는 그에게 나의 주소를 주었다.)

　　상황어란 "동사, 형용사, 부사 및 전체 문장을 수식하는 성분"이다. 상황어는 수식성분이지만 필수적인 것도 있다. 상황어는 부사, 명사, 대명사, 수사, 형용사, 부정식, 분사, 전치사구, 포유문(從句)으로 될 수 있다. 상황어의 종류는 동사, 형용사, 부사 등 성분을 수식하는 성분 상황어와 문장을 수식, 설명, 련결하는 문장 상황어로 구별할 수 있다. 상황어에는 성분상황어가

가장 많은데

　시간상황어(I saw him there *lately*. ─나는 최근 거기서 그를 보았다.)
　처소상황어(There are plenty of fish *in the sea*. ─바다에는 물고기가 많다.)

처소상황어는 출발, 행방, 거리도 나타낸다.

　Do you speak *from experience*? ─당신 말은 경험담이지요?
　Are you going *to the station*? ─당신은 역전으로 갑니까?
　He went on driving for hundreds of miles. ─그는 계속 차를 몰고 수백 마일을 갔다.
　방면상황어(He is quick *in action*. ─그는 행동이 민첩하다.)
　원인상황어(He died *of hunger*. ─그는 굶어 죽었다.)
　결과상황어(She woke suddenly *to find someone standing in the doorway*. ─그녀는 깨여나서 문득 문어구에 웬 사람이 서있는 것을 발견했다.)
　목적상황어(He ran *for shelter*. ─그는 비를 피해 달린다.)
　조건상황어( I will go, *should it be necessary*. ─필요하다면 나는 가려고 한다.)
　양보상황어(*Despite the difficulties*, they finished the job. ─비록 곤난하였지만 그들은 그 일을 완성하였다.)
　정도상황어(The lecture was *not very interesting*. ─이번 강의는 썩 재미 있지 못했다.)
　방식상황어(She listened *attentively* to the lecture. ─그녀는 주의 깊이 강의를 들었다.)
　상황동반상황어(They died, *leaving their parents broken-hearted*. ─그들은 죽었다, 그들의 부모들의 마음을 찢으며)

문장상황어의 소개는 줄이기로 한다.
　보는 바와 같이 좀만 노력한다면 조선어에서도 목적어와 상황어는 가릴 수 없는 것이 아니다.

우리도 목적어는 "동작을 받는 성분"으로 하고 "밥을 짓다, 글을 쓰다" 같이 동작이 확연히 미쳐가는 대상은 목적어로 할 수 있다.

"그에게 책을 주다"에서 "그에게"는 간접목적어로 하여 큰 잘못이 없다.

"선진 생산자로 선거하였다"의 "선진생산자"도 결과의 목적어로 될 수 있다.

단, 비교동반의 대상과 형성자 대상, 인용어(낮과 같다, 곤난과 싸우다, 정세에 뒤떨어지다, 이것이 황소라고 알려주었다)만 상황어로 넘기면 된다.

상황어는 용언을(체언 술어 포함) 수식하는 성분으로 보고

방면상황어(사업에 몰두하다)
비교상황어(이것이 저것과 같다)
형성자상황어(나무가 바람에 넘어지다)
인용상황어(그러면 되였다고 말했다)
시간상황어(아침에 떠나기로 하였다)
처소상황어(운동장에서 논다)
방식상황어(천천히 걷자)
정도상황어(꽃이 무척 아름답다)
분량상황어(하루에 열근을 캔다)
원인상황어(병으로 결석했다)
수단상황어(톱으로 통나무를 켠다)
목적상황어(인민을 위하여 복무한다) 등을 설정할 수 있다.


## 3. 부사어의 구문론적 특성


구문론적 특성이란 부사어들이 문장구조를 이루는 과정에서 드러나는 기능을 통털어 이른다. 이런 구문론적 특성을 기술하기 위해서는 부사어를 그 기능에 따라 재분류하여 다루어야 한다.

부사어는 딴 성분을 수식하는 성분으로서 일반으로 필수 성분이 아니지만 특정한 용언이 이루는 문장에서는 부사어는 필수적이다(이에 대하여 앞에서 충분히 렬거했다고 생각된다).

## 1) 부사어의 종류

크게 용언의 종류에 관계없이 두루 어울리는 자유부사어와 용언의 종류에 따라 어울림이 제약되는 제약 부사어로 나눌 수 있다.

### (1) 자유 부사어

자유부사어는 결과적으로 문장 전체를 수식하며 그 위치는 문장 앞에 오는 것이 정칙이나 문장의 다른 곳으로도 자유롭게 옮길 수 있다.

a. 문장 련결 부사어("그리고", "그러나" 따위)−련결되는 문장의 앞에 오며 자리를 옮기면 비문이 된다.

b. 시간 자유 부사어("늘, 언제나, 항상" 따위 시간 변화와 관계가 먼 부사들)

ㄱ) 시간대 / 시역 부사어−본디, 일찍이

ㄴ) 시작점 부사어−봄부터, 옛부터 : 짧은 시간일 때는 형용사와 어울리지 못함[*]아침부터 예쁘다 / 옛날부터 예쁘다)

ㄷ) 동안 부사어−오래동안, 겨우내, 끝없이 : 짧은 기간일 때는 제약 부사어이다.

ㄹ) 잦기 부사어−늘, 항상, 줄곧

ㅁ) 차례 부사어−이미, 벌써,

c. 양태 부사어("확실성, 개략성, 의외성, 가상성" 등 부사들)

ㄱ) 확실성 부사어−확실히, 분명히, 틀림없이, 정말로, 참말로

ㄴ) 개략성 부사어−대개, 대략, 어쨌든

ㄷ) 일반성 부사어−무릇, 보통, 보편적으로

ㄹ) 례외성 부사어−다만, 단, 단지, 오직

ㅁ) 의외성 부사어－오히려, 도리여, 반대로

ㅂ) 가상성 부사어－아마도, 혹간, 설혹, 비록, 만일

ㅅ) 당연성 부사어－물론, 천상, 하기야

d. 수량 자유 부사어("모두, 전부" 따위 전칭 부사어들)

모두, 죄다, 모조리, 몽땅, 전부


## (2) 제약 부사어

a. 준자유 부사어－다만 지정사구와만 잘 어울리지 않는 부사

시역 부사어－오늘, 공일날, 이 달에

동안 부사어－한동안, 얼마동안, 몇 달 동안

잦기 부사어－가끔, 때때로, 종종, 이따금(상태성용언과 잘 어울리지 않음)

자격 부사어－친구로서, 학생으로서

일부 비전칭 수량 부사어－많이, 잔뜩, 조금, 약간, 다소

부정 부사어－아니 / 안

b. 동사 수식 부사어

공간 부사어

위치 부사어

소재 / 존재 위치 부사어－그는 늘 공장에 있다

늘 마음에 걱정이 있다

락착점 / 귀착점 부사어－감이 마당에 떨어졌다

관계대상 표시 부사어

목표점－할머니들이 평생교육원에 다닌다

도착점－우리는 오후에야 정상에 올랐다

받는이－친구가 나에게 만년필을 주었다

받을이－동무에게 편지를 보냈다

듣는이－동생에게 일부러 타일렀다

관계점－그 작품은 대중에게 영향을 미치었다

처소 부사어-밤무대에서 노래를 부른다

시발점 부사어-압록강은 백두산에서 발원한다.

방향 부사어-두만강은 동해로 흐른다

거리 부사어-비행기는 멀리 날아간다

시간 부사어

시점 / 순간-방금, 즉시, 이내

시간대 / 시역(동사에만 한정되지 않는다)

시작점-처음부터

동안-잠깐

잦기-자주

차례-먼저

동태부사어-잘, 빨리, 가만히

수단 까닭 부사어-칼로, 기차로, 병으로

상대 부사어-철수와 싸우다

당위성 부사어-꼭, 반드시, 모름지기 ,마땅히

c. 특정동사 부사어-질질 (끈다), 딱 (버티고 서다), 반짝반짝 (빛나다)

c. 존재사 수식 부사어-잘 ,무사히, 단순히, 못, 얌전히

d.형용사 따위 수식 부사어

형용사-참으로, 아주, 매우, 휘영청(밝다)

# "한정사, 부정법, 대우법" 부분 토론 요지

## 1. 한정사

### 1) 한정사의 특성과 분포

### (1) 한정사의 특성

한정사란 補助詞 또는 특수조사, 도움토, 윤색토 등으로 불려지던것들이다. 이것은 단어 뒤에서만 쓰일 수 있는 의존형태이지만 체언외에 부사, 접속토 뒤에도 쓰일 수 있어 그 기능이 특수하다.

한정사는 우선 접미사와 다르다. 접미사는 국한된 어근에 붙지만 한정사는 많은 부류의 단어들에 외적으로 첨가되어 쓰인다. 다음으로 한정사는 기능표시와는 관련이 없고 다만 앞에 오는 단어나 단어의 형태뒤에 붙어서 의미적인 제약을 한다. "한테, 더러, 께서, 보다, 처럼, 마냥" 등은 옛날 도움토로 보아왔으나 문장론적 기능 표시의 역할이 있으므로 격토로 넘어갔다. 끝으로 한정사는 체언에만 붙는 것이 아니라 부사, 용언 등에 붙을 수 있다.(그러나 우선 체언에 붙고 그 다음으로 다른 형태에 붙는다고 보는 것이 온당할 것 같다. 두루 붙는다고 하여 체언토에서 제외할 수 있는 정도는 아니라고 본다. 이것은 대격 "을"이 용언에 붙는 것과 같은 성질의 문제인 것 같다)

많이 쓰이는 한정사들로는


(1) 는 / 은, 도, (이)야, 만, 마다
(2) 부터, 까지, 조차, 마저, (이)나, (이)든지, (이)라도, (이)나마, 밖에, 커녕, 들, 뿐
(3) 서껀, 끼리, 씩(단어의 외적 형태라는 특점만 갖춘다)


(1), (2) 부류는 많이 쓰이는 한정사들이며 한정사의 특성을 다 보유하고 있다. "끼리"에 한하여 조선에서는 불완전 명사로 보고 "엣센스 국어사전"에서는 접미사로 보았다. 어느 것이 더 좋은 것인지는 연구해볼 필요가 있다.

한정사의 성격과 문법범주 문제를 둘러싸고 북조선의 리근영은 그의 "조선어리론문법"에서 련관범주로 볼 수 있다고 하였으며 순수 문법적인 것으로 처리했다. 재래의 도움토 중 "다가, 써, 그려"는 강조토로 분류하고 강조범주도 설정하였다. 리근영이 도움토에 대하여 내린 정의는 "어떤 사물현상 또는 그밖의 다른 것들 사이의 련관관계를 나타내는 토다"라고 하였다. 이 점은 재래의 "도움토"란 의미보다 적확한 것 같다. 그러나 도움토가 나타내는 의미가 문법적 의미인가, 각 도움토의 의미가 어떤 체계로 귀납되며 최종적으로 몇 가지 하위범주로 되는가 하는 것은 아직 말하기 힘들다. 문법적 범주로 되자면 우선 형태가 있어야 하고 그 형태들이 나타내는 의미는 추상화되어 몇 개의 서로 대립되는 하위범주를 이루는 것이 통례로 되는 상황에서 문법적 범주까지 인상시키는 것은 설득력이 모자라는 것으로 볼 수 있다.


## (2) 한정사의 분포관계


### a. 주어 / 목적어 명사구

-기능표지와 함께 나타날 수 있는 것 : 부터, 까지, 조차, 마저, 만, 들, 씩, 끼리, 마다, (이)나

-기능표지를 대치하는 것 : 는/은, 도, (이)야, (이)라도,(이)든지, (이)나마, 서껀

### b. 체언 관형화소

-"의"와 동시에 나타나는 한정사는 제한되어 있다 : 만, 마다, 씩, 끼리, 들, 부터, 까지

### c. 부사어

"씩, 끼리, 서껀" 외에 모든 한정사들이 부사어와 잘 결합하나 반드시 부사어 뒤에 붙는다.

### d. 한정사끼리 어울림

본 저서에 제기된 것이 없으므로 최윤갑 "조선어문법" p.173을 보라. 거기에는 다음과 같은 결합형태를 들고있다.

는커녕, 는요/ 랑은, 랑도, 랑서껀, 랑야/ 부터는, 부터도, 부터만, 부터나마, 부터라도, 부터나, 부터야/ 까지는, 까지도, 까지만, 까지나마, 까지라도, 까지나, 까지야/ 만은, 만도, 만이라도, 만이야/ 조차도, 나마도, 야만, 라야만, 서껀은

### e. 접속형태

접속형태와 결합하는 한정사들은
"는, 야, 도,부터, 까지, 조차, 만, 밖에, 뿐, 라도, 나마, 나, 든지, 들" 등이다.

### f. 용언 "하다"의 선행어

"하다"와 앞 어간 사이에 "를" 을 삽입할 수 있는 것을 분리성이 있는 것이라고 보고 그렇지 못한것 은 분리성이 없다고 본다.

“하다” 분리성 선행어에는 대다수가 쓰인다.

“하다” 비분리성 선행어에는 “는, 도, 만”이 잘 붙고 “야, 까지, (이)나”는 특수 경우에 나타난다. “는, 도, 만”의 경우도 제약을 보인다.

    그 학자는 훌륭{은 / 도 /²만} 하다
    저 어린이는 참 딱{*은 / 도 /*만} 하다

어떤 것은 전혀 삽입할 수 없는 것이 있다.

    저 소년은 참 착{*은 /*도 /*만} 하다.

## 2) 한정사의 의미와 쓰임

여기서는 우리가 덜 보아왔다고 생각되는 의미와 쓰임을 주로 간추려 본다.

는 / 은 : 기본되는 의미 특질은 대조성이다. 례

    그 녀자가 춤은 잘 춘다↔그 녀자가 (다른것은 모르지만) 춤을 잘 춘다.
    나는 그런 곳에 안 간다↔(너 / 또는 딴 사람과 달리) 내가 그런 곳에 안
간다.

대조성은 그 범위를 확장하면 기지의 대상을 드러내고 이와 비슷한 “가 / 이”는 미지의 대상을 드러낸다. 체언 문에서는 “는 / 은”문이 중성이다.

    박씨는 학생입니다(중성)          박씨가 학생입니다
       (기지) (미지) (력점)           (미지) (력점) (기지)

의문사 주어에서는

    누가 학생입니까? – 박씨가 학생입니다.(옳은 대답)미지 – 미지

(미지, 력점)      −박씨는 학생입니다.(틀린 대답)미지−기지
박씨는 무슨 사람입니까−박씨는 학생입니다.
기지                    기지

체언술어 부정문에서

이 책은 내 책이 아니다.(중성)
이 책이 내 책이 아니다.(다른 것이 아니고 "이 책이" 강조되며 "미지"부
분이 된다.)

용언 술어문에서

이 꽃이 곱다.−이 꽃은 곱다.
(미지) (기지) (기지) (미지)

문장을 전개하면

이 꽃은 아름답고 약재로 쓴다.
(주제) (기지)

그 사람은 여기로 오면서 우리에게 손짓한다.
(주제) (기지)

용언 부정문에서는

이 꽃은 곱지 않다.(중성)−이 꽃이 곱지 않다.
(기지)                    (미지)

내포문 안에서는 "는 / 은"이 쓰이지 않고 "가 / 이"가 쓰인다.

　　농민들은 비가 오기를 기다린다.

"는/은"에 의해 나타나는 주제는 문장 전체와 관련된다.

　　나는 팔이 아파서 일을 못했다.(중성)
　　내가 팔이 아파서 일을 못했다.("나"를 강조, 동시에 미지의 주체)

　　도: "또, 또한, 역시"의 의미를 가진다. 여러 성분에 덧붙어서 亦同性을
나타내기도 한다.

　　아이가 마당에서도(마당에서 / 또한, 역시) 논다.
　　그이는 친구도 애인도 없다.(역동성)

　　"도"는 "역시"의 의미를 나타내지 못하는 경우도 있는데 특히 정도 부사
뒤에서의 쓰임이 그러하다.

　　날씨가 유난히도 좋다.

　　"아무도, 누구도"의 경우는 부정 극어 형성에 가담한다.
　　만, 밖에 : "만"은 "다만, 오로지, 오직"의 의미로 쓰인다. 완전히 빼놓는
배타성이 있다.

　　그이는 돈만 안다. – 그이는 다만 돈을 안다.

　　"밖에"는 부정 표현과 어울려 쓰일 때는 "만"과 같은 뜻이다.

　　여기에는 녀자들밖에 없다. – 여기에는 녀자만 있다.

"밖에"는 주어나 목적어 표지와는 나란히 쓰이지 못한다.

　　*천재밖에가 이 일을 할수 없다.
　　*저 아이는 공부밖에를 모른다.—저 아이는 공부밖에 모른다.(왜 되는지
해명이 필요하다.)

　뿐 : "오직 그것"이라는 의미로 한정한다. 단, 그 후행성분이 "이다", "아
니다"로 되여 있어 "만"이 오던 자리에 못 오는 수가 많다.

　　거기에는 {*로인들뿐 / 로인들만} 모였다.

(이)야 : "유별남"을 드러낸다.

　　그 사람이야 일등으로 합격할거야.

주어표지나 목적어 표지를 밀어내고 그것을 배척한다.

　　그 사람이야(*사람이야가) 부인을 사랑하지.
　　그 남자가 자기 부인이야(*부인이야를) 사랑하지.

"에, 으로"따위 후치사가 쓰일 때는 후치사를 생략하지 않는다.

　　그 사람이 시방{집에야 / (?)집이야} 있지.

다른 후치사와 결합할 때도 생략하지 않으며 생략된 경우는 의미가 달라
진다.

　　그 가게가 래일부터야(래일이야) 문을 열 것이다.

부사나 용언의 접속형태에도 많이 쓰인다.
이 차가 빨리야 달리지요
회장이 도착해서야 회의가 시작되였다.


마다 : 앞말이 속하는 범주의 성분을 낱낱이 다 지칭한다. 주어 표지나 목적어 표지를 대체하거나 같이 쓰이나 후치사, 용언의 접속형과 함께 쓰이지 않는다.


학생마다 국가를 부른다 / 사람마다가 손에 기대를 들었다.
{*집집에서마다 / 집집마다} 아이를 기른다.
그이가 학교에 {*가서마다 / *가면서마다} 여자 친구를 만났다.


씩 : 수량어 분량만큼 나눈것이란 뜻을 나타낸다.
끼리 : "한 무리에 속하는 성분만이 동아리를 짓는것"을 나타낸다. 체언에만 한정되여 쓰인다.
서껀 : 여럿가운데 섞여있는 대상을 가리킨다. 체언 뒤에만 쓰인다.
들 : 여러 품사 뒤에 붙어 복수임을 나타낸다.
부터 : 시간어, 공간어에 붙어 시작점을 나타낸다. 비시간, 비공간어에 붙어서는 "먼저"라는 뜻을 나타낸다.


그 모임이 오늘 열시부터 시작한다.
서울에서부터 평양까지 고속도로가 건설된다
자네부터 노래를 부를게.


까지 : 시간어, 공간어일 때 "종착점"을 나타고 비시간어, 비공간어일 때는 "마지막으로 포함됨"을 나타낸다.


나는 열시까지 친구를 기다렸다.

그 사람이 나를 학교까지 바래다 주었다.
총장까지 그 자리에 나타났다.

마저, 조차 : "마저"는 "마지막 남은 대상"임을 나타낸다.

친구마저 그의 곁을 떠났다.

"조차"는 "각별한 마지막 대상"임을 나타낸다

부인조차 그 사람을 안 믿었다.

(이)라도 : 많은 형태뒤에 쓰여 "양보접속"의 의미를 드러낸다.

그 애가 {천재라도/천재이여도} 그 문제는 못 푼다.

(이)나, (이)든지 : 모두 선택의 의미를 나타내나
"(이)나"는 렬거되는 뒤항에서 왕왕 생략되고 개별 경우 생략하지 못하며
하나의 항만가지고도 선택을 나타낼 수 있다. 수량어와 어울려 어림셈이나
강조, 감탄이 동반한다.

집에서나 거리에서(나) 사람들이 열심히 일한다.
그는 원고를 보고나 안보고나(*안 보고) 연설할 수 없다.
나는 책이나 읽겠다.
책값이 만 원이나 될 것이다.
인구가 남북을 합치면 7000만이나 됩니다.

"(이)든지" 경우는 각 선택항목마다 나타나는 것이 자연스럽다. 하나의
항만 나타나지 못한다.

그이는 두부든지 생선이든지 다 잘 먹을 수 있다.
(?)그이는 두부든지 생선을 다 먹을 수 있다.
*우리는 떡이든지 먹자.

부정사에 덧붙여 쓰일 때는 불특정 선택을 나타낸다.

아무(나 / 든지) 이 글을 읽을 수 있다.

(이)나마 : "만족스러운 내용이 아님"을 드러낸다. 양보적 의도가 곁들어지며 "ㄹ지라도, 지만, 라도"로 교체 가능하다.

짧으나마(짧지만) 이것으로 축사를 대신합니다.

커녕 : "는 / 은커녕"이 옳은 표기일것이다. "고사하고, 그만 두고"의 의미를 나타낸다. 그리고 뒤따르는 말과 대비되어 나타난다. "는 / 은커녕"은 "는 / 은새로에"로 대치되어 쓰이기도 한다.

그 애가 {한자는커녕 / 한자새로에} 한글도 못 읽는다.


## 2. 부정문


부정문이란 부정요소가 쓰여 서술내용의 전체 또는 일부를 부인하는 문장이다. 이런 부정요소가 나타나지 않은 것은 긍정문이고 부정문은 긍정문에 부정요소를 첨가해 이루어진 문장이다. 조선어의 기본적인 부정요소는 "아니"이다.
부정문은 반대문이 아니다. 반대문에 각각 부정문이 이루어지기 때문이다.

그 물건은 좋다.-그 물건은 좋지 않다.(안 좋다)
그 물건은 나쁘다.-그 물건은 나쁘지 않다.(안 나쁘다)

## 1) 부정의 방식

### (1) 문장 류형과 부정 성분에 따라

조선어에는

① 기본부정법-서술문, 의문, 약속문에 적용되는 부정법. "아니"와 "지 아니하다"를 사용한다.

② 명령 / 청유부정법-명령 / 청유문에 적용되는 동사성 용언에만 적용되는 부정법. "지 말다"를 사용한다.

③ 특수부정법-"이다"에만 적용되는 부정문. "아니다"가 쓰인다.

④ 접두부정법-부정의 뜻을 가진 접두사를 내포한 단어들과 관련된 부정법으로 구문론적인 것은 아니다. 그러나 외국어와 대조할 경우는 이런 문장도 외국어의 부정문에 대응될 수 있다.

그런 말은 비합리적이다.-那些言論不合理

⑤ 겹부정법-두번 이상으로 부정법이 한 문장에 적용되는 것을 말한다.

그 사람들은 안 돌아오지 않는다.

### (2) 부정요소의 위치에 따라

① 선행부정-기본 부정문은 가장 많이 쓰이는 것인데 부정요소가 서술 용언 앞에 오는 방식이다. 서술용언이 동사일 때는 "못"이 쓰이나 약속문에는 쓰이지 못한다.

그는 술을 못 마셔.//*너를 못 업어 주마

일부 용언은 "아니"와 결합하지 못한다.

　?안 안는다 / *안 아름답다 / *안 안쓰럽다 / *안 굶주린다 / *안 공부한다 / *
안 안다 / *안 모른다 / *안 있다 / *안 없다 / *안 생기다 / *안 견디다

선행부정요소 "못"도 결합상의 제약을 보인다. "안"하고 공통적인 것도
있고 그렇지 않은 것도 있다.

　{*못 / *안}굶주린다 / {?못 / ?안}걱정한다/{?못/?안}공부한다/{*못/*안}가
물거린다{*못 / 안} 밝는다 / 날이 {*못 / 안} 풀린다 / {*못 / 안}바란다{*못 /
안}가려고 한다

② 후행부정—부정요소가 서술용언 뒤에 붙는 방식이다. 이 후행 부정은
서술 용언이 동사일 때는 "못하다"가 쓰이나 약속문에서는 쓰이지 못한다.

　그 녀자가 담배를 피우지 못하니?
　*너를 도와 주지 못하마

"못"이 같은 단어의 선행부정에서는 쓰일 수 없던 것이 후행부정에서는
쓰이기도 한다.

　우리는 그런 행복을 바라지 못한다(?못 바란다).
　그는 남자를 알지 못한다(*못 안다)
　그런 이상한 일이 없지 못하다(*못 없다)

### 2) 주요 부정요소

#### (1) "아니"와 "못"의 의미

"아니"-단순부정, 또는 "의도부정"이라고도 한다("의도부정"은 상황에 따른 것으로 해석된다).

"못"-"불가능성",또는 "능력부정"이라고도 한다.

#### (2) 후행부정과 "하다"

실질적 의미가 없는 형식적 요소이다. 품사 특성은 앞의 용언 성격에 따라 다르게 나타난다.

#### (3) 후행부정과 보문자 "지"

부정 보문자 "지"이다. 후행 부정요소가 뒤따를 때만 쓰는 후행 부정 전용의 문법요소이다. 부사형이나 명사형이 아니다. 기원적으로는 "디→기" 된 것은 사실이나 지금은 그 기능이 확실히 다르게 변하였다.

### 3) 특수 부정법

### 4) 부정의 범위

#### (1) 부정소의 옮김

부정요소의 올림이나 내림 후에 의미가 변하지 않는 것은 "생각하다, 믿다, 기대하다, 짐작하다, 상상하다, 여기다, 바라다" 등 심리 용언에 한한다. 그외의 경우는 위치 이동 후에 의미가 변한다.

> 그이는 내 말이 옳다고 믿지 않는다.
> 그이는 내 말이 옳지 않다고 믿는다.-의미가 같다
> 그이는 그중 열명이 미혼녀가 아니라고 밝혔다

그이는 그중 열명이 미혼녀라고 밝히지 않았다.—의미가 다르다.

### (2) 부정문과 수량어

일반적으로 수량어가 부정범위에 들어간다. 그러나 상위문일 때는 부정범위에 들지 않는다.

많은 학생이 글을 안 쓴다.—글을 안 쓰는 학생이 많다.
많은 학생이 글을 쓰는 것은 아니다.

### (3) 부정 극어

부정요소하고만 어울려서 부정의 정도를 강화하거나 극대화하는 부사어를 가리킨다. "별로, 별반, 결단코, 전적으로, 전혀, 결코, 여간, 아무도, 누구도, 아무것도, 조금도, 추호도, 털끝만큼도, 쥐뿔도" 등 부사어는 거개 부정어와 어울려 부정의 효과를 증대시킨다.

### 4) 부분 부정

부정 효과가 한 단어나 구에 미치고 전체 문장에 미치지 않는 것을 말한다. 대개 한정사 "는/은"을 써서 이런 효과를 이룬다.

그이는 비인간적인 사람은 아니다.(그이는 어느 정도까지는 인간적이다.)

### 5) 수사적 부정문

부정문의 형식으로 긍정적 의미를 나타내는 것이다.

왜 좀 놀러 안오니?(실지 뜻 : 좀 놀러 오너라)

## 3. 대우법

　대우법은 일본어, 조선어 같은 극소수 언어에 나타나는 특유한 문법적 현상이다. 그러므로 대우법에 대한 리론적 연구는 아주 적으며 어떻게 기술해야 하는가도 학자들에 따라 많은 다른 점을 보이고 있다.

　일반언어학에서는 례의형식(polite form), 경칭형식(honorific form)이라고 간단히 언급되고있다. 일본어에서는 대우법을 "언어표현을 행함에 있어서 표현주체가 자기자신,표현의 상대,화제의 인물의 이러저런 상하, 친소관계에 있는가를 판단하여 그것을 표현형식에 반영하는 것이나 그 표현"이라고 정의하고있다. 대우표현에는 敬語表現, 卑罵表現, 尊大表現, 親愛表現 등을 모두 포괄한다. 대우표현의 핵심을 이루는 것은 경어표현이라고 보고있다.

　본 저서는 대우법 연구에서의 획기적 성과를 반영하고 있는데 그 주요한 점들은 과거의 종결법에 나타나는 청자존경의 계칭범위를 벗어나 대인관계 표현을 전면적으로 다룬것과 조선어 청자존경을 설문조사에 바탕하여 격식체와 비격식체로 나눈 점이다.

　본 저서는 대우법에 대하여 "말하는 이가 듣는 이나 화제의 인물을 두고 높낮이관계, 친소관계 등을 바탕으로 하여 상황에 알맞는 말씨를 골라 쓰는 것"이라고 정의하고있다. 이런 대우법 말씨 선택에서 영향을 미치는 대인관계는 높낮이 관계, 친소 관계, 힘의 관계, 리해 관계 등이라고 적절하게 지적하였다.

### 1) 대우법의 표현 형태

대우법의 표현 형태 ┬── 존대말(＋존대)
　　　　　　　　　└── 비존대말(－존대) ──┬── 예사말
　　　　　　　　　　　　　　　　　　　　└── 낮춤말

(1)  존대말

a.  부름말과 가리킴말의 존대형태

부름말, 가리킴말 량면으로 쓰이는 것

| | |
|---|---|
| 체언 | 여러분, 임자, 손님 |
| 성 / 이름＋씨 | 김씨, 경숙씨, 신영남씨 |
| 성 / 이름＋선생(님) | 김선생님, 정선달선생 |
| 직위명＋님 | 원장님, 과장님, 선배님 |
| 손위 친족명 | 할아버지, 아저씨, 언니 |

부름말 또는 가리킴말로만 쓰이는 것

부름말로만 쓰이는 것－여보세요, 임이시여, 그대여
가리킴말로만 쓰이는 것－(1) 이이, 그이, 저분, 그어른, 저 선생님
　　　　　　　　　　　　(2) 가리킴말＋께(서) : 선생님께서

b.  행동, 상태를 높이는 존대형태

용언＋(으)시 : 입으시, 오시, 좋으시, (스승)이시
례외형태 : 계시, 주무시, 잡수시, 잡숫

c.  듣는이를 높이는 존대형태

문말 형태가 담당한다. 물론 문말형태는 비존대형태도 담당한다.

d.  관련 인물, 사물을 높이는 형태

따님, 아드님, 댁, 성함

(2)  비존대말

예사말－존대 특질로 보아 무표인 말이다. 상황에 따라 존대 또는 낮춤말

로 될 수 있다.

낮춤말―부름과 가리킴의 낮춤형태

**부름말과 가리킴말의 량면으로 쓰이는 낮춤말**

| 체언 | 제군, 이애, 애 |
|---|---|
| 성 / 이름 | 김, 철수, 오달현 |
| 성 / 이름＋군 | 박군, 리남수군 |
| 성 / 이름＋양 | 정양, 서한나양 |
| 손아래 친족명 | 동생, 조카 |

**부름말 또는 가리킴말로만 쓰이는 낮춤말**

부름말로만 쓰이는 것 : 이봐, 이보게, 여보아라, 여보게

가리킴말로만 쓰이는 것 : 그애, 저애, 그놈, 그자, 이자, 저, 소생

**행동표현의 낮춤형태**

(1) 여쭈다, 여쭙다, 아뢰다, 사뢰다, 상신하다

(2) 드리다, 올리다, 바치다, 진상하다, 봉헌하다

(3) 모시다, 받들다, 뵙다, 우러르다, 알현하다

**듣는이를 낮추는 형태 : 문말형태**

관련 인물, 사물을 낮추는 형태 : 자식놈, 딸아이, 졸작


## 2) 대우법의 두 체계

(1) 대상 위주 체계 : 청자 대우, 주체 대우, 객체 대우가 있다.

(2) 방법 위주 체계 : 존대법(존대 등급), 비존대법, 겸양법, 압존법으로 나눌 수 있다.

## 3) 청자 대우의 양식과 등급

<table>
<tr><td colspan="3"></td><td>서술법</td><td>약속법</td><td>의문법</td><td>명령법</td><td>청유법</td></tr>
<tr><td rowspan="4">격식체</td><td rowspan="2">존대</td><td>아주높임<br>(합쇼체)</td><td>습니다<br>나이다<br>올시다</td><td>오리다</td><td>ㅂ니까<br>나이까</td><td>십시오<br>소서<br>옵소서</td><td>십시다</td></tr>
<tr><td>예사높임<br>(하오체)</td><td>오/소/우/<br>구려</td><td>리다</td><td>오/소/우/<br>?구려</td><td>오/소/우/</td><td>오<br>/ㅂ시다</td></tr>
<tr><td rowspan="2">비존대</td><td>예사낮춤<br>(하게)</td><td>네/ㄹ세</td><td>ㅁ세</td><td>는가/ㄴ가</td><td>게/게나</td><td>세</td></tr>
<tr><td>아주낮춤</td><td>(는)다<br>(는)구나</td><td>마</td><td>(느)냐<br>니/랴</td><td>어라<br>려무나<br>렴</td><td>자(꾸나)</td></tr>
<tr><td rowspan="2">비격식체</td><td colspan="2">두루높임<br>(해요체)</td><td>어요/지요/<br>(는)군요/ㄹ<br>걸요</td><td>ㄹ께요<br>지요</td><td>어요/지요/<br>(는)가요/ㄹ<br>까요</td><td>어요/지요</td><td>어요/지요</td></tr>
<tr><td colspan="2">두루낮춤<br>(해체)</td><td>어/지/군</td><td>ㄹ께/지</td><td>어/지/나</td><td>어/지</td><td>어/지</td></tr>
</table>

## 4) 주체 대우와 객체 대우

### (1) 주체 존대

"(으)시"를 용언에 첨가하고 주체 또는 주체와 관련된 말에도 가능하면 존대형태를 붙인다. 최저한 서술어는 존대로 되여야 한다. 주체와 듣는이도 관계되어 압존법을 쓰기도 한다.

### (2) 객체 대우

객체가 주체에 비하여 존대되어야 할 대상일 때 나타난다. 존대의 방식은 주로 주체를 낮추고 객체를 높여서 표현법을 쓴다. 객체 존대의 표현 형태는 다음과 같은 것들이 있다.

| 주체의 겸양 형태 | | | 객체의 존대 형태 | |
| --- | --- | --- | --- | --- |
| | 체언 | 용언 | 존경어 | 조사 |
| 1인칭 가리킴말 | 저, 소생 (소인, 소자) | 드리다, 바치다, 올리다, 여쭈다, 아뢰다, 사뢰다, 뵙다, 모시다, 받들다, 받잡다 | 말씀, 댁, 년세, 진지, 아우님 | 께 |
| 그밖의 가리킴말 | 아이놈, 딸아이, 저 애 애비, 어미 | | | |
| 일반체언 | 말씀 | | | |

# "피동문, 사동문" 부분 토론 요지

## 1. 피동문, 사동문 또는 문법적 범주로서의 피동범주와 사동범주를 인정하지 않는 리유

본 저서도 이 문제에 한하여서는 다음과 같은 말을 한 것이 있다. 이러한 피동 변형은 동사에 첨가되는 "이, 히, 기, 리" 따위 접미사가 어휘형성의 파생접사가 아니고 문법형태(일종의 굴절 접미사)임을 바탕으로 한 것이다. … 만일 이것들이 파생접미사라고 하면 새로운 낱말을 파생시키는 어휘 차원의 문제이므로 위와 같은 변형관계를 성립시키기 어렵게 된다. 그렇게 되면 "쫓다" 같은 동사와 "쫓기다" 따위 동사는 사전에서 이미 별도로 처리되어 있으므로 이런 낱말들이 쓰이는 문장들은 따로따로 형성되어야 한다. 곧 두 낱말이 쓰인 문장은 능동문－피동문의 변형관계에 있다고 하기가 리론적으로 곤난하게 된다는 것이다."

우리의 론의는 이 말과 같은 방향에서 행해지나 결론이 다를 뿐이다.

첫째, 피동, 사동의 상형태 "이, 히, 기, 리" 따위가 붙을 수 있는 동사는 동사 총수의 8%밖에 차지하지 않으며 순 고유어 동사에는 12% 정도 붙는다.이렇게 소부류에 붙으므로 보편성이 결여되어 범주를 형성하기 곤난하다.

그리하여 "가다, 오다, 하다, 되다" 따위 상용동사에도 피동형태가 없다. 일본어는 조선어보다 자유로와 피동조동사를 쓰기만 하면 곧 피동형태가 형성된다. 사동문에 일부 제약이 있기는 하나 극소수 단어에 한하게 된다.

둘째, 동사 피동형, 사동형은 그 피동, 사동의 의미를 나타내는 외에 많은 어휘적 의미를 파생시키는 것이 있다. 례를 들면 조선어사전들에서는(한국어사전을 포함) 피동, 사동 범주를 인정하든 말든 피동동사와 사동동사를 올림말로 올리고 있다. 그중의 례를 하나 보면 "돌리다"는 "(1) 피동의미 ; (2)타동사의미 22개 ; (3)자동사의미 2개"로 되어 있다.

문법적 범주는 어느 때나 파생적 의미를 만들지 않는다. 파생적 의미가 산생되고 있는 것은 "이, 히, 기, 리" 따위들이 문법적 접사인 것이 아니라 어휘적 접사라는 것을 보여준다. 어휘적 접사에 의하여 추상화된 의미를 물론 문법적 범주라고 할 수는 없는 것이다.

셋째, 토의 특성에서 고려할 때(이것을 문법적 형태라고 보는 관점에서) 조선어의 토들은 그가 붙은 단어에만 관계되지 않고 그에 의해 병렬되거나 종속되는 모든 앞의 단위까지 의미-문법적으로 관여한다. 례컨대

> 김선생과 박선생은 어려서 중학교를 같이 다녔다.―"은"은 "김선생,박선생"을 다 같이 설명 받는 자리에 놓이게 해준다.
> 부지런한 사람에게는 하느님이 복을 내려준다는 말을 듣고 처음에는 믿었다.―"부지런한 사람에게는 하느님이 복을 준다" 뒤에 붙은 "는"은 이 전체를 "말"의 규정어로 되게 한다.

그러나 상접사에 와서는 이런 특성이 유지되지 않으며 언제나 단어에 내속되는 형태로밖에 되지 않는다. 례를 들면

> 낡은 사회에서 자본가와 로동자의 관계는 뜯고 뜯기는 관계였다.―"기"는 다만 그 단어에만 관계될 뿐 더 이상 관여하지 못한다.

이상의 리유들 때문에 상범주를 인정할 수 없으며 물론 상토도 인정할 수 없다. 그러나 상과 관련된 문제를 연구할 수 없는 것은 아니다. 우리는 이와 같이 문법적 범주에는 오르지 못하나 어느 정도 문법적 역할을 하는 것들을 묶어서 "피동성 표현, 사동성 표현"이라고 하여 토론할 수 있다.


## 2. 피동문


능동문에 피동변형을 하여 형성된 문장을 피동문이라 한다. 피동변형은 능동문의 서술동사구에 피동접미사가 덧붙고 그와 함께 그 주어와 목적어가 서로 자리바꿈을 하는 절차를 말한다. 이런 변형과정에서 기본의미의 변동은 없는 것으로 여기는 것이 상례이다.

개가 닭을 쫓는다.(능동문)　　개-닭-V(능동사)
닭이 개에게 쫓긴다.(피동문)　닭-개-V(피동사)

영어에서는 주어, 목적어 위치가 바뀌나 주어는 "by 전치사구"로 되며 동사는 과거분사로 된다. 례를 들면

The manager has not signed the papers.
(경리는 이 문서들에 서명하지 않았다)
The papers have not been signed by the manager.
(이 문서들은 경리의 서명을 받지 못했다)
I posted that letter last night.
(나는 어제 밤에 그 편지를 부쳤다)
That letter was posted last night.
(그 편지는 에제 밤에 부쳐졌다)

보는 바와 같이 조선어와 영어의 피동문은 여러 면에서 부동한 점을 가지고있다.

피동문을 판정할 때는 능동문과의 대응관계가 이루어지는 것만이 진피동문으로 볼 수 있고 그렇지 않은 것은 진피동문이 되지 않는다는 것이다. 진피동문의 조건은 첫째, 능동문의 목적어가 피동문의 주어로 되며 ; 둘째, 능동문의 주어는 피동문의 행동자로 되며 ; 셋째, 동사의 능동형이 피동형으로 바뀌어야 한다. 이런 바탕에서 진피동문의 요건은 첫째, 능동–피동 대응제약 ; 둘째, 피동형태 제약 ; 셋째, 동일의미 제약이라고 하였다.

"능동–피동 대응제약"에서 례로든

날씨가 풀렸다
*(누군가가) 날씨를 풀었다.

의 실례는 적당하지 못하다. 여기의 "풀렸다"는 본래 자동사이고 "풀다"의 피동형이 아니다. 사전에는 피동형을 밝힌 동시에 동일형태로 자동사도 밝혔다.

진피동문의 동사형태는 약 150개의 동사에 한한 접미피동법만 인정하고 기타는 인정하지 않았다. 이런 진피동문은 그 분포에서 상당한 제약성을 보이고 있는바 "사다, 받다, 붙다, 그리다, 짓다, 부수다, 치다, 때리다, 얻다, 끄다, 켜다, 나르다" 등 상용동사에도 피동형이 이루어지지 않는다.

진피동문은 많지 못할 것은 당연하다. 그와 류사한 언어표현들을 연구하기 위하여서는 불구피동문이라는 개념을 도입하였다. 불구피동문이란 진피동문의 3가지 요건이 갖추어지지 않고 그중 일부 조건을 갖춘 피동문을 가리켜 이른다. 례를 들면

나는 요즈음 밥이 잘 안 먹힌다.

형식상 피동문일 가능성이 높다. 그러나

? 내가 요즈음 밥을 잘 안 먹는다.

이런 능동문으로 환원시켜보면 원래의 뜻과는 차이가 있게 되며 이것이 곧 우의 피동문의 출발점이라고 보기 어렵게 된다. 이런 따위는 불구피동문이라고 하자는 것이다. 그러나 이 부분의 마지막 례문은 그 피동변형적용에 문제가 있다. 즉

그 소식으로 맥이 확 풀렸다.

이것이 피동문이라면, 3개 절차로 능동문이 되어야 한다.
첫째, 피동동사가 능동동사로 되며(풀리다-풀다) ;
둘째, 피동문의 주어가 목적어로 되며(맥이-맥을) ;
셋째, 행동자가 주어로 되여야 한다("소식"은 행동자가 아니므로 행동자 "그"를 보충해야 한다).
이렇게 되면 대응될 능동문은

*그가 맥을 풀었다(능동) ↔ *맥이 그에 의해 풀렸다(피동)으로 되여야 할 것이었다. "*그 소식이 맥을 확 풀었다"는 전혀 리치에 맞지 않는 례문이다. 피동문 중에는 목적격을 그대로 보유하고 있는(정칙대로이면 목적격이 주격으로 바뀌여야 하는데 일부는 주격이 되고 일부는 바뀌지 않은 것이다) 특유한 부류가 있다. 이를 가리켜 목적격 피동문이라 하며 대응되는 능동문은 겹목적격 문장이다. 례를 들면

순이가 찬우를 옆구리를 찔렀다.(능동문, 겹목적격 문장)
찬우가 순이에게 옆구리를 찔렸다.(피동문, 목적격 피동문)

이렇게 목적격 피동문을 만들 수 있는 류는 겹목적격 문장 중에서도 대소 관계 류형만이 가능하다고 하고있다(본 저서 697쪽 참조). 그러면서 두 대격 중 앞의 것이 진짜 목적어이고 뒤의 것은 진짜 목적어가 아니라 목적어에 대한 한정이라고 설명했다(1069쪽를 보라). 이렇게 함으로써 능동문의 목적어가 피동문의 주어로 되는 규칙에 맞출 수가 있었다. 이것만 생각하면 맞을듯한데 앞에서 겹대격을 설명할 때 한 말과는 모순됨을 발견하게 된다. 앞에서는(698쪽) "(대소 관계 류형) 이 류형에서는 대체로 마지막 목적격 명사구가 목적어이고 그 앞의 목적격은 한정어로 해석된다고 보는 견해가 많다." 그리고 다음과 같은 례를 들었다.

그애가 철수를 옷을 소매를 잡았다.
그애가 철수의 옷의 소매를 잡았다.

만일 여기에 나오는 "소매"가 진짜 목적어라면 피동변형 규칙에도 맞아서 "소매"가 주어로 되고 "그애"가 행동자로 되며 "잡다"가 "잡히다"로 변형해야 한다. 즉

*소매가 그애에게 철수를 옷을 잡혔다.-완전히 리해할 수 없는 문장이 된다.

그러나 1071쪽에서 한 말대로 변형하면 무사 통과가 된다. 즉

철수가 그애에게 옷을 소매를 잡혔다.

이 사실은 다음의 두 가지 사실을 립증해 주고있다. 첫째, 겹목적격 문장의 대소 관계 류형이 그 의미에 의하여 앞의 대격들이 모두 관형격으로 된다는 사실 관찰은 경솔한 것이었다. 둘째,"대격의 연구성과"를 소개할 때 말한바와 같이 겹대격문장의 제일 앞의 것이 성분주제로 되는데 지금보면

여전히 대격성을 가지는 주제라고 보여진다는 사실을 확인할 수가 있다. 두 번째, 세 번째 대격은 차례로 이런 등급화한 주제로 되는 것 같다는 가설을 해볼 수가 있다. 즉

그애가 철수를 (어쩼느냐?)
그애가 철수를 옷을 (어쩼다)
그애가 철수를 옷을 (어쩼느냐?)
그애가 철수를 옷을 소매를 (어쩼다)
그애가 철수를 옷을 소매를 (어쩼느냐?)
그애가 철수를 옷을 소매를 잡았다.

따라서 피동문 부분(1071쪽)에서 말한 대격문장에서 제일 앞의 것이 참목적어라는 것은 사실에 맞는 관찰이라고 할 수 있다.

본 저서에서는 겉보기에는 일부 피동문 형식(피동접미사 형태를 갖춘 따위)을 보이나 실제로는 피동동작이 드러나지 않고 다만 결과상태를 나타내는 가피동문(상태성 피동문이라 부르기도 한다)도 언급되고 있는데 그 목적은 피동문이 아닌 피동문과 비슷한 형태를 보여주기 위한 것이라고 하였다. 이 동기는 물론 좋은 것이지만 그 핵심이 무엇인가를 밝혀 말하지 않았다. 우리가 보건대는 피동형태를 취한 동사들이 능동동사와 아무런 인연이 없다는 어휘론적 측면이 근본 원인이 된다고 본다. 례문의 것으로 설명하면

아침부터 차가 밀린다
사전의 해석 "밀리다" ① 밀다(타)의 피동형. ② (자) (1)많은 수나 량이 한데 몰리다. (2)(처리하거나 실행하지 못한 것이 모여 쌓이다. (3)물결이 세차게 몰려들다.)
*아침부터 (누가) 차를 민다
밀다 (타) ① 물건이 일정한 방향으로 움직이도록) 반대쪽으로 힘을 가하다.…… 이런 의미로 쓰였다면 비문도 아니다.
차가 (?밀리어서) 늘어서 있다

밀리다에도 두 가지가 있는데 타동사 "밀다"의 피동형과 자동사 "밀리다"이다. 전자라면 이 문장은 비문이고 후자라면 문제없는 문장이 된다.

내 말이 잘 안 먹힌다

이 먹히다는 자동사로 올리고 그 의미를 "명령, 권고 같은 것이 해당 대상에 작용하여 효력을 보다"라고 할 일이다. 아직 사전들에서는 "먹다"의 피동형이라고 올려놓았다.

*사람들이 내 말을 잘 안 먹는다

"먹다1"(11가지 의미가 있다)는 "효력 본다"는 의미가 없어 비문이 된 것이다.

내 말이 효과가 적다

그런 행동은 법에 걸린다

((무엇에) 저촉되거나 단속되거나 발견되다) / 마음에 걸린다((마음에) 몹시 감쳐지거나 가책이 되다))

일이 잔뜩 밀렸다

위에 해석이 나왔음

그 녀자는 잘 안 팔린다

"오늘 두부국이 잘 팔린다"같이 손님의 비위에 맞아 잘 나간다, 청이 잘 들어온다는 뜻이 담겨있는데 아직 사전에 오르지 않았다. 자동사로 "팔리다"로 하고 "어떤 음식 또는 봉사 목적으로 나설 사람이 잘 나간다"로 해석할 일이다.

날씨가 풀려서 개였다

"풀리다"(자) … ② (추웠던 날씨가) 기온이 올라가며 추위가 좀 덜 하여지다."


우리는 이상의 사실에서 문법을 연구할 때 통째로 단어만 연구할 것이 아니라 그들의 의항(義項)에 주의를 돌려야 하며 의항이 다르면 문법적 특성도 달라진다는 것을 잊지 말아야 한다.

피동자와 행동자 또한 피동문의 주요한 부분이다.

"피동문의 주어자리에 놓이는 것이 피동자이며 대응되는 능동문에서는 주로 대격으로 되어있으며 때로 여격, 시원(始源)격 또는 속격의 모습을 띠는 수도 있다."라고 하고있는데 아래의 례들은 피동변형에 속하는가가 문제로 나선다.(피동변형은 능동문의 목적어를 피동문의 주어로, 능동문의 주어가 행동자로, 능동동사가 피동동사로 바뀌는 세 가지 절차를 포함하고 있다.)

(여격)그 녀자가 사람들에게 녀사라 불리였다.―사람들이 그 여자에게 녀사라 불렀다.
(이 문장은 피동자, 행동자, 피동형(이 능동문에 목적어가 없으므로 앞의 문장이 완전하나 뒤 문장이 바로 피동문인지 아닌지 판단하기 어렵다) 이 문장이 능동문인지는 의심스럽다.

가령 우의 두 문장이 피동문과 능동문이라면 조선어 "피동변형" 자체의 내용을 수정하지 않으면 안된다. 그런데 이것은 쉬운 일이 아니다.

(시원) 자유가 그이로부터 주인에게 빼앗기였다.―주인이 그이에게서 자유를 빼앗았다(피동자는 "자유"인데 능동문에는 대격으로 되여 있으니 시원격이라는 것은 맞지 않는 말이다).
그이가 주인에게 자유를 빼앗겼다(이것은 능동문에 대응되는 피동문이 아니다. 목적어가 변환되지 않았기 때문이다).
(속격) 순이의 지갑이 돌이에게 빼앗겼다.―돌이가 순이의 지갑을 빼앗았다(피동자가 "지갑"이지 "순이"가 아니다. 그러므로 "속격"으로 대응된다는 말은 맞지 않는 말이다).
순이는 돌이에게 지갑을 빼앗겼다(이것은 능동문과 구조적으로 대응되는 피동문이라 할 수 없다. 의미적으로는 그런 의미도 있다고 보겠으나 구조적으로는 변환상등성이 있다고 보기 곤난하다. 이 점은 우리가 앞으로 문법적 변환을 할 때 반드시 주의할 문제이다. 즉 옳은 변환은 의미적으로, 구조적으로도 규칙에 맞는 등가성을 가져야 한다. 그러지 않으면 왕왕 문제를 잘못 판단할 수 있다).

아래는 피동자를 론한 것이 아니라 피동문의 주어를 말하고 있는데 왜 이런 서술상의 도약이 일라났는지는 잘 모를 일이다. 피동문의 주어는 문장형식이 될 수도 있다는 례는 옳은 것이다.

(피동문) 부하가 잘못하고 있다는 것이 그이에게 들렸다.
(능동문) 그이는 부하가 잘못하고 있다는 것을 들었다.


피동자를 인격적인 것과 비유정성의 사물로 갈라 보았는데 전자에서는 리로움을 받거나 해로움을 당하는(영어, 한어 같은데서는 주로 해로움을 당한다) 처지에 놓이는 것이 예사이나 후자의 경우는 피동자가 여러가지 동작이나 작용의 대상이 되며 리해관계로 따질 수 없는 자연적 결과임이 예사이다.


마루 바닥이 잘 닦이였다.
큰 길이 뚫리였다.


이런데서 리해관계는 중립이다.
피동문의 행동자란 본디 능동문의 주어인 명사구가 피동변형으로 뒤자리로 옮긴것을 말한다. 이런 행동자는 유정성과 비유정성으로 나뉜다. 전자에는 행동자에 "에게 / 한테, 에 의하여"따위가 그 표지로 붙으며 후자일 경우는 수단 방법 등을 표시하는 후치사가 붙는다.


그 나라가 {침략자에게 / 한테} 짓밟히고 있다.
그 나라가 침략자에 의하여 짓밟히고 있다.
*그 책은 저 학자에게 쓰였다.
?그 책은 많은 독자에 의하여 읽혔다. ─이처럼 자유스럽지 못한 것도 있다.
이 기계가 바닥에 큰 구멍을 뚫었다. ─큰 구멍이 바닥에 이 기계로 뚫렸다.
전기톱이 나무를 잘랐다. ─나무가 전기톱에 잘렸다.


피동문의 행동자는 꼭 나타나야 할 필요가 없을 때는 임의로 생략된다.


김씨가 (회원에 의하여) 회장으로 뽑혔다.
한편으로 행동자가 표면화하기 어려운 경우도 있다.
아이들이 요즈음 그 노래를 많이 부른다.

　　-그 노래가 요즈음 (?아이들에게) 많이 불린다.
　　-그 노래가 요즈음 (?아이들에 의하여) 많이 불린다.


행동자 표면화를 기피하는 현상이 조선어에 존재한다.


## 3. 피동성 표현


　피동성 표현이란 접미피동법으로 이루어진 피동문이 아니면서도 피동의 미를 드러내는 문장들을 가리켜 이른다. 여기에는 "어 지다", "되다"관련 구문 및 기타 피동성 어휘구문이 포함된다.
　"어 지다"관련 구문은 기동성 표현이 기본이고 경우에 따라 피동성의미가 드러난다. 그리고 자연스럽게 쓰일 수 없는 일이 많다.


　　많은 사람들이 그 노래를 불렀다.-그 노래가 많은 사람들에게 불러졌다.
　　학생들이 그 책을 잘 읽었다.-(?)그 책이 학생들에게 잘 읽어졌다.


　"되다"관련 구문은 "되다"란 의미가 낱말범주로 되기때문에 문제이며, "하다"용언을 전부 교체하지 못하며, 피동성을 만드는 것이 아니라 피동성 의미를 드러내 앞말을 피동사가 되도록 만든다는 점에서 피동형태로 인정하지 않는다.
　"게 되다"는 피동의미를 주는 동시에 "예정하다"란 뜻이 가미되며 대격이 주격으로 변환하지 않기때문에 피동형태로 인정하지 않는다.
　"받다, 당하다"따위도 일개의 낱말에 불과하여 피동성의미는 나타내나 피동문 요소로는 되지 않는다.

## 4. 사동문

주어 자리의 동작자가 딴 동작자에게 어떤 행동을 하게 만드는 사동법이 실현되는 문장을 사동문이라 한다.

어머니가 아이에게 젖을 먹인다.

에서 동작자 "어머니"(사동자)가 딴 동작자 "아이"(피사동자)에게 "젖을 먹는" 동작을 하게 한다. 이런 사동문의 동사는 타동사, 자동사, 형용사들로 이루어질 수 있으며 모두 타동성을 갖추는 것이 특징적이다.

사동법을 나타내는 형태로는 접미사(이, 히, 기, 리, 우, 추), 보조동사(게 만들다 / 하다)가 있다.

접미사 사동법은 피동법에서와 비슷하게 사동법을 이룰 수 있는 동사의 수효가 많지 않다. 자동사의 사동형에서는 때로 사동적 기능을 드러내지 않고 타동사 기능만 드러낼 때가 있는데 그것을 가려 보는 방법은 해당 형태에 각각 보조 사동법으로 통하는가를 보는 방법이다. 례를 들면

큰 아이가 작은 아이를 {울렸다 / 울게 하였다}. —이 때의 "울렸다"는 사동형이다. 이 때 "울다"1(자)의 의미는 "눈물을 흘리며 소리내다"이다.
급사 아이가 종을 {울렸다 / *울게 했다} —이 때 "울렸다"는 단순 타동사이지 사동형이 아니다. 그 증거는 "울게 했다"로 되지 않기 때문이다. 이것은 본 저자의 의견이다. 그런데 "조선말대사전"에서는 "종을 울리다"를 사역동사 례문으로 들고있다. ("고동을 울리다"도 있다) 또 "울다"(자2)의 의미를 찾아보면 이것과 관련이 있는 의미로 "(물체가 떨거나 흔들리여) 소리를 내다"가 있고 "고압선이 울고 문풍지가 울어댄다"는 례문이 있다. "동아새국어사전"에도 "물체가 움직여 소리를 내다"의 미로 "문풍지가 울다"를 례문으로 들고있다. "조선말대사전"에서는 그러면서도 "울리다"(타)의 의미로 "(악기를) 치거나 불어서 소리를 내다"를 잡고 례문으로 "북을 울리다",

"군악을 울리다"를 들고 있으며("동아 새국어사전"에서는 "악기나 종 따위를 퉁기거나 두드려 소리나게 하다"의 의미로 "북을 울리다"라는 례문을 들고있다) 또 다른 의미로 "소리가 나도록 하다"를 잡고 례문으로 "(주먹으로) 등줄기를 울리였다"를 들고 있다.

여기에서 우선 판단해야 할 것은 사역형이 되는 동사가 어떤 의미일 때인가이다. 사역형은 "울다"(자1, 자2)에서 다 이루어진다고 보았다고 하자. 그러면 그 의미는 "눈물을 흘리며 소리를 내다"이거나 "(물체가 떨거나 흔들리며) 소리를 내다"일 것이다. 우에서 본 바에 따라 "종"이 "눈물을 흘리며 소리를 낼"수 없으므로 이 의미를 제외하면 "(물체가 떨거나 흔들리면서) 소리를 내다"일 것이다. 그런데 주의할 것은 자동사이므로 스스로 소리를 내야 하는 것이다. 그렇다면 "종을 울리다", "고동을 울리다"에 대응되는 능동문은 "종이 울다", "고동이 울다"일 것이다. 일반 사리로 보아 "종"은 특수 사례외에는("사연이 하도 비참하여 에밀레 종이 울더라", "세월이 어수선하여 진산사 큰종이 밤중에 울더라") 스스로 울지 않고 "고동"은 어느 때나 스스로 울지 않는다. 그러므로 "조선말대사전"에서 "종을 울리다", "고동을 울리다"를 "울다"의 사역형으로 본 것은 잘못된 판단이다.

다음으로 "종을 울리다","고동을 울리다"의 "울리다"가 타동사라는것이 증명되여야 한다. 타동사의 의미로 쓰일 때는 "(악기나 종 따위를 퉁기거나 두드리거나 불어서) 소리나게 하다"가 된다. 타동사이므로 앞에 대격형 체언이 오는 것은 이상할 것이 없다.

    급사가 종을 울렸다
    교장선생이 급사를 시켜(급사에게) 종을 울리게 했다.
    *교장선생이 급사를 시켜(급사에게) 종을 울렸다.
    *교장선생이 급사를 시켜(급사에게) 종을 울게 했다.
    (형이 녀동생을 시켜(녀동생에게) 동생을 울게 했다 / 울렸다)

이들은 필요한 경우에 사동형식(보조사동법)을 가외로 더 붙일 수 있다. "울리다"는 자동사로 쓰이는 것도 있다는데 주의를 돌리기 바란다.

종이 울리네 종이 울리네 새 시대의 종이 울리네.
우리 모두 지혜를 모아 내 나라 건설해 보세.

"고동이 울리네"도 이와 같다. 이런 "울리네"는 타동사로 보자면 대격형 채언이 앞에 나타나지 않으며 자동사 "울다"의 사역형으로 보자면 어휘적 의미가 다르다.

보조사동법의 형태로는 "게 만들다"와 "게 하다"가 있는데 거의 같은 상황에서도 이런 형태들이 사역의 의미를 나타내지 않을 때가 있으므로 다음과 같은 3가지 제약을 가해야 한다.

**첫째, 사동보조동사 제약**

"게 만들다"와 "게 하다" 두 보조동사로만 하는 리유는 의미적으로 비슷한 딴 말을 쓰면 어색하거나 순수 사동이 아닌 딴 의미가 곁들인 문장이 된다. 례를 들면

그가 딸애에게 자게 {만든다 / 한다 / [?]권유한다 / [?]달랜다 / [?]말한다}

또 "게 만들다"와 "게 하다" 자체도 사동 기능 외에 다른 뜻을 나타낼 때도 있으므로 그가 "순수 사동"만 나타낼 때로 한정해야 한다. 례컨대

주인이 손님에게 물건을 사게 만든다("만든다"는 상황에 따라 "꾀다, 권하다, 설명하다, 강권하다, 조르다" 등으로 해석될 수도 있는데 이런 경우는 배제되어야 한다).

선생이 학생에게 글을 쓰게 한다("한다"는 상황에 따라 "명령하다, 가르치다, 강요하다"로 해석될 때가 있는데 이런 경우는 제외해야 한다는 것이다).

끝으로는 "게 만들다"와 "게 하다" 중간에 딴 말이 개입될 때를 배제 해야 한다. 례컨대

　그가 아들을 집에서 {놀게 했다 / $^?$놀게 말했다 / $^?$놀게 말을 했다)
　그이는 사람들이 {앉게 만들었다 / $^?$앉게 억지로 만들었다)

### 둘째, 사동기능소 제약

사동 기능소 "게"로 한정한다. 이와 비슷한 의미를 가지는 "도록"도 고려 대상이 될 수는 있으나 "도록"은 워낙 접속소이고 "게"보다 그 사용범위가 넓어 사동이 아닌 내용도 표시하기 때문이다. 례를 들면

　그는 아이가 일찍 ($^?$일어나게 / 일어나도록}{깨웠다 / 소리쳤다 / 종을 쳤다}

### 셋째, 피사동동사 제약

"게" 앞의 용언이 동사성을 가져야 한다는 것이다. 례컨대

　그이는 얼굴을 {$^?$아름답게 / 아름다워지게}{만든다 / 한다}

## 5. 사동표현 "시키다"

"시키다"는 "하다"형 동사에 널리 붙어 사동 표현으로 쓰이나 "하다"가 붙지 못하는 용언에는 쓰이지 못하는 제약성이 있다. 그러므로 사동 형태로 보지 않으며 사동 표현이라고 한다. 사동표현 "시키다"는 다음과 같은 특성을 가지고있다.

첫째, 앞 말과의 사이에 "를"이나 부사어를 끼울 수 있다.

학생들에게 연극 관람을 자주 시킨다.

둘째, 일반적으로 앞 말과 분리할수 있는 "하다"를 사동표현으로 만든다.

어머니가 딸을 걱정하였다.－딸이 어머니에게 {걱정을 시켰다 / 걱정시켰다}
그이가 마음이 {변하였다 / *변을 하였다}－*그가 마음을 {변시켰다 / 변을 시켰다}

셋째, "하다" 앞에 실체성 명사가 왔을 때는 그 쓰임에 제약이 있다.

그 두 사람은 {술을 / 담배를} 한다.－[?]내가 그 두 사람에게 {술을 / 담배를} 시켰다.

넷째, "시키다"는 대체로 "게 만들다", "게 하다"를 대체할 수 있다.
다섯째, "시키다"는 사동의 뜻을 가진 낱말로도 쓰인다.

대장이 병정을 시켜 도둑을 잡는다.


## 6. 접미사동법과 보조사동법의 비교

• 접미법은 형태론적 구성이고 보조법은 구문론적 구성이다.
• 보조사동법이 더 리상적이다. 생산성이 높다.
• 피사동자 표지에서도 차이를 보인다.

하느님이 {죽은이를 / [?]죽은이에게 / *죽은이가} 살렸다.

하느님은 {죽은이를 / 죽은이에게 / 죽은이가} 살게 했다.


• 접미법은 직접사동, 보조법은 간접사동을 표시하는 경향이 있다.
• 접미법은 타동사 기능을 보이는 일이 많다.
• 접미사동에서는 사동, 피사동 동작이 동시에 일어나나 보조사동법에서는 반드시 그렇지 않을 수도 있다.


*토요일에 영희는 일요일에 철수를 울렸다.
토요일에 영희는 일요일에 철수가 울게 했다.


## 7. 사동법의 의미적 특성


강제사동과 비강제 사동, 지시 사동과 조종사동, 직접사동과 간접사동 등은 조선어에서 아직 분명히 가릴 형식이 결여되여 있다. 일본어의 경우는 의미적이 아니라 형식적으로 밝혀진 바가 있다.


## 8. 사동문과 명령문의 차이


다 딴 사람에게 동작을 하게 한다는 공통성을 가지나 실현 효과로 보면 사역문이 더 행동 지시, 조종력이 강하다.


어머니가 약을 먹으라고 했으나 그 애는 안 먹었다.
?어머니가 그애에게 약을 먹였으나 그애는 안 먹었다.
?어머니가 그애에게 약을 먹게 했으나 안 먹었다.

이렇게 보면 명령문은 피명령대상이 명령을 수행하는지 안하는지까지는 영향력을 과시하지 못하나 사동문은 언어적 지시로만 끝나지 않고 그 피사동 행위가 이루어지는 데까지 관여하는 행위가 포함된다.

# 조선어 복합문 문제 부분 토론 요지
### (교과서 20장, 21장, 22장. 23장)

## 1. 단순문과 복합문

단순문과 복합문에 관한 원칙적 론의는 본강의안 "단순문의 기본구조"에서 피력한 바 있다. 교자는 이 관점을 견지하며 필요에 따라 진일보 심도있는 분석을 가할 것이다.

## 2. 본 저서에서의 구조에 따른 문장의 분류

문장은 구조적 특성과 의미에 따라 기본적으로 단순문과 복합문으로 나뉜다. 단순문이란 기본적으로 주어와 서술어의 결합관계가 한번만 이루어지는 것이다. 복합문은 두 개이상의 절 또는 단순문이 결합하여 이루어지는 것이다. 영어에서는 다중문이 대등문(병렬접속문)과 복합문(문장성분으로 되는 절을 포함한 문장)으로 갈라지는데 본 저서의 작자는 다중문이라는 개념을 복합문과 대응시키고있다. 그러므로 본 저서에서 말하는 복합문은 비단순문을 모두 포함하게 된다.

작자의 관점에 따르면 복합문은 또 대등문과 비대등문으로 갈라지는데 대등문은 대등접속문(즉 옛날의 병렬복합문)이고 비대등문(또는 포유문이라고 한다)에는 또 부사절 포유문(옛날의 종속복합문), 관형절 포유문(절로 이루어진 규정어를 가진 문장), 인용절 포유문(간접인용어와 직접인용어를 포함한 문장)이 망라된다. 본 저서는 옛날에 종래로 복합문으로 보지 않았던 인용절포유문을 복합문에 포함시켰으며 극소수 문법서들(례를 들면 과학원 "조선어문법")이 복합문으로 다루던 관형절포유문도 복합문에 끌어들이었다.

작자의 이런 분류가 어떤 우결함을 가지는가에 대해서는 차후 해당 언어현상을 다룰 때 언급하기로 하고 대체적으로 작자의 분류대로 언어사실을 고찰해보기로 한다.


## 3. 대등문과 대등접속


### 1) 대등접속의 주요 특성

첫째, 대등접속의 각 성분사이는 동일한 층위에서 대칭관계가 성립되며 맞바꾸기가 가능하다. 례를 들면

꽃이 피고 새가 울며 별이 나고 바람이 분다.
바람이 불고 새가 울며 별이 나고 꽃이 핀다.

이런 관계는 형식적으로 볼 때 맞바꾸기가 될듯하지만 정작 바꾸어놓고 보면 안 되는 경우도 있는데 그 원인은 용언의 특질 때문이라고 했다. 우리가 보건대는 용언의 특질보다는 화용론적 의미가 작용한 것으로 보여진다.

례컨대,

    그이는 신문을 읽고 밥을 먹었다.
    그이는 밥을 먹고 신문을 읽었다.

경우에 따라 다 성립된다. 이렇게 형식은 같으나 대칭성이 결여된 것을 대등접속문으로 보는가 안보는가는 작자로서는 명확한 해답이 없다. 우리는 시간상 선후의 차이가 있는 것은 종속으로 보는 것이 적당하다고 생각한다.

    문을 열고 방안에 들어섰다.
    *방안에 들어서고 문을 열었다.

보는바와 같이 문장이 성립되지 않는다.

둘째, 독자적 라렬성을 가진다. 세 개 이상이 라렬될수 있으면 등위접속이라는 것이다. 이 특성은 대칭성과도 련관이 있다고 볼 수 있다.

셋째, 맞줄이기가 가능하다. 촘스끼리론을 적용해서 공통된 성분은 축약된다고 한다.

    철이가 양떼를 몰고 딴 목동이 양떼를 본다.
    철이와 딴 목동이 양떼를 본다.

"양떼를 몬다"는 공통성분이므로 하나만 나타나고 "철이와 딴 목동"은 남겨두었다.

넷째, 대등접속문에서는 앞절의 일부 성분이 뒤절의 성분 사이로 자리옮김을 할 수 없다. 그러나 종속문에서는 이런 옮김이 가능하여 뚜렷한 대조를 이룬다. 례컨대

    이애는 작고 저애는 크다. — *저애는 이애는 작고 크다.

비가 많이 오면 물난리가 난다.—물난리가 비가 많이 오면 난다.

## 2) 대등접속소의 갈래

대등접속소는 크게 3가지로 나누어볼 수 있다.

　　a. 병렬—항목들을 라렬한다.—과 / 와, 하고(이)랑, (이)고, (이)며, 하며, 및 // 그리고 // 고, (으)며, (으)면서
　　b. 선택—항목들이 선택적으로 결합한다.—(이)나, (이)든지 // 또는 // 거든, 든지, (으)나
　　c. 대조—항목들이 서로 대립된다.—(으)나, 지만 // 그러나, 그렇지만

　　이 접속소들은 낱말 / 구 접속형태도 있으며 낱말 / 구 / 절 접속형태도 있으며 동사구 또는 절의 접속형태도 있다.

## 3) 각 대등 접속소들의 의미와 용법

### (1) "과 / 와"와 "하고"

첫째, 주로 두 명사구를 접속한다.

　　저 남자{와/하고} 이 여자가 가끔 산에 오른다.

둘째, 더러 후치사구를 접속하는데도 쓰인다.

　　그들은 안방에서{/하고}와 바깥방에서 밤새 춤을 추었다.

셋째, "과 / 와"는 앞성분에만 첨가되는 것이 례사이고(중세 조선어에는 앞뒤

에 다 첨가되는 것이 례사였다) "하고"는 앞뒤 성분에 다 첨가되어도 무방하다.

넷째, "과 / 와"는 두개 이상 쓰는 경우가 드무나 "하고"는 얼마든지 많은 성분을 련결 할수 있다.

### (2) "(이)랑", "(이)고", "(이)며", "하며"

주로 결합 성분을 라렬하며 뒤성분에도 필수적으로 첨가된다.

### (3) "및"

명사구(절대격 명사와 명사)를 이어주는 구실을 한다.

### (4) "그리고"

문장과 문장을 잇는 형태이나 명사와 명사를 잇기도 하고 접속형태 뒤에 덧쓰일 수도 있다.

우리는 모두 근로하는 백성이다. 그리고 모두 평화를 사랑한다.
사람 그리고 동물의 생명은 물과 공기를 으뜸가는 요소로 친다.
지혜가 높은 민족은 자연에서 보화를 얻고 그리고 그것을 생활에 리용한다.

### (5) 동사구 / 절의 대등 접속형태 "고"

첫째, 대칭적인 대등관계를 나타낸다. 대칭적관계의 가장 뚜렷한 표현은 순서를 바꾸어 의미의 변형이 없는 것이다. 이것을 라렬이라고 볼 수도 있다.

하늘은 푸르고 맑다, 하늘은 맑고 푸르다.
형용사 성분의 라렬에는 대부분 "고"가 쓰인다.
위대하고 영광스럽고 정확한 당
방은 밝고 넓었다.

형용사에서는 "며"가 쓰이지 못하는 것이 통례이나 다음 같은 례외도 보인다.

　　대오는 붉고 순결하며 철벽으로 단합되었다.

　　형용사라도 "았"을 썼을 경우는 "고, 며"가 다 가능하다.

　　날씨는 좋았으며(고) 서늘하였다.
　　그의 견해는 정확했으며(고) 예리하였다.
　　비가 오고 바람이 분다.-바람이 불고 비가 온다.(본 저서는 상태성 용언일
때 대칭성이 두드러진다고 했는데 이 례문은 상태성 용언으로 이루어졌다고
할수 없다. 본 저서처럼 앞에 "늘"을 가첨하면 상태성 문장이 되지만 "늘"이
없어도 문장이 성립되므로 구태여 상태성이란 제약을 할 필요는 없다.)

　　둘째, 순차접속을 나타낸다.

　　문을 열고 방안에 들어섰다("문을 여는" 동작이 먼저 있고 "들어서는"
동작이 뒤에 있다. 이것을 순차 접속이라고 한다).

　　본 저서는 "앞 용언이 시간적인 변화를 드러낼 때에는 순차성을 보인다."
고 말하면서 "고"자체가 가지는 순차성은 부인하고 있다. 이것은 "토" 또는
"조사, 어미"의 의미가 어떻게 얻어지는가 하는 중요한 문제에 관계되는 리
론적 문제를 제기하고 있다.
　　우선 시간적인 변화를 나타내지 않을 때는 순차성이 나타나지 않는가를
고찰해보자.

　　박씨는 어제 왔고 김씨는 래일 온다.-"왔고"는 시간적으로나 동작상으
로 보아 완성된 것이니 시간적 변화를 나타낼 수 없는 것은 확실하다. 그런
데도 순차적 의미가 파악되는 것은 "고"에 의미가 있다고 볼 수도 있으며
단어사이의 관계가 반영된 것이라고 볼수도 있다.후자의 경우라면 그 의미

를 담고 있는 형식이 있어야 하는데 그 형식이 "고"가 아니라면 무엇인가? "박씨는 어제 왔"과 "김씨는 래일 온다"일 것인가? 이것은 조선어에서는 성립되지 않는 말이다. 왜냐면 조선어에는 "박씨는 어제 왔고"와 "김씨는 래일 온다"는 관계를 형성하여도 "박씨는 어제 왔"과 "김씨는 래일 온다"가 관계를 형성하지 못한다. 중국어 같은 것은 본래 형태가 덜 발달했기 때문에 될 수 있다.

老朴昨天已到, 老金今天到。－박동무는 어제 왔고 김동무는 오늘 온다.

雨過天晴。－비는 그치고(지나가고) 하늘은 개였다.

리숭녕은 썩 오래전에 (대개 50년대) 조선어의 조사와 어미는 어떻게 되여 의미를 가지는가 하는데 대하여 중요한 견해를 내놓은 것이 있다. 그의 견해에 따르면 조선어의 단어와 단어 사이의 관계는 대부분 경우 조사나 어미의 도움을 받지 않고도 표시할 수 있었다. 례를 들면(이 례는 강의안 작성자의 것임)

바람(이) 분다, 하늘(이) 푸르다                          (주격)
산(의) 뒤면,집(의) 뒤, 사람(의)                          (속격)
돼지(를) 잡는다, 총(을) 쏜다, 밥(을) 먹는다            (대격)
학교(에, 로) 간다, 서울(에, 로) 간다            (여격, 조격(방향))
이 물건(을) 동생(에게) 준다.                    (여격, 대격)
논을 밭(으로) 만든다.                        (조격(변성대상))
책을 학교(에) 두었지.                            (위격)

이렇게 토 없이 쓸 수 없는 경우도 있는데 그것은 도구격이다.

톱으로 나무 켠다.－*톱 나무 켠다.

용언어미는 본래 완전히 의존적인 것이여서 용언과 갈라지지는 않지만 력사적으로 고찰하면 반드시 그 의미의 차이가 있을 것이다. 용언어미의 통시적의미 변화를 연구한 론문은 아직 극히 적은 형편이다.

우리는 잠시 리숭녕의 견해를 따르기로 하고 더 깊은 연구는 뒤로 미룰 수밖에 없다.

셋째, 원인을 나타낸다.

이것을 화용론적 의미라고 하였는데 대체 화용론은 어디까지 관계해야 하는 것인지 모를 일이다. 이것은 분명 한 문장 안에서 전후 절 사이의 관계에서 발생하는 의미인데 이것도 언어와 언어사용의 환경관계로 볼 수 있단 말인가?

원인을 나타낸다는 의미는 "고"가 지니는 것이지 전후 문장이 지닌다고는 할 수 없다.

동일 주어일 때 원인을 나타낼 수 있고 그 외는 원인을 나타내지 못한다.

그는 약을 먹고 죽었다.(원인)-그는 약을 먹고 나는 사탕을 먹었다.(라렬)

하나의 주제어일 때도 원인을 나타낸다.

나는 남한테 욕을 먹고 성이 상투밑까지 올랐다.(원인, 주제는 하나 주어는 둘)

나는 약을 먹고 너는 죽었다.(두 개의 주제, 원인을 못 나타낸다)

넷째, 동태적기능, 즉 방법이나 양태를 나타낸다.

나는 차를 타고 집에 갔다.("집에 간" 방식이 "차를 탄"것이다.)

이 경우도 하나의 주어인 경우에 동태적 기능으로 보이고 그렇지 않은 경우는 다른 기능을 보인다.

언제나 모자를 쓰고 잔다.(방식)
그가 모자를 쓰고 내가 옷을 입는다.(라렬)
아이를 업고 직장으로 간다.(방식)
*그가 아이를 업고 내가 직장으로 간다.(비문)

하나의 주제에는 어떤 일이 생기는지 합당한 례문이 없다.
다섯째, 같은 용언을 중복하거나 서로 반대되는 용언을 련결한다.

가도가도 끝없는 벌, 넓고넓은 바다 ; 길고 짧은 것은 대보아야 안다, 길거리는 오고가는 사람들로 붐빈다.

이 경우는 "았"이 들어가지 못한다. 동시에 "며"로 쓰이지도 못한다.

*갔고(며)갔어도, *길었고(며) 짧았던것, *왔고(며) 갔는 사람들

그러나 대립되는 용언이 아니면 "고, 며"가 다 쓰인다.

물고 뜯고 하며 싸운다, 먹고 입고 쓰는 문제-*물으며 뜯으며 싸운다, *먹으며 입으며 쓰는 문제(이런 것은 관용어화 하지 않았는지 의심스럽다.)

그러나 아래 것은 가능하다.

웃으며 춤추며 세월을 보낸다.-웃고 춤추고 하면서 세월을 보낸다.

여섯째, "고"는 구두어에 많이 쓰이고 "며"는 서사어에 쓰인다.

로신은 혁명가이고 문학가이고 의사였다(구두어)
위대한 수령이며(*고) 스승이신 레닌

(6) 대등접속소 "(으)며"

첫째, 대칭적접속 관계를 나타낸다. "고"와 같은 라렬성을 드러내며 교체
가능성이 있다.

그들은 울고 웃으며 떠들고 노래하며 춤을 추고 술을 마시며 놀았다.

둘째, "면서"와 같은 뜻을 나타낸다.

그들은 차를 마시며 이야기를 나누었다.

(7) 대등접속소 "(으)면서"

첫째, 동시 라렬성을 보인다.

그는 꿈을 꾸면서(며) 잠꼬대를 하였다.−*그는 꿈을 꾸고 잠꼬대를 하였다.

이 경우 "고"와 교체 되지 않는다. 본 저서는 되는 것으로 하였다. 그들
의 어감이 이런 것인지는 알 수 없다.

둘째, "차별성", 즉 대립관계를 나타낸다.

너는 그것을 알면서(*며 / ?고) 모르는척하는구나.("고"로 바꾸면 순차성이
드러난다)

셋째, 체언에 쓰이어 겸비성을 나타낸다.

그는 로동자이면서 교원이다.

(8) 선택접속소 "(이)나", "(이)든지"

모두 한정사로서 선택기능을 드러내는 것이며 동사구나 절에는 쓰이지

않는다. 이 둘의 차이는 "든지"가 두 항 이상의 대상을 요구하며 마지막 항에서도 생략되지 않는 것이다.

이 오락실에는 로약자든지 어린이든지 다 들어갈 수 있다.
이 오락실에는 로약차이나 어린이가 들어갈 수 있다.

### (9) 선택접속소 "거나/든지"

동사구나 절에만 쓰인다."거나/든지"+"하다" 형태를 이루어 사용되며 선택의 매개 항에 나타나야 한다.("거나"는 한번 나타날 수도 있다.)

우리는 신문을 읽거나 잡지를 읽거나 한다.─우리는 신문을 읽거나 잡지를 읽는다.

### (10) 선택접속소 "(으)나"

"거나"와 같다.

### (11) 대조접속소 "(으)나"와 "지만"

첫째, 대립을 나타낸다.

그는 고향에 있으나 부모님은 타향살이를 한다.

둘째, 동작이 시간적 차이를 보일 때는 맞바꾸기가 어렵다.

그 차는 고장이 났으나(지만) 고치지 않는다.
*그 차는 고치지 않으나(지만) 고장이 났다.

셋째, 절들의 서법이 다를 경우도 맞바꾸기가 안된다.

맛은 없으나 많이 먹자.－²많이 먹으나 맛은 없다.

넷째, 양보도 나타낸다.

네가 잘난체하지만(나) 다 너보다는 나은 사람들이다.
네가 잘난체하여도 다 너보다는 나은 사람들이다.

다섯째, 전제를 나타낸다.

이미 말씀드린 바이지만 경제건설의 가장중요한 조건은 나라의 정치적
안정입니다.


## 4. 부사절 포유문

### 1) 부사절 포유문의 특성과 형태

부사절 포유문은 비대등문(포유문)의 한가지로서 말 그대로 포유문의 특성
을 갖는다. 이런 포유문은 동사구 안에서 머리동사를 한정하는 구실을 한다.
그러므로

꽃이 피면 새가 운다.－새가 꽃이 피면 운다.

의 변형이 가능하다. 그러나 이런 상황이 모든 부사절 포유문에서 가능한지
재검토할 필요는 있다. 례컨대

그 사람은 말이 많게 생겼다.－²말이 많게 그 사람은 생겼다.

상강은 북으로 흐르는데 내 홀로 귤자주머리에 섰노라.
*내 상강은 북으로 흐르는데 홀로 귤자주머리에 섰노라.
비는 오되 바람은 안분다.(이때의 "되"는 "대립("지만"과 같은 뜻)"의 의미를 나타내므로 비대등종속문에 들어오지 못한다.)
*바람은 비는 오되 안분다.
비가 오다가 눈이 내린다.(전환 접속)-*눈이 비가 오다가 내린다.

종속접속의 형태에 대하여 본 저서는 다음과 같이 렬거했는데 일부 내용에 한하여서는 토론의 여지가 많이 남아있다.

| 범주 | 접속 대상 | 형태 |
|---|---|---|
| 상황 | 동사구 / 절 | 는데, ㄴ데 ; 니, 니까, 었더니 ; 되, ㄴ바, ㄴ즉 |
| | 문장 | 그런데 |
| 계기 | 동사구 / 절 | 어서 |
| | 문장 | 그래서, 그리하여 |
| 까닭 | 동사구 / 절 | 니까, 니, 므로 ; 어서, 느라고, 거든 ; 매, ㄴ지라, ㄹ새, 거늘, ㄴ즉 ; 기에, 길래, (기) 때문에, 는 / ㄴ 까닭에 |
| | 낱말 / 어구 | 때문에, 까닭에 |
| | 문장 | 그러니까, 그러니, 그러므로, 그래서, 그러느라고, 그러기에, 그러길래 |
| 조건 | 동사구 / 절 | 면 ; 는 / ㄴ다면, (이)라면, 었더라면, 었딴들 ; 거든 ; 어야 |
| 시간 | 문장 | 그러면, 그러거든, 그래야 |
| | 동시 | 어서, ㄹ 때(에), ㄹ적에, ㄹ제 |
| | 순차 | 자, 자 마자 ; 고서 ; 더니, 었더니 |
| | 전후 | 기 전에, ㄴ 뒤 / 후 / (에) / 다음(에) ; 기까지, ㄹ 때까지, 는 / ㄹ 동안(에) |
| 양보 | 동사구 / 절 | 어도, 더라도 ; ㄹ지라도, ㄹ망정, ㄹ지언정 ; ㄴ들, 었자, 기로서니 |
| | 문장 | 그래도, 그렇더라도, 그럴지언정 |
| 의도, 목적 | 동사구 / 절 | 려고, 고자 ; 러 |
| | 문장 | 그러려고, 그러고자 |
| 결과관계 | 동사구 / 절 | 도록 ; 게, 게끔 |

|  |  |  |
|---|---|---|
|  | 문장 | 그러(하)도록, 그렇게 |
| 전환 | 동사구 / 절 | 다(가) |
|  | 문장 | 그러다(가) |
| 첨가 | 동사구 / 절 | ㄹ뿐더러, ㄹ뿐 아니라 |
|  | 문장 | 그럴뿐더러, 그럴 뿐 아니라 |
| 점증 | 동사구 / 절 | ㄹ수록 |
|  | 문장 | 그럴수록 |
| 비교 | 동사구 / 절 | 거든 ; 듯(이) |
|  | 문장 | 하물며 |
| 반복 | 동사구 / 절 | ㄹ락 |

이상의 형태들 중 다음과 같은 것들은 더 연구되어야 할 것들이다.

"ㄹ락"은 반복 접속소라고 하였으나 례를 든 것이 없다. "보일락말락"으로 쓸 수 있는데 단어결합 수준의 언어단위를 형성할 뿐 절이 될 때가 없다. 즉 그자체가 종속절이 되여 주절에 종속되는 례를 찾을 수 없다.

이른바 "시간 접속소" 문제 :

"을 때"는 "비가 올 때를 기다린다", "비가 올 때에 떠났다"에서 보이는 바와 같이 아직 문법적형태(토)로 되지 못하고 있다. 그리고 술어의 기능을 노는 때가 없다.

비가 오니 새싹이 돋는다.—비가 온다, 그러니 새싹이 돋는다.
비가 올 때에 새싹이 돋는다.—비가 올 때에 새싹이 돋는다.(두 문장으로 분리할수 없다, "때에" 앞의 말은 "명사성"을 가지며 후치사 "에"에 의하여 부사어로 된다.)

"기 전에"는 명사구 형성에 참가한다.
다른 사람이 보기 전에 어서 떠나라.

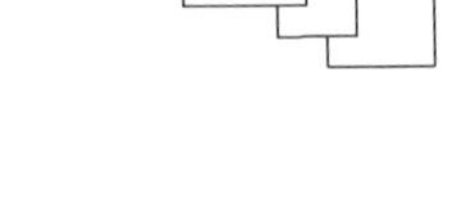

"ㄴ뒤 / 후(에) / 다음(에)"와 지속관계표시의 형태들은 다 위와 같은 문제를 안고있는데 한마디로 말하면 문법화되었다고 보기 곤난하다.

"게, 도록, 수록"의 문제 :

이런 형태들은 재래의 문법서에서 그냥 하나의 종류인 접속토에 넣고 설명하였으나 50~60년대 북조선의 문법서 둘에서 꾸밈토로 갈라내왔다. 여기에는 그럴만한 리유가 있기때문이다.

주어에 대한 설명성이 약하고 술어에 대한 수식성이 강하다.


(동무들은) 유리 창을 환하게 닦으시오. −(*"동무들이 환하다", "환하게 닦으시오.)

아버지는 등이 휘도록 일했다. −(²아버지는 등이 휘다, 등이 휘도록 일했다.)

우리가 말릴수록 그들은 더 싸웠다.(우리가 말리다, 말릴수록 더 싸운다.)


## 2) 부사절 포유문에 쓰이는 형태들의 의미와 기능

### (1) 상황 접속소

#### a. 설명 상황(전제적 상황)

"는데"−뒤절에서 서술하려는 대상을 끌어들이는 구실을 한다.

여기 두 사람이 있는데 하나는 내 형이고 하나는 동생이다.

시상 형태 "았"이 개입하면 흔히 대조되는 면이 부각된다.

#### b. 대조(대립) 상황 설정의 "는데 / ㄴ데"

"는데"−보통 각 절의 주어가 다르며 용언 선택에는 별다른 제약이 없다.

그 때 비가 많이 왔는데 큰물이 지지는 않았다.

c. 지시 / 제의 상황 설정의 "는데 / ㄴ데"

"는데"—상대방에게 지시, 명령, 요청, 제의를 하기 위한 문맥적 상황을 제시하는 것이다. 남에게 어떤 행동을 요구하려면 그럴만한 근거를 제시해야 한다.

> 자네는 바쁜데(지시적상황) 어서 가 보지.(지시/명령)
> 다들 떠나는데(제의 상황) 우리도 가자.(제의/청유)

d. 함축 상황 설정의 "는데 / ㄴ데"

"는데"—앞절만 제시하고 뒤절을 생략하여 화자의 의도를 함축적으로 드러낸다.

> 그 사람이 똑똑하기는 한데…,

e. 지각 상황 설정의 "(으)니" / "(으)니까" / "었더니"

앞 절의 주어가 화자자신일 때에는 화자의 지각(知覺)을 위한 상황설정의 구실을 한다. 앞 절은 지각 행위가 이루어진 여건이고 뒤 절은 그 지각 내용이다.

> 내가 거기에{들르니 / 들르니까 / 들렀더니} 친구들이 기다리고 있었다.

이 지각 상황 설정의 접속소가 쓰이는 환경을 보면 반드시 1인칭 주어를 사용해야 하며 용언은 동사성일 것을 요구한다.

> {내가 / *안해가 / *네가} 그이를 {만나니(까) / 만났더니} 깜짝 놀랐다.
> 내가 약하니(까) 그이는 나를 무시하였다.(용언이 형용사이면 까닭 접속
> 이 된다)

의미적인 면에서 후행절에는 대개 화자가 새로 알게 되였거나 경험한 것이여야하며 그 내용도 앞 절과 긴밀한 련계를 가져야 할 것을 요구한다.

　내가 그걸 { 생각하니까 / 생각했더니 } 아무래도 그렇게 해서는 안 되겠어.
　내가 그걸 { 생각하니까 / 생각했더니 } 좋은 해결책이 떠올랐어.
　*내가 그걸 { 생각하니까 / 생각했더니 } 친구가 놀러 왔다.(전후 문절이 의미상 련계가 없다.)

## (2)  계기(繼起) 한정 접속소

“어서”의 의미 : (1)계기 한정 접속 ; (2)까닭 접속 ; (3)시간 접속

계기 한정 접속 : 계기 한정 접속이란 두 문절 사이의 의미적 관계는 동작이 잇달아 일어나는 것이며 앞 문절이 뒤 문절에 대하여 한정의 기능을 보인다는 것이다.

　민수는 집에 가서 밥을 먹는다.－*민수는 집에 가고 밥을 먹는다.(한정성 또는 수식성이 있기때문에 대등 접속으로 바꾸어 통하지 않는다)
　그들은 닭알을 삶아서 먹었다.－*그는 닭알을 삶고 먹었다.(같은 리유)
　(여기에 의문스러운 것이 하나 있는데 “고”도 때로 방식을 나타낸다).
　그들은 서슴없이 폭피약을 안고 진지에 뛰어 들었다.

세 가지 가능성을 고려할 수 있다.
a. “안다”의 동사성 및 의미론적 특성
b. 서술어 “뛰여들었다”의 의미－구문론적 특성
c. “고” 자체의 의미.
(류사한 례문들과 대조하면서 그 원인을 탐구해볼 수 있다)
계기 한정 접속이 되기 위하여서는 반드시 전후 문절의 주어가 동일해야 한다.

　　나는 서서 신문을 보았다.(동일 주어, 계기 한정)

　기실 계기 한정에는 방식, 목적의 의미가 포함될 수도 있다. 례컨대

　　나는 걸어서 왔다.(방식)
　　나는 일하여서 돈을 벌었다.(방식)
　　나는 친구를 찾아서 남방으로 떠났다.(목적)
　　그 사람이 서서 무대앞이 잘 보이지 않는다.(부동한 주어, 까닭)

　까닭 접속 : "어서"가 까닭 접속을 나타낼 때는 다음의 제약 조건이 따른다. 첫째, 앞 용언이 상태성 용언이여야 한다.

　　그는 앓아서 결석했다.("앓다"는 동사이지만 상태성을 나타낸다.)
　　사람이 많아서 발 들여놓을 자리도 없다.
　　책을 너무 오래 동안 읽어서 눈이 아프다.("읽다"는 동작성 용언이나 이 때는 동작성을 드러내는 것이 아니라 "동작의 결과 상태"를 나타낸다. 그리하여 까닭 접속소로 된다.)
　　나는 이 책을 읽어서 그 내용을 요약했다.(이 때의 "읽어서"는 "결과 상태성"이 드러나는 것이 아니라 두 동작을 잇는 작용을 하므로 "계기 한정 접속소"로 된다.)

　둘째, 까닭을 나타낼 때는 대개 앞뒤 절의 주어가 다르다. 앞 용언이 확실히 동작성이라도 까닭을 나타낸다. 례컨대

　　아이들이 노래를 잘 해서 어른들이 칭찬을 했다.(까닭)
　　아이들이 노래를 잘 해서 (그애들이) 어른들을 기쁘게 했다.(계기)

　시간 접속 : "어서"는 시간 접속소로 쓰일 때 "동시 접속"의 구실을 한다. 그러되 이런 기능은 일부 시간어(직접, 간접으로 시간과 관련된 형용사와 동사들)

와 결합하였을 때 드러난다.


**형용사의 례 :**

저이가 {어려서 / 어렸을 때} (저이가) 공부만 했지요.(동시 접속)

저애는 너무 {어려서 / 어리기때문에} (저애는) 공부를 못한다.(까닭 접속
ー그런데 조건이 무엇인지 분명히 밝히기 어렵다.) 이런 특성을 보이는 형
용사와 형용사구로는 다음과 같은 것들이 있다 :

어리다, 젊다, 크다, 늙다, 늦다, 밝다, 어둡다, 어둑어둑하다, 껌껌하다

따뜻하다, 시원하다, 덥다, 춥다

나이가 많다, 나이가 적다, 달이 밝다.

**동사의 례 :**

해가 {떠서(야) / 떴을 때} 일어났다.

이런 특성을 보이는 동사, 동사구들로는 다음과 같은 것들이 있다.

자라다, 저물다, 지다, 뜨다, 늦다

죽다, 살다, 닥치다, 지나다

나이 들다, 철이 들다, 장가 가다, 시집 가다, 달이 차다


"어서"는 이상의 의미외에도 "평가, 조건, 이래" 등 의미를 더 가지고 있
는데 어디에 귀속되는가에 관해서는 확실한 연구 성과가 보이지 않는다. 례
문을 례시하면 다음과 같다.


이만하면 공연에 내놓아서 손색이 없겠습니다.(평가)

그렇게 우물거려서는 오늘도 못 끝마치겠다.(조건)

고향을 떠나서 3년채에 있은 일입니다.(이래, 시간 출발점)


"어서"는 흔히 "어"로 줄여 쓸수 있으나 때로는 줄이지 못하는 경우가
있다. 례컨대


큰일이예요, 성호씨가 지독히 좋아서.(*좋아)

큰일이예요, 기차를 놓쳐서(*놓쳐)
기차에서 내려 걸어서(*걸어) 뛰여서(뛰여) 방송국에 도착했습니다.
그는 어려서(*어려) 아주 령리하였습니다.
병원은 점심시간이여서(*점심시간이여) 문을 닫았습니다.
보조용언과 련결할 때는 도리어 "아서"가 쓰이지 못하고 "아"만 쓰인다.
하여보았다(*하여서 보았다), 먹어보았다(*먹어서 보았다)

## (3) 까닭 접속소

"까닭"이란 원인(cause－원인, 리유, 사유 등 순으로 의항이 나온다)과 리유(re-ason－리성, 추리, 까닭 순으로 의항이 나타난다)를 포괄한다.

앞 절이 원인을 나타내고 뒤절이 결과를 나타내는 것을 "인과 접속문"이라 한다.

그 사람은 알맞은 운동을 하니까 몸이 건강하다.
동일한 형태가 쓰여 "리유관계 접속문"을 이룬다.
그 사람은 알맞은 운동을 하니까 몸이 건강하게 될 것이다.

"리유관계 접속문"에서 주절은 추정이나 주장하는 의미를 가져 "인과 접속문"과 구별된다. 화자의 론리적 추정이나 주장이 주가 된다. "인과 접속문"은 관계의 객관 파악이다. 형식적으로 보면 "인과 접속문"에는 평서법과 의문법으로 끝나고 리유관계일 때는 추정법, 의도법, 명령법, 청유법이 나타난다.

까닭 표시의 "(으)니까", "(으)니", "(으)므로" :
나는 그 사람을 믿으니까 너도 그이를 믿어라. 나는 일을 맡기겠다.(명령)
우리는 모두 형제자매이므로 서로 사랑합시다.(청유)
인과 접속문의 례 :
날씨가 {더우니까 / 더우니 / 더우므로} 기운이 빠졌다.
리유관계 접속문의 례 :
그이가 나쁜 짓을 {하니 / 하니까 / 하므로} 벌을 받아야 한다.

이 세 형태는 인칭이나 주어 제약이 없을 뿐더러 용언의 종류나 문말서법에서도 제약이 없다.

 까닭 표시의 "어서" : (이미 소개함)
 까닭 표시의 "느라고" :

앞뒤 절의 주어는 행동자이고 선행절에는 행동성을 보이는 것이 례사이다.

 철수가 바둑을 두느라고 (철수가 / *만수가) 전화를 안 받습니다.
 *영희가 불교를 믿느라고 (영희가) 딴 종교를 알아보지도 않는다.("믿다"
는 동사이나 상태성을 지니므로)
 *그 아이가 아빠를 닮느라고 (그 아이가) 잘 생겼다.(리유 우와 같음)

"느라고"는 뒤 절이 의도, 명령, 청유법 등을 나타낼 경우 쓰이지 않는다. 그러나 이런 곳에 "니까"는 곧잘 쓰인다.

 나는 공부를 하여야 {*하느라고 / *해서 / 하니까} 빨리 가겠다.(의도)
 너는 집에서 쉬여야 {*하느라고 / *해서 / 하니까} 어서 가거라.(명령)
 우리는 래일 {*만나느라고 / *만나서 / 만나니까} 오늘은 이만 헤어지자.(청유)

## (4) 조건 접속소

앞 절에 조건이 나타나고 뒤 절에 서술이 나타나게 하는 접속소이다.기정 사실로 인정되는 사항 사이에는 조건문이 이루어지지 않는다.

 *내가 지금 몸이 아프면 (나는) 못 가고있다.
 내가 지금 몸이 아프니까 (나는) 못 가고있다.(까닭)

조건문 성립에는 두 가지 요건이 필요하다 :
첫째, 전제의 불확실성 ;

둘째, 전제의 불가능성. 후자의 례만 더 들면

만일 해가 서쪽에서 {뜨면 / 뜬다면} 그런 일이 가능할 것이다.

조건 접속소 "면"
불확실성 조건의 "(으)면" :

만일 래일 눈이 오면 그 친구가 산에 안 갈 것이다.

불가능성 조건의 "(으)면" :

내가 만일 날개가 있으면 당장에 그 곳으로 날아 가겠다.
만일 지금쯤 비가 왔으면 얼마나 좋겠니?

확실성 조건의 "(으)면" :

봄이 오면 산에 들에 진달래 피고 산새들의 울음소리 구성지다.

이와 같이 확실한 명제를 나타낼 경우는 "만일, 만약" 따위가 공기하지
못한다.

*만일 봄이 오면 꽃이 핀다.
뒤 절을 살펴보면 어느 정도 불확실하거나 아직 미실현 상태이다.
거기 서계시면 위험합니다.
자네가 왔으면 들어와야지.

뒤 절마저도 확실한 사실일 경우는 "면"이 쓰이지 못한다.

네가 왔{*으면 / 으므로} 들어왔지.
그 돈이 현금이{*면 / 므로} 도적 맞았다.

가상법의 "는 / ㄴ다면", "(이)라면", "었더라면", "었던들" :
이들은 주로 가상법을 나타내는데 쓰인다. 이들 형태는 모두 현실과 반대
되거나 현실적으로 불가능한 일을 전제로 끌어들이는 데에 쓰인다.

그 녀자의 코가 조금만 더 높았던들 운명는 달라졌을 것이다.
시간이 거꾸로 간다면 우리는 다시 젊어질 것이다.

불확실한 명제를 전제로 도입할 때 쓰이나 확실한 사실에는 쓰이지 못한다.

정오가 {되면 / 된다면} 종이 울립니다.

조건 접속의 "거든" :
뒤 절에서 화자가 명령, 요망, 의도, 제의 따위 행위적 서법을 드러내고저
할 때 "거든"으로 이끌리는 조건절을 쓸 수 있다.

거기에 도착하{거는 / 면} 편시 하시오.

의도가 드러나지 않는 문장에서는 "거든"을 쓸 수 없다.

그 사람은 돈을 {*벌거든 / 벌면} 남을 돕는다.
뒤 절이 의문문일 때도 물론 "거든"이 쓰이지 않는다.
아이가 {*울거든 / 울면} 때리니?
불확실성이 짙은 경우에는 잘 안 쓰이는 경향이 있다.
만일 래일 비가 {?오거든 / 오면} 산에 가지 말아라.
아침이 {?되거든 / 되면} 떠나라.

필수 조건의 "어야", "(이)라야"
필요 조건이 된다.


산에 가야 범을 잡는다.
책을 읽어야 지식이 많아질 수 있다.


## (5) 시간 접속소

### a. 동시 관계

동시 접속의 "어서"(이미 소개)


### b. 순차 관계

순차 접속의 "자"와 "자 마자"
"자"는 잇달아 이루어지는 동작을 나타내며 "자 마자"는 시간적 차이가
더욱 짧다. 이 들은 모두 동사에만 쓰인다,


내가 정거장에 도착하자 기차가 떠났다.


순차 접속의 "고서" :
"고+서"로 분석되는데 "고"를 쓸 때보다 "고서"에서는 순차의 의미가 더
뚜렷하다. 이는 "서"로 말미암은 것이다. 여기에서 작자의 리론의 모순됨을
발견할 수가 있다. 작자는 앞에서 "고", "며" 따위는 의미가 없고 전후 절의
의미에 의해 그 뜻이 나타난다고 한 바 있다. 같은 어미의 뜻을 다룸에 있어
서 때로는 고유의 뜻이 없다고 하고 때로는 고유의 뜻이 있다고 하는데 이것
은 아주 모순된 주장이며 조선어 발전의 력사 사실과도 맞지 않는다.


순차 접속의 "더니"와 "었더니" :
다 같이 단순 시간적 선후 관계를 이어 주는 작용을 하나 후자는 덜 자유

로우며 전자의 경우는 앞 절에 화자가 주어로 되지 못한다.


> 그이가 여기 있더니 사라졌다.
> <sup>?</sup>그이가 여기 있었더더니 사라졌다.
> <sup>*</sup>내가 가더니 박씨가 오고있다.


  c. 선후 관계(해설이 없음)

  d. 계속 관계(해설이 없음)


### (6) 양보 접속소

양보문의 앞 절은 "일부러 내세우는 대조항"이라는 특성을 가지며 서술의 초점이 주절에 있고 표현을 강조하는 작용을 한다. 이상 특성이 지켜지지 않으면 어색한  문장이 된다.


> 날씨는 추워도 털옷을 안입는다.
> <sup>*</sup>날씨는 추워도 털옷을 입는다.


양보 접속소 "어도" :
용언 종류에 관계없으며 서법에도 제약을 빋지 않는 대표적 형태이나.


> 길이 아무리 멀어도 {떠난다 / 떠날 것이다 / 상관없지? / 괜찮겠지 / 진군이다}.


양보 접속소 "더라도" :
뒤 절의 시제 / 상, 서법에는 제약이 있다. 완료나 과거형태가 잘 안 쓰이고 의도나 추정을 나타내는 서법형태가 쓰인다.


> 눈이 오더라도 {떠나겠다 / <sup>*</sup>떠났다}

양보 접속소 "(으)ㄹ지라도", "(으)ㄹ망정", "(으)ㄹ지언정" :
주절에 "겠"이 쓰이지 못한다.


　?래일 날씨가 좋겠을지라도 산에 가지 않겠다.
　주절에 부정의 표현이 어울린다.
　천지가 변할지언정 내말은 바꾸지 않으리라.(*바꾸리라)


양보 접속소 "ㄴ들", "었자", "기로서니" :
부정, 의문의 표현이 따른다.


　호랑이굴로 들어간들 호랑이를 잡을 것 같은가?
　손이 발이 되도록 빈들 {너는 용서를 못 받는다 / 네가 용서를 받겠느냐?}

## (7) 의도, 목적 접속소

의도 / 목적 접속소 "(으)려고", "고저"(한국어는 "고자"로 쓴다)
　앞뒤 절 서술어는 동사성 용언이여야 하고 형용사와 명사는 쓰이지 못하
며 시제 형태와도 결합하지 않는다.


　아이들이 물고기를 {잡으려고 / *잡았으려고 / *잡겠으려고} 강가로 나갔다.


앞뒤절 주어는 동일 주어여야 한다.


　내가 집에 가려고 {*그이가} 뻐스를 탔다.


후행절에는 명령, 청유, 약속, 의도 법 등이 올 수 없다.


　*너 우리 집에 놀려고 오너라.

목적 접속소 "(으)러" :
후행절에는 "가다, 오다, 다니다" 따위 동사만 쓰인다.

　　사람들이 강연을 들으러{갔다 / *모였다}.

"러"는 시제 표현과 함께 쓰이지 않으며 주어는 동일할 때만 쓰인다.

　　그는 시골에 {살러 / *살았으러} {*나는}갔다.

### (8) 결과관계 접속소

앞절에 결과를 제시하고 뒤 절에 그 결과에 도달하기 위한 행동을 함을
나타낸다.

　　결과 관계 접속소 "도록" :
앞 절에는 동사가 쓰이는 것이 통례이나 특수하게 형용사가 쓰이는 것이
있다.

　　그 일은 서로 좋도록 원만히 해결하시오.

　　결과 관계 접속소 "게", "게끔" :
"게"의 기본 기능이 사역이라 하나 사실 "방식"을 나타내는 것이 기본이다.
그러므로 방식의 의미로 쓸 자리에 "도록"을 바꾸어 넣으면 비문이 된다.

　　노래를 우렁차게 불렀다. – *노래를 우렁차도록 불렀다.
　　우리의 조국을 더욱 아름답게(*아름답도록) 건설하자.

(9) 전환 접속소

"변화, 중단－계속"의 뜻을 나타낸다.

"다가"

주어는 흔히 동일 주어이고 동사성이나 존재사일 경우에 쓰이며 형용사에 간혹 쓰이기도 하나 사실상의 동작성을 표시할 때 가능하다.

    그분이 술을 마시다가 {*저분이} 담배를 피운다.
    그는 여기 한참 있다가 그늘 밑으로 갔다.
    그이가 회장이다가 사장이 되였다.(*그이가 회장이다가 사장이다)
    그 녀자가 예쁘다가 안예뻐졌다.(*그 녀자가 예쁘다가 안 예쁘다)

(10) 첨가 접속소

"ㄹ뿐더러", "ㄹ뿐만 아니라"－모든 용언(지정사 포함)에 두루 어울린다.

(11) 점증 접속소

"ㄹ수록"－모든 용언에 두루 쓰인다.

(12) 비교 접속소

"거든 (하물며)"형태로 쓰이는데 뒤 절에 반어법과 호응된다.

    아이도 하거든 (하물며) 어른이 못하랴?

"듯(이)" : 앞것과 비슷한 모습으로 이루어짐을 나타낸다.

    우리는 해방의 날을 맞아 하늘로 날듯 기뻐하였다.

(13) 반복 접속소(해설이 없음)

# 관형절 포유문과 인용문 부분 토론 요지

## 1. 관형절 포유문

### 1) 관형절포유문과 관계절

작자의 관점에 따르면 복합문은 대등문과 비대등문으로 나누이는데 대등문은 절 사이의 관계가 병렬적이고 비대등문의 절 사이의 관계는 앞절이 뒤절에 종속된다. 비대등문에는 부사절 포유문, 관계절, 관형화 보족절, 인용절이 포함된다.

이중에서 관계절과 관형화 보족절은 어떤 것인가?

관계절이란 머리명사를 한정하거나 수식하는 절을 말한다. 례컨대

철철 흐르는 물

에서 "철철 흐르는"이 관계절이다. 이 절은 뒤에 오는 명사를 한정한다. 이것은 재래의 관형어에(우리 문법체계에서는 규정어가 된다) 해당하는 것이다. 이 관계절과 머리명사 "물"과의 관계는 본래의 서술문

물이 철철 흐른다

에서 관계화를 거쳐 이루어졌다고 본다. 보는바와 같이 서술문의 주어가 머리명사로 되고 서술문의 서술어와 서술어에 딸린 부사어가 규정어로 되며 서술어의 종결어미가 규정토로 바뀐다. 이때의 규정토를 관계화소라고 한다. 이런 관계화를 변형생성문법에서는 변형시킨다고 한다. 변형한 다음 문장구조는 변하지만 의미는 그대로 유지된다고 본다.

타동사문에서는 다음 두 가지로 관계화할 수 있다.

서술문 : 그애는 소설을 읽는다
a. 소설을 읽는 그애(서술문의 주어가 머리명사로 된 것)
b. 그애가 읽는 소설(서술문의 목적어가 머리명사로 된 것)

이외에도 서술문의 보어, 수식어가 머리명사로 될 수 있다.

인민학교 교원인 철수(← 철수는 인민학교 교원이다)(보어에서)
아리랑을 불렀던 여기(← 여기에서 아리랑을 불렀다)(부사어에서)

관계절과 머리명사는 명사구를 이루어 모문에 내포되어 문장의  각 성분으로 된다. 이런 문장은 곧 내포문이 되는 것이다.

관형절 포유문에는 관계절 외에도 관형화 보족절이 있다. 관형화 보족절이란 상위문의 명사구에 내포되는 보족절 / 보문이다. 보족절은 관계절과 다음과 같은 점에서 공통성이 있다.

a. 다 같이 명사구에 내포되는 내포절이다.
b. 머리명사와 결합한다.
c. 명칭은 다르더라도(관계절에서는 관계화소, 보족절에서는 보문자) 동

일한 형태로 머리명사와 이어진다.

그러나 관계절과 관형화 보족절은 구문론적 기능이나 의미적인 면에서 차이가 있다.

첫째, 관형화 보족절은 일반적으로 필수적인 성분인데 반하여 관계절은 임의의 성분이다.

　{그이가 간첩을 만나는} 사실이 밝혀졌다.(관형화 보족절-괄호안의 내포절이 없이는 불완전한 문장이 된다.)
　{이리 오는} 저 사람은 내 친구이다.(관계절-괄호안의 내용이 없이도 문장은 완전하다.)
　{그 사람이 쓴} 책이 많이 팔렸다.(관계절-괄호안의 내용이 없이도 문장은 완전하다.)

"그이가 간첩을 만나는"과 "그 사람이 책을 썼다"는 구조적으로 보면 모두 주어, 목적어, 서술어를 가지고 있으므로 같은 성질의 것이다. 완전하다, 완전하지 못하다는 주로 문장 내용으로 보아서 판별하는 것이다. 이것은 영어에서도 같은 방법으로 처리되고 있는데 의미적 완결성 여부에 따라 목적어 보족어, 주어 보족어 등이 있게 된다. 본 저서도 이런 처리 방법을 도입하려고 한 것 같다. 그러나 사실상 다른 점이 많다.)

둘째, 보족절은 머리명사의 선택에서 제약을 받으나 관계절은 어떤 명사하고도 결합할 수 있다.

　그분이 시를 쓰는 사실{것 / ²일 / ²소식}이 알려졌다.(보족어일 경우는 이렇게 머리 명사의 선택에서 제약을 받는다.)

그분이 시를 쓰는 사람{시인, 남자, 여자, 교수, 가수…}이다.(관계절일 경우는 머리명사 선택에서 제약이 극히 적다)

셋째, 관형화 보족절의 머리명사는 그 절밖에 속하는 것이지만 관계절의 머리명사는 그 절의 한 성분을 이룬다. 기저적으로 볼 때 관계절의 머리명사는 내포절 안에 있었던 것이지만 보족절의 경우에는 머리명사가 내포절에 들어가는 일이 없다.

    나는 리도령이 춘향을 만난 사실을 안다. → 나는 {리도령이 춘향을 만난}사실을 안다.(보족절에서는 "사실"이 절밖에 있다.)
    나는 리도령이 만난 춘향을 안다. → 나는 {리도령이 춘향을 만난} 춘향을 안다.(관계절에서는 "춘향"이 본디 절 안의 목적어인데 변형과정에서 지워지고 관계절밖에 나타난 것이다.)

## 2) 관형화 보족절의 특성

### (1) 구문론적 특성

첫째, 관형화 보족절과 머리명사는 언제나 한 덩어리가 되여 움직이는 명사구를 이루므로 분렬문 변형에 한 덩어리가 되여 옮겨진다.

    나는 {그이가 책을 많이 읽는 사실}을 알았다. → 내가 안 것은 {그이가 책을 많이 읽는 사실}이다.

둘째, 보족절과 그 머리 명사로 이룬 구는 한꺼번에 삭제되거나 대명사화 된다.

    나는 {그가 책을 많이 읽는 사실}을 알았다.
    → 너도 알았어. 그렇지?(전부 삭제)
    → 너도 그것을 알았어. 그렇지?(대명사화)

셋째, 피동변형에서도 관형절과 머리명사의 결합체는 한 명사구가 된다.

나는 {그이가 책을 많이 읽는 사실}을 안다. →{그이가 책을 많이 읽는 사실}이 나에게 알려졌다.

관형화 보족절의 기저구조는 보문자를 포함한 것으로 한다는 것이 지금 다수 학자들의 견해이다.

{학생이 책을 읽는} 것은 당연하다.
{학생이 책을 읽는다} 것은 당연하다. →이런 기저 표시는 합리적이 아닌 것으로 본다.

### (2) 관형화 보족절의 머리명사

관형화 보족절의 머리명사는 특정한 부류로 한정되어 있다. 이 머리명사는 단순한 피수식어가 아니라 보족절이 나타내는 바와 동일한 뜻을 가진 명사에 국한되기 때문이다. 보족절의 머리명사는 보족절의 내용과 실질적으로 일치함을 나타낼 수 있는 극히 일부 어휘만이 될 수 있다. 그런 어휘들로는

a. 보통명사 : 사실, 점, 일, 사건, 불상사, 까닭, 죄, 경험, 경우, 기적
b. 의존명사 : 것, 바, 적, 때문, 데, 줄, 수, 법, 리

보통머리명사는 “사실”이 대표적이다. 의존명사에서는 “것”이 가장 두루 쓰인다.

나는 그이가 파소리를 잘 부르는 사실을 알았다.
우리가 자주 만난 것은 틀림이 없다.

### (3) 관형화 보족절의 보문자

주된 것으로는 “는, (으)ㄴ, (으)ㄹ”이 있다. 이런 보문자는 그자체로(때로는 시제표현을 더하여) 시제 / 상의 의미를 띠면서 련결 구실을 하는 것이 례사

이다. 품사의 다름에 따라 약간의 이형태를 가진다.


## 2. 명사화 보족절


　명사화 보족절이란 보문자 "(으)ㅁ" 또는 "기"로 이루어지는 명사구 보족절을 일컫는데 이런 명사구는 머리명사가 밖으로 안 나타난다. 그러므로 이런 명사화 보족절은 그 자체가 명사구와 같은 기능을 한다. 다른 한편 이때 명사는 무표가 된다고 볼 수 있다.

　　{외국인이 김치를 잘 먹음}Φ이 알려졌다.
　　{서양인이 김치를 먹기}Φ가 어렵다.


　"(으)ㅁ" 보문자는 기원적으로 아주 오랜 형태이며 "기"는 18세기 부터 등장한다("기"는 본래 불완전 명사 "ᄃ+이=디" 형태가 력사적으로 변하여 하나는 "지"로 변하여 접속토 형태로 되고 하나는 변하여 "기"로 되었다. 15세기 문헌에는 두 가지 작용을 하는 "디"를 볼 수 있는데 18세기 경에 "지"와 "기"로 분화되었다).

　명사화 보족절의 두 보문자와 상위 용언과의 관계를 살펴보면 다음과 같은 특성을 찾아볼 수 있다.

　첫째, "(으)ㅁ" 명사화 보족절이 주어로 쓰일 때는 일부 평가적 상태성 용언이 주로 쓰이고 일부 지각을 나타내는 자동사가 함께 쓰일 수 있다. 이때 "기"는 어울리지 않는다.

　　그런 모험에는 여러 사람이 {참가함이 / *참가하기가}{바람직스럽다 / 필
　요하다}

둘째, "(으)ㅁ" 명사화 보족절이 목적격으로 쓰일 때는 지각 / 발견, 정보 전달 따위 의미를 가진 동사와 어울리고 상태성 용언은 쓰이지 못한다.

기차가 방금 {지나감을 / *지나가기를}{보았다 / 발견하였다}

셋째, "기"보문자를 쓰는 명사구가 주어로 쓰일 때는 다른 일부의 평가적 상태성 용언하고 주로 어울린다.(명백한 지적은 못하는 실정이다)

아이들은 말을 {배우기가 / ?배움이}{쉽다 / 어렵다 / 힘들다}

넷째, "기" 보문자를 쓰는 명사구가 목적격으로 쓰일 때는 호오(好惡), 소망, 시작, 명령, 약속따위 의미를 나타내는 동사와 어울린다.

비가 {오기를 / ?옴을}{바랬다 / 기대했다 / 기다렸다}

다섯째, 이 두 명사화 보문자는 동일 용언 술어 앞에도 나타날 수 있는데 이때는 이들 둘이 아주 큰 의미적 차이를 드러낸다. "(으)ㅁ"은 결과성 / 완결상태성을 나타내고 "기"는 과정성 / 미완결성을 나타낸다.

그 파렴치한은 {인간임을-결과성-인간이기를-과정성} 포기했다.)


## 3. 간접의문 명사화 보족절

간접의문 명사화 보족절이란 "는지 / ㄹ지"를 보문자로 하는 명사구 보족절을 가리켜 이른다.여기 나오는 보문자들은 시제 / 상이나 서법관련 형태들과 결합하여 쓰인다.

그 학생이 집에 {올지 / 올는지 / 있을지 / 있을는지} 어떻게 아니?

이런 보문자가 든 명사구는 상위동사와의 결합관계에서 제약이 있다.
첫째, 간접의문 명사화 보족절이 주격으로 쓰일 때에는 대개 확실성 여부,의문성 또는 로출성 따위를 나타내는 상태성 용언이나 일부 자동사가 서술어로 쓰인다.

이번 시합에서 어느 쪽이 이길지가 {불확실하다 / 확실하다 / 뻔하다}

둘째, 간접의문 명사화 보족절이 목적격으로 쓰일 때는 대개 지각성, 규명성, 전달성 따위를 나타내는 동사들이 상위용언으로 쓰인다.

남편은 안해가 누구를 만났는지(를){물었다 / 추궁했다 / 추측해냈다}

셋째, 간접의문 명사화 보족절이 후치사와 함께 부사어를 형성하는 경우가 있다.

나는 남들이 어떻게 말하는지에{상관하지 / 관여하지} 않겠다.

## 4. 인용 보족절

인용 보족절이란 인용자가 자신의 직접적인 언어행위와 별도로 이루어진 언어표현을 자신의 문맥 안에 내포시킨 동사구에 종속되는 보족절을 가리켜 이른다.

그 사람이 "가을 하늘은 정말 맑지요?"라고 말했다.(직접인용 보족절)
아이가 갑자기 배가 아프다고 말했다.(간접인용 보족절)

직접인용 보족절에는 기본적으로 "(이)라고" 보문자가 쓰이고 간접인용 보족절에는 "고"가 쓰인다. 간접인용에서의 보문자 앞의 형태는 "다, 느냐, 라, 자"에 한한다. 두 인용보족절의 상위 용언은 "말하다, 이야기하다"(또는 이런 의미로 볼 수 있는 기타 동사)에 한한다.

인용 보족절은 작자의 관점대로 동사구의 한 부분이며 머리 동사를 수식한다고 하는데 이는 복합문의 술어들 사이의 관계는 그 질서가 다른 것이다. 그리하여 우리는 이것을 부사어(상황어)로 봄이 마땅하다고 생각한다. 재래 문법서에서 인용의 보어라고 본 것도 있는데 그것은 인용의 내용이 체언일 때만 그렇게 하고 나머지 인용형태는 문장론 밖에 나가서 담화법이라는 명목으로 취급했었다. 이것도 외국 문법을 따른 것인데 조선어에서는 담화법을 따로 설정할 필요를 느끼지 않는다. 인용의 내용이 체언 외에도 문장이 될 수 있으므로 우리는 부사어로 보는데 무리가 없다고 본다.


## 5. 인용 관형화 보족절

인용 관형화 보족절이란 인용 보족절을 다시 관형화 보족절로 바꾸어 내포시킨 것을 말한다.

나는 그들이 싸운다는 소문을 들었다.

인용관형화 보족절이 련결되는 머리명사는 "소문, 보도, 소식" 따위 명사인 것이 특징적이다.

그애가 장기를 잘 {둔다 / 둔다고 하는} 소문이 있다.
그 녀자가 말은 잘 {ˀ탄다는 일 / ˀ탄다고 하는 경우}이 있다.


# 6. 복합문에 관한 종합적 론의


이상에서 우리는 작자가 복합문으로 보고 처리한 일련의 언어 사실을 관찰하였다.

우선 우리는 조선어의 단순문의 기본조건을 주어, 서술어 구비로 보지 않는다. 조선어에서 단순문의 필수조적 조건이자 단순문의 문법적 중심으로 되는것은 서술어라고 보아왔다. 그러므로 복합문을 고려할 때 서술의 중심이 되는 접속술어가 몇이 있는가에 따라 복합문을 구분한다.

본 작자가 말한 관형절 포유문과 인용절 포유문은 각각 명사와 동사를 수식하는 성분이므로 술어의 자리에 놓일수 없다. 즉 관형와 부사어는 되지만 서술어로는 되지 않는다. 이러한 리유로 우리는 이들이 복합문의 한 부분으로 된다는데 동의하지 않으며 그런 절이 들어있는 문장도 복합문으로 볼 수 없다.

그러면 이런 절들은 무엇인가? 이들은 확대된 관형어(규정어) 또는 부사어일뿐이다. 그러므로 이런 절이 들어 있더라도 서술어가 하나뿐이면 우리는 단일문이라고 보며 확대성분을 가진 단일문이라고 보기로 한다.

이렇게 하는 것은 전반 문장 분석에 도움이 많다. 문장 성분이란 복합문의 분절사이에서는 운운되지 못한다. 이것은 영어와 다른 점이다.문장 성분은 분절 내부나 단일문에서만 가능하다. 문장을 층차성 가진 단위로 볼 때 우선 복합문→분절문→문장성분→단어→형태소→음운 절차로 분석할 수 있다. 층을 뒤섞어서 분석하는 것은 혼란밖에 조성하지 않는다.

이런 관점에서 보면 다음 문장은 복합문이다.

뛰면 쏜다.
힘들어 못하겠다.
죽어서 저승 간다.

반면에 다음과 같은 것은 단일문이다.

논뚝에 서서 모살이를 하는 논판을 물끄럼히 바라며 지난해 수해로 떠내려간 다 익은 곡식을 생각하던 박령감은 한숨을 후— 내 쉬였다.

# 조선어 문장성분과 문장종류에 대한 재검토

## 조선어의 문장성분 재검토

문장성분의 개념 : 문장성분이란 하나의 문장을 총체적으로 보아 그 기능적 단위로(서술하는가? 서술의 출발점이 되는가? 서술하는 내용을 특징짓는가? 등등의 기능) 분석해놓은 문장구성의 단위요소를 가리켜 이른다.

문장성분을 다룰 때 주의할 점 :

첫째, 문장을 총체적으로 보아서 문장성분을 나누어야하고 국부적으로 보아 처리하지 밀아아 한다. 례컨내

나무가 아주 잘 자랐다.("나무가 자랐다,?나무가 아주 자랐다. 나무가 잘 자랐다"로 주어—상황어—술어로 되는 것으로 보아 "아주 잘"이 먼저 결합, 전체가 술어 수식)

둘째, 상관적관계를 잘 따져야 한다. 례를 들면

밥은 잘 먹는다(이런 분석의 문제점은 형태적 특성을 피상적으로 관찰하고 주어—상황어—술어의 상관적 관계로 잘못 고찰한 것이다.)

이 문장에는 "밥을 먹는다, 잘 먹는다"의 두개의 상관관계가 존재하며 "밥이(은) 먹는다"의 상관관계는 존재하지 않는다. 그러므로 "밥"을 "주어" 로 본 것은 상관관계를 잘 고려하지 못한 것이다.

셋째, 문장성분은 또 일정한 기능을 하므로 그 기능이 어떤가를 살펴야 한다. 례컨대

> 그애는 밥을 열 그릇을 먹었다.("밥을 먹다", "열 그릇을 먹다"의 앞부분 은 모두 대격 형식을 취하고 모두 "먹었다"와 상관 관계를 발생하나 "밥" 은 목적어이고 "열 그릇"은 분량상황어이다. 그것은 밥은 "먹다"의 행동이 미치는 대상이고 "열 그릇"은 "먹다"를 수식하는 것이다.)

넷째, 조선어의 문장성분은 일반적으로 실질적단어, 실질적단어와 보조적 단어의 결합으로 이루진다. 례컨대

> 나 그런 일 몰라.
> 주　　　 목　 술
>
> 김선생과 함께 력사를 연구했다.
> 주　　　　 목　　 술

## 문장성분에 대한 재검토 시안

### 1. 주어와 주제어

#### 1) 주어

#### (1) "가 / 이"로 표현되는 주어

("황무지가 논이 되었다"의 "논"은 상황어로)

("모두가 왔다"의 "모두"도 주어로, "모두"는 부사의 명사적 용법으로 본다.)

("아니다"로 부정되는 대상은 주어로 다룬다.)

(2) 술어와 상관관계를 가지는 "는 / 은"으로 표현되는 주어

우리는 잘 알고있다.
　주　　상　　술

(3) 술어와 상관관계를 가지는 절대격 명사

나 몰라.
　주　술

(4) 술어와 상관관계를 가지는 도움토 표현의 주어

(5) "께서", "에서"로 표현되는 주어

(6) 그 외 새로 제기되는 주어로 칠 수 있는 표현들

2) 주제어

(1) 술어와 상관관계를 가지지 않는 "는 / 은"으로 표현되는 성분

중국은 땅이 넓고 물산이 풍부하다.
　주제　　주어　　술　　주어　　　술

(2) 이중주격, 이중대격의 앞성분

물통이 바닥이 구멍이 두 개가 났다.
　주제　　　　　　　　설명
　주제　　주제　　　　　설명
　주제　　주제　　주어　　　상　　　술

이중대격 문장도 이에 준함.

(3) "가 / 이"로 표현되는 주체로 되지 않는 성분

(4) 기타 새로 발견되는 주제로 다룰 성분

## 2. 술어

1) 종결술어

(1) 용언술어

(2) 체언술어

일부 명사적으로 사용되는 부사 포함

　"먼저였다", "에서이다"

(3) 주술구조

　"나는 머리가 아프다"의 "머리가 아프다"

어떤 경우까지 주술구조로 인정할까는 더 연구할 것이 필요.

(4) 용언, 체언의 중복형태

　"빠르기는 빨라", "그래도 일등이 일등이지"

(5) 속담

   그놈도 함흥차사

(6) 불완전명사, 기타보조적 단어로 된 술어

(7) 명사 절대격

   대표단 북경으로 향발

(8) 동사의 명사형

   이제는 그만하기, 오늘 더움

(9) 상징부사

   네 눈이 번쩍, 내 눈이 번쩍

(10) 일부 접속토로 끝나는 술어

   한번 가보았으면, 모른다면서?

2) 접속술어

(1) 용언, 체언의 접속형
(2) 어조로 이어지는 종결토 표현
(3) 절대격 명사
(4) 보조적 명사(일하는 한편 공부했다)

## 3. 목적어 : 의미적으로 타동사의 동작이 미치는 대상

### 1) 직접목적어

(1) "를 / 을"표현

(2) 도움토, 보조어 등 표현

(3) 명사 절대격

### 2) 간접목적어

"주다" 계렬동사가 간접으로 미치는 대상

(1) "에 / 에게 / 께" 등 표현

(2) 도움토와 기타 보조어

(3) 명사 절대격

## 4. 상황어

1) 시간 2) 장소 3) 원인 4) 수단 5) 도구 6) 재료 7) 정도 8) 분량 9) 결과(전성) 10) 기준 11) 작용자("문학에 흥미가 있다"에서 "문학") 12) 형성자("바람에 넘어지다"에서 "바람") 13) 인용 14) 지시

(상황어란 이름을 쓰지 않고 용언수식어라 할 수 있는데 그러면 상황어가 술어를 직접 수식하는 당당한 문장성분의 자격을 명칭으로 인하여 약화시킬 수 있다. 그러나 규정어를 "체언수식어"로 하면 체계성을 기하여 고려해볼만 하다)

5) 규정어(규정어를 설정하자면 문장을 총체적으로 다루어 성분을 분석할 때에 체

언 성분과 한 단위로 되는 것이 문제시 된다. 그러나 상황어를 "용언수식어"로 하는 전제에서 "체언수식어"로 하면 새 체계 구성과 두 수식어 차이점 규명에 좋다.)

　"체언수식어"는 덜 연구된 분야인데 과거 통상 소속, 표식, 지시, 동격규정어로 한 적이 있어 참고할 만하다. 그러나 좋은 방법은 그래도 새로 관찰하여 새 결론과 처리방식을 얻는 것이 좋다.


## 5. 독립어

### 1) 감동어

하나의 감동사나 감동사적으로 쓰이는 단어에 의해 이루어진 것.

### 2) 호칭어

### 3) 삽입어

### 4) 접속어

문장접속 수단으로 치고 성분으로 처리하지 않는 것이 좋을 듯.

### 5) 제시어

동종성분과 총괄어는(각 성분 내에서 각각 고찰할 수도 있고 여기서 한번 더 집중적으로 소개할 수도 있다.)

# 문장종류 재검토

## 1. 이야기 목적에 따라

서술문, 약속문, 추측문, 의문문, 권유문, 명령문, 감탄문(영탄문)

## 2. 문장구조에 따라

단순문의 외구성문－명명문, 단어문장(감동사들로만 된 것), 무주어문
복합문－련접복합문(어조로 이어지는 복합문, 한계선이 문제)
접속복합문－병렬－합동, 분리, 대립
종속－조건, 양보, 원인, 방식, 목적, 차례, 순차, 점진, 첨가

　
　
　
＿1998년 8월 초고

＿2006년 8월 수정

# 제2부 현대조선어 문법연구방법론 탐구 Ⅱ


서 론

제1장    어음론

제2장    형태론

서 론

　언어학은 언어를 과학적으로 연구하는 학문이다. 조선어학은 조선어를 과학적으로 연구하는 학문이라고 할 수 있고 현대조선어는 현대조선어를 과학적으로 연구하는 학문이라고 할 수 있다. 이 정의에 따르면 현대조선어의 연구대상은 현대조선어이고 현대조선어의 연구방법은 과학적이여야 하며 현대조선어는 학문의 한 종류라는 의미가 내포된다. 그러므로 "현대조선어"란 조선어의 현대단계의 언어자체를 가리키는 말도 되고 그것을 연구대상으로 하는 학문의 이름으로도 된다.

　첫째로, 현대조선어의 연구대상인 "현대조선어"라는 말은 전체 조선어 가운데 그가 차지하는 력사적 지위를 나타냄과 동시에 그 자체의 하위 학과들도 포함하고 있는 것이다.

　조선어의 기원에 관하여서는 다른 언어와 마찬가지로 그 확실한 시대를 알 수 없으나 학자들의 가설에 따르면 조선어는 대개 알타이공통조어에서 갈라져 나왔을 것이라고 보고있다. 알타이어족에는 지금 쮜르크어군, 몽골어군, 퉁구스어군들이 내포되는데 여러 가지 면에서 보면 조선어는 몽골어와 하나의 조상을 가지고 있다가 대개 5천년 전에 갈라져나왔다고 보는 사람이 있다. 일설에 조선어는 후에 중국 동북지방과 조선반도를 차지한 부여·한 언어 단계를 거치게 되었다. 이 시기까지의 언어는 기록된 것이 없고 그 후에도 종적을 감추어서 당시의 언어의 모습을 전혀 알수가 없다. 문자시대에 들어선 후의 조선어의 력사는 적어도 기원전 8세기부터 시작된다. 중국 고서들의 기록에 따르면 기원전 8세기 예족과 맥족이란 민족이 "조선" 이란 나라를 세웠는데 료동반도를 중심으로 한 지역의 땅을 차지하고 있었다. 조선어발달의 시대적 구분은 대체적으로 다음과 같이 하고 있다.

상고조선어-삼국시기이전
고대조선어-삼국시기로부터 1444년 "훈민정음"이 창제될 때까지
중세조선어-"훈민정음"창제로부터 16세기까지
근대조선어-17세기부터 19세기전반기까지
현대조선어-19세기말 20세기초부터 지금까지

보는 바와 같이 현대조선어는 대두하는 자본주의 세력과 함께 "국문운동"을 거쳐 형성되었는데 그때에 비로소 지금의 어음체계와 문법적특징들이 고착되게 된것이다. 이것이 현대조선어의 력사적 지위라고 할 수 있다.

현대조선어는 또 그의 하위 학과체계를 가지고 있는데 현대조선어의 음운론, 형태론, 문장론, 의미론, 방언론, 응용현대조선어 등이 포괄된다.

현대조선어 음운론은 일반적으로 음성학(phonetics)과 음운론(phonemics)을 포함한다. 음성학은 주로 현대조선어 음성의 조음위치와 조음방법 및 그 말소리의 물리적인 성질을 연구하는 분야이고 음운론은 심리적이고 추상적인 실체로서의 말소리의 기능과 체계, 그리고 그 구조를 연구하는 분야이다.

현대조선어 형태론은 단어의 형태와 그 형태의 체계와 구조를 연구하는 분야이다. 현대조선어의 단어가 형태변화하는 방식과 단어를 형성하는 형태소들의 결합관계를 연구하는 분야가 형태론이다.

현대조선어의 문장론은 현대조선어 단어들이 결합하여 문법적인 문장을 구성하는 방법을 연구하는 분야이다. 단어들이 배합되어 문장을 형성할 때에는 어떤 원리나 규칙이 있기 마련이다. 따라서 문장론은 문장 상에서 단어들의 배렬과 결합을 지배하는 규칙, 즉 문장 구성의 원리를 연구하는 분야이다.

현대조선어 의미론은 단어, 문장 및 발화의 의미를 연구하는 분야이다. 의미론의 연구분야는 크게 어휘의미론(lexical semantics), 구문의미론(syntactic semancs), 그리고 화용의미론(pragmatic semantics)으로 나누어진다. 어휘의미론이란 단어의 의미구조를 연구하는 분야로서 주로 단어의 의미관계와 의미성분이 연구된다. 구문의미론이란 문장의 의미구조를 연구하는 분야로서 문장의 의미기능과 의미관계 그리고 문장의 진리조건 등이 연구된다. 화용의미론은 발화상황 속에서의 단어와 문장의 사용법을 연구하는 분야로서 단어와 문장의 용법과 그것들이 사용되는 상황이나 맥락의 구성요소들을 련관시켜 단어와 문장의 의미를 연구한다.

현대조선어 방언론은 현대조선어의 지역적 사회적 변이와 다양성을 연구하는 분야인데 일반적으로 방언의 지역적 경계를 획정하고 그의 지리적 분포를 지도화하는 작업을 한다. 따라서 방언론은 언어지리학(linguistic geography)이라고도 불리운다.

응용현대조선어에는 조선어교육학, 조선어심리학, 조선어사회학, 조선어철학, 조선어문체론 등 분과들이 포함되고 있다. 조선어교육학은 조선어교육의 목표, 교육내용, 교육활동 및 교육평가를 포함하는 교육과정과 효과적인 교육방법을 연구하는 분야이다. 조선어교육학에서는 표준어의 제정기준과 보급계획, 맞춤법과 외래어의 표기법 등과 같은 정책적인 문제도 연구한다. 조선어심리학은 조선어의 습득과정, 심리적 요인이 조선어사용에 미치는 영향, 조선어를 표현하고 리해하는 심리적 과정 등을 연구하는 분야이다. 조선어사회학은 조선어와 사회적요인들(년령, 성별, 교육수준, 사회적 계급, 친소관계 등)의 관계, 조선어의 사회적 기능, 조선어의 사회적 변이, 조선어에 대한 개인이나 집단의 사회적 태도 등을 연구하는 분야이다. 조선어철학은 조선어의 론리, 조선어와 사고방식의 관계 등을 연구하는 분야이다. 조선어문체론은 조선어가 사용되는 상황에 따라서 그리고 화자나 작가나 청자나 독자에게 나타내고저 하는 효과에 따라서 달라지는 조선어의 변이나 다양성을 연구하는 분야이다.

응용현대조선어는 극히 개별적 부분을 제외하고는 거의 미개척지로 남아 있다.

현대조선어의 연구분야는 이와 같이 광범위하고 다양하다. 우리는 이중에서 응용현대조선어를 제외하고 순수 현대조선어연구 분야 중 가장 우선적이고 중요한 음운론, 형태론, 문장론, 의미론을 간략히 다루려고 한다.

둘째로, 현대조선어의 연구방법이 과학적이어야 한다는 말은 현대조선어를 연구하는 사람이 현대조선어의 여러 현상을 관찰하고 기술하고 그것을 분석, 분류한 다음에 가설을 세우고 검증을 통하여 현대조선어의 현상을 지배하는 일반원리를 발견하는 절차와 방법을 따라야 한다는 것을 뜻한다. 현대조선어를 연구하는 사람이 현대조선어를 과학적으로 연구하여 리론을 확립할 때 그 리론은 적어도 철저성(exhaustiveness), 일관성(consistency), 경제성(economy)을 갖추지 않으면 안된다. 리론의 철저성이란 그 리론이 현대조선어의 모든 현상을 설명할 수 있어야 한다는 것을 가리키고 리론의 일관성이란 그 리론에 내적 모순이 없어야 한다는 것을 가리키며 리론의 경제성이란 그 리론이 단순해야 한다는 것을 뜻한다.

셋째로, 현대조선어는 하나의 학문이라고 했는데 학문이란 어떤 현상의 궁극적인 지배원리를 발견하는 것, 다시 말하면 리론을 추구하는 것을 의미한다. 그런데 리론 추구란 어떤 현상을 관찰하고 기술하고 설명하는 것을 가리켜이른다. 그리고 관찰이란 어떤 대상이나 현상이 있는 그대로 무엇인지를 객관적으로 정확하게 살펴보는 것이고 기술이란 관찰한 대상이나 현상이 어떻게 되어있는지를 객관적으로 정확히 기록한 다음에 그것을 체계적으로 분석, 분류하는 것이며 설명이란 관찰하고 기술한 대상이나 현상이 왜 그렇게 되어있는가 하는 리유를 합리적으로 그리고 명시적으로 밝히는 것이다. 따라서 현대조선어는 그의 연구대상인 현대조선어의 여러 현상을 관찰하고 기술하고 설명하는 학문이라고 할 수 있다.

현대조선어는 언어학과 밀접한 련관이 있다. 언어학은 보통 일반언어학(general linguistics)과 개별언어학(particular linguistics)으로 구분된다. 지금 지구

상에는 약 2천 4백개의 언어가 사용되고있다. 그 중 문자가 있는 언어는 불과 수십 개에 달하는데 조선어는 그 사용 인구로 보아 13위를 차지하고 과학기술문헌 수량으로 보아서는 전세계 문헌의 0.1%(중국어는 0.2%, 영어는 98%이다)가 못된다. 그런데 이들 모든 언어는 서로 공통적이고 보편적인 특성도 지니고있고 각각 서로 다른 고유하고 특수한 성질도 가지고있다. 일반언어학이란 모든 언어에 공통되는 보편적인 특성을 연구하고 모든 언어 연구에 필요한 리론을 연구하는 언어학이다. 개별언어학은 어느 한 특정한 언어를 연구대상으로 삼아 그 언어의 고유한 특질을 연구하는 언어학이다. 현대조선어는 특정한 언어의 현대존재형태라는 특정한 언어를 연구대상으로 하기 때문에 개별언어학의 범주에 속한다.

일반언어학과 개별언어학은 상호의존적이다. 일반언어학의 리론은 개별언어학의 연구결과를 토대로 하여 확립되고 개별언어학의 연구는 일반언어학의 리론과 방법론을 바탕으로 하여 이루어지기 때문이다. 결국 현대조선어는 개별언어학에 속하면서 일반언어학의 연구에 기초가 되므로 현대조선어는 넓은 의미에서 보면 언어학의 범주 속에서 그 연구가 수행되는 언어과학(linguistic science)이라고 할 수 있다.

제1장
## 어음론

　말이란 "소리"와 "뜻"의 두 부분으로 이루어진 기호(sign 또는 symbol)의 한 가지이다. 기호의 형식이 인간의 말소리로 된 것을 "언어기호(liguistic sign)"라고 하고 사람의 입에서 나와서 사람의 생각이나 뜻을 주고받는데 쓰이는 소리를 어음(speech sound)라고 한다.

　어음은 말의 뜻을 실어 듣는 사람에게 그 뜻을 날라다주는 작용을 하는 언어의 물질적외각이다. 즉 어음은 정신적인 성격을 가진 "뜻"을 인간 사이에 교환할수 있도록 하는 가장 본질적인 물질적 형태이다. 어음이 어떤 모습으로 "뜻"을 물질화하여 인간의 교제를 가능하게 하는가를 그림으로 보이면 다음과 같다.

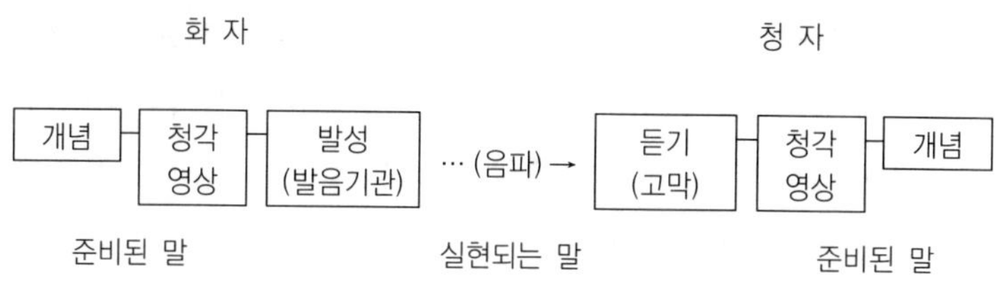


〈그림 1〉 교제 과정(소쉬르 "언어학강의"에 근거함)

어음에는 인간의 머릿속에 준비되어있는 소리와 그것을 발음기관으로 실현하는 두 가지가 있는데 머릿속에 준비된 소리를 "음운(phoneme)"이라고 하고 이것을 발음기관을 리용하여 실현하는 소리를 "음성(phone)"라고 한다.

음운은 사람의 머릿속에 일정한 체계(system)를 이루고 있는데 이 체계를 밝혀 기술하는 학문을 "음운론(phonology 또는 phonemics)"이라고 한다. 음소란 음운이 음성기관을 통해 구체적으로 실현된 소리이므로 체계를 이루지는 않지만 이 소리들이 어디에서 어떻게 만들어지며 또 이들의 음향적 상관관계(acoustic correlates)가 무엇인가를 연구하는 학문을 "음성학(phonetics)"이라고 한다. 따라서 어음(말소리)에 관한 학문은 음운론과 음성학 두 가지로 나누어진다.

# 1. 음성학

## 1.1. 음성학의 제 분과

말의 한 부분을 이루는 어음은 두 가지 모습을 가지고 있는데 하나는 머리속에 준비된 소리이고 하나는 준비된 소리를 실현하는 소리라고 하였다. 준비된 어음은 화자의 조음과정을 통해서 구체적인 음성으로 실현되는데 이것은 음파로 바뀌어 공기가운데 퍼져나가 청자에게 전달되고 다시 고막을 통하여 청자에게 인식된다. 실현되는 어음은 우와 같은 과정을 거치면서 그 모습이 여러 가지로 바뀐다. 구체적으로 실현되는 어음은 보통 다섯 단계 또는 세 단계로 나누어지는데 다섯 단계는 뇌에서 조음기관으로, 청취기관에서 뇌로, 신경망을 통해서 전달되는 신경자극모형의 두 단계를 보탠 것이다. 우리는 우에서 나온 그림을 근거로 세 단계로 나누어 어음의 실현과정을 살펴보면 다음과 같다.

첫째 단계는 소리내기의 단계인데 음성기관의 여러 조음체(입천장, 입술, 혀

따위)와 근육들을 련속적으로 움직여 귀로 들을 수 있는 소리를 만들어내는 단계이다.

둘째 단계는 화자의 머리 둘레를 싸고있는 공기를 통해서 퍼져나가는 음파의 단계이다.

셋째 단계는 듣기의 단계인데 고막과 고막에 바로 이어지는 귀 속의 여러 부속기관에서 일어나는 일련의 과정이다.

이 세 단계 가운데서 첫째 단계를 연구대상으로 하는 것을 조음음성학 또는 생리음성학이라고 한다. 이 분야는 말소리가 어디에서 어떻게 만들어지는지 주로 그 발생적인 면을 연구한다. 이 방면의 연구는 특별한 기구의 도움없이 연구자의 감각기관에 의지하여 연구할 수 있으므로 주관적연구방법을 사용한 것이라고 볼 수 있으며 재래의 음성학 연구는 주로 이 방면에 치중해왔다. ≪훈민정음≫ 해례의 “어금니소리 ㄱ는 혀뿌리가 목구멍을 막는 모양을 보땄고 혀소리 ㄴ는 혀가 웃턱에 붙는 꼴을 본땄다(牙音ㄱ象舌根閉喉之形舌音ㄴ象舌附上顎之形)”는 말들은 조음음성학적인 관찰이다.

둘째 단계를 연구하는 분야를 음향음성학이라고 하는데 음파의 성질을 분석하여 음성의 본질을 밝히려고 하는 학문이다. 주로 2차세계대전 이후에 급속히 발전한 학문인데 기구(도구)의 도움이 없이는 연구가 불가능하다. 그러므로 그 연구 방법은 또 객관적방법이라고 할 수 있다. 조선이 연구분야에서는 50년대 리극로 등의 연구가 앞섰고 최근에는 우리 학교에도 기구가 갖추어져 연구가 가능하게 되었다.

셋째 단계를 연구대상으로 하는 분야를 청취음성학이라고 하는데 어음의 청각영상을 주관적으로 파악하여 음성의 본질을 밝히는 학문이다. 청자의 주관적 판단에 맡기므로 기구의 힘을 빌리는 객관적 방법은 개입될 여지가 없다. 청각인상이란 객관적으로 분류하고 기술하기가 어려우므로 가장 연구가 덜 된 부분이다. 조선어의 “순한소리, 된소리, 거센소리” 따위가 청취음성학에서 나온 말들이라 할 수 있다.

## 1.2. 조음음성학과 조선어의 음소

조선어의 음성학연구는 지금까지의 연구기초를 고려하여 조음음성학을 기본으로 할 수밖에 없으며 일부 음향음성학과 청취음성학의 성과를 곁들일 수 있다. 또 음소와 음운의 관계를 밝히기 위하여 조선어의 음소들을 연구하는 것이 필요하다.

조음음성학이 말소리가 어떻게 만들어지는가를 연구하는 학과이므로 음성기관(발음기관)과 그들의 작용의 연구가 선행되어야 하나 이것은 언어학개론이 담당할 내용이므로 여기에 대한 전문적인 소개는 생략하게 된다.

### 1.2.1. 자음(닿소리)

우리말의 자음은 다음의 다섯 가지 기준에 따라 분류된다. 곧 ① 발음위치, ② 발음방식, ③ 성대진동의 유무, ④ 소리내는 힘, ⑤ 동시조음 등이다. 아래에 매개 자음이 발음될 때의 특성을 살펴보면 다음과 같다.

### 가. 두입술소리

발음위치를 지적해준 것이다, 입술소리, 순음, 双脣音

<파렬음(터침소리)>(발음위치에서 숨길을 막았다가 터치는 발음방식을 지적했다. 파렬음, 塞音)

순한소리((청취음성학적 설명), 성대진동 없음, 터침, 순한소리—松音, 双脣音)[p](이것은 국제음성기호인데 1889년에 처음 제정되여 1989년까지 수차 수정되였다. 이 책에서는 주로 1989년 수정한데 근거한다) : '불, 비, 볼' 따위의 첫소리 'ㅂ'.

순한소리(성대진동 있음, 터침, 유성순음, 双脣濁音)[b] : '나비, 군밤' 등 울림소리(모음, 元音) 사이의 첫소리 'ㅂ'.

순한소리(성대진동 없음, 내파, 双脣不爆破音)[P⌐] : '굽#(#는 그 뒤에 이어지는 소리가 없음을 표시), 입#, 굽과, 입과' 등의 끝소리 'ㅂ'.

된소리(성대진동 없음, 터침, 双脣緊音)[p'] : '뿔, 뺑'의 첫소리 'ㅃ'.

게센소리(성대진동 없음, 터침, 双脣送氣音)[pʰ] : '풀, 파리, 피리'의 첫소리 'ㅍ'.

<마찰음(갈이소리)>(발음기관 사이의 좁은 틈에서 마찰되는 소리, 擦音)

순한소리(성대진동 없음, 双脣擦音)[Φ] 또는 [ʍ](원순음 동반) : '회의, 휘파람, 이후' 등의 첫소리나 모음 사이의 첫소리 'ㅎ'.

순한소리(성대진동 있음, 双脣濁擦音)[β] : '부부, 우비, 갈비' 등의 모음(또는 혀옆소리) 사이의 첫소리 'ㅂ'.

<비음(코소리)>(발음기관의 다른 통로를 막고 코로 소리가 지나가게 하는 발음방식을 사용하는 소리, 鼻音)

향음(성대진동을 동반함, 響音) [m] : 마을, 물의 첫소리, '감, 김'의 끝소리, '이마, 엄마'의 말 가운데의 첫소리와 끝소리 'ㅁ'(무성음(성대진동이 없는) 소리는 'ṃ'로 적는데 우리말에는 대응되는 문자가 없다.)

<동시조음>(발음위치가 두 곳인 소리를 동시조음이라고 한다.)

경구개음화 된 소리 : '벼'의 'ㅂ[pʲ]', '부벼대다', '벼'의 'ㅂ[bʲ]', '뺨'의 'ㅃ[p'ʲ]', '퍅하다'의 'ㅍ[pʰʲ]', '면도칼'의 'ㅁ[mʲ]' 따위가 있다.

연구개금화 된 소리 : '봐('보아'의 준말)'의 'ㅂ[pʷ]', '이봐('이보아'의 준말)'의 'ㅂ[bʷ]', '뫄('모아'의 준말)의 'ㅁ[mʷ]' 따위가 있다.


## 나. 웃이몸앞소리

웃이몸을 다시 정밀하게 나누어 "웃이몸앞, 웃이몸복판, 웃이몸안"으로 하였다. 상치배뒤와 상치은앞에 해당한다. 능동적(움직일 수 있는) 발음기관인 혀끝이 웃이몸 앞에 닿거나 마찰하여 내는 소리이다.

<파렬음>

순한소리(성대진동 없음, 터침, 齒齦音)[t] : '달, 돌, 들' 따위의 첫소리 'ㄷ'.

순한소리(성대진동 있음, 터침, 齒齦濁音)[d] : '이다지, 온도, 울다' 따위 유성음 사이의 첫소리 'ㄷ'.

순한소리(성대진동 없음, 내파, 齒齦不爆破音)[t̚] : '옷#, 낮#, 낯#, 옷과, 낮과, 낯과' 따위의 끝소리 'ㅅ', 'ㅈ', 'ㅊ'.

된소리(성대진동 없음, 터침, 齒齦緊音)[t'] : '딸, 또, 이따가' 따위의 첫소리, 말가운데 첫소리 'ㄸ'.

거센소리(성대진동 없음, 터침, 齒齦送氣音)[th] : '투구, 타다, 버티다' 따위의 첫소리 또는 말가운데의 첫소리 'ㅌ'.

<비음>

향음(響音)[n] : '나, 너, 논'의 첫소리, '문, 눈'의 끝소리, '간다, 마늘'의 말가운데의 첫소리와 끝소리 'ㄴ'(무성음소리는 'n̥'로 적는데 조선어에는 없다.)

<동시조음>

경구개음화 된 소리(顎化齒齦音) : '견뎌내다'의 'ㄷ[tj]'.

입술-연구개음화 된소리(脣-軟顎化齒齦音) : '똬리('또아리'의 준말)'의 'ㄸ[t'w].

성문폐쇄음화 된소리(擠喉化齒齦音) : '절대로'를 강조하여 발음할 때의 'ㄷ[t²].


## 다. 웃이몸복판소리

파찰음(발음기관을 막았다가 터치고 잇달아 좁은 틈을 내여 마찰하는 소리, 우리말의 'ㅈ'는 앞혀바닥 앞에서 내는 것이 보통인데 평안도 방언이나 서울 사람들 가운데는 이 소리를 웃이몸에서 내는 경우가 있다, 塞擦音)

순한소리(성대진동 없음, 터침마찰, 齒齦塞擦音)[ts] : '줄기, 자기' 따위의 첫소리 'ㅈ'.

순한소리(성대진동 있음, 터침마찰, 齒齦濁塞擦音)[dz] : '감자, 간장, 갈자, 콩지' 따위의 향음 사이의 첫소리 'ㅈ'.

된소리(성대진동 없음, 터침마찰, 齒齦塞擦緊音)[ts'] : '짬, 찜, 가짜' 따위의 첫소리 'ㅉ'.

거센소리(성대진동 없음, 터침마찰, 齒齦塞擦送氣音)[tsh] : '춤, 치마'따위의 첫소리 'ㅊ'.

<마찰음(갈이소리, 擦音)>

순한소리(성대진동 있음, 齒齦濁擦音)[z] : '가자, 자주빛' 따위의 모음사이의

‘ㅈ(중세조선어의 ‘아ᅀᆞ, 마ᅀᆞᆯ’ 따위의 ‘ㅿ’는 이 소리다.)

<설측음(혀옆소리, 邊音)>

류음(흐름소리, 流音)[l] : ‘불#, 물#, 불과, 물과’ 따위의 ‘ㄹ’, ‘흘러, 달린다’ 따위의 ‘ㄹㄹ[ll].

<전음(떨음소리, 능동적발음기관인 혀끝이 여러 번 떨면서 나는 소리, 顫音)>

류음[r] : ‘노래, 보리’ 따위의 모음 사이의 ‘ㄹ’을 세게 발음하거나 노래를 부를 때 내는 소리, 정상적인 말에서는 쓰이지 않는다.

튀김소리(두들김소리, 섬음, 혀끝을 한번만 튀기는 소리, 閃音)

류음[ɾ] : ‘노래, 보리’ 따위의 모음 사이의 ‘ㄹ’을 정상적으로 발음할 때 나는 소리.

<동시조음>

경구개음화 된 소리(센입천장소리된 소리) : ‘하셔서’의 ‘셔’의 ‘ㅅ[sj].

## 라. 웃이몸안소리

<마찰음>

순한소리(성대진동 없음)[ʃ] : ‘쉽다’의 원순모음 앞에 나타나는 ‘ㅅ’.

순한소리(성대진동 있음)[ʒ] : ‘자주’처럼 모음 사이의 첫소리 ‘ㅈ’를 가끔 이 소리로 내는 일이 있다.

## 마. 센입천장앞소리(前硬顎音)

<파찰음>(붙갈이소리, 塞擦音)

순한소리(성대진동 없음, 터침마찰, 前硬顎塞擦音)[ʧ] : ‘줄, 자기’ 따위의 첫소리 ‘ㅈ’.

순한소리(성대진동 있음, 터침마찰, 前硬顎濁塞擦音)[ʤ] : ‘감자, 간장, 갈자, 콩지’따위의 향음 사이의 첫소리 ‘ㅈ’.

된소리(성대진동 없음, 터침마찰, 前硬顎塞擦緊音)[ʧ’] : ‘짬, 찜, 가짜’ 따위의 첫소리 ‘ㅉ’.

거센소리(성대진동 없음, 터침마찰, 前硬顎塞擦送氣音)[ʧʰ] : '춤, 치마' 따위의 첫소리 'ㅊ'.

＜마찰음(갈이소리, 擦音)＞

순한소리(성대진동 없음, 前硬顎擦音)[ɕ] : '사람, 소' 따위의 첫소리 'ㅅ', 'ㅅ'는 유성음짝이 없다.

순한소리(성대진동 없음, 경구개앞마찰음, 前硬顎擦音)[ɕ] : '실, 시름, 하셔서' 따위의 (반)모음 'ㅣ' 또는 'ǐ' 앞의 'ㅅ'.

순한소리(성대진동 없음, 경구개앞유성마찰음, 前硬顎濁擦音)[ʑ] : '가지'의 'ㅈ'처럼 모음과 모음 'ㅣ' 사이에 오는 'ㅈ'.

된소리(성대진동 없음, 경구개앞마찰음된소리, 前硬顎緊擦音)[ɕ'] : '씨, 씨름' 따위의 모음 '이' 앞의 'ㅆ'.

＜비음(코소리, 鼻音)＞

향음(앞경구개음화된 비음, 前硬顎化鼻音)[ɲ] : '돈냥, 남녀, 공룡(공뇽), 삼류(삼뉴)'따위의 말가운데의 첫소리 'ㄴ'.

＜설측음＞

류음(앞경구개음화된 류음, 前硬顎化流音)[ʎ] : '흘려, 달력, 개잘량, 달려라'따위의 말가운데의 'ㄹㄹ', 우리말에서 이 소리는 반드시 모음 사이에서만 나타나며 또 반드시 '긴소리'나 '겹침소리(geminate)'로만 나타난다.

＜반모음, 半元音＞

이 자리에서 나는 반모음으로는 '야, 여, 요, 유' 따위의 평순음 'ǐ[j]'와 '위, 위기, 바위' 따위의 원순음 '우[ɥ]'가 있다.


**바. 센입천장안소리(后硬顎音)**

＜마찰음＞

순한소리(성대진동 없음, 后硬顎擦音)[ç] : '향토, 현상, 효도, 휴식' 또는 '힘'의 (반)모음 앞의 첫소리 'ㅎ'는 마찰음으로 내기도 한다.

### 사. 여린입천장앞소리(전연구개소리, 前軟顎音)

<파렬음>

순한소리(성대진동 없음, 터침, 前軟顎塞音)[k] : '김, 김치' 따위의 모음 'ㅣ' 앞에 오는 첫소리 'ㄱ'.

순한소리(성대진동 있음, 터침, 前軟顎濁塞音)[g] : '감기, 공기' 따위의 향음과 모음 'ㅣ' 사이의 첫소리 'ㄱ'.

순한소리(성대진동 없음, 내파, 前軟顎不爆破音)[k⌐] : '음식'처럼 모음 'ㅣ'뒤에 오는 끝소리 'ㄱ'.

된소리(성대진동 없음, 파렬, 前軟顎緊塞音)[k'] : '끼니, 끼우다'따위의 모음 'ㅣ' 앞에 오는 첫소리 'ㄲ'.

거센소리(성대진동 없음, 파렬, 前軟顎送氣塞音)[kʰ] : '키, 키질하다' 따위의 모음 'ㅣ' 앞에 오는 첫소리 'ㅋ'.

<마찰음>

순한소리(성대진동 있음, 마찰, 前軟顎濁擦塞音)[ɣ] : '먹이, 살기' 따위의 모음(또는 설측음)과 모음 'ㅣ' 사이의 첫소리 'ㄱ'.

<비음>

향음[ŋ] : '잉어'의 모음 'ㅣ' 뒤에 오는 끝소리 'ㅇ'.

<반모음>

이 자리에서 나는 반모음소리로는 '의사, 회의' 따위의 반모음 '의[ɰ]'가 있다.

<동시조음>

입술소리로 된 소리(脣音化軟顎輔音) : '광'의 'ㄱ[kʷ]', '꽝'의 'ㄲ[k'ʷ]', '쾅'의 'ㅋ[kʰʷ]' 따위가 있다.

경구개음화 된 소리(硬顎化輔音) : '겨울'의 'ㄱ[kʲ]', '감겨'의 향음 사이 'ㄱ[gʲ]', '껴안다'의 'ㄲ[k'ʲ]', '켜'의 'ㅋ[kʰʲ]' 따위가 있다.

## 아. 여린입천장가운데소리

<파렬음>

순한소리(성대진동 없음, 터침, 軟顎塞音)[k] : '강, 공' 따위의 뒤모음(ㅏ, ㅓ, ㅗ, ㅜ) 앞에 오는 첫소리 'ㄱ'.

순한소리(성대진동 있음, 터침, 軟顎濁塞音)[g] : '인간, 공고' 따위의 향음과 뒤모음(ㅏ, ㅓ, ㅗ, ㅜ) 사이의 첫소리 'ㄱ'.

순한소리(성대진동 없음, 내파, 軟顎不爆破音)[k¯] : '부엌#, 목#, 부엌과, 목과' 따위의 뒤모음(ㅏ, ㅓ, ㅗ, ㅜ) 뒤의 'ㄱ'과 'ㅋ'.

된소리(성대진동 없음, 터침, 軟顎緊塞音)[k'] : '깔보다, 꿀'따위의 뒤모음(ㅏ, ㅓ, ㅗ, ㅜ) 앞에 오는 첫소리 'ㄲ'.

거센소리(성대진동 없음, 터침, 軟顎送氣塞音)[kʰ] : '칼, 콩' 따위의  뒤모음(ㅏ, ㅓ, ㅗ, ㅜ) 앞에 오는 'ㅋ'.

<마찰음>

순한소리(성대진동 있음, 軟顎濁擦音)[ɣ] : '먹어, 붉어' 따위의 모음(또는 설측음)과 뒤모음(ㅏ, ㅓ, ㅗ, ㅜ) 사이의 첫소리 'ㄱ'.

<비음>

향음[ŋ] : '강, 콩' 따위의 뒤모음(ㅏ, ㅓ, ㅗ, ㅜ) 뒤의 끝소리 'ㅇ(성대진동이 없는 소리는 [ŋ̊]이라고 적는데 우리말에는 없다.)'

<반모음>

이 자리에서 나는 반모음으로는 'ㅘ, ㅝ, ㅙ, ㅞ, ㅟ' 따위의 '오, 우[w]가 있다.

## 자. 목젖소리(小舌音)

<파렬음>

순한소리(성대진동 없음, 터침, 小舌塞音)[q] : '관광'의 과장된 발음에서 나타나는 말머리의 첫소리 'ㄱ'.

순한소리(성대진동 있음, 터침, 小舌濁塞音)[G] : '관광'의 과장된 발음에서 나타나는 말가운데의 첫소리 'ㄱ'.

된소리(성대진동 없음, 터침, 小舌緊塞音)[q'] : '꽝'의 과장된 발음에서 나타나는 첫소리 'ㄲ'.

거센소리(성대진동 없음, 터침, 小舌送氣塞音)[qʰ] : '쾅'의 과장된 발음에서 나타나는 첫소리 'ㅋ'.

<비음>

향음[N] : '관광'의 과장된 발음에서 나타나는 말가운데 끝소리 'ㄴ'([qwaNGwaŋ]).


### 차. 후두음(목청소리, 喉音)

<마찰음>

순한소리(성대진동 없음, 喉擦音)[h] : '하루, 허리' 따위의 첫소리 'ㅎ'.

순한소리(성대진동 있음, 喉濁擦音)[ɦj] : '영향'처럼 향음, 모음 사이의 'ㅎ'.

이제까지 우리말에 나타나는 자음을 발음위치, 발음방법 따위에 따라 기술했는데 이들을 한 표로 그리면 다음과 같다(표 1 우리말 자음표 참조).


### 1.2.2. 모음(홀소리)

우리말의 모음은 주로 1) 고정부로 움직이는 능동부의 자리(허바닥의 앞과 뒤) ; 2) 공명강의 크기(혀의 높이) ; 3) 입술의 모양, 이 세 가지에 의하여 분류된다.

모음을 발음하기 위하여 앞혀바닥, 뒤혀바닥, 가운데혀바닥이 센입천장이나 여린입천장쪽으로 움직이는데 이에 대응하는 모음을 각각 앞모음, 뒤모음, 가운데모음이라고 한다. 조선어에는 가운데모음이 없다.

모음을 발음할 때는 혀의 높이(공명강은 혀높이가 높을수록 작아진다)에 따라 네 개 단계로 나누는데 이에 대응하는 모음들을 각각 높은모음, 반높은모음, 반낮은모음, 낮은모음이라고 한다.

우리말 모음은 또 입술의 모양에 따라 두 가지로 나누는데 입술이 둥글어지는 모음을 원순모음(둥근모음)이라 하고 입술이 둥글어지지 않고 펴지는 모음을 평순모음(안둥근모음)이라고 한다.

앞에서 살펴본 모음 분류 기준에 따라 모음을 분류하면 다음과 같다.

### 가. 앞모음

높은모음, 평순모음 [i] : '일, 이렇다'의 'ㅣ'.

높은모음, 원순모음 [y] : '뒤, 쉬, 쥐'의 'ㅟ'.

반높은모음, 평순모음 [e] : '네, 데'의 'ㅔ'.

반높은모음, 원순모음 [Ø] : '쇠, 되'의 'ㅚ'.

반낮은모음, 평순모음 [ɛ] : '내, 대'의 'ㅐ'.

### 나. 뒤모음

높은모음, 평순모음 [ɯ] : '그, 흐르다'의 'ㅡ'.

높은모음, 원순모음 [u] : '우리, 운다'의 'ㅜ'.

반높은모음, 평순모음 [ɤ] : '없다, 멀다'의 'ㅓ'.

반높은모음, 원순모음 [o] : '오리, 오이'의 'ㅗ'.

반낮은모음, 평순모음 [ə] : '먹어, 업다'의 'ㅓ'.

낮은모음, 평순모음 [a] : '강, 아래'의 'ㅏ'.

모음의 발음위치는 어떤 발음기관이 움직여 어느 자리에 가 닿는가를 판단하기가 매우 어렵다. 그것은 주로 모음 발음시 공명강이 상대적으로 크며 별로 뚜렷한 장애도 받지 않기 때문이다. 그리하여 모음의 발음위치를 찾을 때는 혀의 자리가 비교적 고정될 수 있는 소리를 미리 정하여 실지 모음을 이와 대조하여 기술하는 방법을 따르게 된다. 이 방법을 "으뜸모음" 방법이라 한다.

이제 이에 따라 모음의 발음위치를 "모음사각도"로 나타내면 <표 2>와 같다.

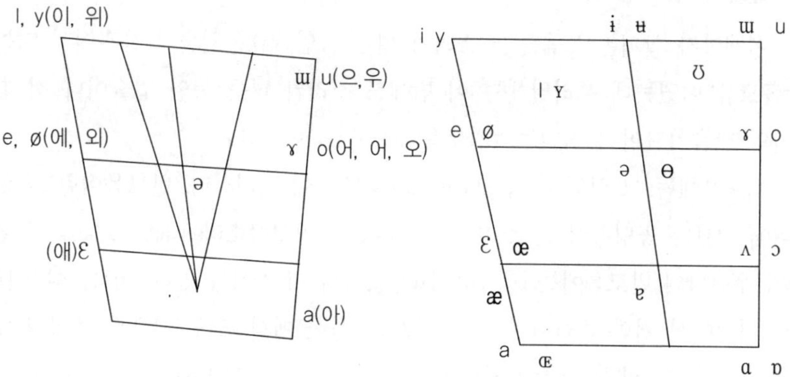

〈표 2〉 조선어 모음표 참고 : 1989년판 국제음성기호 모음 부분

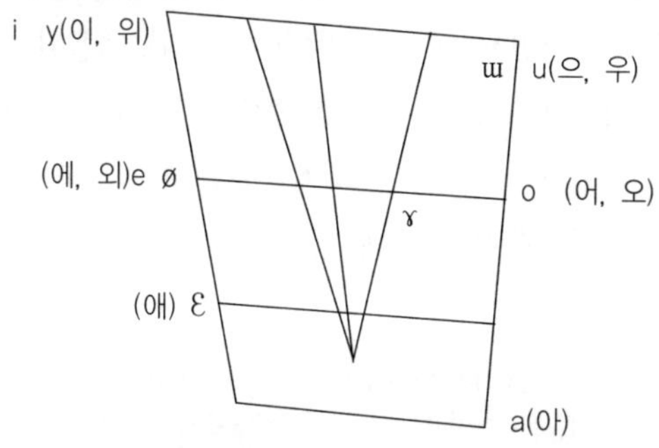

〈표 3〉 리현복의 자음표

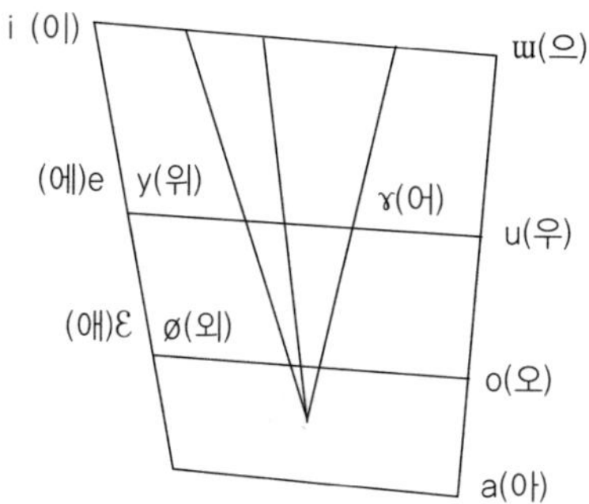

〈표 4〉 강진철, 김성근, 김수길의 자음표

### 1.2.3. 겹모음

이제까지 살펴본 모음들은 소리가 나는 동안 혀나 입술이 움직이지 않는 "홑모음"이였는데 우리말에는 이 밖에도 소리가 나는 동안 입술이나 혀 따위의 발음기관이 움직이는 "겹모음(diphthong)"이 있다.

겹모음에는 그 앞뒤에 "반모음(semivowel)"들이 달려있다. 반모음이란 그 앞뒤에 그보다 공명강이 큰 소리들이 딸려있는 미끄럼소리(gliding sound)를 말한다. 우리말의 반모음에는 [j], [ɥ], [w], [ɰ]의 네 가지가 있다. [ɥ]는 혀가 [i]의 자리에서 거의 움직이지 않고 입술만 '둥근'에서 '안둥근'으로 움직여 내는 소리이다. '위'는 흔히 [ɥi]로 발음한다. [ɰ]는 혀가 [ɰ]의 자리에서 [i]의 자리로 옮기면서 내는 소리이다. 요즈음 '의'를 의식적으로 [ɰi]([ɰ]는 비성절음임을 표시함)로 내는 경향이 있다. [j]와 [w]는 각각 [i]와 [u]에서 뒤따르는 모음쪽으로 자리를 옮기면서 내는 소리이다. ㅑ[ja], ㅕ[jə], ㅛ[jo], ㅠ[ju]와 ㅘ[wa], ㅝ[wə], ㅙ[3w], ㅞ[we] 따위를 발음할 때 나타난다.

우리말에 쓰이는 겹모음은 다음과 같다.

|   | 반모음 | 겹모음 |
|---|--------|--------|
| 1. | [j]: | [ja, jɤ, jə, jo, ju, je, jɛ] 또는 [ɰj] |
| 2. | [ɥ]: | [ɥi] |
| 3. | [ɰ]: | [ɰi] |
| 4. | [w]: | [wa, wɤ, wə, we, wɛ, wi] |

## 2. 음운론

우리는 앞에서 음운론은 사람의 머릿속에 준비된 말소리를 연구하는 어음론의 한 분과라고 하였다. 머릿속에 준비된 말소리는 사실 음성학에서 연구하는 것처럼 구체적인 소리가 아니고 추상성을 가진 말소리이다. 음운론 연구에서 가장 중요한 문제는 음성학에서 연구한 음성을 어떻게 추상하며 어느 정도 추상하는가 하는 것이다. 음소의 추상성 연구에서 가장 많이 쓰는 방법은 음소의 분석과 음소체계의 고안이다.


## 2.1. 음소의 분석

우리는 앞에서 우리말에 나타나는 자음과 모음을 나누었고 또 이들을 각각 몇 가지 기준에 의하여 여러 음성들로 나누었다. 이런 음성들은 각각 자체 고유의 음성학적 자질(feature)을 가지고 있는바 두입술소리를 실례로 들어보면

<파렬음>에서

순한소리(성대진동 없음, 터침, 순한소리)[p] : '불, 비, 볼' 따위의 첫소리 'ㅂ'.

순한소리(성대진동 있음, 터침, 순한소리)[b] : '나비, 군밤' 등 울림소리(모음 또는 향음) 사이의 첫소리 'ㅂ'.

순한소리(성대진동 없음, 내파, 순한소리)[$P^{\daleth}$] : '굽#, 입#, 굽과, 입과' 등의 끝소리 'ㅂ'.

같은 것이 다 자체의 자질을 가지고 있다. 그리고 이런 음성들은 실제로 발화 중에서 실현되면서 의미를 식별하는 가장 작은 단위로 된다. 이런 음성들을 우리는 또 음소라고도 한다(과거 오랫동안 음소는 의미식별의 기능이 없다고 하여 왔는데 이는 사실에 맞지 않는다. "음소의 일부 음성자질은 의미 식별에 관여하지 않는다"라는 말이 더 정확한 말이라고 생각된다).

우리가 알고있다시피 말소리의 기능은 의미를 변별적으로 나타내주는데 있다. 앞에서 나누었던 음성들 중 어떤 음성 자질은 의미 식별에 작용하는데 어떤 음성자질은 의미식별에 작용하지 않는다. 이런 것은 음성들의 서로의 관계를 대조함으로써 알 수 있는 것이다. 이렇게 음성(또는 음소)들의 서로의 관계를 의미식별의 견지에서 살펴보는 것을 "음소의 분석"이라고 한다.

음소분석의 방법에는 여러 가지가 있다.

먼저 음소분석방법의 기초지식으로 되는 위치(또는 환경, environment or position), 대립(contrastive), 분포(distribution)의 개념을 소개할 필요성이 있다.

어음은 어음련쇄 중에서 시간상의 선후관계를 가지고 선형배렬을 한다. 그리하여 어음의 선후위치가 있게 되는데 례를 들면 어두, 어중, 어말 같은 위치가 바로 그것이다. "비빔밥"에서 첫 "ㅂ"는 어두에 왔고 마지막 "ㅂ"는 어말에 왔으며 둘째, 셋째 "ㅂ"는 어중에 왔다. 이와 같이 어음들이 나타나는 일정한 자리를 위치 또는 환경이라고 한다. 어음은 그것이 놓이는 위치에 따라 구별적기능이 잘 실현될 수도 있고 그렇지 못할 수도 있다. "살[ɕal]", "찰[ʧʰal]", "탈[tʰal]"에서는 [ɕ], [ʧʰ], [tʰ]가 어두에 위치하여 각각 서로 다른 소리로 되지만 "낫[nat ˥]", "[낯[nat ˥]", "낱[nat ˥]에서는 그것이 어말에 위치하여 다 같은 음으로 되고 본래의 음가가 드러나지 않는다. 본래의 음가가 잘 나타나는 위치를 강한 위치, 잘 드러나지 않는 위치를 약한 위치라고 한다.

대립이라는 것은 동일한 어음환경에서 의미식별의 기능을 충분히 노는 어음들 사이의 관계를 가리켜 이른다. "살", "찰", "탈"의 [ɕ], [ʧʰ], [tʰ]는 동일한 어음환경에서 세 단어를 구별시키므로 서로 대립된다. 그러나 "낫", "낯", "낱"의 "ㅅ, ㅊ, ㅌ"는 어음환경이 같지만 [nat ˥]으로 되어 대립되지 않는다.

분포라는 것은 어떤 어음(문법에도 사용할 수 있는데 그 때는 성분이 된다)이 나타날 수 있는 위치의 집합을 가리켜 이른다. 조선어의 음운 /ŋ/은 어말(례 : 당), 어중의 자음앞(례 : 방법), 모음사이(례 : 종이)에 나타난다. 따라서 /ŋ/의 분포는 이 세 가지 위치이다.

분포에는 대립적분포 (contrastive distribution)와 비대립적분포(non-contrastive distribution)가 있다.

대립적 분포는 동일한 어음환경에 나타나서 의미식별의 기능을 수행하는 어음들의 분포를 말한다. "살", "찰", "탈"에서의 어두 자음의 분포가 그 례가 된다.

비대립적 분포는 동일한 어음환경이나 부동한 어음환경에 나타나지만 의미식별의 기능을 놀지 않는 어음들의 분포를 가라켜 이른다.

비대립적 분포는 자유변이(free variation)와 상보적 분포(complementary distribution)로 나누인다.

음성학적으로 차이가 있는 어음들이 동일한 어음환경에 나타나지만 의미식별의 기능을 하지 않는다. "비법"에서 "ㅂ"가 위치에 따라 어두에서는 [p], 어중 모음 사이에서는 [b], 어말에서는 [p ̚]와 같이 차이가 있지만 이 단어가 다른 의미를 가진 단어들로는 되지 않는다. 그러나 이 세 음소의 위치는 제한되어있기 때문에 [p]의 자리에 [b]가 나타나지 못하고 [b]의 자리에 [p ̚]가 나타나거나 [p ̚]의 자리에 [b]가 나타나지 못한다. 이 세 음소는 서로 배척하는 관계에 있는 동시에 또 사로 보충하는 관계를 가지고있다. 이와 같이 배척하면서도 서로 보충하는 관계를 가지는 어음들의 분포를 상보적 분포(배타적 분포)라 한다.

이제 음소분석의 방법을 고찰해보면 다음과 같다.

첫째, 대립의 방법. 부동한 음소들이 동일한 어음환경에서 대립되면 부동한 음운이 되고 대립되지 않으면 한 음운이 된다. 대립된다는 것은 의미식별의 기능을 논다는 말과 같고 대립되지 않는다는 것은 의미식별의 기능을 놀지 않는다는 말과 같다. 례를 들면 "달[tal]"과 "딸[t']을 비교해보면 [t]와 [t']가 의미식별의 기능을 가지며 대립되기 때문에 부동한 음운이 된다. 음성학적자질로 보면 "웃이몸앞소리, 파렬음, 성대진동 없음, 순한소리, 터침, [t]"와 "웃이몸앞소리, 파렬음, 성대진동 없음, 된소리, 터침"[t']"로서 "순한소리"와 "된소리"가 다를 뿐 다른 자질은 똑같다. 이와 같이 하나의 소리자질만 다른 것을 "최소차이(minimal distinction)"이라고 한다. 이러한 최소차이로 뜻이 달라진 두 단어를 "최소대립어(minimal pair)" 또는 "준동음어(quasi-homonyme)"라고 한다.

음소분석에서는 최소대립어를 찾고 대치법을 써서 음소들의 대립여부를 확인한다. 최소대립어는 단 하나의 음소만 대립되는 단어이고 대치법은 보다 큰 단위안에서 한 언어항목을 다른 언어항목으로 갈음하는 방법이다. 례를 들면 "감[kam]"과 "남[nam]"은 최소대립어이다. [k]와 [n]는 [am] 앞에 놓이여 대립되므로 부동한 음운(/k/와 /n/)으로 된다. "감[kam]"의 "ㄱ[k]"을 "ㄷ[t], ㅂ[p], ㅅ[ɕ], ㅈ[ʧ], ㅊ[ʧh], ㅌ[th], ㅎ[h], ㄸ[t'], ㅆ[ɕ'], ㅉ[ʧ']"로 대치하면 "담[tam], 밤[pam], 삼[ɕam], 잠[ʧam], 참[ʧham], 탐[tham], 함[ham], 땀[t'am], 쌈[ɕ'am], 짬[ʧ']"으로 되고 모두 대립된다.

그러나 대립방법만으로는 불충분하다. 어음은 어음의 련쇄속에서 발음되기 때문에 한 음운의 음가가 하나의 음소로만 나타나지 않는다. 례를 들면 조선어의 음운 /p/는 환경에 따라 [p](례 : 배[pa]), [b](례 : 사발[ɕabal]), [p˥] (례 : 납[nap˥]), [pw](례 : 봐[pwo]) 등으로 실현된다. 부동한 이런 음소들을 음운이라고 할 수 있을까? 물론 그렇게 볼 수는 없다. 그러면 무슨 방법으로 이들을 같은 음운으로 추상화할 수 있는가? 그것이 상보적 방법이다.

둘째, 상보적 방법. 동일한 어음적 환경에 나타나는 일이 없이 배타적문포관계를 가지는 어음들의 관계를 상보적분포관계에 있는 어음들이라고 하였는데 이런 관계를 고찰하여 그것들을 서로 다른 음운으로 보지 않고 하나의 음운으로 보는 방법을 상보적방법이라고 한다. 례컨대 조선어의 [p], [b], [p˥], [pw]는 각각 어두, 어중, 어말, 원순모음 앞에서만 나타나고 서로 엇바뀌 나타나는 경우가 없다. 음성으로서는 이들이 각각 엄연히 다른 음향학적특성을 지니나 그들이 나타나는 위치가 상보적이기 때문에 하나의 음운 /p/로 묶인다. 일본어에서 [t]는 [a], [e], [o] 앞에만 나타나고(례 : た[ta], て[te], と[to]) [i] 앞에서는 [ʨ]로 되고(례 : ち[ʨi]) [u]앞에서는 [ʦ]로 된다(례 : つ[ʦu]). [t], [ʨ], [ʦ]의 분포도 배타적이므로 음운 /t/에 묶인다.

그러나 때로 상보적 방법으로 판정하기 어려울 때도 있다. 조선어의 "ㄸ[t']"와 "ㅇ[ŋ]"의 분포만 보면 아래와 같다.

[t'] : 어두(례 : 땅)

　　　　어중 첫소리(례 : 마땅히)
　　[ŋ] : 어중의 끝소리(례 : 종이, 종자)
　　　　어말(례 : 콩)


　여기에서 볼 수 있는바 이 두 음소는 분포가 배타적이다. [t']는 어떤 위치에서든지 첫소리로 되고 [ŋ]은 어떤 위치에서든지 끝소리로 된다. 그렇다면 이것을 하나의 음운으로 가려잡을 수 있겠는가? 이렇게 하는 데는 어쩐지 무리가 있는 것으로 직감된다. 그것은 무엇 때문이겠는가? 이는 다른 하나의 방법이 적용될 필요성을 제시하고 있다.

　셋째, 류사성을 찾는 방법이다. 일반적으로 하나의 음운으로 추상화되는 음소는 그 음향학적인 특성이 비슷해야 한다. 분포가 배타적이면서 음향학적 특성이 비슷한 음소들은 하나의 음운으로 추상화할 수 있으나 분포가 배타적일 뿐이고 음향학적특성이 비슷하지 않은 음소들은 하나의 음운으로 추상화되지 않는다. 따라서 이 방법은 상보적방법의 부족점을 미봉할 수 있다.

　음소분석을 거쳐서 음운을 추상화낸 다음에는 추상화된 음운기호를 결정해야 하며 이 음운기호와 다른 음소와의 관계를 잘 처리해야 한다. 일반적으로 어음적환경의 영향을 받지 않거나 가장 적게 받는 음소를 대표음으로 하고 추상화된 음운의 기호로 사용한다. 그리고 대표음이 아닌 음소들은 각각 모 음운의 변종이라고 한다. 례를 들면 두입술소리 음운 /p/(대표음의 기호를 음운 기호로 쓸 때는 일반적으로 "/ /" 기호를 쓴다)는 대표음 [p]와 일치하고 이 음운의 변종들로는 [b], [pㄱ], [pw] 등이 있다.

　이상의 방법들을 적용한 다음 조선어의 많은 음소들은 다음과 같은 음운들로 추상화 된다. 그리고 각 음운들에 내포되는 음운의 변종들은 표 5에서 표시한 것과 같다.

〈표 1〉 우리말 자음표

| 이름 1 | | 입술소리 | 혀끝소리 | | | 센입천장소리 | | 여린입천장소리 | | | 목소리 |
|---|---|---|---|---|---|---|---|---|---|---|---|
| 이름 2 | | 두입술소리 | 웃이몸앞소리 | 웃이몸복판소리 | 웃이몸안소리 | 센입천장입시소리 | 센입천장안소리 | 여린입천장입시소리 | 여린입천장가운데소리 | 목젖소리 | 목청소리 |
| 능동부 | | 아래입술 | 혀끝(또는 혀부리) | 혀끝 | 혀끝 | 앞혀바닥입시 | 앞혀바닥안 | 뒤혀바닥입시 | 뒤혀바닥가운데 | 뒤혀바닥안 | 목청 |
| 고정부 | | 웃입술 | 웃이몸입시 | 웃이몸가운데 | 웃이몸안 | 센입천장입시 | 센입천장안 | 여린입천장입시 | 여린입천장가운데 | 목젖 | 목청 |
| 파렬 | 순한소리 무성음 | $p, p^{\neg}$ | $t, t^{\neg}$ | | | | | $k, k^{\neg}$ | $k, k^{\neg}$ | q | |
| | 순한소리 유성음 | b | d | | | | | **g** | **g** | G | |
| | 된소리 | $p'$ | $t'$ | | | | | $k'$ | $k'$ | $q'$ | ʔ |
| | 거센소리 | $p^h$ | $t^h$ | | | | | $k^h$ | $k^h$ | $q^h$ | |
| 파찰 | 순한소리 무성음 | | | ts | | ʧ | | | | | |
| | 순한소리 유성음 | | | dz | | ʤ | | | | | |
| | 된소리 | | | $ts'$ | | $ʧ'$ | | | | | |
| | 거센소리 | | | $ts^h$ | | $ʧ^h$ | | | | | |
| 마찰 | 순한소리 무성음 | ɸ(ʍ) | | s | ʃ | ɕ | ç | | | | h |
| | 순한소리 유성음 | ß | | z | ʒ | z | | | | | ɦ |
| | 된소리 | | | $s'$ | | $ɕ'$ | | ɣ | ɣ | | |
| 비음 | | m | n | | | ɲ | | | ŋ | N | |
| 류음 | 설측음 | | | l | | ʎ | | | | | |
| | 전음 | | | r | | | | | | | |
| | 튀김소리 | | | ɾ | | | | | | | |
| 반모음 | | | | | | j, ɥ | | | ɰ | w | |
| 동시 조음 | | $p^j, b^j, p'^j, p^{hj}, m^j, p^w, b^w$ | $t^j, t'^w, t^ʔ$ | $s^j$ | | | | $k^j, g^j, k'^j, k^{hj}$ | $k^w, k'^w, k^{hw}$ | | |

방법 / 유무성 / 내는 힘 / 동시조음

### 조선어의 총음운

| 모음 | ㅣ /i/ | ㅟ /y/ | ㅡ /ɯ/ | ㅜ /u/ |
|---|---|---|---|---|
|  | ㅔ /e/ | ㅚ /ø/ | ㅓ /ə/ | ㅗ /o/ |
|  | ㅐ /ɛ/ |  |  | ㅏ /a/ |

반모음  ĭ /j/    ㅡ /ɰ/    ㅗ, ㅜ /w/

자음
| ㅂ /p/ | ㄷ /t/ | ㅈ /ʧ/ | ㄱ /k/ |
|---|---|---|---|
| ㅃ /p'/ | ㄸ /t'/ | ㅉ /ʧ'/ | ㄲ /k'/ |
| ㅍ /pʰ/ | ㅌ /tʰ/ | ㅊ /ʧʰ/ | ㅋ /kʰ/ |
|  | ㅅ /ɕ/ |  | ㅎ /h/ |
|  | ㅆ /ɕ'/ |  |  |
| ㅁ /m/ | ㄴ /n/ |  | ㅇ /ŋ/ |
|  | ㄹ /ɾ/ |  |  |

이상 음운들의 대표음과 변종들 및 변종의 출현 환경을 다시 정리해보면 다음과 같다(다음 쪽).

### 〈표 6〉 음운과 변종표

| 어음종류 | 자모 | 음운기호 | 대표음 | 변종 |
|---|---|---|---|---|
| 모음 | ㅣ | /i/ | [i] |  |
|  | ㅟ | /y/ | [y] |  |
|  | ㅡ | /ɯ/ | [ɯ] |  |
|  | ㅜ | /u/ | [u] |  |
|  | ㅔ | /e/ | [e] |  |
|  | ㅚ | /ø/ | [ø] |  |
|  | ㅓ | /ə/ | [ə] |  |
|  | ㅗ | /o/ | [o] |  |
|  | ㅐ | /ɛ/ | [ɛ] |  |
|  | ㅏ | /a/ | [a] |  |
| 반모음 | ĭ | /j/ | [j] |  |
|  | ㅡ | /ɰ/ | [ɰ] |  |
|  | ㅗ, ㅜ | /w/ | [w] |  |

| 자음 | ㅂ | /p/ | [p] | [p ̄], [b], [j](벼), [bʲ](비벼), [pʷ](봐), [bʷ](이봐) |
|---|---|---|---|---|
| | ㅃ | /p'/ | [p'] | [p'ʲ](빰) |
| | ㅍ | /ph/ | [ph] | [phʲ](퍅하다) |
| | ㅁ | /m/ | [m] | [mʲ](면도칼), [mʷ](뫄) |
| | ㄷ | /t/ | [t] | [t ̄], [d], [tʲ](견뎌), [tˀ]절대로) |
| | ㄸ | /t'/ | [t'] | [t'ʷ](똬리) |
| | ㅌ | /th/ | [th] | |
| | ㅅ | /ɕ/ | [ɕ] | [s](소, 방언), [ʃ](쉬), [sʲ](셔) |
| | ㅆ | /ɕ'/ | [ɕ'] | |
| | ㄴ | /n/ | [n] | [ɲ](동냥) |
| | ㄹ | /ɾ/ | [ɾ] | [r](보리), [l](발), [ʎ](흘려) |
| | ㅈ | /ʧ/ | [ʧ] | [ʤ](감자), [ts](방언), [dz](방언, 감자), [z](가자), [ʒ](자주), [z](가지) |
| | ㅉ | /ʧ'/ | [ʧ'] | |
| | ㅊ | /ʧh/ | [ʧh] | |
| | ㄱ | /k/ | [k] | [k ̄], [g], [kʲ](감겨), [kʷ](광), [ɣ](먹이), [q](관광), [G](관광) |
| | ㄲ | /k'/ | [k'] | [k'ʲ](껴안다), [k'ʷ](꽝), [q'](꽝, 과장된) |
| | ㅋ | /kh/ | [kh] | [khʷ](쾅), [qʰ](쾅, 과장된) |
| | ㅇ | /ŋ/ | [ŋ] | [N]("관광"의 "관"의 "ㄴ"의 발음변화) |
| | ㅎ | /h/ | [h] | [ɦ](영향), [ɸ](휘파람), [ç](향토) |

## 2.2. 음운의 체계

우리는 이제까지 조선어에 나타나는 음소들을 음운으로 추상화하여 음운의 목록을 작성하였다. 아래에서 우리는 이런 음운들이 어떤 소리 자질을 가지고 있으며 그 소리 자질들은 어떻게 의미식별의 기능을 노는가를 살피고 이것을 바탕으로 음운의 체계를 세워보기로 한다.

### 2.2.1. 각 음운들의 변별적 소리 자질

우리는 우리말 소리에 대한 조음음성학적고찰을 할 때와 음소들을 추상화하여 음운으로 귀납할 때 우리말 소리의 여러 가지 자질(특성, 속성)을 리용하였었는데 이런 자질들은 사실 대부분 변별적 기능을 가지고있는 것들이다. 이제 우리말 음운의 이런 변별적 소리 자질을 귀납해보면 다음과 같은 것들이 있다.

모음    1. 발음위치 자질("위치자질"라고 략칭한다) : 앞, 뒤

       2. 혀높이 자질("높이자질"라고 략칭한다) : 높은, 가운데, 낮은

       3. 입술 자질("입술자질"이라고 략칭한다) : 원순, 비원순

반모음  1. 위치자질 : 앞, 뒤

       2. 입술자질 : 원순, 비원순

자음    1. 위치자질 : 두입술, 혀끝, 앞혀바닥, 뒤혀바닥, 후두

       2. 발음방식 자질("방식자질"이라고 략칭한다) :

          장애성－파렬, 파찰, 마찰,

          향음성－비음

       3. "힘"의 자질 : 순한소리, 된소리, 게센소리

한 음운에 대하여 그 변별적 소리자질을 밝히면 사실 그 음운에 대한 간략한 기술이 된다. 례컨대 :

/ㅣ/ : 앞, 높은, 비원순

/ㅏ/ : 뒤, 낮은, 비원순

/ㅗ/ : 뒤, 가운데, 원순

/ㅂ/ : 순한소리, 두입술, 파렬(장애)

/ㅉ/ : 된소리, 앞혀바닥, 파찰(장애)

/ㅌ/ : 거센소리, 뒤혀바닥, 파렬(장애)

이보다 더 간결하게 기술하는 방법을 이분법(二分法)이라고 하는데 우에서 나온 자질들을 있고(“+” 기호를 쓴다) 없음(“−” 기호를 쓴다)으로 표시하는 방법이다. 례컨대 :

/ㅣ/ : +앞, +높은, −원순
/ㅚ/ : +뒤, +가운데, +원순

이분법은 이와 같이 하나하나의 음운을 기술할 때는 그 우월성이 잘 드러나지 않으나 모음체계, 자음체계를 전체로 기술할 때 아주 간결해질 수 있다. 례컨대 모음 음운의 변별적 자질을 다음과 같이 기술할 수 있다.

| | ㅣ | ㅔ | ㅐ | ㅟ | ㅚ | ㅡ | ㅓ | ㅏ | ㅜ | ㅗ |
|---|---|---|---|---|---|---|---|---|---|---|
| 높은 | + | − | | + | − | + | − | | + | − |
| 낮은 | | − | + | | − | | − | + | | − |
| 앞 | + | + | + | + | + | − | − | − | − | − |
| 뒤 | − | − | − | − | − | + | + | + | + | + |
| 원순 | − | − | | + | + | − | − | | + | + |

같은 방법으로 장애음(“ㅎ”와 향음자음을 제외한 모든 자음)을 다음과 같이 기술할 수 있다.

| | ㅂ | ㅃ | ㅍ | ㄷ | ㄸ | ㅌ | ㄱ | ㄲ | ㅋ | ㅈ | ㅉ | ㅊ | ㅅ | ㅆ |
|---|---|---|---|---|---|---|---|---|---|---|---|---|---|---|
| 입술 | + | + | + | − | − | − | | | | | | | | |
| 뒤혀 | | | | − | − | − | + | + | + | − | − | | | |
| 파렬 | + | + | + | + | + | + | + | + | + | + | + | + | | |
| 마찰 | − | − | − | − | − | − | − | − | − | + | + | + | + | + |
| 된 | − | + | | − | + | | − | + | | − | + | | − | + |
| 거센 | − | | + | − | | + | − | | + | − | | + | − | |

향음도 이런 방법으로 간단하게 기술할 수 있다.

|  | ㅁ | ㄴ | ㅇ | ㄹ |
|---|---|---|---|---|
| 입술 | + | − |  |  |
| 뒤혀 |  | − | + |  |
| 비음 | + | + | + | − |

"ㅎ"는 좀 특수한 음운이여서 다음과 같이 표시할 수 있다.

|  | 홑모음 | 반모음 | / ㅎ / | 기타자음 |
|---|---|---|---|---|
| 장애 | − | − | + | + |
| 고정위치 | + | − | − | + |

### 2.2.2. 음운들의 대립과 그 성격

모든 음운들이 적당한 조건아래서 서로 구분되고 그 구분이 의미식별의 기능을 놀게 되므로 그들은 서로 대립되어 있다고 할 수 있는데 그들 대립의 성격은 각이하다고 할 수 있다. 대립의 성격은 다음과 같이 나누어 볼 수 있다.

첫째, 두 음운의 대립의 성격과 모든 음운들의 전체조직과의 관계에 따라 "일원대립"과 "다원대립", "비례대립"과 "고립대립"으로 나눌 수 있다.

둘째, 두 음운 사이의 관계에 따라 "유무대립"과 "계단대립"으로 나눌 수 있다.

셋째, 변별적 기능을 나타내는 범위에 따라 "불변대립"과 "중화대립"으로 나눌 수 있다.

일원대립(bilateral opposition)이란 두 음운에 공통된 변별적 자질의 묶음이 같은 다른 음운에는 적용되지 않는 두 음운의 대립을 말한다. 그렇지 않은 경우는 다원대립(multilateral opposition)이라 한다.

비례대립(proportional opposition)이란 두 음운의 대립과 같은 성격이 다른 두 음운 사이에도 이루어지는 두 음운의 대립을 말한다. 그렇지 않은 것은 고립대립(isolated opposition)이라 한다.

유무대립이란 두 음운가운데 한 음운에 있는 변별적 자질이 다른 음운에는 없음으로 말미암아 생기는 대립을 말한다.

계단대립(private opposition)이란 두 짝의 음운의 대립이 한 가지 자질이 다름으로 말미암아 구별되는 음운의 대립을 말한다.

불변대립(constant opposition)이란 두 음운이 어떠한 자리에서든지 변별적 구실을 하는 경우를 말한다. 그렇지 않은 경우를 중화대립(neutralizable opposition)이라 한다.

우리말 음운대립의 종류와 례를 들면 다음과 같다.

### 가. 일원대립

/ㅅ/ : /ㅆ/([+장애, −파렬, +마찰])

/ㄴ/ : /ㄹ/([−장애, −(입술, 뒤혀)])

/ㅣ/ : /ㅟ/([−뒤, +높은])

/ㅔ/ : /ㅚ/([−뒤, −(높은, 낮은)])

/ㅡ/ : /ㅜ/([+뒤, +높은])

/ㅓ/ : /ㅗ/([+뒤, −(높은, 낮은)])

/ㅐ/ : /ㅏ/([+낮은])

/ㅟ/ : /ㅚ/([−뒤, +원순])

/ㅜ/ : /ㅗ/([+뒤, +원순])

### 나. 다원대립

/ㅂ/ : /ㄷ/([+파렬, −마찰, −(된, 거센)], /ㄱ/도 마찬가지)

("일원대립" 밖의 음운의 대립은 모두 다원대립)

## 다. 비례대립

/ㅂ/ : /ㅃ/, /ㄷ/ : /ㄸ/, /ㄱ/ : /ㄲ/, /ㅈ/ : /ㅉ/, /ㅅ/ : /ㅆ/([−된] : [+된])

/ㅂ/ : /ㅍ/, /ㄷ/ : /ㅌ/, /ㄱ/ : /ㅋ/, /ㅈ/ : /ㅊ/([−거센] : [+거센])

/ㅃ/ : /ㅍ/, /ㄸ/ : /ㅌ/, /ㄲ/ : /ㅋ/, /ㅉ/ : /ㅊ/([+된] : [+거센])

/ㅂ/ : /ㄷ/, /ㅃ/ : /ㄸ/, /ㅍ/ : /ㅌ/([+입술] : [−(입술, 뒤혀)])

/ㄷ/ : /ㄱ/, /ㄸ/ : /ㄲ/, /ㅌ/ : /ㅋ/, /ㄴ/ : /ㅇ/([−(입술, 뒤혀)] : [+뒤혀])

/ㄷ/ : /ㅈ/, /ㄸ/ : /ㅉ/, /ㅌ/ : /ㅊ/([+파렬] : [+(파렬, 마찰)])

/ㄷ/ : /ㅅ/, /ㄸ/ : /ㅅ/([+파렬] : [+마찰])

/ㅣ/ : /ㅟ/, /ㅔ/ : /ㅚ/, /ㅡ/ : /ㅜ/, /ㅓ/ : /ㅗ/([−원순] : [+원순])

/ㅣ/ : /ㅡ/, /ㅔ/ : /ㅓ/, /ㅐ/ : /ㅏ/, /ㅟ/ : /ㅜ/, /ㅚ/ : /ㅗ/([−뒤] : [+뒤])

/ㅣ/ : /ㅔ/, /ㅡ/ : /ㅓ/, /ㅟ/ : /ㅚ/, /ㅜ/ : /ㅗ/([+높은] : [−(높은, 낮은)])

/ㅔ/ : /ㅐ/, /ㅓ/ : /ㅏ/([−(높은, 낮은)] : [+낮은])

## 라. 고립대립

/ㅂ/ : /ㄸ/, /ㅅ/ : /ㄴ/, /ㄴ/ : /ㄹ/ 따위의 비례대립 밖의 대립.

## 마. 유무대립

/ㅂ/ : /ㅃ/, /ㄷ/ : /ㄸ/, /ㅈ/ : /ㅉ/, /ㄱ/ : /ㄲ/, /ㅅ/ : /ㅆ/([±된])

/ㅂ/ : /ㅍ/, /ㄷ/ : /ㅌ/, /ㅈ/ : /ㅊ/, /ㄱ/ : /ㅋ/([±거센])

/ㅣ/ : /ㅟ/, /ㅔ/ : /ㅚ/, /ㅡ/ : /ㅜ/, /ㅓ/ : /ㅗ/([±원순])

## 바. 계단대립

/ㅣ/ : /ㅔ/, /ㅡ/ : /ㅓ/([+높은] : [−(높은, 낮은)])

/ㅔ/ : /ㅐ/, /ㅓ/ : /ㅏ/([−(높은, 낮은)] : [+낮은])

### 2.2.3. 상관과 상관의 묶음

두 음운이 유무대립이고 동시에 비례대립인 경우 이 두 음운을 "상관쌍

(correlation pairs)"이라고 하고 한 "상관표지(correlation mark)"로 구분되는 모든 상관쌍의 묶음을 "상관(correlation)"이라 한다.


가. "후두긴장"의 상관(두 계렬, 다섯 쌍)

/ㅂ/ : /ㅃ/, /ㄷ/ : /ㄸ/, /ㅈ/ : /ㅉ/, /ㄱ/ : /ㄲ/, /ㅅ/ : /ㅆ/.

/ㅂ  ㄷ  ㄱ  ㅈ  ㅅ/(무표계렬, [-긴장])

/ㅃ  ㄸ  ㄲ  ㅉ  ㅆ/(유표계렬, [+긴장])


나. "기음"의 상관(두 계렬, 네 쌍)

/ㅂ/ : /ㅍ/, /ㄷ/ : /ㄸ/, /ㅈ/ : /ㅊ/, /ㄱ/ : /ㅋ/.

/ㅂ  ㄷ  ㄱ  ㅈ/(무표계렬, [-기음])

/ㅍ  ㅌ  ㅋ  ㅊ/(유표계렬, [+기음])


다. 상관의 묶음

/ㅂ  ㄷ  ㄱ  ㅈ/(무표계렬)

/ㅃ  ㄸ  ㄲ  ㅉ/("긴장"의 계렬)

/ㅍ  ㅌ  ㅋ  ㅊ/("기음"의 계렬)


라. 모음 "원순"의 상관

/ㅣ  ㅔ  ㅡ  ㅓ/(비원순, [−원순])

/ㅟ  ㅚ  ㅜ  ㅗ/(원순, [+원순])


## 2.3. 음운의 결합관계

### 2.3.1. 음절에 관한 리론

음운은 실지 발화 가운데서 그 대부분이 하나하나 떨어져 발음되는 것이 아니라 두 개 또는 그보다 많은 음운들이 결합하여 음운보다 더 큰 어음적 단위인 음절을 구성한다. 음절이란 보통 청각상 자연스럽게 느껴지는 발음토막이라 하는데 인간이 실제로 교제 가운데서 듣게 되는 말소리는 사실 음절이다.

그런데 음절을 과학적으로 정의하자면 그리 쉬운 일이 아니다. 지금까지 음절에 관한 리론을 종합해보면 크게 두 가지가 있는데 하나는 음성학적리론이고 다른 하나는 음운론적 리론이다.

음성학적리론은 또 음향음성학적리론, 조음음성학적리론, 생리음성학적리론 세 가지로 구분된다.

음향음성학적리론의 대표자는 에스페르센(1913년)인데 말소리들이 본래가지고있는 울림도(또는 가청도)에 따라 음절을 구분하려는 리론이다. 이 리론에 따르면 말소리의 울림도를 8등급으로 나누고 가장 울림도가 큰 말소리 주위에 다른 말소리들이 뭉쳐 음절을 형성한다고 보았다. 물론 그의 리론이 많은 언어의 음절구분에 사용될 수 있었으나 이 리론으로 설명할 수 없는 사례들도 나타났다.

이 리론의 결함을 극복하기 위해 나타난 것이 조음음성학적리론인데 그 대표자는 소쉬르(1916년)였다. 그의 리론에 의하면 말소리 발음시의 공명강의 크기에 따라 말소리를 6등급으로 나누고 공명강이 큰 소리 주위에 공명강이 보다 작은 소리들이 모여 음절을 이룬다고 보았다. 음절의 경계는 점점 닫히는 소리와 점점 열리는 소리 사이에 온다고 하였다. 소쉬르의 공명강리론은 실제상 에스페르센의 울림도리론과 거의 같지만 음절의 첫소리를 "외파음(explosion)", 음절의 끝에서 닫히는 소리를 "내파음(implosion)"이라고 규정한 것 등은 지금까지도 쓰이는 좋은 학술용어로 되고 있다.

그라몽(1933년) 등은 생리학적실험으로 소쉬르의 리론을 립증했는데 이것을 생리음성학적음절리론이라고 한다. 이 리론에 따르면 발음시 근육의 긴장도가 상승과 하강으로 서로 교체하는데 음절의 경계는 그 사이에 온다고 보았다. 이들의 리론은 그 후 스테트슨(1951년)의 호흡근육긴장과 신경지배리론에 의해서도 그 타당성이 립증되었다.

그러나 이상의 음성학적리론은 모든 언어에 다 적용될 수는 없었으며 특히 개별 언어마다 다르게 나타나는 음운의 결합 양상을 리론적으로 옳게 설명할 수 없었다. 례를 들면 모음 사이에 한 자음이 끼여있다면 음성학적으로는 음절의 경계가 자음을 발음하는 동안에 나타나는 것 같다. 왜냐하면 이 곳이 공명강이 가장 좁거나 울림도가 가장 작은 곳이기 때문이다. 그러나 음운론적으로 경계를 둘 때는 흔히 자음을 다음 음절의 첫소리로 보게 된다.

이리하여 나타난 것이 음운론적리론이다. 이 리론은 각 언어에 존재하는 해당 언어 음운체계의 구조적 및 기능적 측면을 중요시한다. 인간의 언어는 그 말소리 체계에서 두 가지 측면에서 다르다. 음운의 수와 그 음운의 음성적특질이 다르고 또 음운들이 서로 어울려 나타나는 음운배합이 서로 다르다. 따라서 언어마다 음운들이 모여 음절을 만드는데도 그 나름대로 독특한 규칙을 가져 서로 다른 음절구성을 가지게 된다. 그러므로 서로 비슷한 말소리의 이음이라도 언어에 따라 음절의 경계는 얼마든지 달라질수 있다. 이와 같이 해당 언어들이 가지고 있는 특질에 따라 음절을 규정하는 리론을 음운론적음절리론이라고 한다.

많은 언들의 음절을 분석한 결과 음절에는 일반적으로 주음, 두음, 말음들이 있는데 주음이란 음절형성의 핵심으로 되는 음운이고 두음이란 주음 앞에 오는 음운이며, 말음이란 주음 뒤에 오는 음운이다. 음절이 되자면 반드시 주음이 있어야 하고 두음과 말음은 있을 수도 있고 없을 수도 있다. 어떤 음운이 주음으로 되는가는 언어에 따라 다른바 조선어와 한어에서는 모음이 주음으로 되고 자음이 주음으로 되는 일이 없다. 그러나 영어 같은 언어에서는 자음도 주음이 되는 일이 있다. 또 반모음을 고려에 두지 않는다면 조선어, 한어, 일본어에는 음절 안에 겹자음이 나타나는 일이 없지만 영어와 로어에는 많다. 받침소리를 보더라도 일본어에는 /n/ 하나가 있고 한어에는 /n/, /ŋ/ 두 개가 있지만 조선어에는 /k/, /t/, /p/, /n/, /m/, /ɾ/, /ŋ/의 7개가 있다.

이상의 고찰에서 알 수 있는바 음운론에서 론의되는 "음절"은 음운론적

리론에 바탕을 두는 것이 타당하며 따라서 아래에서 조선어 음절을 다룰 때도 주로 이 리론에 발을 붙이기로 한다.

### 2.3.2. 조선어 음절의 구성

#### 가. 음절의 구성

우리말의 음절구성은 $C^1_0VC^1_0$(자음이 하나거나 없음, 모음 하나, 자음이 하나거나 없음)식인데 그 류형은 네 가지이다.


① V(례 : 이, 위, 외, 요)
② CV(례 : 나, 귀, 뫼, 묘)
③ VC(례 : 알, 올, 울, 안)
④ CVC(례 : 감, 달, 밥, 솔)


이 가운데 V는 홑모음 열 개(/ㅣ, ㅔ, ㅐ, ㅟ, ㅚ, ㅡ, ㅓ, ㅏ, ㅜ, ㅗ/)와 겹모음 11개(/ㅑ, ㅕ, ㅛ, ㅠ, ㅒ, ㅖ, ㅘ, ㅝ, ㅙ, ㅞ, ㅢ/)로 되어있으며 자음이 이 자리에 들어오지 못한다. 그러므로 우리말에서는 성절음(음절을 이루는데서 핵심이 되는 음운)과 비성절음(음절을 이루는 데서 핵심이 되지 못하고 성절음을 도와주는 작용만 하는 음운)의 구분은 바로 모음과 자음과 같아진다.

V 앞의 자음(두음)은 하나로 제한되는데 대부분의 자음이 이 자리에 올수 있으나 그 음절이 놓이는 자리에 따라 약간의 제약이 있다. 이 자리에서 /ㅇ/이 쓰일 수 없다.

V 뒤의 끝소리에는 한 개의 자음음운만이 올수 있는데 이 자리에는 7개 자음만이 올수 있다(주의할 것은 글자로 말하는 것이 아니라 소리로 놓고 말하는 것이다. 례컨대 "밝"의 경우 "밝대[박따]"나 "밝고[발꼬]"로 되므로 /ㄱ/아니면 /ㄹ/로 된다).


#### 나. 음절의 경계

우리말의 음절경계는 음절의 네 가지 류형에 근거하여 정할 수 있다(아래

것을 음절경계의 규칙으로 볼 수 있다).

① 두 모음 사이의 자음수는 두 개를 넘을 수 없는데 이 경우 음절경계는 두 자음 사이에 놓인다(받침 "ㄴ, ㄹ, ㅁ"와 "ㅎ"가 이어질 경우 제외).

례 : 국수/kuk-ɕu/, 낚시/nak-ɕi/, 없이/əp-ɕi/

② 두 모음 사이에 같은 자음이 두 개 올 때도 그 사이에 음절경계가 놓인다.

례 : 먹고/mək-ko/, 받다/pat-ta/, 돌로/tol-lo/

③ 두 모음 사이에 "ㄴ, ㄹ, ㅁ"와 "ㅎ"가 차례로 이어질 경우 음절경계는 "ㄴ, ㄹ, ㅁ" 앞에 온다.

례 : 산호/ɕa-nho/, 실험/ɕi-ɾhəm/, 감히/ka-mhi/

④ 두 모음 사이에 한 개의 자음("ㅇ"은 제외)이 올 때 음절경계는 그 자음 앞에 놓인다.

례 : 아버지/a-pə-ʧi/, 입이/i-pi/, 옷이/o-ɕi/, 오빠/o-p'a/, 아프다/a-phɯ-ta/, 꽃이/k'o-ʧ'i/

⑤ 두 모음 사이에 "ㅇ"이 올 때 음절경계는 "ㅇ" 뒤에 온다.

례 : 송이/ɕoŋ-i/, 등을/ tɯŋ-ɯl/, 잉어/iŋ-ə/

⑥ 두 모음이 바로 이어질 경우 음절경계는 두 모음 사이에 놓인다.

례 : 우이동/u-i-toŋ/, 이아씨/i-a-ɕ'i/, 이어라/i-ə-ɾa/


## 다. 음운의 결합 제약

조선어 음운은 그들이 나타나는 자리에 일정한 제약을 가지는데 그 정형은 다음과 같다.

① 혀끝소리와 /j/로 시작되는 겹모음은 이어나지 않는다(줄인말에서는 나타나기도 하나 특수 경우다. "견뎌", "디뎌", "지녀"). (례 : *댱나귀, *샤공, *쵸롱)

② 자음과 겹모음 /ㅢ/는 이어나지 않는다(례 : *긔타, *잔듸).

③ 자음 /ㅇ/은 모음과 이어나지 않는다(례 : *부어(붕어), *바오리(방울))

## 2.4. 음운의 변화

발화행위 중에서 음운들은 고립적으로 존재하는 것이 아니라 서로 련계되고 제약하고 서로 영향을 주는 관계에 있다. 그러므로 발화행위에 나타나는 음운은 어음련쇄를 이루고 다른 음운으로 변하는 현상이 나타난다. 이런 음운의 변화현상은 음절과 음절 사이, 형태소와 형태소 사이 때로는 단어와 형태소 사이에서 나타난다. 우리는 음운의 변화를 말하기 때문에 한 음운 안에서 그 음운의 변종으로 되는 것은 음운의 변화로 보지 않으며 음운의 첨가, 탈락도 음운자체의 변화가 아니므로 고려에 두지 않는다.

음운의 변화는 우와 같은 공시적변화(같은 시대의 변화, 또는 음운론적 결합에 나타나는 변화)도 있거니와 통시적 변화(서로 다른 시대를 걸치면서 한 음운이 다른 음운으로 변하는 현상)도 있는데 우리는 주로 공시적 변화만 살펴본다.

① 모음으로 끝나는 용언어간이 상접사 "이"를 만날 때 다른 모음으로 변한다(례 : 모이다→뫼다/o : Ø/, 누이다→뉘다/u : y/).

② 일부 모음으로 끝나는 용언어간이 "여, 였"을 만나 다른 모음으로 변한다(례 : 하여→해/a : ɛ/, 되여→돼/Ø : wɛ/, 쥐여→줴/y : we/).

③ 용언어간의 끝소리 "ㅗ, ㅜ"는 모음 "ㅏ, ㅓ"를 만날 경우 "와, 워"로 변한다(례 : 오다, 오아→와/o : wa/, 싸우다, 싸우어→싸워/ə : wə/).

④ 고유어의 형태소 사이에서  받침소리 /ㄹ/아래에 오는 자음 /ㄴ/가 /ㄹ/로 변하는 현상이 있다(례 : 달나라→[달라라]/n : ɾ/, 설날→[설랄]/n : ɾ/).

⑤ 한자어의 음절사이에서 웃음절의 받침 /ㄴ/가 아래 오는 자음 /ㄹ/("렬", "률"의 경우 제외) 앞에서 /ㄹ/로 변하는 현상이 있다(례 : 혼란→[홀란]/n : ɾ/, 관리→[괄리]/n : ɾ/, 산량→[살량] /n : ɾ/).

⑥ 개별적인 한자어어근 내부의 음절사이에서 웃음절의 받침 /ㄴ/와 아래 음절의 첫소리 /ㄴ/가 어울릴 때 두 개의 /ㄴ/이 모두 /ㄹ/로 변하는 현상이 있다(례 : 곤난→[골란]/nn : ɾɾ/, 관념론→[괄렴론]/nn : ɾɾ/).

⑦ 받침소리 "ㅂ[p˺], ㄷ[t˺], ㄱ[k˺]"는 아래 오는 첫소리 "ㄴ, ㄹ, ㅁ"

를 만날 때 각각 "ㅁ", "ㄴ", "ㅇ"으로 변한다(례 : 십년→[심년]/p : m/, 십리→[심리]/p : m/, 십만→[심만]/p : m/ ; 맏누이→[만누이]/t : n/, ; 작년→[장년]/k : ŋ/, 각론→[강론]/k : ŋ/, 부엌문→[부엉문]/k : ŋ/).

받침소리 "ㅂ[p˺], ㄷ[t˺], ㄱ[k˺]"가 나타나는 경우는 다음과 같다.

ㅂ[p˺]—음절 끝이거나 자음 앞에서의 다음 받침자들 :

"ㅂ, ㅍ, ㄼ(토에 나타나는 자음 "ㄱ" 앞에서는 "ㄹ"로 된다), ㄿ, ㅄ"

ㄷ[t˺]—음절 끝이거나 자음 앞에서의 다음 받침자들 :

"ㄷ, ㅌ, ㅈ, ㅊ, ㅅ, ㅆ, ㅎ("히읗"의 경우만)"

ㄱ[k˺]—음절 끝이거나 자음 앞에서의 다음 받침자들 :

"ㄱ, ㄲ, ㅋ, ㄳ, ㄺ(토에 나타나는 자음 "ㄱ"앞에서는 "ㄹ"로 된다)"

⑧ 받침 "ㄷ, ㅌ"가 접미사나 토 "이"를 만날 경우 "ㅈ, ㅊ"로 변한다 (례 : 맏이→[마지]/t-ʧ/, 밭이→[바치]/th : ʧh/).

⑨ "ㅎ"을 제외한 모든 순한소리(ㄱ, ㄷ, ㅂ, ㅅ, ㅈ)는 받침소리 "ㅂ[p˺], ㄷ[t˺], ㄱ[k˺]" 아래에서 된소리로 된다.

(례 : 고유어의 형태소 사이에서

떡국→[떡꾹], 부엌간→[부억깐], 닭다→[닥따], 흙과→[흑꽈], 몫도→[목또], 듣고→[듣꼬], 밭곡식→[받꼭식]

맺고→[맫꼬]

쫓고→[쫃꼬]

벗고→[벋꼬]

있고→[읻꼬]

밥그릇→[밥끄른]

앞길→[압낄]

밟다→[밥따]

읊지→[읍찌]

없다→업[따]

한자어의 음절사이에서

학교→[학꾜], 학보→[학뽀], 학도→[학또]

합격→[합껵], 합동→[합똥], 합법→[합뻡])

⑩ 용언어간의 끝음절 받침소리 "ㄴ, ㄹ, ㅁ"(받침자모 "ㄴㅎ, ㄹㅎ"와 "ㄹ" 제외)는 아래 오는 순한소리 "ㄱ, ㄷ, ㅅ, ㅈ"를 된소리로 되게 한다.

(례 : 안다→[안따], 검다→[검따], 앉다→[안따], 젊다→[점따], 훑다→[훌따], 밟고→[발꼬], 밝게→[발께]

⑪ 받침 " ㄴㅈ, ㄴㅎ, ㄹㅎ"아래 오는 "ㅅ"는 된소리로 된다(례 : 많소→[만쏘], 옳소→[올쏘], 앉소→[안쏘]).

⑫ 합성어, 파생어에서도 형태소사이에서 된소리되기 현상이 있는데 아직은 규칙적으로 기술하기 힘들어 줄인다.

⑬ 한자어의 두 음절 사이에서 받침 "ㄹ"아래 오는 "ㄷ, ㅅ, ㅈ"는 언제나 된소리로 된다(례 : 발달→[발딸], 발사→[발싸], 발전→[발쩐]).

⑭ 받침 "ㅎ"는 아래 오는 순한소리와 어울려 아래 음절에서 거센소리로 된다(례 : 좋다→[조타], 좋고→[조코], 좋지→[조치], 많다→[만타], 옳다→[올타]).

⑮ 받침자모 "ㄱ, ㄷ, ㅂ, ㅅ, ㅈ, ㅊ, ㅋ, ㅌ"아래 오는 첫소리 "ㅎ"은 상기 받침자모의 받침소리와 같은 계렬의 거센소리로 된다(례 : 맏형→[맏텽], 입학→[입팍], 각하→[각카], 맞히다→[맏티다→맏치다], 뚜렷하다→[뚜렫타다], 꽃향기→[꼳턍기], 겉흙→[건특], 동녘하늘→[동녁카늘]).

⑯ 받침자모 "ㄹㄱ, ㄹㅂ, ㄴㅈ"아래 오는 "ㅎ"는 언제나 아래 음절에서 같은계렬의 거센소리로 된다(례 : 밝히다→[발키다], 밟히다→[발피다], 앉히다→[안치다]).

⑰ 일부 용언의 어간과 토 사이에서 어간의 끝소리 /ㄷ/가 모음으로 시작되는 토나 결합모음을 만날 경우 /ㄹ/로 된다.

례 : 듣다 : *듣어→들어, 들어서, 들으니

묻다 : *묻어→물어, 물어서, 물으니

(이외에 이런 변화를 일으키는 단어들로는 또 "걷다, 긷다, 눋다, 닫다(走), 다닫다, 싣다, 깨닫다" 등이 있다.)

⑱ 일부 용언어간의 끝소리 /ㅂ/는 모음으로 시작되는 토를 만날 경우 반모음 /w/로 변하고 결합모음을 만날 경우 모음 /ㅜ/로 된다.

례 : 춥다 : *춥어 → 추워, 추워서 ; 추우니, 추우며, 추우랴, 추우시니

곱다 : *곱아 → 고와, 고와서 ; 고우니, 고우며, 고우랴, 고우시고

(이외에도 이런 변화를 일으키는 단어들로는 또 "가볍다, 가깝다, 간지럽다, 굽다, 깁다, 눕다, 더럽다, 덥다, 돕다, 두렵다, 두텁다, 무섭다, 미끄럽다, 맵다, 부드럽다, 우습다, 접미사 "-답-", "-스럽-"이 붙어 이루어진 형용사" 등이 있다. )

## 2.5. 음운의 탈락과 첨가

### 2.5.1. 음운의 탈락

① 용언어간의 끝소리 모음 /ㅡ/ 또는 /ㅜ/, /ㅣ/, /ㅏ/ 또는 /ㅓ/는 각각 /ㅏ/ 또는 /ㅓ/, /ㅕ/, /ㅏ/ 또는 /ㅓ/로 시작하는 토를 만날 경우 탈락된다.

례 : /ㅡ/ 또는 /ㅜ/ 탈락

*크어 → 커, *크었다 → 컸다, *아프아 → 아파, *아프았다 → 아팠다, *푸어 → 퍼, *푸었다 → 펐다

/ㅣ/의 탈락

치여 → 쳐, 치였다 → 쳤다, 다니여 → 다녀, 다나였다 → 다녔다

/ㅏ/ 또는 /ㅓ/의 탈락

*가아 → 가, *가았다 → 갔다, *서어 → 서, *서었다 → 섰다, *만나아 → 만나, 만나았다 → 만났다

② 일부 용언어간의 끝소리 /ㅅ/는 모음으로 시작되는 토나 결합모음을 만날 경우 탈락된다.

례 : 잇다 : 이어, 이어서, 이으니, 이으며

짓다 : 지어, 지어서, 지으니, 지으며

(이외에도 "긋다, 붓다, 낫다, 잣다, 젓다, 줏다" 등 단어들에서 이런 현상

이 생긴다)

③ 용언어간의 끝소리 /ㄹ/는 /ㅂ, ㄴ, ㅅ, 오/를 첫소리로 하는 토를 만날 경우 탈락된다.

례 : 갈다 : 가니, 갑니다, 가시오, 가오

길다 : 기니, 깁니다, 기세요, 기오

④ 두 음절이상으로 된 용언어간의 끝소리 /ㅎ/는 모음으로 시작되는 토나 결합모음을 만날 경우 탈락된다.

례 : 가맣다 : *가마아 → 가매, 가매서, 가마오, *가맣으니 → 가마니, *가맣으며 → 가마며, *가맣으냐 → 가마냐, *가맣으랴 → 가마랴, *가맣읍니다 → 가맙니다, *가맣은 → 가만, *가맣을 → 가말

⑱ 일부 용언의 어간과 토 사이에서 "르 → ㄹㄹ"(이것은 "ㅡ" 탈락과 "ㄹ"의 첨가로서 복합적인 변화 현상이다.) 등 교체가 있으나 보편적인 것이 아니므로 형태론에 가서 다루기로 한다.

## 2.5.2. 음운의 첨가

① 합성어 또는 파생어에서 자음으로 끝난 형태소가 모음 /ㅕ, ㅛ, ㅠ, ㅣ/를 만날 경우 아래 음절에 모음앞에 자음 /ㄴ/가 첨가된다.

례 : 잣엿 →[*잗녇 → 잔녇], 깅엿 → [강녇], 잎어울 → [*압너울 → 암녀울], 콩윷 → [콩뉻], 담요 → [담뇨], 된욕 → [된뇩], 부엌일 → [*부엌닐 → 부엉닐], 밭일 → [*밭닐 → 반닐]

② 합성어 또는 파생어에서 모음으로 끝난 형태소가 향음자음 /ㄴ, ㅁ/로 시작되는 형태소를 만날 경우 웃형태소의 끝음절에 받침소리 /ㄴ/가 첨가된다.

례 : 코날 → [콘날], 배놀이 → [밴노리], 바다물 → [바단물], 해무리 → [핸무리]

③ 일부 합성어 또는 파생어에서 모음으로 끝난 형태소가 모음으로 시작된 형태소를 만날 경우 앞형태소의 끝음절에 받침소리 /ㄴ/가 첨가되고 뒤형태소의 첫음절 모음앞에 /ㄴ/가 첨가된다.

례 : 뒤여울→[뒨녀울], 뒤욕→[뒨뇩], 베개잇→[베갠닏]

④ 합성어 또는 파생어에서 받침 /ㄹ/로 끝난 형태소가 모음 /ㅑ, ㅕ, ㅛ, ㅣ/를 만날 경우 아래 음절 모음 앞에 언제나 /ㄹ/가 첨가된다.

례 : 물약→[물략], 물엿→[물렫], 털요→[털료], 털이불→[털리불]

⑤ 끝음절이 /르/로 된 일부 용언의 어간이 모음 /ㅏ, ㅓ/로 시작되는 토를 만날 경우 그사이에 /ㄹ/가 첨가된다.

례 : 푸르다 : 푸르러, 푸르러서, 푸르렀다

　　　노르다 :  노르러, 노르러서, 노르렀다.

### 2.5.3. 음운의 탈락과 첨가

일부 용언어간의 끝음절 /르/는 모음 /ㅏ, ㅓ/로 시작되는 토를 만날 경우 /ㅡ/를 탈락하고 /ㄹ/를 첨가한다.

례 : 흐르다 : *흐르어→흘러, *흐르어서→흘러서, *흐르었다→흘렀다

(이외에도 "다르다, 가르다, 거르다, 고르다, 구르다, 그르다, 나르다, 누르다, 마르다, 모르다, 바르다, 벼르다, 부르다, 자르다, 조르다, 빠르다, 오르다, 이르다(曰)" 등 단어들이 이 부류에 속한다.)

제 2 장

# 형태론

    인간교제의 가장 중요한 수단인 언어는 일정한 어음형식에다가 일정한 의미내용을 담은 다면적이며 여러 질서적인 언어수단들의 체계이다. 따라서 언어는 음성적 측면에서와 의미적 측면에서 연구될 수 있다. 언어의 음성적 측면을 연구하는 분과를 어음론이라고 하고 언어의 의미적 측면 중 어휘론적의미만 연구하는 분과를 어휘론 또는 의미론이라고 한다.

    일정한 어음형식에다가 일정한 의미내용을 담은 언어적 수단들―즉, 어음과 의미의 결합체(언어형식 또는 언어표현이라고 한다)들은 그 량과 질에 있어서 크고 작은 다른 질서들의 단위들을 내포하고 있다. 여기에는 가장 작은 언어형식으로 되는 형태소, 보다 큰 단위로 되는 단어와 형태론적 구조, 이런 단어와 형태론적 구조들의 결합으로 이루어지는 구, 가장 큰 언어형식으로 되는 문장 등이 포괄된다. 바로 이런 언어형식들의 서로 다른 질서의 체계와 그 상호관계가 한 언어의 문법구조를 이루게 되는데 문법론에서는 곧 이 문법구조를 연구하게 된다. 요컨대 문법론은 단순한 음성적 측면이나 의미적 측면에서가 아니라 음성과 의미의 결합체, 즉 언어형식의 각 단위들의 체계와 그 상호관계에 대하여 연구하게 되는바 이것이 곧 문법론의 연구대상으로 된다. 한편 이런 문법구조에 대한 연구에서 형태소로부터 단어와 형태론적 구조, 구, 문장을 구성하는 과정에서의 모든 법칙적인 것들을 탐구하게 되는데 이것이 곧 문법론의 목적으로 된다.

언어의 문법구조를 연구하는 문법론은 형태소에서 형태론적 구조를 이루는 과정을 연구하는 형태론과 형태론적구조가 모여서 문장론적 구조를 이루는 과정을 연구하는 문장론(또는 구문론, 통사론이라고 한다)으로 나뉜다.

형태론에서 연구하게 되는 형태소에서 형태론적 구조를 이루게 되는 과정은 사실상 조선어 형태소의 종류와 기능 및 그들의 상호관계에 내재한 온갖 법칙적인 현상을 제시하게 되며 형태소들이 모여 이루어진 형태론적 구조(굴절어에서는 일반적으로 단어에 해당되며 교착어에서는 실질적 단어, 실질적 단어와 문법적형태소의 결합체에 해당되는데 조선어에서는 어간에 토가 결합된 구조, 실질적 단어와 보조적 단어의 결합체에 해당한다)의 종류와 기능 및 그들 상호관계에 내재한 일련의 법칙적 현상들을 제시하게 된다. 이리하여 형태소와 단어, 형태론적구조가 형태론의 연구대상으로 되며 형태소로부터 단어, 형태론적 구조를 이루는 과정에 발로되는 법칙적 현상을 규명하는 것이 형태론의 연구목적으로 된다.

형태론에서는 우선 형태소들의 종류와 그 특성을 먼저 고찰하고 형태소들의 결합에서 제시되는 형태류어(품사)와 그들의 특성을 고찰하며 형태론적 구조에서 문법적의미의 주요 담당자인 문법적형태소(즉 조사 또는 어미 안에 든 형태소, 일부 보조적 단어)들의 종류, 그들에 의하여 이루어지는 문법적범주의 특성들을 고찰하게 된다.


# 1. 형태소

## 1.1. 형태소의 개념 및 기타 언어단위와의 관계

### 1.1.1. 언어형식(linguistic form)과 형태소(morpheme)

인간의 언어행위를 잘 관찰하여보면 거기에서 우리는 일련의 련속적인 어음을 듣게 되며 동시에 그 어음형식에 담겨진 그 어떤 의미를 알게 된다. 례컨대 "들판"이란 말을 들으면 우선 [tɯlphan]이라는 어음을 청각상 느끼며 동시에 "풀, 나무가 있는, 차지하는 평면이 큰 평평한 땅"이란 의미를 알게 된다. 또 "들판에도 봄은 온다. 붉은 꽃이 아름답게 핀다."라는 말을 들으면 우선 이 말을 이룬 퍼그나 복잡한 어음을 청각상 느끼며 동시에 거기에 담긴 보다 복잡한 그 어떤 의미를 알게 된다. 그런데 두 번째 경우에는 가운데 비교적 긴 휴지가 와서 이 말을 두 개로 갈라지게 한다. 언어행위에서 이렇게 갈라져 나오는 단위를 우리는 문장이라고 하며 그것을 언어형식의 하나의 단위로 인정한다. 물론 "들판"의 경우에도 이렇게 인정된다. 우리는 여기에서 어떤 어음형식에 어떤 의미를 담은 크고작은 단위들이 모두 언어형식이 된다는 것을 알 수 있다.

언어형식에는 여러 질서의 크고작은 단위들이 포괄되므로 우리는 그것을 더 분석하여 가장 작은 단위를 찾아볼 수 있다. "붉은 꽃이 아름답게 핀다."를 례로 들면 이 자체는 일정한 언어행위 속에서 구분되어 나온 가장 큰 단위라는 것을 알았다. 이제 이것을 더 분석하면 두 개의 단어통합 부분 "붉은 꽃이"와 "아름답게 핀다."를 얻을 수 있다. 이와 같이 하나의 언어형식을 이루는데 직접 참여하는 성분("붉은 꽃이"와 "아름답게 핀다.")을 이 언어형식("붉은 꽃이 아름답게 핀다.")의 직접성분(immediate constituent, IC)이라 한다. 이와 같은 직접성분은 다른 언어 환경에도 나타날 수 있으며 따라서 자립적으로 쓰일 수 있으므로 자립성분(free form)이라고 한다.

이 매개 직접성분은 또다시 직접성분으로 나눌 수 있는바 "붉은 꽃이"는 "붉은"과 "꽃이"로, "아름답게 핀다"는 "아름답게"와 "핀다"로 나누어도 여전히 직접성분이다. 이런 직접성분은 더 분석하면 자립적으로 쓰일 수 없으므로 지금 분석된 직접성분을 최소의 자립형식(minimum free form)이라고 한다. 이런 최소의 자립형식을 또 형태론적 구조(morphological construction)라고 한다.

또 "붉은 꽃"과 "아름답게 핀다"는 각각 두 개의 최소의 자립형식이 어울려 된 자립형식인데 이런 것을 형태론적 구조와 구별하여 문장론적 구조

(syntactical construction)라고 한다.

최소의 자립형식을 더 나누면 "붉은"은 "붉"과 "ㄴ("으"는 의미가 없는 결합모음이다)"으로 "꽃이"는 "꽃"과 "이"로 "아름답게"는 "아름답"과 "게"로 "핀다"는 "피"와 "ㄴ다"의 직접성분으로 갈라진다. 이중에서 "아름답"은 또 "아름"과 "답"으로 가를수 있다. 이렇게 갈라놓은 직접성분은 자립적으로 사용하지 못하므로 구속형식(bound form)이라고 한다(이중에서 "꽃"은 자립적으로 쓰일 수도 있으나 그의 직접성분인 "이"는 자립적으로 쓰일 수 없다). 지금까지 나눈 직접성분을 더 분석하면 그 의미가 달리 되거나 전혀 의미를 파악할 수 없게 된다. 이와 같이 일정한 어음에 일정한 의미를 담은 여러 질서의 단위들이 모두 언어형식이고 언어형식 중에서 가장 작은 단위가 곧 형태소이다. 다른 말로 말하면 형태소란 의미를 가지는 최소의 언어성분이다.

### 1.1.2. 형태론적 구조와 단어(word)

언어형식의 가장 작은 단위로서의 형태소는 서로 결합하여 보다 큰 언어형식들인 단어와 형태론적 구조를 이룰 수 있다.

형태론적구조란 형태론의 가장 큰 단위인 동시에 문장론의 가장 작은 단위이다. 형태론적 구조는 형태소들이 결합하여 문장을 이루기 위해 준비되는 단위로서 거기에는 형태론적 질서들이 작용하게 된다. 문장에서는 바로 이와 같이 조직된 단위(형태론적 구조)들을 다시 문장으로 조직하게 되는바 여기에서는 문장론적 질서들이 작용하게 된다.

서투른 선수가 헛다리질에 맥을 뺀다.

에서 떼어 쓴 단위들은 각각 형태론적 구조들이며 이 단위들은 또한 이 문장을 이루기 위하여 준비되어 다른 단위들과 문장론적 관계를 발생하게 된 것이다. 이제 이 형태론적 구조들은 어떤 형태소들이 모여서 이루어졌는가를 보이면 다음과 같다.

서투른 ← 서투르+ㄴ(규정토)
선수가 ← 선수+가(주격토)
헛다리질에 ← 헛+다리+질+에(여격토)
맥을 ← 맥+을(대격토)
뺀다 ← 빼+ㄴ다(종결토)

이런 형태론적 구조들은 또 문장으로 될 때 다음과 같은 문장론적 구조들을 이루게 된다.

서투른 선수                                    (규정어구)
맥을 뺀다                                      (목적어구)
선수가 뺀다                                    (주어구)
헛다리질에 뺀다                                (상황어구)
서투른 선수가 헛다리질에 맥을 뺀다.             (문장)

여기에서 알수있는 바 형태론에서는 형태론적 구조에 대하여 그 구성요소 분석에 주목을 돌리고 같은 형태론적구조라도 문장론에서는 그것을 문장론적구조의 구성요소로 대하고 그들 사이의 문법적 관계에만 주목을 돌린다. 도표로 보이면 다음과 같다.

<표 7> 형태론적 구조와 문장론적 구조

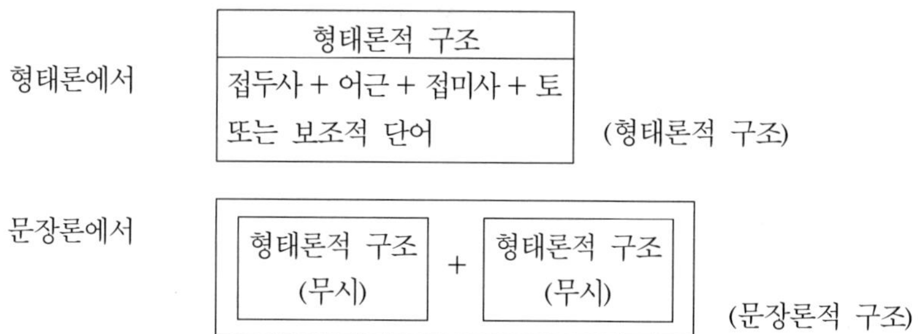

　　형태소들은 또 서로 결합하여 단어를 이루기도 하는데 단어란 곧 최소의 자립형식이다. 이런 단어는 대체적으로 형태론적 구조와 일치하며 문장을 이루는 재료로서의 최소의 단위 역할을 한다. 아래의 례를 보면 이 점을 잘 알 수 있다.

〈표 8〉 형태론적 구조와 문장론적 구조의 상호관계

| 서투르 | ㄴ | 선수 | 가 | 헛다리질 | 에 | 맥 | 을 | 빼 | 느다. |
|---|---|---|---|---|---|---|---|---|---|
| 어휘적형태소 | 문법적형태소 | 어휘적형태소 | 문법적형태소 | 어휘적형태소 | 문법적형태소 | 어휘적형태소 | 문법적형태소 | 어휘적형태소 | 문법적형태소 |
| 형태론적 구조 | | 형태론적 구조 | | 형태론적 구조 | | 형태론적 구조 | | 형태론적 구조 | |
| 문장론적 구조(구) | | | | | | 문장론적 구조(구) | | | |
| 문장론적 구조(구) | | | | | | 문장론적 구조(구) | | | |
| 문장론적 구조(문장) | | | | | | | | | |

　　조선어의 단어를 확정하는데 있어서는 "최소의 자립형식"이라는 기준을 좀더 설명할 필요성이 있다. 명사, 수사, 대명사 등 체언은 그 자체로도 최소의 자립형식이 되므로 단어로 되는 데는 의문이 없다. 그런데 체언토가 붙었을 때는 하나의 단어로 보겠는가 아니면 두 개의 단어로 보겠는가 하는 문제가 제기된다. 례를 들면

　　　　바람이 분다.
　　　　바람 분다.

　　"바람 분다"에서 보는바와 같이 "바람"은 최소의 자립형식이다. 그런데 "바람이 분다"에서는 "바람이"로 나타난다. 이 경우 "이"는 물론 자립적으

로 쓰이는 일이 없지만 자립적으로 쓰이는 "바람"뒤에 왔으므로 자립적성분의 자격을 갖게 된다고 보는 사람들이 있다. 례를 들면

바람이 : 바람소리

"이"가 오던 자리에 완전히 자립적인 "소리"가 오는 것이다. 이것만 보면 "이"는 "소리"와 같은 자격을 가진 성분임을 알 수 있다. 그러나 "이"와 같은 성분은 그 자체가 다시 "이"와 같은 체언토를 더 붙이지 못하는 점이 "바람"이나 "소리"와 다르다. 그러므로 이런 류의 체언 뒤에 오는 문법적성분을 "조사"라고 하여 다른 단어와 구별하면서도 그 귀속은 단어와 같은 계렬에 넣어둔다는 것이다.

우리는 이 견해에 동의할 수 없다. 첫째, 체언토는 언제나 자립적으로 사용하지 못한다는 점에서 단어 판정의 가장 중요한 표준인 "최소의 자립형식"범위에 들어올 수 없다. 둘째, "바람"과 "이"의 관계와 "바람"과 "소리"의 관계는 같은 것이 아니다. 전자는 실질적 단어와 그 단어의 문장론적위치표지의 관계이지만 후자는 규정어와 피규정어의 관계, 즉 문장론적구조의 구성성분사이의 관계이다. 셋째, "이"의 의미는 문법적의미이고 "바람소리"에서 소위 "이"와 같은 자리에 온다는 "소리"는 어휘적 의미이다. 그러므로 체언토는 체언의 문법적의미의 담당자이며 체언의 문법적 형태로 된다.

다음으로 조선어의 불완전명사, 보조동사 같은 것이 자립적으로 사용될 수 없으므로 단어로 볼 수 있겠는가 하는 문제가 제기된다. 우선 이들 보조적 단어들이 자립적으로 사용되지 않는다는 것은 인정해야 한다. 례를 들면

아름다운 것은 아름답지 못한 것과의 대조에서 드러난다.

여기에서 "것"은 자립적으로 쓰이지 못한다. 그러나 체언토와 비교해보면 다음의 두 가지 점에서 다르다. 첫째는 "것"뒤에 체언토가 자유롭게 올수

있으므로 체언의 구실을 한다고 볼 수 있고, 둘째 규정해주는 단어 뒤에 와서 피규정어 자리를 가진다. 그러므로

아름다운 것          아름다운 미덕          아름다운 꽃

처럼 완전히 같은 계렬에 든다. 다만 그 뜻이 추상적이고(그러나 어휘적 의미이다) 자립적으로 쓰이지 못한다는 점에서 다르다.

보조동사도 자립적으로 사용되지 못하나 보조동사가 거느리는 용언토가 용언과 거의 같으며 용언의 접속형 뒤에 오고 대부분 추상화된 어휘적의미를 나타낸다는 리유로 단어의 자격을 가진다. 조선어에서는 다음과 같은 단어이상의 단위를 형태론적 구조로 잡지 않을 수 없다. 즉 문법적의미를 나타내는 일부 불완전명사거나 완전명사가 불완전명사적으로 쓰인 것, 일부 보조적으로 쓰이는 동사, 일부 보조적으로 쓰이는 부사 등과 어휘적의미를 나타내는 다른 단어들과의 결합체들을 형태론적 구조로 잡아야 한다.

전보를 받은 즉시로 돌아올 것.
홍수가 지는 바람에 일이 지체되였다.
하루에도 스물네 번 가고싶은 내 고향.
김동무와 함께 사업을 토의했다.

여기에서 "돌아올 것, 지는 바람에, 가고 싶은, 김동무와 함께" 등이 형태론적구조로 되는 리유는 다음과 같다.

첫째, 토와 보조적 단어로 이루어진 "-ㄹ것, -는바람에, -고싶은, -와 함께"는 각각 명령, 원인, 희망, 동반 등의 문법적의미를 나타내고 있으며 이것들은 자립적으로 쓰이지 못하고 언제나 다른 언어형식에 의지하여 쓰인다. 이것은 조선어의 토가 어간에 붙어 그 어간의 문법적의미를 나타내는 경우와 류사한 데가 있다.

둘째, 토와 보조적 단어로 이루어진 "-ㄹ것, -는바람에, -고싶은, -와

함께” 등에 내포된 토에서 기원한 “ㄹ, 는, 고, 와” 등은 그가 가지고 있던 토의 의미와 기능을 상실하고 앞 뒤 단어를 형식상 이어주기만 하는 역할을 하게 되어 앞 뒤 단어사이에는 그 어떤 문장론적관계가 설정되지 않는다. “ㄹ, 는”에는 규정적 의미와 시간적 의미가 없으며 규정토 체계 내에서의 “ㄹ, 는, ㄴ, 던”의 교체에서 명령이나 원인의 의미를 보전할 수 없다(“갈 것” 은 성립되나 “간 것”, “가는 것”, “가던 것”에서는 명령의 의미기 없어진다. “지는 바람 에”는 원인의 의미를 나타내나 “간 바람”, “갈 바람”, “가던 바람”에서는 원인의 의미 가 없어진다). “ㅡ고싶다”의 경우 “ㅡ고”가 접속토의 기능을 상실하고 있다는 데 대해서는 학계의 견해가 일치하며 “-와 함께”의 경우도 “-와”가 명사와 부사를 문장론적으로 이어준다고 볼 수 없으므로 구격토의 기능을 상실하 고 있으며 다만 보조적으로 쓰이는 부사를 앞의 단어와 이어주는 작용밖에 하지 않는다.

그러므로 이상의 것들을 형태론적구조로 보는 것은 도리어 유리한 점이 많다. 문법이란 형태소들이 조직되어 문장을 이루는 과정에 나타나는 법칙 적 현상을 규명하는 것을 그 목적으로 하는데 형태론은 문장을 이루기 위한 단위를 만드는 데까지 관계하고 문장론은 이 단위들이 또 어떻게 조직되는 가를 연구한다. 그렇다면 모든 문장성분이 되는 단위까지를 형태론에서 준 비해주어야 한다. 그런데 재래의 문법서들은 단어의 형태론적구조만 연구하 고 그 이상의 보조적 단어로 나타나는 구조들은 외면하였다. 그 결과 문장 론에서는 문장성분의 표현수단에 토, 보조적 단어, 어순, 억양이 있다고 하 나 형태론에서는 보조적 단어를 각각의 품사내에서 분산시켜 서술하였고 그것들이 어떤 문법적 범주체계를 형성하는가에 대한 관심이 부족했다. 우 리가 형태론을 서술할 때 좀더 문법적의미를 총괄적으로 서술한다면 문장 론으로 들어가는 것이 보다 쉬우리라고 본다.

### 1.1.3. 형태소의 식별

형태소라는 것은 언어형식중 가장작은 단위이며 최소의 유의미적단위라는 것을 알았다. 그러나 이것을 실제로 가리려고 할 때 갖가지 판정하기 어려운 정형이 나타나기도 한다.

　　저 아이가 몽둥이를 휘두른다.
　　곰이 발바닥을 핥는다.

위의 두 례문에서 "－가/－이, －를/－을, －니/－는"은 매개 쌍에서 그 의미가 각각 같으면서도 어음형식이 서로 다르다. 이렇게 여러 가지 어음형식으로 나타나는 뜻이 같은 형태소를 통털어서 총형태소(allmorphs)들이라고 하고 이 형태소들 중 가장 기본이 되는 형태소를 기본형태소(basic morph)라 하며 다른 것을 비기본형태소 또는 변이형태소(allomorph)라고 한다. 우에서 든 총형태소들에서 전자(－가, －를, －니)는 각각 기본형태소이고 후자(－이, －을, －는)는 각각 변이형태소이다. 이런 변이형태소들은 음운론적 조건에 의해 결정된 것이므로 (개음절형태소 뒤에 기본형태소가 오고 페음절 형태소 뒤에 변이형태가 온다. 이렇게 하면 설명에 편리하기 때문이다) 이런 따위를 음운론적조건의 변이형태소(phonologically conditioned allomorph)라고 한다.

이런 총형태소들은 상호 배타적 분포(exciusive distribution)를 이루고 있어서 동일한 조건에서 총형태소들 간의 상호교체는 용납되지 않는다. 즉 개음절 형태소 아래서는 "－가, －를, －니" 등 형태소가 올수 있을 뿐 페음절 형태소 아래 오는 "－이, －을, －는" 등 형태소가 올수 없다. 이러한 분포를 상보적 분포(complementary distribution)라고 한다.

그런데 /나－으－니/의 경우 /나/는 "병 같은 것이 고쳐져서 본래의 상태대로 되다"의 뜻을 나타내는 형태소로서 기본형태소는 /낫－다/, /낫－고/, /낫－도록/에서 보는 것과 같이 /낫－/인데 이것이 모음으로 시작되는 형태소 앞에서는 /나－아서/, /나－았－다/와 같이 [na]로 나타난다. 이것은 이와 류사한 음운론적 조건을 가지는 /웃－고/, /웃－다가/, 웃－으－니/, /웃－어서/에서 보는바와 같이 음운론적 조건에 의한 변이형태소로 볼수 없다. 이것은 그 형태소가 가지는 개별적인 요인에 의하여 변이된 것이므로 이러한 형태소를 형태론적 조건의 변이형태소(morphologically conditioned allomorph) 또는 형태론적변이형태소라고 한다.

또 현대조선어에서 /저기로-저기루/가 아무런 의미차이가 없이 자유로이 교체되어 쓰이기도 하는데 이런 경우를 자유변이(free variation)라고 하고 이렇게 교체되어 쓰이는 형태를 자유변이형태(free variant)라고 한다. /하-지만/ : /허-지만/, /그렇-지-요/ : /그렇-지-유/에서 보이는 /하/ : /허/, /요/ : 유/는 모두 자유변이형태이다.

때로 형태소식별에서 이상 경우 외에 단어들의 품사속성, 지어 문장론적 특성이 작용한다. "먹이", "많이"에서 형태소 "이"는 대체로 상보적분포관계(명사를 만드는 접미사인 경우는 동사에, 부사를 만드는 접사인 경우에는 형용사에 붙는 것이 보통이다)에 있고 그들의 단어조성 기능도 같으나 하나는 명사를 만들고 하나는 부사를 만든다는 단어의 품사속성을 고려하여 각각 다른 형태소로 보는 것이 타당하다. 반면에 "훌륭히", "홀쭉이"의 형태소 /히/와 /이/는 비록 어음형식은 다르나 서로 상보적 분포관계("하다"를 붙일 수 있는 어근에 붙을 때 /히/가 그 외의 경우에는 이러저런 제약이 있기는 하나 대체로 /이/가 붙는다)에 있고 다 같이 부사조성의 접미사로 쓰이므로 하나의 형태소로 보고 /히/를 기본형태소, /이/를 변이형태소로 볼 수 있다.

이상 형태소식별의 원리를 종합하면 다음과 같다.

첫째, 동일한 의미를 가지고 동일한 어음형식을 취한 형태소를 동일형태소로 본다. 의미가 같다는 것은 때로 만들어지는 단어의 품사속성까지 고려된다.

둘째, 의미는 같되 어음형식이 다른 경우 그 차이가 음운론적 조건변동의 범위를 넘지 않고 상보적 분포를 보이면 이들을 동일 형태소로 본다.

셋째, 두 형태소의 의미가 같고 어음형식이 다른 경우 그 차이가 형태론적 조건에 의한 것이고 서로 상보적 분포관계에 있을 때는 그들이 동일한 구조적 계렬에 속하면 동일 형태소로 본다.

## 2. 형태소의 종류

### 2.1. 형태소 종류 개관

### 2.1.1. 자립형식(free form)과 구속형식(bound form)

언어형식의 크고작은 단위들에 대하여 그것을 문장 속에 독립적으로 사용할 수 있는가 없는가에 따라 자립형식과 구속형식으로 나눌수 있다.

자립형식이란 그것을 문장에 독립적으로 사용할수 있는 형식이다. 조선어의 경우에는 "집, 나라 ; 하나, 둘 ; 나, 너" 등 다수의 체언류 어근이 자립형식으로 되며 다수의 형태론적구조가 자립형식으로 된다. 그리고 문장론적구조로 되는 구와 문장은 대체로 자립형식으로 된다.

구속형식이란 그것만으로는 문장에 독립적으로 사용될 수 없는 형식이다. 조선어의 경우에는 모든 접두사, 접미사, 토들, 실질적 단어들에서는 대부분의 한자어의 자립적으로 사용할 수 없는 매개 글자, 전부의 불완전명사, 보조동사, 동사어근, 형용사어근 등이다.

### 2.1.2. 형태소의 분류 기준

형태소의 특성이 다면적이므로 형태소의 분류는 다면적으로 행해진다.

**가. 형태소의 실현형태에 따라**

총형태소

기본형태소

변이형태소-변이형태소의 산생조건에 따라

        음운론적 조건의 변이형태소

        형태론적 조건의 변이형태소

        품사-문장론적 조건의 변이형태소

나. 련속음운으로 구성된 형태소인가 운률적자질만으로 구성된 형태소인가에
   따라

분절형태소(segmental morpheme)와 분절부가형태소(supra segmental morpheme)
로 나눌 수 있다.

/사람/, /나무/와 같이 음운으로 쪼갤 수 있는 음소로 구성된 형태소를 분
절형태소라 하고 /밤(夜)/과 /밤(栗)/에서 분절음운 외에 첨가된 전자의 모음의
짧음과 후자의 모음의 긺 등은 분절부가형태소이다. 조선어에서 분절부가형
태소는 개별적 단어에 나타나고 체계적인 음운으로 존재하지 않는다.


다. 자립성 여부에 따라

자립형태소(free morpheme)와 구속형태소(bound morpheme)로 나눌 수 있다.
다수의 체언 어근들이 자립형태소이고 체언류의 불완전명사, 용언류의 어근
과 보조동사, 체언토와 용언토는 구속형태소이다.


라. 최소의 자립형식 중에서 가장 중심적 개념을 나타내는 부분으로서 기
본적 요소(basic element)가 되는 부분인 기어 또는 어근(base or root)이 자립적
인가 구속적인가에 따라 자립기어와 구속기어로 나눌수 있다. 체언류의 어
근이 자립기어이고 용언류의 어근이 구속기이이다. 이런 류의 형태소(즉 어
근)를 제1류 형태소라 한다.


마. 어휘적의미를 담당하는가 문법적의미를 담당하는가에 따라 어휘적형
태소(lexical morpheme)와 문법적형태소(grammatical morpheme)로 나눌 수 있고
어휘적형태소에서는 기어로 되는 형태소와 파생접사로 사용되는 접두사, 접
미사를 가를 수 있으며 문법적형태소에서는 위치적문법적형태소와 비위치
적문법적형태소를 가를 수 있다. 이때 어휘적형태소에서 기어를 제외하고
접두사, 접미사를 제2류 형태소라고 하고 문법적형태소를 제3류 형태소라고
한다.

이상의 분류를 도표로 보이면 다음과 같다.

〈표 9〉 형태소 분류 도표

<table>
<tr>
<td rowspan="5">분절<br>형태소</td>
<td rowspan="5">총형태소<br>/-가/<br>이/<br>/낫-/<br>/나-/<br>/하나/<br>/한/<br>/-로/<br>/-루/</td>
<td>기본형태소</td>
<td>/-가/<br>/낫-/<br>/하나/</td>
<td>자립<br>형태소</td>
<td rowspan="4">어휘적<br>형태소</td>
<td rowspan="2">제1류<br>형태소</td>
<td colspan="2">자립기어</td>
<td>사람<br>하나</td>
</tr>
<tr>
<td>음운론적<br>조건의<br>변이형태소</td>
<td>/-이/</td>
<td rowspan="5">구속<br>형태소</td>
<td colspan="2">구속기어</td>
<td>먹-<br>휘-</td>
</tr>
<tr>
<td>형태론적<br>조건의<br>변이형태소</td>
<td>/나-/</td>
<td rowspan="2">제2류<br>형태소</td>
<td rowspan="2">파생<br>접사</td>
<td>접두</td>
<td>덧-<br>휘-</td>
</tr>
<tr>
<td>문장론적<br>조건의<br>변이형태소</td>
<td>/한/</td>
<td>접미사</td>
<td>-군<br>-답-</td>
</tr>
<tr>
<td>자유변이<br>형태소</td>
<td>/-루/</td>
<td rowspan="2">문법적<br>형태소</td>
<td rowspan="2">제3류<br>형태소</td>
<td rowspan="2">토</td>
<td>위치적<br>형태소</td>
<td>-이<br>-를<br>-다</td>
</tr>
<tr>
<td>분절<br>부가<br>형태소</td>
<td colspan="3">어음의 장단과 억양</td>
<td>비<br>위치적<br>형태소</td>
<td>-는<br>-도<br>-시-<br>-였-</td>
</tr>
</table>

## 2.2. 분절형태소와 분절부가형태소

분절형태소는 분절음으로 이루어진 형태소인데 엄밀한 의미에서 말하면 거기에도 일정한 운률적 자질이 첨가되어있으나 그것이 다른 분절형태소에 들어있는 것과 거의 같은 것이어서 서로 식별되지 않으며 의미와도 관련되지 않고있어서 형태소로서의 자격을 가지지 못한다. 그러므로 분절형태소에서는 운률적 자질을 제외하고 어떤 분절음으로 구성되었는가가 중요시되고있다. 분절형태소는 그 수량이 많고 그들의 특성도 각이하므로 해당 류에서 고찰하기로 한다.

분절부가형태소는 분절형태소에 부가된 의미식별의 기능을 노는 운률적 자질을 가리켜 이르는데 조선어의 경우 체언이나 용언의 일부 형태소(주로 기어이다)들에 고저나 장단 분절부가형태소가 오며 특히는 첫음절일 경우에 온다. 례를 들면,

| 긴 소리 | 짧은 소리 | 긴 소리 | 짧은 소리 |
|---|---|---|---|
| /눈[nu : n]/(雪) | /눈[nun]/(眼) | /밤[ba : m]/(栗) | /밤[bam]/(夜) |
| /솔[ɕo : l]/(刷) | /솔[ɕol]/(松) | /걷다[kə : tㄱt'a]/(行) | /걷다[kətㄱt'a]/(捲) |

긴 소리로 발음하던 형태소도 첫음절이 아닌 위치로 가면 짧은 소리로 발음한다. 이런 위치에서는 분절부가형태소로서의 자격이 상실된다고 볼 수 있다. 례를 들면,

/군밤[kunbam]/(烤栗)   /함박눈[hambaŋnun]/(鵝毛雪)

조선어에서는 이런 고저와 장단이 체계적으로 나타나지 않고 위치에 따라 그 특성이 변하므로 일반적으로 형태소의 작용을 하지 않는다고 보고 있다.

억양도 분절부가형태소로 되고있는데 기능적인 견지에서 보면 종결억양, 접속억양이 있고 운률적 형태의 견지에서 보면 하강억양, 상승억양, 평행적 억양, 하강상승억양이 있다.

종결억양은 한 언어형식이 문장으로 된다는 문법적의미를 담당하고있다. 조선어에는 서술억양, 의문억양, 명령억양, 권유억양, 감동억양이 각각 서술문, 의문문, 명령문, 권유문, 감동문 등 문장류형의 의미를 나타낸다. 례컨대 같은 언어형식에 부동한 억양이 오면 부동한 문법적의미를 첨가하여 서로 부동한 류형의 문장을 만든다.

오늘 떠나오. (서술억양, 서술문)
오늘 떠나오? (의문억양, 의문문)

오늘 떠나오! (명령억양, 명령문)

억양의 운률적형태로 보아 대개 하강억양은 서술문, 명령문, 권유문에 쓰이고 상승억양은 의문문에, 평행적 억양은 감탄문, 의혹을 나타내는 문장에, 하강상승억양은 타이름이나 빈정댐을 나타내는 문장에 쓰인다. 조선어에서 억양에 대한 연구는 극히 적어 과학화와 체계화될 것을 요구하고 있다.

접속억양은 어느 한 언어형식이 복합문중의 한 구절이라는 문법적의미를 나타낸다. 이것은 종결토를 가진 언어형식이 접속억양을 가지면 복합문의 한 구절이 되는데서 볼 수 있다.

땔나무를 한다, 물을 긷는다, 아이를 본다, 집안일은 무슨 일이나 다 했다.

이 례문에서 쉼표를 찍은 부분은 모두 접속억양에 의하여 이 복합문의 구성 부분으로 된 것이다.

## 2.3. 기본형태소와 변이형태소

### 2.3.1. 음운론적조건의 변이형태소

#### 2.3.1.1. 어휘적형태소

가. 한자어 형태소 /의/와 변이형태소 /-이/

| 총형태소 | 어두 | 어두 아닐 때 |
|---|---|---|
| /-의/, /-이/ | 의용군[의] | 사회주의[이] |

이런 변이형태소는 "建意, 會議, 漢醫, 懷疑, 白衣, 便宜, 剛毅, 友誼" 등에서도 나타난다.

나. "우"로 끝나는 용언어간의 일부 어음이 반모음으로 변하는 변이형태소

| 총형태소 | "어, 었"이 아닌 토 앞 | "어, 었"으로 시작되는 토 앞 |
|---|---|---|
| /싸우/, /싸w/ | 싸우고 | 싸워 |
| | | 싸웠다 |

이런 변이형태소는 "치우다, 지우다" 등에서도 나타나며 "메우다, 돋우다 '같은 동사의 사역형에도 나타난다. 그리고 "나누다, 겨누다, 다투다" 등에서도 나타나는데 자유변이형태소로 된다.

다. 기본형태소에서 모음 /ㅡ/가 빠져나가는 변이형태소

| 총형태소 | 토 "아, 았 ; 어, 었" 외의 토를 만날 경우 | 토 "아, 았 ; 어, 었"을 만날 경우 |
|---|---|---|
| /아프/, /아프/ | 아프다 | 아파, 아팠다 |

이런 변이형태소에 또 다음과 같은 것이 있다.

고프다[고프] → 고팠다[고ㅍ]
쓰다[쓰] → 썼다[ㅆ]
마스다[마스] → 마샀다[마ㅅ]
담그다[담그] → 담갔다[담ㄱ]

라. 용언기어 "푸(다)"의 기본형태소 [푸]와 변이형태소 [ㅍ]

| 총형태소 | "어, 었" 외의 토 | 토 "어, 었"을 만나 |
|---|---|---|
| /푸/, /ㅍ/ | 푸다 | 퍼내다, 펐다 |

**마. 용언어간의 끝소리 /ㅏ/, /ㅓ/가 빠지는 변이형태소**

| 총형태소 | /ㅏ/, /ㅓ/로 시작되는 토가 아닌 경우 | /ㅏ/, /ㅓ/로 시작되는 토일 경우 |
|---|---|---|
| /가/, /ㄱ/ | 가다, 가고 | 갔다, 가서 |

이런 변이형태소는 다음과 같은 단어에서도 나타난다.


타다[타] → 탔다[ㅌ]
나다[나] → 났다[ㄴ]
서다[서] → 섰다[ㅅ]
만나다[만나] → 만났다[만ㄴ]
자라다[자라] → 자랐다[자ㄹ]


**바. 형태소의 밭침이 받침소리로 되는 변이형태소**

① 형태소의 밭침 "ㅋ, ㄲ, ㄱㅅ, ㄹㄱ"가 받침소리 "ㄱ"로 되는 변이형태소

| 총형태소 | 모음 앞 | 자음 앞이나 어말 |
|---|---|---|
| /-ㅋ/, /-ㄱ/ | 부엌이 | 부엌도[부억] |
| /-ㄲ/, /-ㄱ/ | 밖이 | 밖도[박] |
| /-ㄱㅅ/, /-ㄱ/ | 넋이 | 넋도[넉] |
| /-ㄹㄱ/, /-ㄱ/ | 흙이 | 흙도[흑] |

이런 변이형태소는 다음 단어들에서도 나타난다.


해질녘에[녘] → 해질녘도[녁]
깎아도[깎] → 깎지도[깍]
밖에[밖] → 밖도[박]
맑아도[맑] → 맑지도[막]
긁어도[긁] → 긁게도[글]
(받침 "ㄹㄱ"는 "ㄱ"으로 시작되는 토를 만날 경우 "ㄹ"로 된다)
부엌이[부엌] → 부엌앤[부억]

(일부 파생어에서는 모음앞에서도 받침소리로 된다. )

닭이[닭] → 닭우리[닥]

넋이[넋] → 넋없이[넉]

② 형태소의 받침 "ㅌ, ㅅ, ㅆ, ㅈ, ㅊ"가 받침소리 "ㄷ"로 되는 변이형태소

| 종형태소 | 모음 앞 | 자음 앞이나 어말 |
| --- | --- | --- |
| /—ㅌ/, /—ㄷ/ | 맡아 | 맡대[맏] |
| /—ㅅ/, /—ㄷ/ | 벗어 | 벗대[벋] |
| /—ㅆ/, /—ㄷ/ | 있어 | 있대[읻] |
| /—ㅈ/, /—ㄷ/ | 잊어 | 잊대[읻] |
| /—ㅊ/, /—ㄷ/ | 쫓아 | 쫓대[쫀] |

이런 변이형태소는 다음 단어들에서도 나타난다.

뱉아서[맡] → 뱉지[뱉]

웃어서[웃] → 웃기도[운]

늦어서[늦] → 늦지도[늘]

끝을[끝] → 끝없이[끝]

(일부 파생어에서는 모음 앞에서도 받침소리로 된다.)

③ 형태소의 받침 "ㅍ, ㅂㅅ, ㄹㅂ, ㄹㅍ"가 받침소리 "ㅂ"로 되는 변이형태소

| 종형태소 | 모음 앞 | 자음 앞이나 어말 |
| --- | --- | --- |
| /—ㅍ/, /—ㅂ/ | 짚이 | 짚도[집] |
| /—ㅂㅅ/, /—ㅂ/ | 값이 | 값도[갑] |
| /—ㄹㅂ/, /—ㅂ/ | 밟아 | 밟지[밥] |
| /—ㄹㅍ/, /—ㅂ/ | 읊어 | 읊지[읍] |

이런 변이형태소는 다음 단어들에서도 나타난다.


   잎이[잎] → 잎도[입]
   없어[없] → 없지[업]
   넓어[넓] → 넓지[넙]
   무릎이[무릎] → 무릎아래[무릅]
   (일부 파생어에서도 이런 변이형태소가 나타난다. )
   여덟으로[여덟] → 여덟아래[여덥]
   밟아[밟] → 밟게[발]
   (“ㄱ”로 시작되는 토 아래서 변이형태소 “발”로 된다.)


④ 형태소의 받침 “ㄴㅈ”가 받침소리 “ㄴ”로 되는 변이형태소

| 종형태소 | 모음 앞 | 자음 앞 |
|---|---|---|
| /-ㄴㅈ/, /ㄴ/ | 앉아 | 앉대[안] |


이런 변이형태소는 다음 단어에서도 나타난다.


   얹으니[얹] → 얹고[언]


⑤ 형태소의 받침 “ㄹㅅ, ㄹㅌ”가 받침소리 “ㄹ”로  되는 변이형태소

| 종형태소 | 모음 앞 | 자음 앞 |
|---|---|---|
| /-ㄹㅅ/, /-ㄹ/ | 곬이 | 곬도[골] |
| /-ㄹㅌ/, /-ㄹ/ | 핥아 | 핥지[할] |


이런 변이형태소는 다음 단어들에서도 나타난다.


   돐이[돐] → 돐도[돌]
   훑어[훑] → 훑지[훌]

⑥ 형태소의 밭침 "ㄹㅁ"가 받침소리 "ㅁ"로 되는 변이형태소

| 총형태소 | 모음 앞 | 자음 앞 |
|---|---|---|
| /－ㄹㅁ/, /－ㅁ/ | 젊어서 | 젊다[점] |

이런 변이형태소는 다음 단어에서도 나타난다.

굶어[굶] → 굶대[굼]

**사. 형태소의 끝소리가 향음자음으로 되는 변이형태소**

① 형태소의 끝소리 /ㅂ/, /ㅍ/가 /ㅁ/로 되는 변이형태소

| 총형태소 | 모음 앞 | 자음 앞 |
|---|---|---|
| /－ㅂ/, /－ㅁ/ | 집이 | 집논[짐] |
| /－ㅍ/, /－ㅁ/ | 앞이 | 앞문[암] |

이런 변이형태소는 다음 단어들에서도 나타난다.

입이[입] → 입노릇[임]
　　　　→ 입만[임]
짚이[짚] → 짚나라미[짐]
　　　　→ 짚모개미[짐]

② 형태소의 끝소리 /ㄷ/, /ㅌ/, /ㅅ/, /ㅆ/, /ㅈ/, /ㅊ/가 /ㄴ/로 되는 변이형
태소

| 총형태소 | 모음 앞(토, 접미사 외) | 향음자음 앞 |
|---|---|---|
| /－ㄷ/, /－ㄴ/ | 맏아들 | 맏며느리[만] |
| /－ㅌ/, /－ㄴ/ | 겉으로 | 겉늙대[건] |
| /－ㅅ/, /－ㄴ/ | 웃으니 | 옛날[옌] |
| /－ㅆ/, /－ㄴ/ | 있으니 | 있는대[인] |

| /-지/, /-니/ | 멎으니 | 멎는대[먼] |
|---|---|---|
| /-치/, /-니/ | 멫이 | 몇메터[면] |

이런 변이형태소는 다음 단어들에서도 나타난다.


닫아서[닫] → 닫는대[단]
곁으로[곁] → 곁머슴[견]
벗어서[벗] → 벗는대[번]
웃었대[웃] → 웃는대[운]
젖으니[젖] → 젖는대[전]
깊어서[깊] → 깊는대[긴]


③ 형태소의 끝소리 /ㄱ/, /ㅋ/, /ㄲ/가 /ㅇ/로 되는 변이형태소

| 총형태소 | 모음 앞 | 자음 앞 |
|---|---|---|
| /-ㄱ/, /-ㅇ/ | 각이 | 국물[궁] |
| /-ㅋ/, /-ㅇ/ | 부엌이 | 부엌문[부엉] |
| /-ㄲ/, /-ㅇ/ | 깎아 | 깎는대[깡] |


이런 변이형태소는 다음 단어들에서도 나타난다.


죽어서[죽] → 죽는대[중]
동녘이[녘] → 동녘만[녕]
닦으니[닦] → 닦는대[당]


**아. /ㄹ/의 동화에 의하여 생기는 변이형태소**

① 고유어 형태소에서 뒤 형태소의 첫소리 /ㄴ/이 앞 형태소의 끝소리 /ㄹ/을 닮는 변이형태소

| 총형태소 | 어말음이 /ㄹ/이 아닌 | 어말음이 /ㄹ/인 |
|---|---|---|
| /ㄴ–/, /ㄹ–/ | 산나물 | 들나물[라물] |

이런 변이형태소는 다음 단어들에서도 나타난다.

쥐날[날] → 설날[랄]
왔는지[는지] → 올는지[른지]

② 한자어 형태소에서(기어에 한하여서만) 앞 형태소의 끝소리 /ㄴ/이 뒤 형태소의 첫소리 /ㄹ/을 닮는 변이형태소

| 총형태소 | 어두가 /ㄹ/이 아닌 | 어두가 /ㄹ/인 |
|---|---|---|
| /ㄴ–/, /ㄹ–/ | 혼잡 | 혼란[홀] |

이런 변이형태소는 다음 단어들에서도 나타난다.

산치[산] → 산량[살]
천번[천] → 천리[철]

기어가 아닌 다음과 같은 경우는 이런 변이형태소가 생기지 않는다.

생산량[산] → 생산량[*살](접미사 "량"앞에)
순리윤[순] → 순리윤[*술](접두사 "순"뒤에)

기어라도 합성어에서는 이런 변이형태소가 생기지 않는다.

손로동[손] → 손로동[*술]

뒤 형태소가 "렬", "률"일 경우도 마찬가지다.

선렬[렬][녈] → 선렬[*셜]
선률[률][뉼] → 선률[*셜]

③ 개별적 한자어 형태소에서 앞 형태소의 끝소리 /ㄴ/와 뒤 형태소의 첫
소리 /ㄴ/이 겹놓일 때 두 형태소를 모두 변이형태소로 만드는 현상이 있다.

| 총형태소 | 대부분 한자어의 형태소 사이 | 일부 한자어의 형태소 사이 |
|---|---|---|
| /-ㄴ, ㄴ-/ | 곤경[곤] | 곤난[골란] |
| /-ㄹ, ㄹ-/ | 관점[관] | 관념론[괄렴] |

**자. 형태소의 끝소리가 구개음화되는 변이형태소**

① 형태소의 끝소리 /ㄷ/가 /ㅈ/로 되는 변이형태소

| 총형태소 | 모음 형태소 앞<br>(접미사, 토 제외) | 접미사 "이" 또는<br>토 "이" 앞 |
|---|---|---|
| /-ㄷ/, /-ㅈ/ | 맏아들 | 맏이[맞] |

이런 변이형태소는 다음 단어들에서도 나타난다.

미닫아[닫] → 미닫이[닫]
굳어서[굳] → 굳이[굳]

② 형태소의 끝소리 /ㅌ/가 /ㅊ/로 되는 변이형태소

| 총형태소 | 모음 형태소 앞 | 접미사 "이" 또는<br>토 "이" 앞 |
|---|---|---|
| /-ㅌ/, /-ㅊ/ | 같아 | 같이[갖] |

이런 변이형태소는 다음 단어들에서도 나타난다.

훑어서[훑] → 벼훑이[훑치]

밭을[밭] → 밭이[밫]

## 차. 된소리되기로 인하여 생기는 변이형태소

| 총형태소 | 병렬관계 합성어의 기어 사이,<br>그 밖의 경우 규정토 "ㄴ, ㄹ"이 든<br>합성어 기어 사이,<br>향음자음으로 끝난 접두사와 기어 사이,<br>자음 "ㅁ" 뒤에 온 상접사 | 그 밖의 경우 |
|---|---|---|
| /ㄱ—/, /ㄲ—/ | 봄가을, 군기침, 감기다 | 각국[각꾹]<br>숟가락[까락] |
| /ㄷ—/, /ㄸ—/ | 팔다리, 군돈 | 막동이[똥이]<br>맏동서[똥서] |
| /ㅂ—/, /ㅃ—/ | 손발, 찰밥 | 독버섯[뻐섯]<br>돋보기[뽀] |
| /ㅅ—/, /ㅆ—/ | 군소리 | 헛소리[쏘리] |
| /ㅈ—/, /ㅉ—/ | 된장, 아침저녁 | 옷자락[짜락] |

이런 변이형태소는 다음 단어들에서도 나타난다.

여름가을[가을] → 늦가을[까을]
돌다리[다리] → 뒤다리[따리]
잠기다[기] → 뜯기다[끼]
맨발[발] → 앞발[빨]
단잠[잠] → 늦잠[짬]

## 카. 거센소리되기로 인하여 생기는 변이형태소

/ㅎ/으로 시작하는 형태소가 /ㄱ/, /ㄷ/, /ㅂ/, /ㅈ/로 끝난 형태소 뒤에서
해당 계렬의 거센소리로 변하는 변이형태소

| 총형태소 | 모음, 향음자음으로 끝나는 형태소 뒤 | 자음 /ㄱ/, /ㄷ/, /ㅂ/, /ㅈ/로 끝나는 형태소 뒤 |
|---|---|---|
| /ㅎ-/, /ㅋ-/ | 경제학 | 력학[칵] |
| /ㅎ-/, /ㅌ-/ | 음운학 | 맏형[텽] |
| /ㅎ-/, /ㅍ-/ | 잠학 | 입학[팍] |
| /ㅎ-/, /ㅊ-/ |  | 앉히다[치] |

이런 변이형태소는 다음 단어들에서도 나타난다.

    심리학[학] → 동력학[칵]
    건설하다[하] → 돌입하다[파]
    감히[히] → 엄숙히[키]

**타.** /ㅎ/로 끝나는 용언기어, 접미사가 모음이나 향음자음으로 시작되는 토를 만날 경우 /ㅎ/이 발음되지 않아 변이형태소가 생겨난다.

| 총형태소 | 자음으로 시작되는 형태소 앞 | 모음, 향음자음으로 시작되는 토, 접미사 앞 |
|---|---|---|
| /-ㅎ/, /-ø/ | 넣소 | 넣어[너] |

이런 변이형태소는 다음 단어들에서도 나타난다.

    좋습니다[조] → 좋아[조]
    거멓니[멀] → 거머오[머]

**파.** 한자어 형태소 "불(不)"의 변이형태소 : "불"은 자음 /ㄷ/, /ㅈ/로 시작되는 형태소를 만나면 변이형태소 "부"로 된다.(단어 "불자(不字), 불주풍(不周風)"은 례외)

| 총형태소 | 하지 않는 형태소 앞 | /ㄷ/, /ㅈ/로 시작하는 형태소 앞 |
|---|---|---|
| /불/, /부/ | 불가사의 | 부단결[부], 부적당[부] |

하. /ㅑ, ㅕ, ㅛ, ㅠ, ㅣ/로 시작되는 형태소가 자음으로 끝난 형태소 뒤에 올 때 첫소리 자음 /ㄴ/나 /ㄹ/를 가져 변이형태소를 만든다.

| 총형태소 | 모음으로 끝난 형태소 뒤 | 자음으로 끝난 형태소 뒤 |
|---|---|---|
| /ø−/, /ㄴ−/ | 새 일 | 밤일[닐] |

이런 변이형태소는 다음 단어들에서도 나타난다.

이약[약] → 물약[략]
껴입다[입] → 덧입다[닙]

### 2.3.1.2. 문법적형태소

가. {아/어/여}와 {았/었/였}

| 총형태소 | 용언 기어의 모음이 /ㅏ, ㅑ, ㅗ, ㅏ(ㅡ), ㅗ(ㅡ)/ ("하" 제외)인 형태소 뒤 | 용언 기어의 모음이 /ㅓ, ㅕ, ㅜ, ㅡ, ㅡ(ㅡ), ㅓ(ㅡ), ㅜ(ㅡ), ㅣ(ㅡ)/와 받침 있는 /ㅣ, ㅐ/인 형태소 뒤 | 용언 기어의 모음이 /ㅣ, ㅐ, ㅔ, ㅚ, ㅟ/와 받침 없는 /ㅚ/인 형태소 뒤 |
|---|---|---|---|
| /ㅏ/, /ㅓ/, /ㅕ/ | 받아 | 열어[어] | 기여[여] |
| /았/, /었/, /였/ | 받았다 | 열었대[었] | 휘였대[였] |

나. 순한소리로 시작되는 형태소가 된소리로 시작되는 변이형태소를 만드는
경우

| 총형태소 | 모음과 /ㄹ/로 끝난 형태소뒤 | 자음으로 끝난 형태소 뒤("ㅎ" 제외) |
|---|---|---|
| /ㄱ-/, /ㄲ-/ | 가고, 갈고 | 적고[꼬], 안고[꼬] |
| /ㄷ-/, /ㄸ-/ | 갈더니 | 적더니[떠] |
| /ㅈ-/, /ㅉ-/ | 갈지 | 걷지[찌] |

이런 변이형태소는 다음 단어들에서도 나타난다.


사고[고] → 닭고[꼬]
자다[다] → 작다[따]
살지[지] → 왔지[찌]


다. 순한소리로 시작되는 형태소가 거센소리로 시작되는 변이형태소를 만드
는 경우

| 총형태소 | 모음과 /ㄹ/로 끝난 형태소 뒤 | /ㅎ/으로 끝난 형태소 뒤 |
|---|---|---|
| /ㄱ-/, /ㅋ-/ | 까고, 깔고 | 좋고[코] |
| /ㄷ-/, /ㅌ-/ | 짜더니 | 많다[타] |
| /ㅈ-/, /ㅊ-/ | 짜지 | 흫지[치] |

이런 변이형태소는 다음 단어들에서도 나타난다.


뛰고[고] → 끊고[코]
기다[다] → 앓다[타]
크지[지] → 옳지[치]

## 라. 앞 형태소 끝소리를 닮아 /ㄴ-/이 /ㄹ-/로 되는 변이형태소

| 총형태소 | 모음이나 /ㄹ/외의 자음으로 끝난 형태소 뒤 | 자음 /ㄹ/로 끝난 형태소 뒤 |
|---|---|---|
| /ㄴ-/, /ㄹ-/ | 뜨네 | 옳네[레] |
|  | 솟네 | 앓니[리] |
|  | 가는지 | 올는지[른지] |

## 마. {-가/-이}, {-를/-을}, {-와/-과}, {-야/-아}, {-는/은}

| 총형태소 | 모음 끝난 형태소 뒤 | 자음으로 끝난 형태소 뒤 |
|---|---|---|
| /-가/, /-이/ | 새가 | 책이 |
| /-를/, /-을/ | 새를 | 책을 |
| /-와/, /-과/ | 새와 | 책과 |
| /-야/, /-아/ | 새야 | 영숙아 |
| /-는/, /-은/ | 새는 | 책은 |

## 바. {-ㅂ-/-습-}, {-오/-소}

| 총형태소 | 모음 끝난 형태소 뒤 | 자음으로 끝난 형태소 뒤 |
|---|---|---|
| /-ㅂ-/, /-습-/ | 갑니까 | 왔습니까 |
| /-오/, /-소/ | 가오 | 먹소 |

## 2.3.2. 형태론적조건의 변이형태소

형태론적조건의 변이형태소는 어휘적형태소에서만 생기고 극히 개별적 경우에 문법적형태소에서도 생긴다. 대부분은 순수 형태론적 조건에 따른 변이형태소이나 더러는 음운론적 조건이 참여하는 현상도 관찰된다. 그러므로 여기서는 어휘적형태소와 문법적형태소의 분류를 하지 않기로 하고 음운적 조건은 설명에 포괄하기로 한다.

① {여덟 / 여덜}

| 총형태소 | 모음 시작하는 형태소 앞 | 자음으로 시작하는 형태소 앞, 어말 |
|---|---|---|
| /여덟/, /여덜/ | 여덟으로 | 여덟도[여덜] |
| | | 여덟[여덜] |

② {적 / 쩍}

| 총형태소 | 모음으로 끝난 두 음절 형태소 뒤 | 단음절과 두 음절 이상의 받침으로 끝난 형태소 뒤 |
|---|---|---|
| /-적/, /-쩍/ | 동지적, 천재적 | 내적[-쩍], 친선적[-쩍] |

③ 일부 /ㄹ/받침으로 끝난 형태소가 자음 /ㄴ, ㄷ, ㅅ, ㅈ/로 시작되는 형태소를 만날 때 /ㄹ/이 빠져나가 변이형태소를 이루는 경우가 있다.

| 총형태소 | 자음 /ㄴ, ㄷ, ㅅ, ㅈ/로 시작하지 않는 형태소 앞 | 자음 /ㄴ, ㄷ, ㅅ, ㅈ/로 시작하는 형태소 앞 |
|---|---|---|
| /솔/, /소-/ | 솔문 | 소나무[소-] |
| /버들/, /버드-/ | 버들바구니 | 버드나무[버드-] |
| /아들/, /아드-/ | 아들집 | 아드님[아드-] |
| /딸/, /따-/ | 딸집 | 따님[따-] |
| /달/, /다-/ | 달포 | 다달이[다-] |
| /밀/, /미-/ | 밀차 | 미닫이[미-] |
| /불/, /부-/ | 불화로 | 부삽[부-] |
| /찰/, /차-/ | 찰밥 | 차조[차-] |

④ 개음절 형태소가 /날, 머리, 물/ 등 형태소 앞에서 /ㄴ/을 받침소리로 가지는 변이형태소

| 총형태소 | /날, 머리, 물/ 등이 아닌 형태소 앞 | /날, 머리, 물/ 등 형태소 앞 |
|---|---|---|
| /차/, /찬/ | 차무역 | 차물[찬] |
| /코/, /콘/ | 코소리 | 코날[콘] |

| /하루/, /하룬/ | 하루아침 | 하루날[하룬] |
|---|---|---|
| /비/, /빈/ | 비바람 | 비물[빈] |
| /닷새/, /닷샌/ | 닷새밤 | 닷새날[닷샌] |
| /이레/, /이렌/ | 이레후 | 이레날[이렌] |
| /쇠/, /쇤/ | 쇠붙이 | 쇠물[쇤] |
| /귀/, /귄/ | 귀바퀴 | 귀머리[귄] |

⑤ /뒤, 여울, 베개/ 등 형태소가 /ㅑ, ㅕ, ㅛ, ㅠ, ㅣ/로 시작되는 형태소를 만날 경우 받침에 "ㄴ"을 첨가하는 동시에 뒤형태소의 첫소리에도 "ㄴ"을 첨가하여 두 형태소를 모두 다른 변이형태소로 만든다.

| 종형태소 | /ㅑ, ㅕ, ㅛ, ㅠ, ㅣ/로 시작하지 않는 형태소 앞 | /ㅑ, ㅕ, ㅛ, ㅠ, ㅣ/로 시작하는 형태소 앞 |
|---|---|---|
| /욕/, /뇩/ | 큰욕 | 뒤욕[뒨뇩] |
| /여울/, /녀울/ | 여울가 | 뒤여울[뒨녀울] |
| /일/, /닐/ | 큰일 | 뒷일[뒨닐] |
| /잇/, /닏/ | 잇을 달다 | 베개잇[베겐닏] |

⑥ 불규칙용언 형태소들의 변이형태소

{-ㄷ/-ㄹ}

| 종형태소 | 자음으로 시작되는 토를 만날 때 | 모음으로 시작되는 토를 만날 때 |
|---|---|---|
| /닫-/, /달-/ | 닫고 | 달으니[달-] |
| /걷-/, /걸-/ | 걷고 | 걸으니[걸-] |
| /묻-/, /물-/ | 묻고 | 물으니[물-] |

이런 변이형태소는 다음 단어들에서도 나타난다.

긷다[긷] → 길어서[길]
깨닫다[깨닫] → 깨달아서[깨달]
눋다[눋] → 눌어서[눌]

다닫다[다닫] → 다달아서[다달]
듣다[듣] → 들어서[들]
싣다[싣] → 실어서[실]


{-ㅂ-/-ㅜ-/-w-}

| 총형태소 | 자음으로 시작되는 토를 만날 때 | 모음으로 시작되는 토를 만날 때 /-으-/, /-아/, /-어/ |
|---|---|---|
| /돕-/, /도우-/, /도w-/ | 돕다 | 도우니[도우-], 도와[도w-] |
| /곱-/, /고우-/, /고w-/ | 곱다 | 고우니[고우-], 고와[고w-] |
| /춥-/, /추우-/, /추w-/ | 춥다 | 추우니[추우-], 추워[추w-] |
| /깁-/, /기우-/, /기w-/ | 깁다 | 기우니[기우-], 기워[기w-] |


이런 변이형태소는 다음 단어들에서도 나타난다.


가볍다[가볍] → 가벼우니[가벼우]
          → 가벼워[가벼w]
가깝다[가깝] → 가까우니[가까우]
          → 가까와[가까w]


"간지럽다, 굽다, 눕다, 더럽다, 덥다, 두렵다, 두텁다, 무섭다, 미끄럽다, 맵다, 부드럽다, 우습다, 접미사 "-답-", "-스럽-"이 붙어 이루어진 형용사" 등이 다 이런 례로 된다.


{-ㅅ/-∅}

| 총형태소 | 자음으로 시작되는 토를 만날 때 | 모음으로 시작되는 토를 만날 때 |
|---|---|---|
| /짓-/, /지-/ | 짓고 | 지으니[지-] |
| /낫-/, /나-/ | 낫고 | 나으니[나-] |
| /붓-/, /부-/ | 붓고 | 부으니[부-] |
| /줏-/, /주-/ | 줏고 | 주으니[주-] |
| /잇-/, /이-/ | 잇고 | 이으니[이-] |

이런 변이형태소는 다음 단어들에서도 나타난다.


    긋다[긋] → 그어[그]
    잣다[잣] → 자아[자]
    젓다[젓] → 저어[저]
    뭇다[뭇] → 무어[무]


{-ㄹ/-∅}

| 총형태소 | /ㄴ, ㅂ, ㅅ, 오/로 시작되지 않는 토를 만날 때 | /ㄴ, ㅂ, ㅅ, 오/로 시작되는 토를 만날 때 |
|---|---|---|
| /살-/, /사-/ | 살고, 살아 | 사니, 삽니다, 사시오, 사오[사-] |
| /열-/, /여-/ | 열고, 열어 | 여니, 엽니다, 여시오, 여오[여-] |
| /갈-/, /가-/ | 갈고, 갈아 | 가니, 갑니다, 가시오, 가오[가-] |
| /길-/, /기-/ | 길고, 길어 | 기니, 깁니다, × , 기오[기-] |


※ /ㄹ/ 받침이 오는 모든 용언기어는 이런 변이형태소를 가진다.


{-르/-ㄹㄹ}

| 총형태소 | /ㅏ, ㅓ/로 시작되지 않는 토를 만날 때 | /ㅏ, ㅓ/로 시작되는 토를 만날 때 |
|---|---|---|
| /나르-/, /날르-/ | 나르다 | 날라[날르-] |
| /너르-/, /널르-/ | 너르다 | 널러[널르-] |
| /가르-/, /갈르-/ | 가르다 | 갈라[갈르-] |
| /고르-/, /골르-/ | 고르다 | 골라[골르-] |


    이상 단어들 외에도 "다르다, 가르다, 거르다, 구르다, 그르다, 누르다, 마르다, 모르다, 바르다, 벼르다, 부르다, 자르다, 조르다, 빠르다, 오르다, 이르다(告)" 등 단어들에서도 이런 변이형태소가 나타난다.

{-Ø/ㄹ-}

| 총형태소 | /ㅏ, ㅓ/로 시작되지 않는<br>토를 만날 때 | /ㅏ, ㅓ/로 시작되는<br>토를 만날 때 |
|---|---|---|
| /푸르-/, /푸르르-/ | 푸르고, 푸르오 | 푸르러, 푸르렀다 |
| /누르-/, /누르르-/ | 누르고, 누르오 | 누르러, 누르렀다 |

"노르다, 이르다(至)" 등 단어도 이런 변이형태소를 가진다.


⑦ 용언토의 변이형태소

• "오-너라"

"오다"에 한하여서는 명령식토에 "-아라"가 쓰이지 않고 "-너라"가 쓰인다.

• "가-거라"

"가다, 자다, 자라다, 앉다, 있다, 일어나다"에 한하여서는 명령식토에 "-아라"가 쓰이는 외에 "-거라"도 쓰인다.


⑧ 어간과 토의 동시 변이형태소

• "다-오"-"주-어라"

"자기에게로 건네다"의 의미를 가지는 "다오"는 "주어라"의 보충형태로서 기어와 토가 모두 바뀐 것이라고 볼 수 있다.

• "파랗(다)" 류형의 형태소도 기어와 토가 동시에 다 변이형태소로 된례가 된다

파랗다[파랗+다] → 파라면[파라+면](← 파랗+으면)
　→ 파래지다[파래+지+다](← 파랗+아+지+다)


⑨ 일부 수사 형태소의 변이형태소

{-∅/ㄹ-}

| 총형태소 | 토를 만날 때 | 직접 단위명사를 만날 때 |
|---|---|---|
| /하나/, /한/ | 하나가 | 한개 |
| /둘/, /두/ | 둘을 | 두마리 |
| /셋/, /세/, /석/, /서/ | 셋에서 | 세개, 석냥, 서말 |
| /넷/, /네/, /넉/, /너/ | 넷으로 | 네개, 넉냥, 너말 |
| /다섯/, /닷/ | 다섯도 | 닷말 |
| /스물/, /스무/ | 스물이며 | 스무개 |

⑩ {나/내}, {너/네), {저/제}

| 총형태소 | 주격토 외의 토 앞 | 주격토 앞 | 속격 형태 |
|---|---|---|---|
| /나/, /내/ | 나를, 나의 | 내가 | 내 물건 |
| /너/, /네/ | 너에게, 너의 | 네가 | 네 책상 |
| /저/, /제/ | 저도, 저의 | 제가 | 제 생각 |

⑪ {올-/오-}, {찰-/차-}

| 총형태소 | /조/ 외의 형태소 앞 | 형태소 /조/ 앞 |
|---|---|---|
| /올-/, /오-/ | 올벼, 올감자 | 오조 |
| /찰/, /차-/ | 찰벼, 찰떡 | 차조 |

⑫ {우/운-}

| 총형태소 | 어말이나 토 앞 | 명사적 기어 앞 |
|---|---|---|
| /우/, /운-/ | 채상우, 우에서 | 웃도리[운], 웃옷[운] |

⑬ {-압-/-업-}

| 총형태소 | 양성모음으로 끝난 기어 뒤 | 음성모음으로 끝난 기어 뒤 |
|---|---|---|
| /-압-/, /-업-/ | 다랍다 | 더럽대[업], 부끄럽다 |

⑭ {-앟-/-엏-/-얗-/-엫-}

| 종형태소 | 양성모음 기어 뒤 | 음성모음 기어 뒤 | /보-/, /하-/ 등 기어 뒤 | /부-/, /허-/ 등 기어 뒤 |
|---|---|---|---|---|
| /-앟-/<br>/-엏-/<br>/-얗-/<br>/-엫-/ | 가맣다 | 둥그렇다 | 보얗다<br>하얗다 | 부엏다<br>허엏다 |

⑮ {메/멥-}, {이/입-}, {조/좁-}, {찰/찹-}

| 종형태소 | /쌀-/ 이외의 형태소 앞 | 형태소 /쌀-/ 앞 |
|---|---|---|
| /메/, /멥-/ | 메밥 | 멥쌀 |
| /이/, /입-/ | 이밥 | 입쌀 |
| /조/, /좁-/ | 조밥 | 좁쌀 |
| /찰/, /찹-/ | 찰밥 | 찹쌀 |

⑯ 순한소리가 된소리로 바뀌는 변이형태소

• {대문/때문}, {길/낄}, {달/딸}, {줄기/쭐기}, {자국/짜국}, {바닥/빠닥}

| 종형태소 | 어말이나 토 앞 | /안, 후, 하루, 강, 이, 배/ 등 형태소 뒤 |
|---|---|---|
| /대문/, /때문/ | 대문에서 | 안대문[때문] |
| /길/, /낄/ | 길에서 | 후길[낄] |
| /달/, /딸/ | 이달 | 후달[딸] |
| /줄기/, /쭐기/ | 줄기를 | 강줄기[쭐기] |
| /자국/, /짜국/ | 자국을 | 이자국[짜국] |
| /바닥/, /빠닥/ | 땅바닥 | 배바닥[빠닥] |

• {가루/까루}, {국/꾹}, {거리/꺼리}, {군/꾼}, {가/까}, {대/때}, {덩이/떵이}, {빛/삧}, {더미/떠미}

| 총형태소 | 어말이나 토 앞 | 다수 명사적기어 뒤 |
|---|---|---|
| /가루/, /까루/ | 생가루 | 고추가루, 밀가루, 미시가루 |
| /국/, /꾹/ | 국을 | 고기국, 된장국, 시래기국 |
| /거리/, /꺼리/ | | 구경거리, 소일거리, 말거리 |
| /군/, /꾼/ | | 사기군, 장군, 짐군 |
| /가/, /까/ | 가에서 | 강가, 바다가, 우물가 |
| /대/, /때/ | 대를 | 가리대, 마늘대, 장대 |
| /덩이/, /떵이/ | 덩이를 | 땅덩이, 피덩이, 얼음덩이 |
| /빛/, /삧/ | 빛이 | 불빛, 해빛, 전등빛 |
| /더미/, /떠미/ | 한 더미 | 산더미, 재더미, 쌀더미 |

- {간/깐}, {건/껀}, {격/껵}, {구/꾸}, {급/끕}, {기/끼}, {과/꽈}, {법/뻡}, {병/뼝}, {수/쑤}, {자/짜}, {점/쩜}

| 총형태소 | 어말이나 토 앞 | 다른 명사적 형태소와 함께 단어를 이룰 때 |
|---|---|---|
| /간/, /깐/ | 간막이 | 문간, 고간 |
| /건/, /껀/ | | 사건, 문건 |
| /격/, /껵/ | 격 | 인격, 성격, 주격 |
| /구/, /꾸/ | | 문구, 경구, 례구 |
| /급/, /끕/ | 급을 | 성급, 주급, 처급 |
| /기/, /끼/ | | 풍기, 강기, 정기 |
| /과/, /꽈/ | 과에서 | 내과, 소아과, 안과 |
| /법/, /뻡/ | 법을 | 문법, 수법, 헌법 |
| /병/, /뼝/ | 병이 | 랭병, 만성병, 급성병 |
| /수/, /쑤/ | | 호수, 점수, 등수 |
| /자/, /짜/ | | 문자, 수자, 글자 |
| /점/, /쩜/ | | 기점, 관점, 우점 |

## 2.3.3. 자유변이형태소

자유변이형태소에는 어음들의 교체, 탈락, 축약 같은 간단한 것도 있고 두 개의 형태소가 축약되어 이루어지는 복잡한 것도 있다.

① 간단한 자유변이형태소

| 총형태소 | 례 |
|---|---|
| /것/, /거/ | 이것, 이거 |
| /무엇/, /뭣/, /뭐/, /머/ | 무엇이요? 뭣? 뭐라구? 다 왔나 머. |
| /터/, /테/ | 가는터이요. 그럴테요? |
| /체/, /척/ | 모르는체한다. 아는척한다. |
| /－로/, /－루/ | 어디로 가오? 어디루 가우? |
| /－는/, /－ㄴ/ | 김동무는? 김동문? |
| /－마는/, /－만/ | 안다마는, 안다만 |
| /－지마는/, /－지만/ | 나도 알지마는, 나도 알지만 |
| /－다/, /－다가/ | 여기에다, 여기에다가 |
| /－지요/, /－지유/ | 좋지요? 거야 좋지유. |
| /－이－/, /－Ø－/ | 참깨이다, 참깨다 |
| /두어/, /둬/ | 두어 사람, 둬 사람 |
| /－고/, /－구/ | 그리고, 그리구 |
| /－오/, /－우/ | 어디로 가오? 어디루 가우? |
| /－소/, /수/ | 언제 왔소? 언제 왔수? |

② 두개 이상 형태소가 축약되거나 그 중 어느 한 형태소가 탈락되는 경우

| 것은→건 | 그것은 무엇이요? 그건 뭐요? |
|---|---|
| 것이 → 게 | 그것이 다 뭐요. 그게 다 뭐요. |
| 무엇이 → 뭬 | 무엇이 무섭소? 뭬 무섭소? |
| －려 합니다 → －렵니다 | 가려 합니다, 가렵니다. |
| －려 하는 → －려는 | 가려 하는, 가려는 |
| 아이→애 | 아니를, 애를 |
| 사이→새 | 그럴 사이가 없다, 그럴 새가 없다. |
| 보이다 → 뵈다 | 그렇게 보이더냐? 구래 뵈도 선생이요. |
| 누이다→뉘다 | 오줌을 누이다, 오줌 뉘지. |
| 하여→해 | 그리 하여, 그리 해 |
| 매여→매 | 그 일에 매여, 그 일에 매 |
| 매였다→맸다 | 신들을 매였다, 신들을 맸다 |
| 되여→돼 | 그렇게 되여, 그렇게 돼 |
| 되였다→됐다 | 이제는 되였다, 이제는 됐다 |
| 추어→춰 | 춤을 추어, 춤을 춰 |
| 추었다→췄다 | 춤을 추었다, 춤을 췄다 |

| | |
|---|---|
| 가두어→가둬 | 사람을 가두어, 사람을 가둬 |
| 가두었다→가뒀다 | 죄범을 가두었다, 죄범을 가뒀다 |
| 다니여→다녀 | 늘 다니여, 늘 다녀 |
| 다니였다→다녔다 | 자주 다니였다, 자주 다녔다 |
| 치여→쳐 | 가루를 치여, 가루를 쳐 |
| 치였다→쳤다 | 가루를 치였다, 가루를 쳤다 |
| 끼여→껴 | 안개가 끼여, 안개가 껴 |
| 끼였다→꼈다 | 안경을 끼였다, 안경을 꼈다 |
| 지여→져 | 이번에 지여, 이번에 져 |
| 지였다→졌다 | 전번에 지였다, 전번에 졌다 |
| 찌여→쪄 | 김으로 찌여, 김으로 쪄 |
| 찌였다→쪘다 | 김으로 찌였다, 김으로 쪘다 |

## 2.4. 어휘적형태소와 문법적형태소

### 2.4.1. 어휘적형태소

### 2.4.1.1. 제1류 형태소

제1류 형태소는 모두 최소자립형식 중에서 가장 중심적인 개념을 나타내며 최소자립형식이나 단어의 기본요소, 즉 그것들이 이루어지는데 있어서 근간적역할을 담당하는 형태소이다. 이런 형태소들은 기어(또는 어근)라고 한다고 하였다. 이중에는 자립기어와 구속기어의 두 가지가 있다는 것도 알았다.

자립기어는 그것만으로도 단어를 이룰 수 있는 형태소인데 모두 체언형태소들이다.


<u>말</u> 타고 <u>꽃</u> <u>구경</u>한다. (단어)


자립기어는 또 형태론적구조의 핵심으로 된다.


*나무*에 대하여 설명했다. (사선체는 형태론적구조, 밑줄을 친 부분은 자

립 기어이다.)

자립기어는 그것만으로 문장이 되는 경우도 있다.

(저것이 무엇이요?) 말. (문장)

자립기어는 다른 단어를 만드는데 참가하여 중심적 개념을 나타내고 이 단어가 만들어지는데 있어서 없어서는 안 될 근간적 역할을 한다.

수말, 암말 (접두사가 붙어 이루어진 새 단어)
일군, 농군 (접미사가 붙어 이루어진 새 단어)
헛총질, 군입질 (접두사, 접미사가 붙어 이루어진 새 단어)

구속기어에는 동사, 형용사 기어가 있다.

**동사** : <u>가</u>다, <u>하</u>다, <u>뛰</u>다, <u>부시</u>다, <u>흔들</u>다, <u>두드리</u>다
**형용사** : <u>좋</u>다, <u>쉽</u>다, <u>크</u>다, <u>푸르</u>다, <u>누르</u>다, <u>싱겁</u>다

구속기어는 동사, 형용사의 새 단어를 만드는 데 있어서 핵심적 작용을 한다.

**동사** : 덧<u>대</u>다, 들<u>볶</u>다 (접두사가 붙은 것)
   <u>나부</u>대다, <u>무너</u>지다 (접미사가 붙은 것)
   휘<u>둘러</u>대다, 짓<u>조겨</u>대다 (접두사, 접미사가 붙은 것)
**형용사** : 드<u>높</u>다, 얄<u>밉</u>다 (접두사가 붙은 것)
   <u>굵</u>직하다, <u>노랗</u>다 (접미사가 붙은 것)
   싯<u>누렇</u>다, 샛<u>말갛</u>다 (접두사, 접미사가 붙은 것)

### 2.4.1.2. 제2류 형태소

① 제2류 형태소의 성격

제2류 형태소는 파생접사이다. 여기에는 접두사와 접미사가 있는데 이들은 제1류 형태소와 함께 어휘적형태소에 속한다.

이런 형태소들 중 기어들 앞에 오는 접두사는 기어를 수식한 정하여주는 요소로 쓰이며 기어의 의미를 정밀화하여주고 접미사는 앞에 온 기어의 수식한정을 받는 요소로 되나 자체의 의미가 추상적이어서 기어의 의미에 종속되고 만다. 이리하여 접두사와 접미사는 결국 어휘적의미를 나타내는데 복무하는 요소로 된다.

<br>

```
접두사 :  단어 -          군말                    군소리
          관계 - (필요한 범위를 벗어난) (말)    (쓸데없는) (소리)
                        (규정적관계)             (규정적관계)
          단어 -       들날리다                  휘두르다
          관계 -  (매우) (날리다)     (규모나 정도가 크게) (두르다)
                        (상황적관계)             (상황적관계)
접미사 :  단어 -       농사군                      웃음
          관계 - (농사에 종사하는) (사람)       (웃는) (행동)
                          (추상적)                 (추상적)
                        (규정적관계)             (규정적관계)
                     (의미적으로 종속)        (의미적으로 종속)
          단어 -     기웃거리다                거꾸러뜨리다
          관계 -(기웃하면서) (반복행동하다)    (거꾸러지게) (하다)
                          (추상적)                 (추상적)
                        (상황적관계)             (상황적관계)
                     (의미적으로 종속)        (의미적으로 종속)
```

<br>

접두사와 접미사는 모두 기어를 중심으로 하고 그것을 토대로 하여 앞뒤에 붙는다. 그리고 규정적관계이든지 상황적관계이든지 할 것 없이 모두 그

기어에만 국한된다. 반면에 제3류 형태소(즉 토)들은 기어나 기어에 접사가
붙은 단어에 부착되기는 하지만 그 기어에만 국한되는 것이 아니라 도리어
그가 붙은 단어가 지배하는 앞에 오는 다른 단어에까지도 관계를 발생하는
바 이것은 제2류 형태소와 제3류 형태소의 본질적구별로 된다.

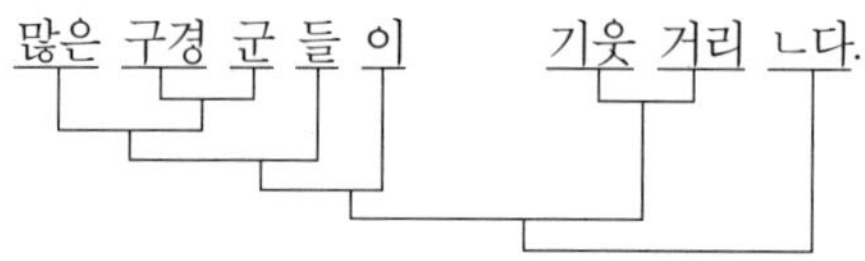


접두사와 접미사는 력사적으로 보면 대부분 기어가 추상화되고 자립성을
잃으면서 이루어진 것이고 또 지금도 이런 추상화가 계속되고 있기 때문에
때로 접사와 기어를 가르기 어려운 경우가 있게 된다. 기어와 접사의 계선
을 가리자면 자립적으로 쓰일 수 있는가 없는가를 보아야 할 뿐만 아니라
기어와의 관계 및 의미용적의 차이를 종합적으로 고려해야 한다.

자립적으로 쓰이지 못하는 것만이 접사의 본질이라고 본다면 수식한정하
는 관계에 있지 않는 "덧없다", "실없다"(여기서는 주체적관계이다) 경우의 "덧
—", "실—"을 접두사로 볼 수 있는데 이는 타당하지 않다.

의미적용적의 차이를 홀시해도 "말거미", "돌배" 경우의 "말—", "돌—"
을 기어로 볼 수 있고 또 기어와 의미적용적이 같은 "늦가을, 선솜씨, 잔돈,
참기름, 웃마을" 경우의 "늦, 선, 잔, 참, 웃" 등을 접두사로 볼 수 있다. 또
"도서실, 교무처, 로동국, 문화부"의 경우 "실, 처, 국, 부"를 접미사로도 볼
수 있다. 이 후자의 경우는 사실 "실, 처, 국, 부"가 자립적으로 쓰이는 사실
도 홀시한 것이다.

일부 사람들이 접두사로 다루는 "늦, 선, 잔, 참, 웃" 등은 각각 의미용적
이 변함이 없이 "늦다, 설다, 잘다, 참이다, 우아래" 등으로 쓰이며 접미사
로 다루어지는 "실, 처, 국, 부" 등도 "실에 나가다, 우리 처에서 내보냈다,
국에서 이 일을 안다, 부에서 내려온 사람이다" 등으로 자립적으로 쓰인다.

그러므로 접사는 기어를 수식한정하는(자립적으로 쓰이는 어근과 의미용적이 다른 기어 래원의 형태소 포함) 자립적으로 쓰이는 일이 없는 형태소여야 한다.

② 접두사

현대조선어에는 80개 좌우의 상용접두사가 있는데 모두 기어 앞에 붙어 주로 기어와 같은 류형의 품사적 성격을 가진 명사, 수사, 동사, 형용사 등 새로운 단어를 조성하는 역할을 한다. 접두사가 대명사, 부사, 관형사, 감동사를 만드는데 가담하는 일은 없다.

갈 + 범(명) → 갈범(명사)
수 + 백(수) → 수백(수사)
덧 + 붙이다(동) → 덧붙이다(동사)
시 + 꺼멓다(형) → 시꺼멓다(형용사)

그중에서 명사 조성에 참가하는 것이 다수를 차지하며 용언과 수사 조성에 참가하는 것은 불과 20여 개 밖에 안된다. 한자어 접두사는 절대 다수가 명사 조성에 참가한다.

다수의 접두사는 어느 한 류형의 단어를 조성하는 데만 참가한다.

"갈가마귀, 갓신, 경공업, 개실구, 너학생, 받아들, …" 등 명사 조성에 참가하는 다수의 접두사는 명사만 조성할뿐 다른 류형의 단어를 조성하지 못한다.

"들끓다, 되살리다, 뒤흔들다, 벋디디다, …" 등은 동사 조성에만 참가하고 "새까맣다, 시누렇다, 얄밉다, …"등은 형용사 조성에만 참가한다.

개별적 접두사들은 뒤에 오는 기어와 결합하여 기어와 다른 류형의 단어를 조성하는 일이 있다.

휘- 동사 조성 : 휘두르다, 휘젓다
　　형용사 조성 : 휘둥그렇다, 휘넓다

빗- 명사 조성 : 빗장, 빗살창
　　동사 조성 : 빗서다, 빗듣다
덧- 명사 조성 : 덧문, 덧저고리
　　동사 조성 : 덧쓰다, 덧심다
올- 명사 조성 : 올당콩, 올벼
　　동사 조성 : 올되다


③ 접미사

현대조선어에는 100개 좌우의 상용 접미사가 있는데 모두 기어 뒤에 붙어 새로운 단어를 조성한다. 그중 기어와 같은 류형의 품사를 조성하는 것도 있고 기어와 다른 품사를 조성하는 것도 있으며 어휘적형태소의 역할만 하는것도 있고 어휘적형태소와 문법적형태소의 역할을 하는 것도 있다.


기어와 같은 부류의 단어를 만드는 접미사
-군 : 구경군, 사냥군, 씨름군(명사)
-나문 : 스무나문, 서르나문, 아흐나문(수사)
-치- : 넘치다, 놓치다, 밀치다(동사)
-다랗- : 가느다랗다, 길다랗다, 좁다랗다(형용사)
-이-/-히-/-리-/-기-/-우-/-구- : 짚이다, 꺾이다(동사)
기어와 다른 부류의 단어를 만드는 접미사
-기 : 달리기, 모내기, 주먹치기(동사 → 명사)
-ㅁ : 기쁨, 아름다움, 아픔(형용사 → 명사)
-이 : 꾀꼬리, 개구리(부사 → 명사)
-거리- : 기웃거리다, 넘실거리다, 두근거리다(부사 → 동사)
-이-/-히-/-리-/-추-/-우- : 높이다, 붉히다, 낮추다(형용사 → 동사)
-스럽- : 근심스럽다, 자랑스럽다, 영광스럽다(명사 → 형용사)
-직- : 먹음직하다, 있음직하다, 감직하다(동사 → 형용사)
-이-/-히- : 높이, 길이(형용사 → 부사)
-이 : 나날이, 번번이, 집집이(명사 → 부사)

우의 접미사들 중 기어와 다른 부류의 단아를 만드는 접미사들과 상의 문법적의미를 담당하는 접미사는 모두 새로운 품사를 조성하였거나 그가 나타내는 의미의 추상성정도에 따라 문법적형태소의 역할을 겸하고 있다. 이런 부류의 접미사들은 사실 어휘적형태소이자 문법적 형태소이다.

접미사의 다수는 명사 조성에 참가하며 용언이나 부사 조성에 참가하는 것은 상용 접미사 10여 개 정도이고 극히 드문 것까지 다 해도 20~30개 정도밖에 안 된다.

한자어 접미사는 모두 명사 조성에만 참가한다.

접미사는 모두 어느 한 부류의 단어를 조성하는 데만 참가할 뿐 하나의 형태소의 자격으로 두 가지 부류의 단어를 조성하는 일이 없다.

**명사 조성에만 참가하는 것**
－가 : 김가, 박가, 최가
－내기 : 햇내기, 풋내기
－다리 : 늙다리, 키다리
－론 : 유물론, 유심론, 인식론
－물 : 출판물, 대립물, 로페물
－뱅이 : 앉은뱅이, 게으름뱅이

**수사 조성에만 참가하는 것**
－나문 : 쉬나문, 일흐나문

**동사 조성에만 참가하는 것**
－거리－ : 우쭐거리다, 까불거리다
－뜨리－ : 떨어뜨리다, 자빠뜨리다
－치－ : 떨치다, 뻗치다, 엎치다

**형용사 조성에만 참가하는 것**
－다랗－ : 굵다랗다, 커다랗다, 가느다랗다
－롭－ : 날카롭다, 순조롭다, 슬기롭다
－스럽－ : 사랑스럽다, 극성스럽다
－적(쩍)－ : 객적다, 멋적다, 게면쩍다
－직－ : 그럼직하다, 쏨직하다, 큼직하다

−스름− : 푸르스름하다, 노르스름하다

−딩딩− : 푸르딩딩하다

−대대−/−데데− : 발그대대하다, 불그데데하다, 거무데데하다

−우레−/−으레− : 시크무레하다, 붉으레하다

−압−/−업− : 오시랍다, 간지럽다, 미끄럽다, 부끄럽다

−앟−/−엏−/−얗−/−옇− : 가맣다, 멀겋다, 보얗다, 허옇다

−숙−/−쑥− : 깊숙하다, 말쑥하다

−수그레−/−수구레− : 늙수그레하다, 묽수구레하다

−족족−/−죽죽−/−직직− : 가마족족하다, 거무죽죽하다, 거무직직하다

−잡잡−/−접접− : 가마잡잡하다, 거무접접하다

−속속−/−숙숙− : 발그속속하다, 거무숙숙하다

−댕댕−/−뎅뎅− : 파라댕댕하다, 푸르뎅뎅하다

−께− : 노르께하다, 누르께하다

−퇴퇴−/−튀튀− : 가마퇴퇴하다, 거무튀튀하다

−틱틱− : 거무틱틱하다

−끄름− : 노르끄름하다

−숭− : 검숭하다, 아리숭하다

−실− : 검실하다

−슥− : 거무슥하다

−웃−/−웃− : 거뭇하다, 발긋하다

−르르− : 반드르르하다, 번드르르하다

−장−/−정− : 까부장하다, 꺼부정하다

−축축− : 거무축축하다

−칙칙− : 거무칙칙하다

−충충− : 거무충충하다

−테테− : 거무테테하다

**부사 조성에만 참가하는 것**

−껏 : 기껏, 목청껏, 성의껏

−이/−히 : 반가이, 간절히

−우 : 겨우, 되우, 매우

−금 : 다시금, 이따끔

접미사 "-이"는 같은 어음형식으로 나타나는 다음과 같은 형태소로 갈라볼 수 있다.


    1) **명사를 만드는 접미사 "-이"**
    동사 → 명사 : 다듬이, 봄맞이
    형용사 → 명사 : 깊이, 더위
    부사 → 명사 : 기러기, 꾀꼬리
    2) **동사를 만드는 접미사 "-이-"**
    부사 → 동사 : 지껄이다, 꿈쩍이다
    3) **부사를 만드는 접미사 "-이"**
    명사 → 부사 : 틈틈이, 집집이
    형용사 → 부사 : 새로이, 고이
    4) **동사의 부동한 부류를 조성하는 접미사 "-아-"**
    사역동사 : 먹이다, 누이다, 죽이다
    피동동사 : 쓰이다, 꺾이다


## 2.4.2. 문법적형태소(제3류형태소)

### 2.4.2.1. 문법적형태소의 성격과 특성

제3류형태소는 모두 문법적형태소에 속한다. 그것은 제3류형태소가 의미적으로 문법적의미를 나타내며 기능적으로 실질적 딘어 또는 구, 문상늘을 문법적으로 련계시켜 주거나 그들 체계내의 의미적 대조관계를 나타내주기 때문이다.

어휘적의미란 실질적 언어형식 자체의 의미이고 문법적 의미란 실질적 언어형식들의 상호관계를 나타내는 의미이다. 즉 어휘적 의미는 실질적 언어형식이 담은 객관적사물이나 사건, 성질 등등을 표시하는 의미이고 문법적 의미는 이런 객관적사물이나 사건, 성질 등을 표시하는 실질적 언어형식들이 어떤 관계로 이어지는가, 어떤 대조적관계로 자체의 체계 속에 존재하는가 하는 것을 나타내는 의미이다.

문법적의미를 단순한 의미성격으로 규정짓자고 하여서는 때로 정확히 파악할수 없을 경우가 있게 된다. 례를 들면 많은 학자들이 조선어의 도움토 (범주로 종합할 수 없다—절대 다수의 문법서), 접속토(범주로 종합할수 없고 그 의미 또한 론리적 의미인 것이 많다—절대 다수의 문법서), 종결토(화용론적 의미를 나타낸 다—김립흠) 등은 본질적으로 앞 뒤 언어성분 사이의 구조적관계를 나타내지 않으므로 이들은 문법적의미를 나타내지 않으며 따라서 그들은 문법적 범 주(문법적의미를 몇 가지 부류로 추상한 의미체계)를 이루지 않는다고 보아 왔다. 이것은 문법적의미를 판정함에 있어서 조선어의 특성을 잘 고려하지 못한데서 기인한다.

어느 언어든지 언어구조의 내부를 관찰하면 실질적 단어와 그에 상대되 는 언어성분이 있다는 것을 알 수 있다. 여기에서 실질적 단어는 어휘적의 미를 나타내고 실질적 단어에 상대되는 언어성분은 문법적의미를 나타낸다. 조선어에서 실질적 단어에 상대되는 언어성분은 곧 토인 것이다. 옛날부터 조선어를 연구하는 학자들은 "무슨 말에는 무슨 토를 붙인다"고 보아왔는 데 여기에 나오는 "말"은 실질적 단어이고 "토"는 바로 문법적형태소이다. 뿐만 아니라 토는 또한 기어 뒤에 붙어 체계적으로 교체되면서 일련의 문법 적의미를 나타내게 된다. 그러므로 조선어의 문법적 의미는 실질적 단어에 상대되며 체계적으로 교체되는 "토"라는 언어성분에 의하여 표시된다고 볼 수 있다.

조선어의 문법적형태소는 그 기능으로 보아 단어와 단어사이의 문장론적 위치관계를 나타내며 또한 언어형식체계에 존재하는 일정한 의미적 대조관 계를 나타낸다. 문장론적 위치관계를 나타내는 기능은 격토, 종결토, 접속 토, 규정토, 수식토 등이 담당하고 언어형식체계의 의미적 대조관계를 나타 내는 기능은 도움토, 시칭토, 존칭토가 담당한다. 이것을 도표로 보이면 다 음과 같다.

〈표 10〉 문법적형태소의 기능 분공

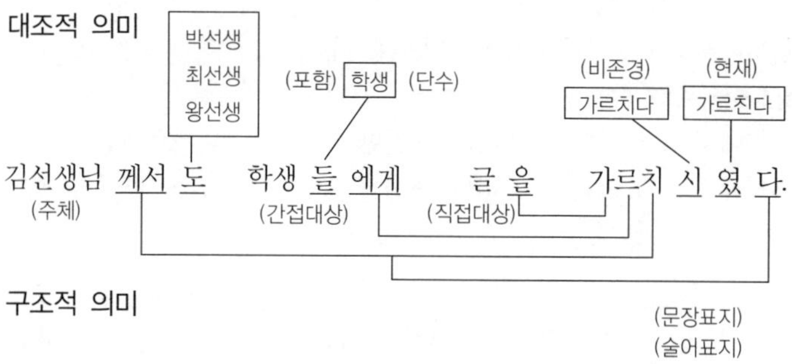


여기에서 알 수 있는바 언어형식들의 횡적의미관계를 나타내는 것은 곧 문장론적 위치관계를 나타내는 문법적형태소이며 언어 형식들 간의 종적의미관계를 나타내는 것은 곧 비위치적관계를 나타내는 문법적형태소이다.

조선어의 문법적형태소는 토와 완전히 일치하다고 보기는 어렵다. 그것은 토라는 것은 구조-결합적 단위로서 사용될 때 언제나 하나의 단위로 움직이여 기어 뒤에 가 붙는 것이다. 그런데 이런 토를 관찰하면 그 안에서 또 보다 작은 의미를 가진 단위를 발견하게 된다. 례를 들면 종결토에서 "ㅂ니까"와 "ㅂ디까"를 대조해보면 "ㅂ?까"부분은 같고 가운데 "니"와 "디"만 다르다. 이 두 토는 다 같이 의문식의 의미를 나타내는 외에 "니"는 "현재"의 의미를 가지고 "디"는 목격의 의미를 가진다. 사정이 이러하므로 "니"와 "디"에는 각각 형태소의 자격을 주어야 한다. 만일 그전대로 형태소 몇 개가 어울려 하나의 구조결합적 단위로 된 것을 계속 형태소라고 하여서는 리론적 당착이 된다. 이 문제를 피하는 방법은 곧 "토"라는 개념을 좀 확장하여 "구조-결합적으로 하나의 단위가 되며 문법적의미를 담당하는 언어단위"라고 규정할 필요가 있다.

조선어에서는 접속토, 종결토를 제외한 모든 토들이 형태소인 동시에 토이며 접속토와 종결토에서는 형태부이자 토로되는 것도 있고 형태소는 되나 토로 되지 못하는 것도 있다.

형태소이자 토로 되는 것

접속토에서 : 고, 며, 나, 되, 든가, 든지, 니, 므로, 기에, 지만

종결토에서 : 다, 구나, 네, 지, 니, 냐, 나

형태소로는 되나 토로 될 수 없는 것들

접속토에서 : -거니와, -려니와, -건만, -런만, -니까, -나니, -노니

종결토에서 : -ㅂ니다, -ㅂ디다, -ㅂ니까, -ㅂ디까, -지요, -자꾸나,
                  -르걸, -르걸요, -는지, -르지


조선어의 문법적 형태소의 이런 성격은 다음과 같은 특성을 제시하고 있다.

첫째, 토는 상대적 유리성이 강하여 비교적 철저한 교착성을 가지나 토가 되지 못하는 문법적형태소는 상대적 유리성이 약하고 교착성이 철저하지 못하여 어떤 것은 융합성이 강하다.


그분들 께서 까지 도 무척 기뻐하시 였 겠 다 마는 나는 모르고 있었다.


이와 같이 토들은 상대적유리성이 강하여 문법적으로 필요한 한 런달아 몇 개씩 교착될 수 있다.

"-더-"(목격의 의미를 나타내는 문법적형태소)는 "-던데, -더구나, -더구만, -더구만요, -던가, 던가요, -던지, -던지요, -던데요, -더니, -더라, -더라니, -더라니까, -더라니요"로 밖에 될수 없으며 *[더자구, 더나요, 더구려, 덜가, 더노라, 더다, 더로구나, 더자, 더세요] 등등으로 교착되지 못한다. "-요-"(존대의 의미를 나타내는 문법적형태소)는 "-거던요, -군요, -더군요, -던가요, -르가요, -던걸요, -ㄴ지요, -나요, -ㄴ데요, -던데요, -누만요, -라구요, -르게요, -르는지요, -르래요, -르지요, -더라니요, -라구요, -자구요, -자요, -지요, -나요"로 될 수 있으나 *[로다요, 로구나요, 더냐요, 더구려요, 게요, 누나요, 니요, 다요, 랴요, 려무나요, 리요, 니요] 등으로 교착될 수는 없다.

"-거든, -거늘, -거니와, -려니와" 등에서 밑줄을 그은 부분들은 사실

밑줄을 긋지 않은 부분의 구획성에 의해 갈리어 나올뿐 독자적으로 명확한 뜻을 가졌다고 보기도 어렵거니와 밑줄을 긋지 않은 부분과 결합하여서야만 각각 일정한 뜻을 담당한다. 이것은 교착인 것이 아니라 융합인 것이다.

둘째, 조선어의 문법적형태소가 나타내는 문법적 의미에는 문법적 범주를 이루는 의미도 있고 그 외의 이러저런 뜻빛갈도 있다.

"-느라니, -느라니까"에는 접속의 범주를 나타내는 원인, 계기의 뜻외에도 "어떤 행동을 계속하여나간다"는 뜻빛갈이 내포되어있다.

"-느니라"는 서술식, 하대계칭의 문법적 범주의 의미를 나타내는 외에도 "경험적으로 어떤 진리를 체득한 것을 타일러 주"는 뜻빛갈을 내포하고 있다.

때로 범주적 의미만 나타내는 형태부도 경우에 따라서 범주적의미를 상실하고 뜻빛갈만 나타내는 경우가 있다.

김동무가 왔<u>는가</u>고 물었다.
아무리 기다려도 오지<u>를</u> 않는다.
서부전선<u>에서</u>의 승리는 전반 국세 발전에 유리하다.

"왔는가고"의 "-는가"는 의문식, 비존대계칭의 범주적의미를 상실하고 "의문"의 뜻만 가지며 "오지를"의 "-를"은 대격의 범주적의미를 상실하고 강조의 뜻만 가지며 "전선에서의"의 "-에서"는 위격의 범주적의미를 상실하고 "장소"의 의미만 가진다. 이들의 범주적 의미는 각각 "-고", "-지", "-의"에 의해 나타날 뿐이다.

셋째, 토의 단위로 되지 못하는 문법적형태소는 우선 토 단위로 묶여진 다음에 어간 뒤에 차례로 붙되 뒤에 오는 토는 언제나 앞의 어간이 통솔하는 언어성분전체와 그 어간에 붙은 토까지 포괄한 부분에 작용이 미친다. 례컨대

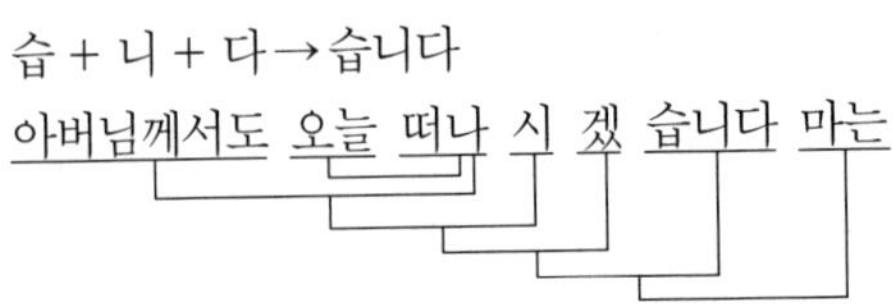

여기에서 "습, 니, 다" 등 형태부들은 우선 서로 하나의 단위로 묶이여야만 언어행위에 쓰일 수 있다. 두 번째 례에서 "-마는"은 그 앞에 온 전체 언어적 요소의 의미에 대한 "대립"의 뜻을 나타내고 있고 "-습니다, -겠-, -시-"도 각각 이러하게 그 의미를 첨가해준다. 이런 관계를 다음의 그림으로도 례시할 수 있다.

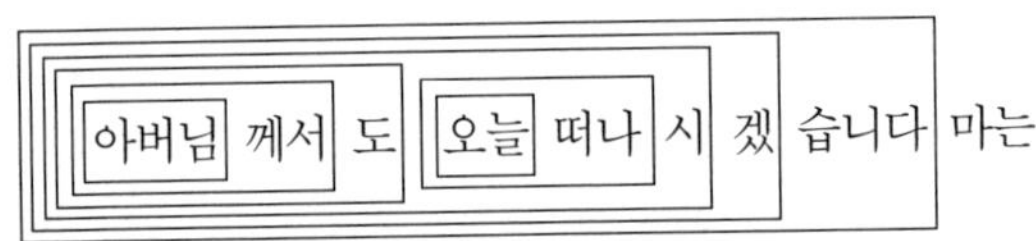

넷째, 조선어의 문법적형태소는 일차적으로는 체언, 용언에 각각 달리 붙지만 체언 전성토와 용언전성토의 매개로 2차 이상으로는 품사적 제한을 받지 않을 뿐만 아니라 단어이상의 단위거나 단어가 아닌 단위에도 붙을 수 있는 령활한 통용성을 가진다.

<체언, 용언에 1차적으로 붙는 토의 례>

**체언에 붙는 토**

새가 난다                   바람이 분다 (주격토)

나라를 사랑한다             꽃을 가꾼다 (대격토)

고향에 간다                 륙지에서 산다 (위치격토)

마치로 친다                 고원으로 떠난다 (방편격토)

우리의 조국                 하나의 특성 (련결토)

나도 알고있다               북경까지 갔다 (도움토)

**용언에 붙는 토**

우리는 노력하ㅂ니다.    그들도 먹습니다. (종결토)
해가 지고 달이 뜨지요.    모르면 업신여기ㄴ다. (접속토, 종결토)
고상하ㄴ 품덕    잘 아는 사람 (규정토)
그분이 오시던 날    뜨겁게 잡으시는 손 (존칭토, 규정토)
어제 가시였습니다.    래일 편지를 쓰겠습니다. (시칭토, 종결토)

<체언, 용언에 2차적으로 붙는 토의 례>
체언에 체언전성토가 붙은 다음 용언토가 붙는 례

새벽이였다.    내 꽃 제일이지.
숯을 구워낼판이다.    속대는 딴판이란말야.
인차 떠날 작정이냐?    길에서 갑신 취했단말이야.
그게 정말이시우?    웬일인지 멎었다.
누구 탓인가?    꼭 그 사람인데 왜 틀려.
어떤 형편인줄 아냐말이야.    무슨 수작일가?
사람의 병일텐가!    아는 것이 힘입니다.

**용언에 용언전성토가 붙은 다음 체언토가 붙는 례**
-기

심술궂고 먹기 좋아하는    꿈 같기만 하다
살기 위하여 싸운다    소리쳐 울기만 한다
부르짖기 시작하였다    둘러보기는 하였으나
기둥에도 가닿기 전에    만나기는 한번 만났을 뿐이다
저물기 전으로 도착하고    잡아먹기는 알맞춤하겠다
당도하기 전날에도    말이 끝나기도 전에
처리하여 넘기기는    식은 죽 먹기다
뚜들겨 패기까지 하다    분노라기보다 차거운 빛이
들고일어났기 때문에    내막을 알기나 하나?
다녀오기로 하였다    혹 앓기나 하면
앙큼하기 짝이 없는 년아    의혹을 풀어주기나 하려는 듯
감추기 어려웠다    공담이나 하기보다는 낫다

알아보기는 어려웠다

맨발로 바위 차기지

죽기내기로 구른다

듣기싫다는 듯

하기는 생각해보면

미심쩍기 짝이 없다

정말이기만 한 날에는

말하기조차 두려운 듯

다리를 곱질리기까지 한

건드려보기라도 하는 듯

괴이하기도 하다

데려가기도 하였다                    구원하기는 고사하고

달빛은 밝기도 하였다

귀를 기울이고 있는 듯 싶기도 하였다

춥기는커녕                           죽기밖엔 더 할가!

사람을 죽이기야 하랴

까밝히기가 옹색한 듯              공짜로 처먹기가 무섭지두 않아

오시기에 수고했습니다.

생시라고 믿기에는

언뜻 보기에도

사건이 일어나기를 고대하는

돈을 누가 거저 주기를 하나.

어린 시절의 노래이기는 하였으나

간곡한 권고이기도 하고 기별하기를 급히 만나시잔다는 것이었다.


ㅁ/음

무슨 속삭임에

헐벗음과 굶주림을 모르고

입술변두리에 비웃음인지 무엇인지 알기 어려운 살웃음이 떠올랐다

터져나오는 부르짖음을 겨우 입안으로 삼켰다.

죽음조차 마음대로 바랄 수 없는 신세

서기도 하고 앉기도 한 젊은이

건드리기만 하면

울기만 하더니

어리숙해보이기만 하던

꿈 같기만 하다

> 느닷없는 물음에 눈을 슴벅거리며
> 생긴 꼴이 어디 믿음이 가얍지요,
> 마귀의 꾀임에 들어
> 움직임을 귀로 엿듣고있던
> 그 한마디 사구려 외침으로써 생사판가름이라도 내려는 듯
> 뒤받침만 해주겠다면
> 가슴을 에이는 듯한 뉘우침을 어쩔 수 없었다.
> 상부의 가르침을 실행하려 할뿐이요
> 발돋움을 하여
> 그리움에 사무친 빛이 넘쳐흐른다.
> 노여움을 산 까닭이라고 여기여
> 아름다움을 풍기였다.
> 그 무서움과 아픔을 견디느라고
> 어딘가 부러움을 감추지 못하는 빛이 어렸다.
> 그 어떤 정다움과 그리움과 희망에 찬 목소리
>
> **단어가 아닌 것이나 단어이상의 단위에 토가 붙는 례**
> "ㅣ"는 앞모음이다. (단어가 아닌 것)
> "A"는 라틴문자의 첫글자이다. (단어가 아닌 것)
> 누구도 모르게 해내였음을 몰랐다. (단어이상의 단위)

마지막 문장에서 "-게"는 "누구도 모르"의 구에 붙었고 "-였음을"은 "누구도 모르게 해내다"전체에 붙었으며 "-았다(몰랐다)"는 "누구도 모르게 해내였음을 모르다"전체 문장에 붙었다.

### 2.4.2.2. 위치적인 문법적형태소

조선어의 상용 문법적형태소는 180여 개가 되는데 위치적인 문법적형태소는 그 다수를 차지하여 150여 개가 된다. 위치적인 문법적형태소란 문장론적 위치를 나타낼 수 있는 형태소를 가리켜 이르는 말이다. 이런 토들은 주어, 목적어, 술어, 규정어, 상황어 등의 표지로 사용되는 것이 주된 용도

이다.

그중 격토, 규정토, 수식토는 모두 하나의 형태부이자 하나의 토로 되는
데 격토 19개, 규정토 3개, 수식토 3개가 있다.

| 격토 | -가/-이, -께서, -에서 | (주격) |
|---|---|---|
|  | -가/-이 | (보충격) |
|  | -를/-을/-ㄹ | (목적격) |
|  | -에/-에게, -한테, -에서, -로/-으로 | (위치격) |
|  | -로(써)/-으로(써) | (방편격) |
|  | -에, -로(서)/-으로(서) | (원인격) |
|  | -가/-이, -로/-으로 | (변성격) |
|  | -보다, -처럼, -마냥, -만, -에서, -같이, -과/-와, -하고 | (비교격) |
|  | -와/-과, -하고 | (동반격) |
|  | -고/-라고/-라 | (인용격) |
|  | -야/-아, -여/-이여, -시여/-이시여 | (호격) |
| 규정토 | -는/-은/-ㄴ | (현재) |
|  | -던 | (과거지속) |
|  | -ㄹ | (미래) |
| 수식토 | -게, -도록, -듯/-듯이 |  |

접속토, 종결토의 경우는 하나의 형태소이자 하나의 토로 되는것도 있고
하나의 형태소로는 토가 되지 못하는 것도 있어 그 정형이 아주 복잡하다.
먼저 54개 상용 접속토에서 그 정형을 살펴보면 다음과 같다.

| 형태소이자 토로 되는 것 | 토가 안되는 형태소 | 토에 형태소가 첨가되거나 형태소들이 결합하여 토를 이루는 것 |
|---|---|---|
| -나 | -거- | -거나, -거니 |
|  |  | -거든 |
|  |  | -거늘 |

| | | |
|---|---|---|
| | | -거니와 |
| -니 | -나- | -나니 |
| | -노- | -노니 |
| | -더- | -더니 |
| | -까 | -니까 |
| | -건- | -건마는/-건만 |
| -지 | -마는/-만 | -지마는/-지만 |
| -든/-든가/-든지 | | |
| -고 | -서 | -고서 |
| | -저 | -고저 |
| -기에 | | |
| -ㄴ들/-은들 | -더- | -던들 |
| -ㄴ데/-은데/-는데 | | -던데 |
| -ㄴ만큼/-은만큼/-는만큼 | | -던만큼 |
| -느니 | | -느니만큼 |
| -느라 | | -느라니, -느라니까, -느라면 |
| -기로 | | |
| -더라도 | | |
| -며/-면서 | | |
| -면 | | |
| -다/-다가 | | |
| -ㄴ바/-은바/-는바 | | |
| 되 | | |
| -ㄹ라 | | -ㄹ라면 |
| -ㄹ망정 | | |
| -ㄹ지언정 | | |
| -ㄹ수록 | | |
| -ㄹ뿐더러 | | |
| -러 | | |
| -려/-려고 | | |
| -므로 | | |

| | | |
|---|---|---|
| -자 | | |
| -자고 | | |
| | -려- | -려니와, -련마는/련만 |
| -아/-어/-여 | | |
| -아도/-어도/-여도 | | |
| -아야/-어야/-여야 | | |

다음으로 104개의 상용 종결토에서 형태소로부터 토가 되는 정형을 살펴보면 다음과 같다.

| 형태소이자 토로 되는 것 | 토가 안되는 형태소 | 토에 형태소가 첨가되거나 형태소들이 결합하여 토를 이루는 것 |
|---|---|---|
| -거던 | | -거던요 |
| -요 | | -거든 |
| -구나 | -더- | -더구나, -더구만, -더구만요 |
| -구려 | | |
| -구만 | | |
| -군 | | -군요, -더군, -더군요 |
| -게 | | |
| -ㄴ가/-은가/-는가 | | -던가, -던가요 |
| -ㄹ가 | | -ㄹ가요 |
| -ㄴ걸/-는걸 | | -던걸, -던걸요 |
| -ㄴ데/-은데/-는데 | | -ㄴ데요/-은데요/-는데요, -던데요 |
| -ㄴ지/-은지/-는지 | | -ㄴ지요/-은지요/-는지요 |
| | | -던지, -던지요 |
| -나 | | -나요 |
| -냐 | | -더냐 |
| -누나 | | |
| -누만 | | -누만요 |
| | -니 | -다니 |

| | | |
|---|---|---|
| −니 | | −더니 |
| | −ㄴ−/−는− | −ㄴ다/−는다 |
| −다 | | −다오 |
| −오 | −도− | −도다 |
| | −구 | −다구, −다구요 |
| | −니까 | −더라니까, 다니까 |
| −데 | | |
| −ㄹ게 | | −ㄹ게요 |
| −ㄹ는지 | | −ㄹ는지요 |
| −ㄹ라, ㄹ래 | | −ㄹ래요 |
| −ㄹ소냐 | | −ㄹ지요 |
| −ㄹ지 | | |
| −ㄹ시고 | | |
| −라(체언전성토 뒤) | | −라구, 더라, 더라니, −더라니요, −라구요 |
| −라(명령) | | |
| −랴 | | |
| −려무나/−렴/−려마 | | |
| | −로− | −로구나, −로구만, −로구만요, −로군, −로다 |
| −리 | | −리다, −리라, −리까 |
| −마 | −ㅂ−/−습− | −ㅂ니다, −ㅂ니까, −ㅂ디다, −ㅂ디까 |
| | −니− | −습니다, −습니까, −습디다, −습디까 |
| | −디− | |
| | −까 | |
| | −시− | −ㅂ시다, −시오, −십시오 |
| −오/−소 | | |
| −세요 | | |
| −자 | −구나/−꾸나 | −자구, −자구요, −자꾸나, −자요, −지요 |
| −아/−어/−여 | | −아라/−어라/−여라 |

| | | −아요/−어요/−여요 |
|---|---|---|
| −야 | −예− | −야요/−예요 |

### 2.4.2.3. 비위치적인 문법적형태소

비위치적인 문법적형태소란 문장론적 표지로 사용되지 않고 언어형식들 간의 대조적의미를 나타내는 데만 쓰이는 형태소이다. 이들의 수효는 상용하는 것이 30여 개 정도이고 대부분 하나의 형태소이자 하나의 토로 되는 것들이다.

비위치적 문법적형태소에는 다음과 같은 것들이 있다.

**병렬토** : −와/−과, −하고
**도움토** : −는/−은/−ㄴ, −나/−이나, −나마/−이나마, −인들, −서, −도, −라도/−이라도, −란/−이란, −랑/−이랑, −마다, −마저, −만, −부터, −조차, −까지, −서껀, −마는/−만, −야/−이야, −야말로/−이야말로, −는커녕, −요, −다/−다가, −그려, −싶이, −들
**존칭토** : −시−
**시칭토** : −았−/−었−/−였−, −겠−
**체언전성토** : −이−
**용언전성토** : −ㅁ−/−음−, −기−

### 2.4.2.4. 발전 중에 있는 문법적형태소

발전 중에 있는 문법적형태소들이란 현대어의 평면에서 자립적으로 쓰이거나 본래 자립적으로 쓰이지 못하는 단어들이 제한된 문법적형태소와 함께 쓰일 때만 문법적 형태소의 역할을 하는 형태소들을 가리켜 이르는 말이다. 이런 단어들은 실질적 단어들과의 사이에 문장론적관계가 성립되지 않으며 그들은 실질적 단어들과 함께 조선어의 형태론적 구조를 이루게 된다.

이런 발전 중에 있는 형태부들이 나타내는 문법적 의미는 여러 개의 문법적 범주에 포괄되며 지난날 범주로 보지 않던 양태적 범주에 포괄되는 것

도 있다. 이제 이런 형태소들을 그 기능과 의미에 따라 귀납해보면 다음과
같다.

**격범주**
-에 제하여, -에 즈음하여, -에 있어서, -에 관하여, -에 대하여, -
를/-을 놓고, -를/-을 두고, -를/-을 가지고 (위치격)
-에 비하여, -만, -만도 (비교격)
-로/-으로 말미암아, -로/으로 하여, -로/-으로 인하여 (원인격)
와/-과 더불어, -와/-과 같이, -와/-과 함께 (동반격)

**도움범주**
따름, 뿐, -는/은 그만두고, -는/은 제쳐놓고, 외에, 밖에, -를/을 막론하고

**수식범주**
-는/-은 둥, -는/-은척(체), -ㄴ채

**전성범주**
-는/-은/-ㄹ것, -는/-은/-ㄹ 짓, -는/-은/-ㄹ 노릇

**접속범주**
-는/-은/-ㄴ 동시에, -는/-은/-ㄴ 한편, -ㄹ뿐만 아니라, 는/-은/-
ㄴ가 하면 (합동)
-는/-은/-ㄴ 반면에, -를/-ㄹ 대신에, -ㅁ/-음에도 불구하고, -기는
고사하고 (대립)
-는/-은/-ㄴ한, -는/-은/-ㄴ 이상 (조건)
-다 한들, -다 하더라도, -다손 치고, -다손 치더라도 (양보)
-는/-은/-ㄴ 관계로, -는/-은/-ㄴ 고로, -다 보니, -다 나니, -는/
-은/-ㄴ 통에, -는/-은/-ㄴ 바람에, -기 때문에, -아/-어/-여 가지고
(원인)
-기 위하여 (목적)
-는 족족, -는 대로 (방식)

**양태성범주**
동사에는 제공, 시행, 완료, 지속, 소원, 부정, 금지, 추측, 다회성, 의지,
당위성, 가능성, 간단지속, 즉시련속 등이 있다.
형용사에는 진행, 현실화, 금지, 감각, 심화, 지속, 당위성, 추측, 소원, 결
과, 다태성, 긍정, 즉시련속, 부정, 가능성 등이 있다.

# 3. 품사

## 3.1. 품사와 품사분류기준

품사란 단어를 그 문법적성질에 따라 몇가지 부류로 나눈 것을 가리켜 이른다. 단어의 문법적성질에 따른 분류는 문법을 리해하고 기술하는 데 편리하다.

조선어의 품사분류를 둘러싸고 오래 동안의 론쟁이 계속되어 왔는데 그 주요한 원인은 품사분류의 기준이 서로 달랐기 때문이다. 전통문법의 주요 결함은 품사분류에 있어서 의미적 기준을 우위에 놓고 언어형식 자체에 대한 고려가 부족하였다. 우리는 이런 결함을 극복하기 위하여 구조와 기능을 주요 기준으로 하고 의미를 보조적 기준으로 하는 품사분류원칙을 제기하는데 이를 위하여서는 아래의 세 가지 특징을 살피는 것이 좋다.

  1) 단어의 내부적구조의 특징
  2) 단어의 문장론적기능의 특징
  3) 의미적 특징

단어의 내부적 구조의 특징이란 단어자체의 "내부적 형태구조"(내부적분포, internal distribution)의 특징을 말한다. 조선어에서 단어의 내부적 형태구조는 한 가지 특징만 가지는데 모두 어휘적 의미(lexical meaning)를 가지는 어근(root)이 있다. 이 말은 어근을 가지나 그 의미가 어휘적이 아닌 언어성분을 단어에서 뺀다는 말과 같다. 조선어의 체언전성토 "―이―"는 그 뒤에 용언토가 붙으므로 어근이라고 볼만하나 우리는 "―이―"가 어휘적의미를 나타내지 않는다는 리유로 단어에서 배제한다(일부 문법서에서는 체언 전성토 "―이―"를 서술격조사로 본다).

어근이 있는 단어는 굴절접사(infletional affix)를 붙여 사용하는 것과 굴절접

사를 붙이지 않고 사용하는 두 가지로 갈라진다. 굴절접사를 붙여 사용하는
것중 굴절접사를 붙이지 않고 사용하기도 하는 것과 굴절접사를 붙이지 않
으면 사용하지 못하는 것이 있는데 전자는 체언이고 후자는 용언이다. 굴절
접사를 붙이지 않고 사용하는 것에는 문장론적수식기능이 있는 것과 없는
것으로 갈라진다. 전자는 또 체언을 수식하는가 용언을 수식하는가의 두 개
종류로 갈라지는데 체언을 수식하는 것은 관형사, 용언을 수식하는 것은 부
사이다. 문장론적 수식작용이 없는 것은 감탄사이다. 이상 내용을 도표로
보이면 다음과 같다.

<표 11> 단어의 내부적 구조에 따른 분류

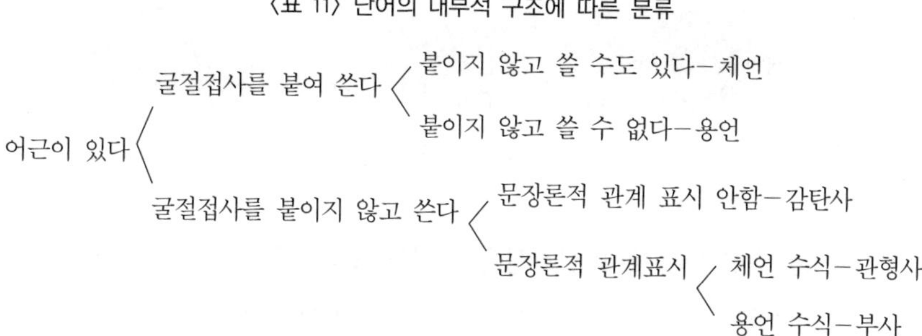

체언을 더 분류할 것인가 분류하지 않을 것인가는 문제기 된다. 사실상
체언 안에 들어가는 부류는 굴절접사, 즉 토를 붙일 수도 있고 붙이지 않을
수도 있다는 내부적구조의 공통성 때문에 더 이상 분류할 리유가 서지 않는
다. 만일 더 분류한다면 부득불 "품사론적 문법적 의미"에 의지하는 수밖에
없다. 품사론적 문법적의미란 사전적인 뜻, 즉 어휘적인 뜻이 아니고 체언
적 단어들이 가지고 있는 추상화된 공통적인 뜻을 말한다. 그러므로 이는
비교적 객관적인 성격을 띠기는하나 그래도 주관성을 배제하기는 어렵다.
그러므로 체언을 하위분류하려면 가능한 한 구조에 의지해야 하겠는데 이
구조적차이를 체언내부에서 얻기 어려우므로 부득이하게 구조적특성과 아
울러 의미의 도움을 받게 된다.

　체언은 구체적 의미가 있는가 없는가에 따라 "실질적 체언"과 "형식적 체언"으로 나뉜다. 실질적 체언은 사리나 사물의 이름을 나타내는 "명사"가 이에 해당한다. 형식적 체언은 문법적 일치(concord) 기능을 가지는 것과 일치기능을 가지지 않는 것 두 가지로 갈라진다. 문법적 일치기능을 가지는 것은 대명사이다. 대명사는 뜻으로 볼 때 명사를 대신 추상적으로 가리키는 것이며 대명사의 계칭은 구조기능에서 볼 때 술어의 계칭과 일치관계를 유지한다. 이와 같은 일치관계를 가지지 아니하는 것은 대상의 수량이나 순서를 나타내는 수사에 해당한다. 체언의 분류는 다음과 같다.

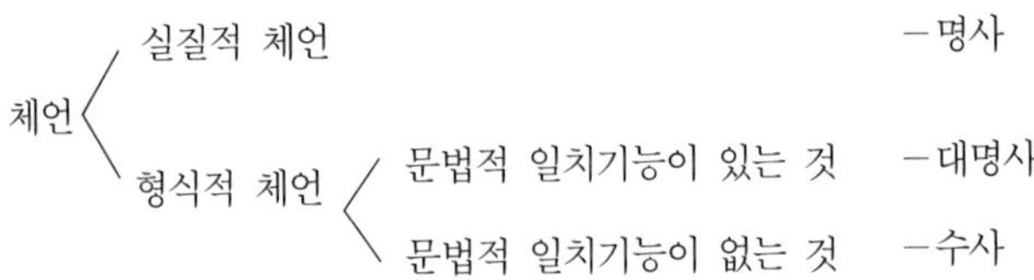



　용언은 속성으로 보아 실질성을 가지고 있는 것도 있고 실질성이 없는 것(례컨대 "이리하다, 저리하다, 그리하다" 등 지시동사와 "이러하다, 저러하다, 그러하다" 등 지시형용사)도 있으나 이들의 문법적 특성상 뚜렷한 구별이 없으므로 그런 분류가 무의미하다. 용언은 동작성이 있고없음에 따라 동작성이 있는 동사와 동작성이 없이 상태성을 가지고 있는 형용사로 구분된다.



　동사와 형용사는 다음과 같은 형태적 차이가 있다.
　① 동사는 술어의 "－ㄴ－/－는－" 지속상과 "－는－"의 규정형이 있으나 형용사에는 이런 것이 없다.
　동사는 시간의 흐름에 따라 움직이는 동작성을 가지므로 지속을 나타내는 술어의 지속상의 형식인 "－ㄴ－/－는－"을 취할 수 있고 지속상을 규정형에까지 연장시켜 사용할 수 있다. 그러나 형용사는 시간의 흐름에 따라 움직이는 동작성을 가지지 못하고 다만 상태성을 가지므로 술어의 지속상 형식 "－ㄴ－/－는－"을 가질 수 없을 뿐만 아니라 원칙적으로 이를 규정형에까지 연장시켜 사용할 수 없다. 례를 들면

> 동사 : 그는 방문고리를 잡는다. → 방문고리를 잡는 그는
> 형용사 : *오늘은 날씨가 좋는다 → *날씨가 좋는 오늘
>   (오늘은 날씨가 좋다 → 날씨가 좋은 오늘)

이런 형태적 특징은 동사와 형용사를 구별하는 기본원칙으로 할 수 있다. 그래서 다음의 례에서 보게 되는 "밝다, 크다"는 술어의 지속상 형식 "－ㄴ－/－는－"을 쓸 수 있고 그대로 규정형에 쓰일 수 있으므로 동사가 된다.

> 달빛이 밝다(상태성, 형용사)
> 동사(동작성) : 날이 밝는다 → 날이 밝는 새벽
> 형용사(*동작성) : *날이 밝다(밝는 방향으로 진행)
> → *날이 밝은 새벽(밝는 방향으로 진행되는)
> 그 아이는 키가 크다(상태성, 형용사)
> 동사(동작성) : 그 아이는 요사이 키가 큰다
> → 요사이 키가 크는 그 아이는
> 형용사(*동작성) : *그 아이는 요사이 키가 크다
> → *요사이 키가 큰 그 아이

② 동사는 청자에게 명령이나 권유 따위 행동을 요구할 수 있으나 형용사는 이것이 불가능하다.

> 동사 : 네가 읽어라(명령) / 우리가 읽자(권유)
> 형용사 : *네가 행복해라 / *우리는 행복하자

무의식성 대상은 동작성을 나타낼 수 있으나 명령과 권유의 동작은 받을 수 없다.

파도가 출렁거린다.
*파도야 출렁거려라.
*파도야 출렁거리자.

그러나 이들은 동작성을 가지므로 지속성이 있으며 규정형에까지도 파급될 수 있다.

홍수에 밀려 산이 허물어진다→홍수에 밀려 허물어지는 산

이와 관련하여 론쟁이 많았던 "있다, 없다"의 귀속을 토론해볼 필요가 있다. 이들 둘은 우선 술어의 지속성범주를 가지지 않는 방면에서는 형용사에 귀속되는 것이 마땅하다. 그러나 규정형에서는

있는 일 없는 일을 다 주어모아 죄명을 들씌웠다.

에서 보는바와 같이 "-는-"이 쓰인다. 또 "있다"는 다른 동사와 마찬가지로 과거 시간적 의미를 가지는 규정형 "-ㄴ-/-은"도 쓰인다.

언제 있은 일인지는 모르나 우물이 흐리는 일은 간혹 있었다 한다.
이발로 베어먹은 자국이 또렷이 나있었다.

그리고 "있다"는 명령, 권유 등 행동을 나타내기도 한다.

너 꼼짝말고 거기 있거라.
가만 있자, 그게 누구라더라?

그러나 "있다"의 이런 형태(규정형, 명령, 권유)는 그 사용빈도가 술어의 지속성표현에 비하면 아주 적은 편이므로 지속성이 없다는 리유로 "없다"와 함께 형용사에 귀속하고 연구하는 것이 적절하다고 본다.

③ 동사에서는 화자자신의 목적, 의도를 접속형에서 나타낼 수 있으나 형용사에서는 이것이 불가능하다.

내가 가려 한다.
나는 공부하러 간다.
*내가 작으려 한다.
*나는 작으러 간다.

목적, 의도도 무의식성 동사에는 나타날 수 없기 때문에 아주 철저한 원칙이라고는 할 수 없다.

이상에서 보면 동사와 형용사를 구별하는 본질적 특성은 술어에 나타나는 지속상이라는 것을 알 수 있다. 이 특성만 포착하면 옛날에 론쟁이 많던 "밝다, 밝는다"를 각각 형용사, 동사로 가르는데 획일적인 형식적기준이 적용되며 또 "있다, 없다"를 다 같이 형용사로 다루는데도 크게 문제될 것이 없으며 동사, 형용사 구분에서의 주관성을 적게 개입하고 형식적이며 통일된 기준을 마련할 수 있게 된다.

품사분류에서의 객관성과 형식화를 추구하는 것은 비단 형태론 분야에서의 문법적 특성을 고찰하는데 유리할 뿐만 아니라 범주설명과 문장론적 설명에도 많은 편리성을 가져다 주게 된다는 것이 앞으로 점차적으로 립증될 것이다.

지금까지 분류한 8개의 품사를 표로 나타내면 다음과 같다.

<표 12> 조선어 품사 분류 도표

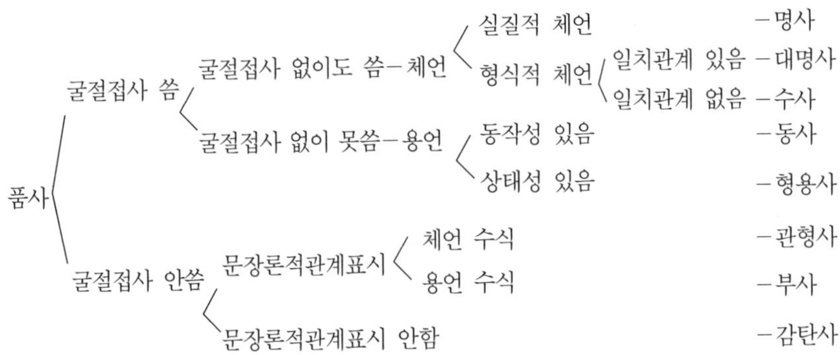

## 3.2. 조선어 품사의 하위분류

조선어의 품사는 그 문법적 특성으로 보아 형태론적 특성도 가지고 있으며 문장론적 특성도 가지고 있다. 그러므로 품사의 하위분류는 형태론적으로 진행될 수도 있고 문장론적으로 진행될 수 있다. 우리는 우선 여기에서 형태론적 특성을 고찰할 목적으로 품사를 하위분류하며 문장론적 특성의 고찰은 문장론으로 미룬다.

소위 품사의 형태론적 특성이란 굴절접사가 붙는가 붙지 않는가, 붙는다면 어떤 것들이 붙는가, 하위분류를 하였을 때는 어떤 특성을 보이는가 하는 것이다. 그러므로 형태론적 특성의 고찰은 사실상 체언과 용언에서만 그 의의를 가진다. 감동사, 관형사, 부사는 원칙적으로 굴절접사가 붙지 않으므로 단어조성법 측면의 특성이 있을수 있고 굴절접사에 의한 형태론적 특성은 운운될 여지도 없는 것이다.

### 3.2.1. 명사의 하위분류와 특성

#### 3.2.1.1. 보통명사와 고유명사

명사는 그 사용범위로 보아 같은 부류의 모든 대상에 두루 쓰이도록 이름지은 보통명사(common noun)와 같은 부류의 다른 대상과 구별하기 위하여 이름지은 고유명사(proper noun) 두 가지로 나눌 수 있다.

　**보통명사** : 사람, 도시, 나라, 산
　**고유명사** : 철수, 연길, 중국, 백두산

이런 구별은 물론 의미적인 것이기는 하나 이 두 가지 명사의 부동한 문법적 특성이 반영되므로 순전히 의미적이라고 할 수도 없는 상황이다.

고유명사는 보통명사에 비하면 다음과 같은 특성을 더 가지고 있다.

첫째, 고유명사에는 일반적으로 복수도움토 "-들"이 붙지 못한다.

　*연길들에는 조선족이 많이 산다.
　*백두산들에는 눈이 많이 온다.

그러나 고유명사가 비유적의미로 쓰여 "어떤 특징을 가진 부류"라는 뜻을 나타낼 때는 복수도움토 "-들"이 쓰일 수 있다.

　수천수만의 뢰봉들이 자라고 있다.

둘째, 고유명사는 일반적으로 순수 지시대명사 "이, 그, 저"의 한정을 받지 않는다.

　*이 장춘은 길림성의 소재지이다.
　*저 압록강이 벌써 얼음이 풀린다.

그러나 지시성을 가지지 않고 강조성 지칭의 경우는 "이, 그, 저"가 사용
되기도 한다.

이 샤일록은 그런 인정이란걸 모른다.
저 백두산이야말로 동북에서 기원한 여러 민족의 명산으로 되기에 손색
이 없다.

셋째, 고유명사는 대상이 둘 이상인 의미적 특성을 가진 "모든, 여러, 많
은, 숱한" 등 언어성분의 한정을 받지 않는다.

*모든 심양이 전화에 휩싸였다.
*력사적으로 여러 대만성이 존재했다.
*숱한 아인슈타인이 이 문제에 대한 연구를 진행했다.

### 3.2.1.2. 활동체 명사와 비활동체 명사

조선어의 언어의식에 인간 또는 동물과 같이 자신이 활동능력을 가지고
있다고 인정되는 대상을 이름지어주는 명사를 활동체 명사(또는 동물명사,
animate)라고 하고 인간 또는 동물외의 것으로서 조선어의 언어의식에 자신
이 활동능력을 가지고있지 아니하다고 인정되는 대상을 이름지어주는 명사
를 비활동체명사(또는 무생명체, non-personal)라고 한다.

활동체명사 : 사람, 물소, 참새, 리백, 악비, 안중근, 도깨비, 하느님, 허수
아비
비활동체명사 : 나무, 공책, 자동차, 손, 발, 위, 심장

활동체명사와 비활동체명사는 얼핏 보면 의미적인 구분이나 이 두 부류
의 문법적 특성이 다른바가 있어서 문법적인 분류로 인정을 할 수가 있다.
활동체명사는 비활동체명사와 비교할 경우 다음과 같은 특성이 알려진다.

첫째, 활동체명사가 동작의 방향으로 될 때 "ㅡ에게, ㅡ한테, ㅡ더러, ㅡ께"를 써야 하나 비활동체의 경우는 "ㅡ에"만 쓸 수 있다.

　　그는 철수에게 반했다.
　　그는 친구에게(한테) 새 소설책을 주었다.
　　그는 선생님께 꽃다발을 올렸다.
　　그는 동생더러 수학기초지식을 잘 닦으라고 권고했다.
　　*아이는 매일 꽃에게 물을 주었다.
　　아이는 매일 꽃에 물을 주었다.

　활동체명사에도 위치격 "ㅡ에"가 쓰이는데 그것은 동작의 방향이 아닐 경우이다.

　　그분은 황소에 대한 연구가 깊다.

　둘째, 활동체명사는 행동자(agent)가 될 수 있으나 비활동체명사는 동작자가 되지 못한다.

　　성난 애비가 아들을 마구 때린다.
　　*무성한 나무가 사람을 때린다.

　그러나 의인화하였을 경우는 비활동체명사도 행동자가 될 수 있는데 그것은 의인화 때문이지 비활동체명사 본디 속성이 아니다.

　　뒤산의 진달래는 봄바람과 조용히 이야기를 나눈다.

### 3.2.1.3. 자립명사와 구속명사

문장가운데서 자립적으로 쓰일 수 있는 명사를 자립명사(또는 완전명사, free

noun)라고 하고 규정해주는 단어의 도움이 없이는 쓰이지 못하는 명사를 구속명사(또는 불완전명사, bound noun)라고 한다.

> 자립명사 : <u>봄</u>과 함께 피는 <u>꽃</u>을 어이 막으랴.
> <u>언덕길</u> <u>등성이</u>에 <u>진달래</u>가 떨기떨기 피였다.
> 구속명사 : 우리가 믿는 <u>것</u>은 여러분의 힘입니다.
> 그는 말을 못하고 저희<u>끼리</u> 마주 바라보았다.
> *것은 여러분이다.
> *그는 끼리 마주 바라보았다.

구속명사는 추상성이 높고 전후 형태제약이 많은 일반구속명사와 단위를 나타내는 단위구속명사로 나뉜다.

① 일반구속명사

일반구속명사는 규정하여주는 단어의 형태가 완전한 것도 있지만 완전하지 못한 것도 있다.

규정해주는 단어의 형태가 비교적 완전한 구속명사들에는 다음과 같은 것들이 있다.

> 것 : 물건, 일, 현상, 사람을 나타내는 추상성이 높은 말
> 남의 것이 내 것보다 더 중한 줄을 알아야 한다. (종속련결토 뒤, 대명사
> 종속련결형뒤)
> 쓸만한 것을 왜 버리겠니? (형용사현재규정형 뒤)
> 그분이 난처해하시는 것을 알 수 있었다. (동사현재규정형 뒤)
> 나한테야 뭐 그리 숨길것 있소? (동사미래규정형 뒤)
> 그날 많은 친구들이 왔던 것이다. (동사과거지속규정형 뒤)
> 자네 것이면 아예 가져가게. (체언어간 뒤)
> 이 : "존경할 사람"의 뜻을 가진다
> 어제 노래를 곧잘 하시던 이는 어느 분이시죠? (동사과거지속규정형 뒤)

나라의 존엄성을 아시는 이는 그런 행실을 할 수 없소 (동사현재규정형 뒤)

같이 일할 이는 여기로 모이시오. (동사미래규정형 뒤)

그 책을 가진 이를 알 수 없소. (동사과거규정형 뒤)

길 : 방도나 도리, 일정한 계제, 기회나 과정, 인차 등의 뜻- "조선말대사전"은
명사의 조항, "규정어 다음에 쓰여"라고 하고 이런 용법을 올림

주위는 끝없는 사막, 물 한모금 마실 길이 없었다.

묘향산에 갔던 길에 상원암에 올라가보았다. ("가는 길에"도 가능함, "계
제"의 의미)

이번 길에 무슨 새소식을 들은 것이 없소? ("기회"의 의미)

그 길로 일어나 덕적산 쪽으로 들어갔다. ("인차"의 의미)

대로 : 앞의 단어가 뜻하는것과 다름없이, 일어나는 족족, 따로따로

체언어간 뒤 : 명령대로 집행하다, 그들은 그들대로 우리는 우리대로 일
했다. (따로따로)

현재규정형 뒤 : 하라는대로 하다, 생각나는대로 적다(일어나는 족족)

과거규정형 뒤 : 책은 펼쳐놓은대로 있었다.

분 : 존경하거나 대접하는 사람이나 어른임을 나타낸다

그분, 저분, 여러분, 존경하는 분, 신임해야 할 분, 믿어오던 분

자(者) : 사람 또는 놈이란 뜻

일하지 않는 자는 먹지 말라 (이때는 중성적이다)

얼떨떨한 자, 못믿을 자, 그 자, 저 자 (모두 얕잡아 이르는 말로 쓰임)

중(中) : 여럿의 가운데, 계속 진행되는 과정의 뜻을 나타낸다. (규정토 "-ㄹ" 뒤
에는 쓰이지 않는다)

보던 중에 제일 잘한 영화다.

회의 중에 나왔다. 학습 중입니다.

치 : 사람을 얕잡아 이르는 말

저런 치가 다 있어. 모를친데. 그치가 뭐라던?

터 : 사이나 분수, 때나 참의 뜻. (규정토 "-ㄹ"아래는 안 쓰인다. )

그 사람과는 어려서부터 잘 아는터이다.

막 떠나려는 터에 오지 말라는 기별이 왔다.


명사 어간뒤에 직접 쓰이기만 하는 구속명사들에는 다음과 같은 것들이
있다.

간(間) : 시간적 사이나 동안, 공간적 사이를 나타낸다

10년간의 분투는 풍만한 결실을 가져왔다.

동북간으로 우뚝 솟은 거무스름한 산머리가 보였다.

결 : 어떤 때나 사이에

아침결에, 무심결에, 어느결에, 얼떨결에(일부 관형사, 부사 어근 뒤)

경(頃) : 시간을 어림잡아 이르는 말

밤 10시경, 20일경에 오다, 6월 초순경.

경(境) : 지경이나 경계를 나타내는 말

5월에 소주 경에 들어섰다.

나마 : "남짓"의 뜻

타관땅 밟아서 돈지 10년나마 반평생. *울던나마 기절했다.

남짓 : "약간 남을 정도로"의 뜻을 가진다

그는 하루에 기껏해 3원남짓 번다. *다 팔고난남짓은 4근이다.

내(內) : "속, 안, 아낙"의 뜻과 "기간이나 동안"의 뜻을 나타낸다.

경계선 내에서만 활동하다, 집단내에 있는 일,

1년내에 공사를 마무리지어야 했다.

내기 : 사람을 홀하게 이르거나 어느 지방이나 그런 지방 특성을 가진 사람 또는

그 수량만한 대상임을 나타낸다

풋내기, 보통내기, 여간내기

함경도내기, 경상도내기, 함흥내기

여섯필내기 무명 한끝을 내놓았다.

당(當) : 명사가 나타내는 대상마다, 또는 그 대상마다에 차례지는 것

무당 수확고가 30% 증가했다, 학생당 징수금이 수천원씩 되었다.

등 : "그와 같은것, 그와 함께 그밖의 것들, 같은 성격의 대상"의 뜻

사과, 배, 복숭아 등의 과일

일이 험악하게 되자 순돌이 등이 급해났다.

만 : "동안"을 나타낸다

50년만에 고향엘 가보았다. *해뜨는 만에 길을 떠났다.

발(發) : 출발, 발신의 뜻을 나타낸다

한시 20분발 급행렬차, 북경발 광주행 렬차.

북경발 신화사통신

별(別) : 부류의 뜻을 나타낸다—"조선말대사전"은 자립명사로 올림(남녀의 별이나

암수의 별), 기타 사전은 접미사로 올림
　능력별, 직업별, 중대별, 함정별, 비행기별, 동네별, 마을별, 농장별, 현별
　부(附) : 발행되거나 받은 것
　5월 1일부 인민일보, 3월 5일부 전보.
　산(産) : "산물"임을 나타낸다
　동북산 인삼, 사천산 천패모.
　생(生) : 출생, 해수, 학생임을 나타낸다
　1917년 10월 6일생, 100년생 고목, 5학년생
　저(著) : 저술하여 씀의 뜻을 나타낸다
　레닌저 "제국주의에 대하여"를 읽다.
　적 : 그때, 그무렵
　세살적 일, 고려적 일, 할머니적 이야기.
　차(次) : "일정한 일을 하기 위하여"의 뜻을 나타낸다
　취재차로 목단강을 간적 있지요.
　착(着) : "가닿음"의 뜻을 나타낸다
　북경착 비행기편에 왔음, 10시 55분착 항공기편으로 옴.
　초(初) : 어떤 기간의 처음이나 초기를 나타낸다
　매달초, 20세기초
　측(側) : 어느 한쪽
　우리측 선수들은 실력을 제대로 과시했다.
　병원측의 사고원인 설명이 설득력을 잃었다.
　켠 : "속하는것", "쪽"의 뜻을 나타낸다
　친정켠의 조카, 산아래켠 집
　편(便) : 가고 오는데 리용하는 수단의 뜻을 나타낸다. -"조선말대사전"에 올리지
않음
　물건이 많으면 배편으로 부칩시다.
　해 : "소유"의 뜻을 나타낸다
　내해 네해 가릴 것 있나?
　행(行) : "어떤 곳으로 감"의 뜻을 나타낸다
　심양행 밤차에 몸을 던지고 깊은 잠에 들었다.
　끼리 : "패를 지어서"의 뜻을 가진다
　마음 맞는 사람끼리 모이기다. *춤출끼리 같이 가시오.

딴 : "자기나름으로의 생각이나 기준"의 뜻을 가진 자
자기딴에는 묘책을 찾은 것이다. *그런딴으로 생각했지요.
때문 : 원인을 나타낸다
쪽 : 방향이나 상대가 되는 편을 가리킨다
바다쪽에서 불어오는 바람, 어느쪽이 이길가?
용(用) : "무엇에 쓰임"을 나타낸다. -"조선말대사전" 접미사로 함.
사무용 책상, 탁상용 사전, 선박용 기중기, 하천용 준설기
이래 : "그 때부터 지금까지"의 뜻
이같이 성대한 검열식은 건국 이래 처음이다. *어머니를 여윈이래 한번
도 꿈에 보지 못했다.

규정토 "-던"을 취하는 규정형 뒤에만 쓰이는 구속명사에는 다음과 같
은 것들이 있다.

차(次) : "순간, 계제, 기회"의 뜻
건설장에 들렀던 차에 기술문제를 풀어주고 왔다.
*건설장에 들리는 차에 알아보지.
본래 떠날 생각이 있던 차이니 미룰 것 없이 어서 가보세.
*갈 생각이 있는차인데 마침 잘 왔구만.

규정토 "-ㄹ"을 취하는 규정형 뒤에만 쓰이는 구속명사에는 다음과 같
은 것들이 있다(개별적으로 소수 다른 형태 뒤에 쓰이는 것도 포괄시켰다).

겸 : 어떤 사실, 동작이 어울어짐
놀기겸 친구도 만날겸 양주로 내려갔다.
나름 : 구체적으로 어떤 것인가, 어떻게 하는가에 달려있다는 뜻
빨리 끝내는가 늦게 끝내는가는 그 사람이 일할 나름이지.
(체언 어간뒤에 쓰이기도 한다. -재치 있고 없는 것도 사람나름이야.
용언전성토 "-기"뒤에 쓰이기도 한다. -고운가 미운가도 보기나름이다. )
나위 : "여유나 여지"의 뜻

이를나위 없이 좋은 의견입니다.
녁 : 방향이나 가녁, 무렵을 나타내는 말
동녁하늘, 북녁, 남녁땅(이때는 체언 뒤에만 온다)
밝아올녁, 해질녁, 어슬녁 ; 아침녁, 점심녁
리 : 리치 또는 까닭을 나타낸다
그들이 늦을 리가 있겠소?
만 : 가능함, 할 수 있음을 나타낸다
알만하다, 혼자서도 능히 찾아갈만하다.
만큼(만치) : 비슷할 정도임 나타낸다
이튿날부터 친히 대비전에 문안 다닐만큼 기동하게 되었다.
내가 오지 아니하면 그만큼이라도 버릇을 가르칠 수 있나?(체언어간 뒤)
무렵 : 일정한 현상, 상태가 이루어지는 시기, 시간의 전후 한때
동틀무렵, 꽃필무렵, 날이 밝아올무렵, 강습이 끝날무렵, 해솟을무렵(체
언어간뒤에도 쓰인다—저녁무렵, 가을무렵)
바 : 토 "ㄹ" 다음 "바에는", "바 하고는" 형으로 "그렇게 되거나 하려면"의 뜻을
나타낸다
일을 하지 못할 바에는 한 동안 쉬자. 그럴 바 하고는 아예 시작을 하지
말자.


"바"는 "ㄴ(은), 는, ㄹ(을), 던" 형아래서 "그대로, 방법, 방도의 뜻을 나
타낸다.


책을 읽고 느낀 바를 적다.
그들은 할바를 다하였다.
오래 동안 희망했던 바를 달성한 것이다.


법 : 꼭 그렇게 되리라는 것을 짐작하거나 예측하는 것을 이름
이런 내물에는 물고가 있을법도 한다.
백면서생에게는 있을 법도 않은 일이였다.
사 : 행동, 상태들이 현실화 될듯함을 나타낸다
먹을사한 사과, 색이 붉을사하다.

상 : "느껴지거나 이루어질듯이"의 뜻

있을상싶다, 그럴상도 싶다, 될상싶다.

성 : "셈, 료량", "ㄹ것 같다"의 뜻을 나타낸다

든든할성으로 두사람을 더 보냈다.

한동안음 하는성 싶더니 지금은 그만둔것 같다.("는"아래도 쓰인다)

수 : 가능성이나 능력을 나타내거나 허용함을 나타낸다

그 사람의 지식이면 이 문제를 쉽게 풀 수 있다.

한발자국도 물러설 수 없다, 그럴 수는 없다.

적 : 어떤 행동, 상태가 나타나있는 때

공부할적, 사과가 익을적

즈음 : 일이 어찌될무렵, 그러한무렵("요, 그, 이" 등 체언뒤에 쓰인다)

우리가 떠날 즈음에 기쁜 소식에 접했다.

요즈음 경영이 더 잘 된다고 한다.

제 : "적에"의 뜻

함께 있을제는 모르겠더니 떨어져있으니 몹시 보고싶다.

탓 : "나름"의 뜻으로 쓰인다

잘되고 못 되는 것은 일할 탓이다. 거야 다 말할 탓이지.

(용언전성토 "-기"아래도 쓰인다.-그것도 습관하기 탓이지)

터 : "예정", "작정"의 뜻을 나타나낸다

나는 자라서 우주비행사가 될 터이다.

턱 : 마땅히 그리 하여야 할 까닭이나 근거, 리치

그럴 턱이 있나요?

따름 : "그뿐"의 뜻을 나타낸다

나는 그저 시키는대로 했을따름이다.

뿐 : 다만 어떠하거나 어찌할따름이라는 뜻

다만 뜨거운 눈물을 삼켰을뿐이다.

(체언어간뒤에 쓰이여 "그것만이고 더는 없다"는 뜻-기뻐한 것은 나뿐
이 아니다. 그것뿐이겠소?)

양(樣) : 생각, 의향을 나타낸다

선생님의 잠을 방해하지 않을 양으로 살며시 다가갔다.

"…그게 부모두 모르는놈인데…" 하는양은 근심스러워하는 어조이다.

(체언전성토 뒤에 쓰이여 "처럼, 같이"의 뜻을 나타낸다.-전투의 기폭인

양 붉은 노을이 하늘을 덮었다.)

규정토 "-는" 또는 "-ㄴ/-은"을 취하는 규정형 뒤에만 쓰이는 구속명사에는 다음과 같은 것들이 있다. (개별적으로 소수 다른 형태 뒤에 쓰이는 것도 포괄시켰다)

김 : "기회"나 "계제"를 나타낸다
시작한 김에 마저 끝내버리자.

"던" 뒤에도 쓰인다.

이야기가 나왔던 김에 마저 설명해야겠다.

체언뒤에 직접 쓰이기도 한다.

그김에 이놈을 아주 혼내주자.

고로 : "때문에, 까닭에"의 뜻을 가진다. -"조선말대사전"은 부사로 올리고 명사적 용법으로 처리, 띄어쓰지 않았으므로 구속명사로 처리한 것과 같다
례절이 밝은고로 미을사람들의 칭찬이 자자하다.
나머지 : "지나쳐, 결과에, 끝에"의 뜻. -"조선말대사전"은 명사로 올리고 "규정토" -ㄴ(-은)이나 "던"형 아래 쓰여 밝히고 있다
놀란 나머지 소리치다, 격분한 나머지, 흥분한 나머지
바람 : 까닭이나 근거. -"조선말대사전"은 자립명사 의미 2부류에 모두 규정어 아래 쓰이는 것만 집중함
누군가가 어깨를 건드리는 바람에 펄쩍 놀라 깨났다.
(체언어간뒤에 오기도 한다-너희들 바람에 나까지 구경 잘 했다, 그 바람에 좋은 기회를 놓쳤다)
(접속토뒤에도 온다-고향에 도착하자바람으로 친구를 찾았다.(즉시)
수 : 방법, 방도, 경우의 뜻을 가진다

자네 일을 대신해주는 수야 없지 않소?
그 고개마루에서는 대낮에도 범이 나타나는 수가 있다고 한다.
자(者) : "사람, 놈"의 뜻을 나타낸다
일하지 않는 자는 먹지 말라.
족족 : "하는 때마다, 하나하나마다"의 뜻을 가진다("조선말대사전"에 "족족" 또는
"-는족족"이 오르지 않음)
잡는족족 껍질을 벗겨서 말린다. 가는데족족 환영을 받는다.
지 : "행동이 있은 그때부터"의 뜻
고동이 울린지도 퍽이나 지났다.
짓 : 몸이나 몸의 일부를 놀려 하는 동작, 좋지 않은 행위나 행동
다리를 놀리는 짓, 손으로 하는 짓, 말로 흉내내는 짓이 모두 우스웠다.
어리석은 짓, 귀축같은 짓을 일삼다. 지나친 짓
축 : 특성이나 수준이 같음으로 하여 이루어지는 층("조선말대사전"은 자립명사로
잡았는데 그 근거는 "축에 끼이다, 축에 들다, 축에 빠지다" 등이 쓰이기 때문으로 본
것 같다. 그러나 주의할 것은 이들이 모두 성구라는 점이다. 이외에는 자립적으로 쓰
이지 못하므로 그대로 구속명사로 보는 쪽이 나을 것 같다)
새것을 지지하는 축과 낡은 것을 고집하는 축 사이에는 격렬한 설전이
벌어졌다.
채 : "있는 상태 그대로"의 뜻을 나타낸다.
범을 산채로 잡다.


일부 명사 뒤에 직접 쓰이기도 한다.


껍질채로 삶는다. 토막채로 삼킨다.


체(척) : 꾸미는 거짓태도나 모양.
입을 꼭 다문채 들은체도 안한다.
통 : "원인, 근거 ; 환경, 판국"의 뜻을 나타낸다
너무 서두르는통에 깜빡 잊어먹었다.
어려운통에 걸려들었다.
(간혹 체언어간 뒤에도 쓰인다-난리통에 무슨 정신이 있었다구).
품 : "모양, 상태, 태도, 자태, 잡도리, 방식"의 뜻

날씨가 따뜻한품이 꼭 봄날과 같다.

그는 한결 더 로성한품이 느껴졌다.

생각하는 품도 일본새도 좋다.

한(限) : "동안에는, 조건에서는"의 뜻

정찰원들이 다 돌아오지 않는한 우리는 이 곳에서 철수할 수 없다.

따위 : 부류를 나타내거나 사람을 낮잡아 이름(체언어간 뒤에도 자주 쓰인다)

나쁜 따위는 잘 골라 버리시오, 사과 복숭아따위 과실.

그런 따위는 한줌에 차지도 않는다, 네 따위가 그걸 어떻게 해?

또래 : "나이, 수준이 같거나 비슷하다"는 뜻을 나타낸다

젊은 또래는 다 도시로 들어갔다. 어린 또래, 고만한 또래

(체언어간 뒤에도 쓰인다-덕수또래의 소년들, 제또래 아이들)

이상 : "그렇게 된바에는, 그렇게 된한에는"의 뜻-"조선말대사전"은 자립명사로 올리고 규정형 뒤에 쓰인다고 함. 본뜻하고 많이 다르므로 구속명사로 다루는 것이 좋다.

옳다고 생각한 이상 끝까지 밀고나가야 한다.

규정토 "-는" 또는 "-ㄴ/-은"과 "-ㄹ"을 취하는 규정형 뒤에만 쓰이는 구속명사에는 다음과 같은 것들이 있다.

둥 : "…것 같음", "…다거니"의 뜻을 나타낸다

지난밤 자는둥마는둥하고 오늘 급급히 떠났다.

죽을둥살둥 모르고 일만 했다.

걸어가는 것이 낫다는둥 자동차로 가는 것이 낫다는둥 의견이 많았다.

데 : 곳, 장소, 부문, 단위, 경우, 상황, 때, 측면 등 의미를 가진다

높은 데를 고르다, 가는 데마다 풍년이다, 사증을 발급하는 데가 어디요, 얹힌 데는 이 약이 즉효다, 학습하는 데 절실히 필요한 참고서, 나무랄 데 없는 끌끌한 미남자들이였다.

줄 : 추측, 원인, 사실, 사태, 방법, 능력, 셈속 등을 나타낸다

제 시간에 틀림없이 올줄 믿고있다. (추측)

이 절을 상국사라고 부르는줄 아나? (원인)

내가 왔던줄 어떻게 알았니? (사실)

일이 이렇게 벌어지는 줄을 알면서 왜 대책을 강구하지 않았소? (사태)

사람은 무슨 일이나 다 할 줄 알아야 한다. (방법)

<용언전성토 "-기"나 체언어간 뒤에만 쓰이는 구속명사>
때문 : 원인을 나타낸다
그런줄 몰랐기 때문에 실패를 본거요.
그게 다 누구때문인줄 아세요?
(간혹 규정토 "-는"뒤에 쓰이는 것도 보이는데 규범적이겠는지는 두고
볼판이다.-그걸 아는 때문에 남보다 낫지.)


구속명사는 규정해주는 단어의 형태에만 제약이 있는 것이 아니라 많은
구속명사는 자체가 취할 수 있는 격형태에도 제약성이 강하다. 그 상황을
살펴보면 다음과 같다.


아무런 토도 붙지 않는 구속명사(도움토와 강조의 토는 붙을 수 있다)
둥, 법, 사, 줄, 체
주격토만 붙는 구속명사
나위, 리, 무렵, 수, 지, 품
위치격토만 붙는 구속명사
김, 만(시간), 바람, 적, 차(기회), 터, 통, 딴
방편격토만 붙는 구속명사
길, 나름, 상, 차(목적), 채, 따름, 때문, 뿐, 양
체언전성토만 붙는 구속명사
나름, 대로(²가), 만(시간), 터, 따름, 때문, 뿐, 양
격토가 비교적 자유롭게 붙는 구속명사
것, 녘, 데, 분, 자, 중, 즈음, 짓, 치, 따위, 쪽, 이


② 단위구속명사
단위구속명사는 자립적으로 수사 뒤에엔 쓰인다는 점에서 구속성이 드러
나지만 그가 취하는 격토에는 제약이 없다.
여기에는 본디부터 단위구속명사인 것도 있고 자립명사가 때로 단위표시
에 참가함으로써 단위구속명사로 쓰이는 것이 있다.
흔히 쓰이는 단위구속명사에는 다음과 같은 것들이 있다.

가지, 권(卷), 개(個), 냥(兩), 대(臺), 마리, 명(名), 문(門), 메터, 발, 방, 벌, 배미, 살, 장(張), 전(錢), 차(次), 척(隻), 초(秒), 치, 채, 컬레, 키로그람, 톤, 평(坪), 푼(分), 헥타르, 회(回), 홰, 뜸, 원(圓)

자립명사가 구속단위명사로 쓰이는 것들에는 다음과 같은 것들이 있다.

가치, 그릇, 그루, 근(斤), 놈, 단, 독, 되, 말, 병(瓶), 봉지, 사람, 상자(箱子), 송이, 섬, 자, 자루, 층(層), 책(冊), 코, 토리, 통(桶), 판(版), 포기, 짝, 아름, 알, 오리

### 3.2.1.4. 동명사와 형명사

동명사, 형명사란 "하다", "되다"가 붙어서 동사 또는 형용사로 될 수 있는 명사가 "하다", "되다"를 붙이지 않고 토 없이 명사어간으로만 동사적 기능 또는 형용사적기능을 수행할 수 있는 명사를 가리킨다. 례를 들면 "그의 연구가 깊다", "그는 조선어 토에 대한 연구를 한다"와 같이 명사 "연구"는 토 "-가, -를"에 의하여 주어, 목적어로 될 뿐만 아니라 "그는 벼의 새 품종을 열심히 연구", "연변은 사과배로 아주 유명"에서와 같이 술어로도 된다. 이와 같이 명사 "연구", "유명"은 주어, 목적어로 되었을 뿐 아니라 동사, 형용사처럼 상황어 "열심히", "아주"를 가지면서 술어로 되었다. 이런 명사가 곧 동명사, 형명사인데 "동명사", "형명사"의 함의는 동사, 형용사로도 쓰일 수 있는 명사"라는 것이다.

동명사, 형명사의 특성은 다음과 같다.

첫째, 토없이 종결술어로 될 수 있으며 목적어, 상황어를 가질 수 있다.

시작(始作)
시작이 절반.
전국갑급팀9회경기 연길시서 시작.

동명사, 형명사에 들지 않는 명사들은 이런 특성을 가지지 못한다. 술어로 된다고 하여도 목적어, 상황어는 가지지 못한다. 례를 들면

나는 병사, 너는 로동자, 우리 모두 나라의 주인.

여기의 "병사", "로동자", "주인"은 모두 토없이 술어로 된 실례이나 "열심히"같은 양태상황어("모두"는 범위 상황어로 볼 수 있다), 목적어 같은 것은 삽입할 수 없는 것이다.

둘째로, 동명사, 형명사는 토를 첨가하여 자유롭게 규정어, 상황어로 될 수 없으며 때로 주어로도 자유롭게 될 수 없다.

> **견지(堅持)** : ? 견지의 립장(견지하는 립장),
> ? 립장의 견지에서(립장을 견지함에서),
> ? 립장의 견지가(립장을 견지하는것이)
> **전개(展開)** : ? 전개의 운동(전개하는 운동),
> ? 운동의 전개에서(운동을 전개함에서),
> ? 운동의 전개가(운동을 전개하는 것이)
> **엄중(嚴重)** : ? 엄중의 후과(엄중한 후과),
> ? 후과의 엄중에서(후과의 엄중함에서),
> ? 후과의 엄중이(후과의 엄중함이)

이것은 "견지", "전개", "엄중" 등이 명사이기는 하나 동사적 성격 또는 형용사적성격이 강하여 직접 토를 붙여 규정어, 상황어를 만들 수 없다는 특성을 보여준다고 할 수 있다.

셋째, 동명사, 형명사는 주로 신문의 표제, 책이름, 명령 등에 사용된다.

> 우리 선수단 올림픽서 또 우승
> ("우리 선수 금1 동3"같은 특수한 것도 있다)
> 홍수 메콩강 하류 습격

밤 열시 매봉산 출격!
인도네시아 사회질서 매우 혼잡

넷째, 동명사, 형명사는 대부분 두음절 이상의 한자어로 되어 있으며 고유어는 극히 희소하다.

고유어에는 "이룩, 마련, 근심, 걱정"등 소수 명사가 동명사, 형명사로 되나 한자어는 그 수효가 많다. 흔히 볼 수 있는 동명사, 형명사의 례는

> 동명사 : 거행, 건설, 달성, 련습, 롱락, 롱담, 명심, 보위, 분포, 사기, 상반, 실현, 지지, 취득, 탄로, 피살, 피선, 간고분투, 급강하, 시운전, 차별시, 악전고투
> 형명사 : 량호, 무관심, 부족, 비참, 중요, 처참, 필요, 혼란, 유독, 유망

그러나 본래 "하다"가 붙어 동사로 될수 있는 한자어라 하더라도 어간에 동작성이 없을 경우는 동명사로 되지 못한다.

> 남복하다–*남복 ; 군복하다–*군복 ; 농사하다–*농사 ;
> 전화하다–*전화 ; 체조하다–*체조 ; 료리하다–*료리.

### 3.2.1.5. 형태론적으로 특수한 명사들

형태론적으로 특수한 명사들이란 체언토 사용이 제한되거나 일정한 단어들과 조응관계를 이루어 쓰이는 자립명사의 부류들을 가리켜 이른다.

체언토 사용이 제한되는 자립명사에는 다음과 같은 것들이 있다.

> 체언토가 전혀 쓰이지 않는 자립명사
> 비상(非常) : 비상 대책, 비상 수단, 비상 시기, 비상 소집, 비상국회
> 유사(有史) : 유사 시대, 유사 이래, 유사 이전
> 제한된 체언토들만 붙는 자립명사
> 구두로, 극비밀리에, 넘두에, 단잠으로, 단잠에, 단적으로, 단적인, 단칼

로, 단칼에, 단참으로, 단참에, 만고에, 만고의, 말결에, 멸적의, 무진장으로, 무진장이다, 미증유의, 반면에, 불가분의, 불굴의, 불면불휴의, 불멸의, 불패의, 불후의, 불의의, 사전에, 자소로, 절세의, 참말로, 참말이지, 천추에, 추호도, 추호라도, 추호의, 필생의, 하등의, 한달음에, 한달음으로, 끽소리도, 안도의, 암암리에, 엄두도, 오매에, 오매에도, 웅변으로, 일련의

### 3.2.1.6. 조응관계가 특수한 명사들

일정한 단어들과 조응관계를 이루어 쓰이는 자립명사에는 다음과 같은 것이 있다.

> 멋대가리가 없다.
> 생사고락을 같이하다(함께하다).
> 주책이 있다(없다).
> 철딱서니가 있다(없다).
> 추호의(도, 라도) 동요도 없다.
> 끽소리도 못하다(없다, 말라).
> 하등의 문제로(도) 되지 않는다.
> 아무짝에도 못쓰겠다(쓸데없다).
> 엄두도 못낸다.
> 여간내기가 아니다.

### 3.2.2. 수사의 하위분류와 특성

수사는 하위분류를 한다고 하여도 다른 형태론적 특성이 드러나지 않으므로 수사전체의 형태론적 특성만 고찰하여도 충분하다. 다만 어떤 수사들은 그 형태가 고정되어 있어서 주요 수사의 목록을 렬거할 필요성이 있다.

#### 가. 수사의 문법적형태의 특성

수사는 다른 체언과 대조해보면 다음과 같은 특성이 있다.

첫째, 수사에는 복수도움토 "-들"이 붙지 않는다.

  *하나들, 열두들, 103개들
  *첫째들, 둘째들, 쉬나문째들

둘째, 수사는 련결토 "-의"와 규정토의 수식을 받지 않는다.

  *젊은 사람의 열, 춤 잘 추는 사람의 서른
  *붉은 둘, 검은 셋, 나는 열여섯, 날뛰는 사른한째

그러나 문맥에서 수사가 대상을 가리킬 때는 규정토의 규정을 받기도 하는데 이것은 어디까지나 특수 상황이다.

  여섯은 회의장으로 들어가고 남은 넷은 아직 이야기를 합니다.
  그곳의 둘은 일하러 왔으나 이곳의 셋은 코끝도 내밀지 않는다.

또 단위명사와 결합한 수사도 규정토의 규정을 받을 수 있다.

  식량이 100근이나 모자라는 250근으로 겨우겨우 지탱해온 것이다.

수사 "하나"만은 특별히 련결토 뒤에 쓰일 수 있다.

  언어는 민족을 이루는 특징의 하나이다.

### 나. 주요 수사의 목록

  <수량수사>
  고유어수사-하나, 둘, 셋, 넷, 다섯, 여섯, 일곱, 여덟, 아홉, 열, 스물, 서른, 마흔, 쉰, 예순, 일흔, 여든, 아흔
  한자어수사-일, 이, 삼, 사, 오, 륙, 칠, 팔, 구, 십, 이십, 삼십, 사십, 오십, 륙십, 칠십, 팔십, 구십, 백, 천, 만, 억, 조, 경

<순서수사>

고유어수사-첫째, 둘째, 셋째, 넷째, 다섯째, 여섯째, 일곱째, 여덟째, 아홉째, 열째, 스무째, 서른째, 마흔째, …

한자어수사-제일, 제이, 제삼, 제사, 제오, 제륙, 제칠, 제팔, 제구, 제십, 제이십, 제삼십, 제사십, …

<개략수사>

고유어수사-한둘, 두엇, 서넛, 두서넛, 너덧, 서너너덧, 너더댓, 대여섯, 예닐곱, 일여덟, 열아홉, 여라문, 스무나문, 서르나문, 마흐나문, 쉬나문, 예수나문, 일흐나문, 여드나문, 아흐나문

한두째, 두어째, 두세째, 서너째, 너덧째, 너더댓째, 여라문째, 스무나문째, …

한자어수사-일이, 이삼, 삼사, 사오, 오륙, 륙칠,

칠팔, 팔구, 수십, 수백, 수천, 수만,

수천만, 수천수만, …

## 3.2.3. 대명사의 하위분류와 특성

대명사는 실질적인 뜻을 가지지 않고 문맥과 장면에 따라 대상을 지시하기만 하므로 형식체언이라고 보았으며 또한 술어와의 일치관계를 가지고있다는 특성을 알았다. 그런데 일치관계를 전형적으로 가지고있는 것은 인칭대명사이다.

### 3.2.3.1. 인칭대명사

인칭대명사는 문맥과 장면에 따라 대상을 지시하면서 술어와도 일치관계를 갖는데 그것은 인칭대명사에 계칭, 인칭, 수 등 범주가 내재해 있기 때문이다.

인칭대명사는 화자와 청자의 관계를 나타내므로 조선어 언어의식에 존재하는 계칭이 사상되어 나타나기마련이다.

화자가 만나게 되는 청자는 존대, 대등, 하대의 세부류를 초월하지 않는다. 청자 앞에서 자칭과 대칭으로 갈라보면 다음과 같다.

| 청자 부류 | 자칭 | | 대칭 | |
|---|---|---|---|---|
| | 단수 | 복수 | 단수 | 복수 |
| 존대 | 저 | 저희 | × | × |
| 대등 | 나 | 우리 | 당신 | 당신들 |
| | | | 자네 | 자네들 |
| | | | 그대 | 그대들 |
| 하대 | 나 | 우리 | 너 | 너희, 너희들 |

인칭대명사와 술어의 계칭관계가 반드시 일치해야 문법적인 글이 되지 그렇지 못한 경우는 비문법적 문장이 이루어진다.

   *나는(우리) 그런 일이 있었다는 것을 전혀 몰랐습니다.
   저(저희, 저희들)는 그 일을 전혀 모르고 있었습니다.

화자와 청자쪽을 각각 일인칭(first person), 이인칭(second person)이라고 하며 이 량자에 속하지 않으면서 담화장면에서 다른 대상을 지시하는 것을 삼인칭(third person)이라고 한다.

### 3.2.3.1. 일인칭대명사

일인칭대명사 "나"는 아주 절친한 친구사이거나 청자의 지위가 비슷하거나 화자보다 낮다라고 여겨질 때 쓰인다.

일인칭대명사 "저"는 청자가 자기보다 지위가 높다고 여겨질 때 쓰인다. 또는 친근한 사이가 아닐 때도 손아래라도 자주 쓰인다. 강의를 할 때나 청중을 대상할 때도 쓰인다.

일인칭복수 "우리"는 존경의 대상이 아닌 청자 앞에서 화자가 둘 이상일 때 쓰이는데 때로 청자까지도 포함할 수 있다.

   우리는 어렸을 적에 다같이 고향의 소학교에서 공부를 했다. (화자 복수)

우리 모두 머리를 써서 살기 좋은 고장을 건설하자. (청자 포함)

일인칭복수 "저희"는 반드시 존경해야 할 사람 앞에서 써야 하며 청자를 포함하지 못한다.

저희도 뒤산에 자주 올라가 놀았습니다.
*저희는 머리를 써서 살기 좋은 고장을 건설합시다. (청자 포함, 비문법적)

"우리"는 단수적인 경우에도 쓰이는데
첫째, "우리"가 글 쓴 사람을 대신할 수 있다. 글 쓴 사람은 분명 단수임에도 불구하고

우리의 견해를 종합하면 다음과 같다.

이런 용법은 주로 론문, 론설문 같은데 자주 나타난다.
둘째, 한정받는 말이 가족이나 구성원 전체에 소속되는 대상을 가리킬 때도 분명 의미적으로 단수이나 "우리"를 쓴다.

우리 아버지, 우리 오빠, 우리 집, 우리 학교, 우리 나라

이 가운데서 "우리 집"는 "내 집"으로 되기도 하나 다음과 같은 한정은 불가능하거나 어색하다.

*내 아버지, 내 오빠, 내 학교, 내 나라("내 조국" 또 가능하다)

가. 이인칭대명사

이인칭대명사 "너"는 나이 젊고 절친한 사이나 아이들을 비공식 장면에서 대할 때 쓴다.

이인칭복수 "너희"는 청자가 낮게 대할 대상이며 또 둘이상인 경우에 쓰인다. 그리고 때로 단수적인 경우에도 쓰이는데 "우리"의 단수적 상황 "둘째" 자리에 쓰일 수 있다.

너희 아버지, 너희 오빠, 너희 학교, 너희 나라.

이 경우도 다음의 용법은 허용되지 않는다.

*네 아버지, 네 오빠, 네 집, 네 나라, 너의 나라.

이인칭대명사 "자네"는 "하게" 계렬에 맞추어 쓰는데 상대방이 나이 있는 년하이거나 어른이 된 친구일 때 나타난다.

박령감, <u>자네</u> 좀 정신 차리게.

이인칭대명사 "당신"은 시 같은 글에서 상대방을 높일 때 쓰고 일상 생활에서는 부부 사이에 많이 쓰인다.

이인칭대명사 "그대"는 시 같은 작품에서 대등의 의미로 쓰인다.

일인칭대명사 "나, 저" 그리고 이인칭대명사 "너"는 구두어에서 주격으로 쓰일 경우 "내가, 제가, 네가"로 쓰이기도 하며 구두어에서 련결토(령속격)자격으로 쓰일 경우 "내, 제, 네"로 쓰이기도 한다.

**구두어에서 주격으로 쓰일 경우**
내가 그 일을 안다, 제가 그 일을 알고있습니다, 네가 한 짓이 아니냐?
**구두어에서 련결토(령속격)자격으로 쓰일 경우**
내 돈지갑이 없어졌다, 제 생각이 틀린 것 같습니다, 네 생각대로 한번 해보아라.

나. 일인칭대명사와 이인칭대명사의 기능을 수행하는 단어들

인칭대명사가 아닌 단어들이 일인칭대명사와 이인칭대명사의 기능을 노는 례는 다음과 같은 것들이 있다.

　일인칭 기능을 노는 단어
　짐(朕) : 천자가 스스로를 일컫는 말.
　과인(寡人) : 왕이 자기를 낮추어 하는 말.
　본인 : 강연자가 자신을 가리킬 때 쓰는 말.
　우생(愚生) : (편지 같은데서) 자기를 낮추어 이르는 말.
　소생(소생) : 웃사람 앞에서 자기를 낮추어 이르는 말.
　불초(자) : (不肖(子)) : (편지같은데서)부모에게 자신을 낮추어 이르는 말.
("불초"란 본디 "어버이의 이름을 더럽힐만큼 어리석고 못난 자식"이라는 말)
　소제(小弟) : 나이가 자기보다 조금우인 사람에게 자기를 낮추어 이르는 말.
　우제(愚弟) : (편지따위에서) 형벌이 되는 사람에 자기를 낮추어 이르는 말.
　우형(우형) : (편지따위에서) 아우벌 되는 사람에게 자기를 겸손하게 일컫는 말.

　이인칭 기능을 노는 단어
　댁(宅) : 좀 높여야 할 사람을 가리킬 때 쓰는 말.
　로형(老兄) : 서로 나이 좀 있는 사이에 좀 높여야 할 사람을 가리킬 때 쓰는 말( 지금은 적게 쓰인다).
　각하(閣下) : 높은 지위에 있는 사람에 대한 경칭.
　어르신님 : 높여야 할 사람을 가리킬 때 쓰나 지위가 아주 높으면 사회관계, 직무같은 것을 쓴다.
　여러분 : 공적인 장면에서 복수로 부를 때 쓰는 말.
　귀형(貴兄) : (편지 같은데서) 상대방을 높이는 뜻으로 쓰는 말.
　귀하(貴下) : (편지 같은데서) 상대방을 높이는데 쓰이는 말.
　현형(賢兄) : (편지 같은데서) 벗을 높여 이르는 말.
　현제(賢弟) : 아우벌 되는 사람이나 남의 동생을 가리켜 이르는 말.

다. 삼인칭대명사의 기능을 노는 단어들

대부분 언어는 일인칭, 이인칭이 있고 어떤 언어들은 삼인칭도 있다. 조

선어의 경우는 담화 장면 안에서 제3자를 가리키는데 "이 사람, 저 사람, 그 사람, 이분, 저분, 그분, 이이, 저이, 그이, 이놈, 저놈, 그놈, 이 자식, 저 자식, 그 자식, 이 새끼, 저 새끼, 그 새끼" 등이 쓰이는데 이들은 모두 림시로 자립적인 단어나 구속적인 성분이 어울려 쓰이는 구 또는 지시대명사와 구속명사의 결합일 뿐 영어의 " he, she, it, they "나 한어의 "我, 你, 他, 她, 它"처럼 당당한 인칭대명사가 아니다. "이분, 저분, 그분"의 "분"는 구속명사이니 단어로 인정하여도 좋으리라 생각할수도 있으나 이들은 특정한 장면에서만(대화 같은데) 삼인칭 기능을 놀므로 보편성이 결여되고 추상화 정도가 약하다고 할수 있다. 그리고 삼인칭의 기능을 하는듯한 "그는"이 있는데 단어의 자격을 가지기는 하나 담화장면 밖의 사람을 가리키므로(한어의 "他, 她, 它"는 담화장면 안에 있다) 삼인칭대명사로 보기가 어렵다. 그러므로 우리는 조선어에는 삼인칭대명사는 없다고 본다.

위에서 본바와 같이 조선어에는 존대의 대상에 써야 할 충분히 추상화되고 보편성을 가지는 인칭대명사가 없다. 직위가 높은 사람이 공식적인 전보문같은 데서 쓰는 "당신"은 다른 경우에 존대의 대명사로 쓰지 못한다. 조선어에서는 이 자리를 메워주는 것이 부름과 부름말을 이어받는 사회관계명칭(아버지, 형님, 선생님, 부장님, 사장님)이다. 쓰이는 방식은 아래의 두 가지가 있다.

**부름말만 쓰고 주어를 생략하는 방법**
선생님, 출장 나가십니까?
**부름말을 쓰고 주어자리에서 되풀이하는 방법**
부장님, 부장님께서는 이 일을 모르시고 계셨습니까?

인칭대명사에 제삼인칭 대명사는 없지만 기능의 측면에서 관찰하면 "이 사람, 저 사람, 그 사람, 이분, 저분, 그분, 이이, 저이, 그이, 이놈, 저놈, 그놈, 이 자식, 저 자식, 그 자식, 이 새끼, 저 새끼, 그 새끼" 등이 쓰이는데 이들의 기능을 잘 살리는 것은 실제 교제에서 례의성을 지키는데 많은 도움이 될 수 있다. 이들의 기능을 잘 살펴보면 그중에는 술어와 존칭면의 일치를 이루어야 할 것이 있고 존칭의 일치가 없어도 되는 따위가 갈라져있다.

　존칭의 일치가 필요한 따위에는 "이분, 저분, 그분, 이이, 저이, 그이"가 있고 다른 것은 모두 존칭의 일치를 필요로 하지 않는다.

　　이분이(이이가) 바로 저의 사장님이십니다.
　　*이분이(이이가) 바로 저의 사장님입니다.
　　저분이(저이가) 제가 어제 말씀드린 서울서 오신 분이십니다.
　　*저분이(저이가) 제가 어제 말씀드린 서울서 온 분입니다.
　　그분이(그이가) 바로 제자 찾던 분이십니다.
　　*그분이(그이가) 바로 제자 찾던 분입니다.
　　이(그, 저) 사람이 어제 찾아왔던 손님이요.
　　이(그, 저, )놈이 바로 우리 마을 사람을 속인 놈이요.
　　이(그, 저) 자식이 그런 몹쓸 짓을 한겁니다.

### 3.2.3.2. 지시대명사

　장면이나 문맥에서 일인칭, 이인칭이 아닌 사람이나 사물을 가리키는 대명사를 지시대명사라고 한다. 지시대명사는 사람이나 사물을 가리키는 보편지시대명사, 사물만 가리키는 사물대명사, 장소만 가리키는 장소대명사 세 가지로 나눌 수 있다.

　지시대명사는 화자로부터 가까이 있는 사람이나 사물을 가리키는 근칭(近稱), 청자에게 가까이 있는 사람이나 사물을 가리키는 중칭(中稱), 화자와 청자로부터 비슷한 거리에 있는 사람이나 사물을 가리키는 원칭(遠稱)의 구분이 있다.

| 지시대명사 종류 | 근칭 | 중칭 | 원칭 |
|---|---|---|---|
| 보편지시대명사 | 이 | 그 | 저 |
| 사물지시대명사 | 이것 | 그것 | 저것 |
| 장소지시대명사 | 여기 | 거기 | 저기 |

### 가. 보편지시대명사

보편지시대명사에는 "이, 그, 저"가 있다.

사람을 가리키는 경우

① 토 없이 직접 사람을 규정하는 성분으로 쓰이여 사람을 일인칭, 이인칭외의 사람을 가리킨다.

　　이 학생, 그 학생, 저 학생

② 복수도움토를 붙여 직접 사람을 가리킨다.

　　이들(이 사람들)의 말에 따르면 그런 풍습이 없어진지 오래다고 한다.
　　그들(그 사람들)의 생각으로는 아직도 시일이 늦지 않다는 것이다.
　　저들(저 사람들)의 힘으로 그 일을 해낼 것 같지 않소.

경우에 따라 "이"에는 복수도움토가 붙을 경우 사물을 나타내기도 한다.

　　이들 세 조사에 대한 견해는 다음과 같다.

③ "그"에 격토 "−가/−이, −에게, 에게서"가 붙으면 사람만 가리킨다.

　　그가 바로 유명한 모험기업가 신창순이요.
　　그에게 다음과 같은 질문을 들이대였다.
　　그에게서 배울바가 아주 많지요.

그러나 "이, 저"에는 "−가/−이, −에게, −에게서"가 붙지 않으며 따라서 사람을 가리킬 수도 없다.

　　*이가 바로 유명한 모험기업가 신창순이요.

*저에게 질문해보지요?
*저에서 배울 바가 적지 않소.


④ "그"에 련결령속토 "-의"가 붙으면 사람을 가리키기도 하고 사물을 가리키기도 한다.


그의 말에 따르면 70년전 이 곳에는 삼림이 울창했다고 한다. (사람)
조선어어휘구성의 다른 하나의 측면은 그의 단일성이다. (사물)


대신 "이, 저"에는 련결령속토가 붙지 않는다.


*이의 특성이 곧 치밀성이다, 저의 노력이 우리를 감동시켰다.

⑤ "그"에 체언전성토가 붙으면 사람을 가리킨다.


언제나 밝은 웃음으로 손님을 맞아주는 그였다.

반면에 "이, 저"에는 체언전성토가 붙지 못한다.


*어제 시장에서 만난 사람이 저였다.
*내가 잘 알고있는 이름이 바로 이였기 때문에 인차 승낙을 했다.


⑥ "그"에 도움토 "-는/-은" 등이 붙어서 사람을 나타내나 "이, 저"에는 이런  기능이 없다.


그는 너무도 서러웠다.
*이는 지금 격분했다.
*저는 더 참을 수 없는듯했다.

사물을 가리키는 경우

① 토 없이 직접 사물을 규정하는 성분으로 쓰여 사물을 가리킨다.

이 시계가 깜찍하지?그 계산기 값이 얼마지요?저 책장이 마음에 듭니다.

② "그"에 "-조차, -까지, -마저" 등 도움토가 붙어서 사물을 나타낸다.

이제 남은 식량은 한 주일분 그조차 절반은 썩은 것이다.

## 나. 사물지시시대명사

사물지시대명사에는 "이것, 그것, 저것"이 있는데 이 단어들은 기원적으로 지시대명사 "이"와 구속명사 "것"이 어우러 이루어진 합성명사이다. 현대조선어에서는 "이"와 "것" 사이에 다른 말을 삽입할 수 없으므로 대명사로 볼 수 있으나 다른 언어와 같은 기원이 오랜 하나의 형태소로 이루어진 대명사는 아니다.

이것(그것, 저것)은 무엇입니까? (사물만 가리킨다)

사물지시대명사는 주격으로 쓰일 경우 사람을 낮잡아 이르기도 한다.

저게(>저것이) 다 사람이요?
그게(>그것이) 그래도 체면이 있다오.

사물지시대명사는 토의 도움이 없이는 규정어로 되지 못한다.

*이것(그것, 저것) 텔레비의 값이 얼마요?

### 다. 장소지시대명사

장소지시대명사에는 "여기, 거기, 저기"가 있다.


　여기가 바로 세계적으로 유명한 명승지 만물상이요.


장소지시대명사가 직접 체언을 한정할 경우는 규정어로 된다.


　여기 날씨는 상상하던 것보다 덥군요.


장소지시대명사가 직접 용언을 수식할 경우는 상황어로 된다.


　여기 앉아 있소, 인차 갔다올 터이니.

### 3.2.3.3. 미정의문대명사

　대상을 미정 또는 의문의 뜻으로 가리키는 대명사를 미정의문대명사라
한다. 미정이라는 것은 특정한 사람이나 사물을 가리키지 않는 것을 가리키
며(어느 때나 특정한 사람이나 사물을 가리키지 않는다) 의문이라는 것은 대상을
정확하게 모를 때를 가리켜 이른다(모르던 것은 알게 될 수 있다).
　미정의문대명사는 의문대명사와 미정대명사로 일단 나눌 수 있다.


### 가. 의문대명사

의문대명사에는 "누구, 무엇, 몇, 얼마, 어디, 언제" 등이 있다.
이들은 가리키는 대상이 정해져있는 바,


　사람을 가리키는 것-누구
　사물을 가리키는 것-무엇
　수량을 가리키는것-몇, 얼마
　장소를 가리키는것-어디

시간을 가리키는것 – 언제

의문대명사는 경우에 따라서(력점이 떨어지지 않을 경우) 미정의 뜻으로도 쓰인다.

언제 가니? ("언제"에 력점이 오면 의문의 뜻으로 쓰인 것이다)
언제 가니? ("언제"에 력점이 오지 않으면 미정의 뜻으로 쓰인 것이다)

사람을 가리키는 의문대명사 "누구"는 주격으로 쓰일 때 "누가"로 된다.

밖에 누가 왔는가 좀 보아라.
*누구가 그런 엉터리없는 소리를 하던?

사물을 가리키는 의문대명사 "무엇"은 토의 도움을 받지 않고 직접 규정어로 쓰이지 못한다.

*무엇 도구를 가지고 오라 했소?

## 나. 미정대명사

미정대명사에는 "아무" 하나가 있는데 사람과 사물을 모두 특정한 것이 아닌 것으로 가리키는 것이다.

그 일은 아무도 모릅니다. (사람)
좋은 것이라고는 아무 물건도 없는데 마음대로 하라시오. (사물)

"아무"에는 체언전성토가 쓰이지 않는다.

*그 일을 한 것은 아무였다.

### 3.2.3.4. 재귀대명사

주체로 되는 일인칭과 이인칭이 아닌 사람이나 사물을 가리키는 대명사를 재귀대명사라 하는데 여기에는 사람을 가리키는 "자기, 자신, 저, 저희, 당신"이 있고 사물을 가리키는 "자체"가 있다.

**사람을 가리키는 재귀대명사**
화가는 <u>자기</u>의 그림을 유심히 들여다보았다.
어머니는 <u>자신</u>의 수건을 벗겨 딸에게 씌워주셨다.
그는 <u>제(>저)</u> 몸을 돌보지 않고 일에만 몰두했다.
아들놈들은 <u>저희</u>들 생각을 터놓았다.
사또님은 <u>당신</u> 따님 자랑을 한바탕 늘어놓았습니다.
**사물을 가리키는 재귀대명사**
식칼이 <u>제(>저)</u> 자루를 깎지 못한다.
집 <u>자체</u>는 본래 아담한 새 집이였다.

재귀대명사 "당신"과 "자신"은 존경할 사람에게 쓰이고 기타는 비존경의 사람에게 쓰인다.

*시어머니는 제 몸이 아프면서도 쉴 줄 모른다.

### 3.2.4. 동사의 하위분류와 특성

동사는 목적어를 가질 수 있는가 없는가에 따라 타동사, 자동사, 량면동사(능격동사)로 나눌 수 있고 동작의 주체가 의식을 가지고 있는가 아닌가에 따라 의식성동사와 무의식성동사로 나눌 수 있으며 다른 필수상황어의 도움을 받지 않고 쓰일 수 있는가 없는가에 따라 완전동사와 불완전 동사로 나눌수 있고 문장가운데 자립적으로 쓰이는가 다른 동사에 의지하여 쓰이는가에 따라 자립동사와 보조동사 등으로 나눌 수 있다.

### 3.2.4.1. 타동사, 자동사, 량면동사

#### 가. 타동사

타동사란 동작이 미치는 대상을 가질 수 있는 동사를 가리켜 이른다. 여기서 말하는 동작이 미치는 대상이란 곧 목적어를 가리켜 하는 말인데 형태적으로 직접 미치는 대상은 목적격토를 가질 수 있으며 시간, 장소, 경로, 회수, 분량, 목적 등을 나타내지 않는 체언들이다. 타동사의 수효는 자동사보다 좀 적은 것으로 알려져 있다(7만 4천 단어 중 5300개 정도).

타동사의 례는 다음과 같은 것을 들 수 있다.

객체를 변화시키는 행동 : 밭을 <u>갈다</u>, 밥을 <u>먹다</u>
객체를 만드는 행동 : 놈을 <u>풀다</u>, 밥을 <u>짓다</u>, 알을 <u>낳다</u>, 글을 <u>쓰다</u>
대상사이의 상호작용을 나타내는 행동 : 새해를 <u>맞다</u>, 편지를 <u>받다</u>
감각, 인식을 나타내는 행동 : 아픔을 <u>느끼다</u>, 진리를 <u>깨닫다</u>

타동사에는 본래부터 타동사인 동사도 있고 자동사가 사역동사로 변함에 따라 생기는 타동성을 갖춘 동사도 포함될 수 있다.

본래부터 타동사인 것 : 먹다, 깎다, 놓다, 넣다, 주다, 자르다, …
본래의 자농사가 사역동사로 되어 타동성을 가진 것 : 앉히다, 눕히다, 남기다, 세우다, 웃기다, 놀리다, 재우다…
(본래 타동사는 사역동사로 되어도 타동성을 그대로 보존한다.
먹이다, 읽히다, 지우다, 맡기다…)

#### 나. 자동사

자동사는 타동사보다 많은바 7만 4천 단어에서 8천개 정도다. 자동사란 동작이 미치는 대상을 가지지 못하는 동사를 가리켜 이른다. 자동사의 례는 다음과 같은 것이 있다.

공간에서의 움직임을 나타내는 것 : 가다, 뛰다, 날다
육체정신적 상태를 나타내는 것 : 자다, 웃다, 곯다, 울다
상태의 변화를 나타내는 것 : 녹다, 얼다, 썩다, 줄다
기후상태를 나타내는 것 : 개다, 흐리다, 가물다

자동사에는 본래부터 자동사인 것과 본래 타동사이던 것이 피동동사로 됨으로써 자동성을 가지는 동사가 있다.

본래부터 자동사인 것 : 앉다, 눕다, 서다, 돌다, 남다…
본래 타동사이던 것이 피동동사로 됨에 따라 자동성을 띄게 되는 것 : 보이다, 먹히다, 쫓기다, 들리다…

### 다. 량면동사(능격동사)

하나의 동사어근이 다른 토의 도움이 없이 그대로 자동사와 타동사로 쓰이는 동사를 량면동사라고 한다. 조선어에는 이런 동사가 3천여 개나 된다.

아이의 눈물이 그쳤다. (자동사로 쓰인것)
누나가 달래여 아이의 눈물을 거쳤다. (타동사로 쓰인 것)

량면동사에는 이밖에도 "가리다, 가시다, 간질거리다, 감돌다, 갸우뚱거리다, 고기다, 굼틀거리다, 나불거린다, 달린다, 들먹거린다, 되똑되똑하다, 류포한다, 리별한다, 만나다, 명중한다, 반짝거린다, 반짝반짝한다, 부딪친다, 분립한다, 사임한다, 상봉하다, 선회한다, 스치다, 절뚝거린다, 졸인다, 철수한다, 친한다, 탈출한다, 한들거리다, 할딱거리다, 혼입하다, 흐느적흐느적한다, 휘날리다, 휘돈다, 깜빡인다, 떨렁떨렁한다, 삐쭉거린다, 씰룩거린다, 찌걱찌걱한다, 열심한다, 영별하다, 움직인다, 응낙한다, 의지한다" 등이 있다.

### 3.2.4.2. 의식성동사와 무의식성동사

의식성동사는 대부분이 인간이 하는 의지적으로 좌우되는 동작을 나타내는 것인데 이런 의식성동사는 동사의 토들을 대개 구전하게 가질 수 있다. 동사가 가질 수 있는 토 중에서도 권유식, 명령식이 자유롭게 쓰이며 접속토에서도 목적의도의 접속토들이 잘 온다.

> 자다 : 잡시다, 자거라 ; 자러 가다, 자려 한다.
> 걷다 : 걸읍시다, 걸으시오, *걸으러 가다, 걸으려 합니다.

인간이 하는 동작이라도 의지적으로 좌우하지 못하는 동작은 무의식성동사로 표현되며 따라서 권유식, 명령식, 목적의도 등 토들을 쓸 수 없다.

> *씰룩거리자, 씰룩거려라, 씰룩거리러 가다, 씰룩거리려 합니다.

무의식성 동사는 사물이나 동물 등이 하는 행동으로서 의지적으로 어떤 동작을 좌우하지 못하므로 권유식, 명령식, 목적의도 등 토들이 붙지 못한다.

> *반짝거리자, 반짝거려라, 반짝거리러 가다, 반짝거리려 한다.

### 3.2.4.3. 완전동사와 불완전동사

대부분 동사는 완전동사로서 상황어가 없이도 쓰일수 있다. 례컨대 :

> 그이는 천천히 걷는다.

여기에서 "천천히"는 상황어인데 이것 없이도 이 문장은 비문법적문장으로 되지는 않는다.

> 그이는 걷는다.

이 문장이 간단하기는 하지만 조선어의 문장으로 되는데는 충분하며 동시에 문법적 문장인 것이다. 그러나 일부 상황어가 빠지면 비문법적문장으로 되는 수가 있는데 그것은 그 문장에 사용된 동사가 불완전동사이기 때문이다. 례컨대 :

그 아이가 예쁘게 생겼다.

여기에서 "예쁘게"는 상황어이다. 그런데 이 문장에서 이 말을 빼버리면 전혀 문장이 되지 않는다.

*그 아이는 생겼다.

이와 같이 필수상황어와 함께 쓰여야 하는 동사를 불완전동사라고 한다. 불완전동사는 그 문법적특성에 따라 또 불완전자동사와 불완전타동사로 나누인다.

### 가. 불완전자동사

불완전자동사에는 지금까지 알려진데 따르면 미침자동사, 바뀜자동사, 여김자동사, 상대자동사, 합침동사, 시발자동사, 생각자동사, 위함자동사, 의함자동사, 생김자동사, 성구론적상대자동사 등이 있다.

① 미침불완전자동사

이런 자동사는 "무엇에, 누구에게, 어디에"라는 필수적상황어가 있어야 쓸 수 있는 자동사이다. 례컨대,

목숨이 <u>경각에</u> 달했다. − *목숨이 달했다.
순자는 <u>철호에게</u> 반했다. − *순자는 반했다.

로빈손 크루쇼는 <u>무인도에</u> 정착했다. – *로빈손 크루쇼는 정착했다.

이 문장들에서 밑줄을 그어 표시한 상황어들을 빼버리면 비문법적문장이 된다.

이런 미침불완전자동사에는 다음과 같은 것들이 있다.

가담하다, 가입하다, 참석하다, 입학하다, 종사하다, … ;
도취되다, 매혹되다, 미치다, 투신하다, 헌신하다, 열중하다, … ;
독점되다, 망라되다, 부속되다, 소속되다, 소유되다, 속하다, 직속되다, … ;
간수되다, 간직되다, 기록되다, 기숙하다, 등록되다, 자리잡다, 잠복하다, 정착하다, 주둔하다,  주재하다, 위치하다, … ;
달하다, 당도하다, 도달하다, 도착하다, 소개되다, 숙련되다, 전달되다, 정통하다, 이르다, 위임되다, … ;
들키다, 맞다, 발각되다, 섬멸되다, 소멸되다, 시달리다, 정복되다, 중독되다, 학살되다, 우롱되다, 예속되다, … ;
경례하다, 발길질하다, 사례하다, 사은하다, 청혼하다, 항거하다, 화풀이하다, 응전하다, 인사하다, 목례하다, ….

② 바뀜불완전자동사

이런 자동사는 "무엇으로, 누구로"라는 필수적상황어가 있어야 쓸 수 있는 자동사이다. 례컨대,

그는 <u>급장으로</u> 선거되였다. – *그는 선거되였다.
누에가 <u>번데기로</u> 화하였다. – *누에가 화하였다.
군대는 <u>최신무기로</u> 장비되였다. – *군대는 장비되였다.

이 문장들에서 밑줄을 그어 표시한 상황어들을 빼버리면 비문법적문장이 된다.

이런 바뀜불완전자동사에는 다음과 같은 것들이 있다.


　　교체되다, 대체되다, 변장되다, 전락되다, 전성되다, 전화되다, 전의되다,
진화되다, … ;
　　선거되다, 추대되다, 임명되다 ;
　　되다, 변하다 ;


③ 여김불완전자동사

이런자동사는 "무엇으로, 누구로"라는 필수적상황어가 있어야 쓸 수 있는
자동사이다. 례컨대,


　　그는 <u>명가수로</u> 인정되였다. – *그는 인정되었다.
　　이 옥돌은 <u>당조의 것으로</u> 추정된다. – *이 옥돌은 추정된다.


이 문장들에서 밑줄을 그어 표시한 상황어들을 빼버리면 비문법적문장이
된다.
이런 여김불완전자동사에는 다음과 같은 것들이 있다.


　　간주되다, 결론되다, 공인되다, 단정되다, 진단되다, 짐작되다, 착각되다,
추측되다, 판정되다 ;


④ 상대불완전자동사

이런 자동사는 "무엇과, 누구와"라는 필수적상황어가 있어야 쓸 수 있는
자동사이다. 례컨대,


　　나는 <u>영수와</u> 다투었다. – *그는 다투었다.
　　부친은 <u>사돈과</u> 맞상하였다. – *부친은 맞상하였다.
　　철숙이는 <u>동수와</u> 갈라졌다. – *철숙이는 갈라졌다.

이 문장들에서 밑줄을 그어 표시한 상황어들을 빼버리면 비문법적문장이 된다.

이런 상대불완전자동사에는 다음과 같은 것들이 있다.


격전하다, 격투하다, 결투하다, 다투다, 밀담하다, 설전하다, 자리다툼하다, 한담하다, 싸우다, … ;

결혼하다, 동락하다, 동숙하다, 동주하다, 병존되다, 병진되다, 병행되다, … ;

구분되다, 격리되다, 결렬하다, 리별하다, 리혼하다, 식별되다, 생리별하다, 절교하다, 절연되다, 헤여지다, … ;


⑤ 합침불완전자동사

이런 자동사도 "무엇과, 누구와"라는 필수적상황어가 있어야 쓸수 있는 자동사인데 그 의미적특성이 좀 다르다. 례컨대,


바다가 <u>하늘과</u> 맞붙었다. – *바다가 맞붙었다.
중국은 <u>조선과</u> 접하였다. – *중국은 접하였다.


이 문장들에서 밑줄을 그어 표시한 상황어들을 빼버리면 비문법적문장이 된다.

이런 합침불완전자동사에는 다음과 같은 것들이 있다.


련결되다, 련접되다, 련하다, 맞달리다, 맞닿다, 접속하다, 접촉되다, 잇닿다, … ;

결부되다, 겹치다, 병합되다, 부합되다, 섞갈리다, 조화되다, 조응되다, 합류되다, 합성되다, 합치되다, 어울어지다, 일치되다, … ;

대립하다, 모순되다, 반대되다, 배치되다, 상반되다, 상위되다, 정반대되다, 어긋나다, 위반되다, ….

⑥ 시발불완전자동사

이런 자동사는 "무엇에서, 어디에서"라는 필수적상황어가 있어야 쓸 수 있는 자동사이다. 례컨대,

> 량서류는 <u>어류에서</u> 기원한다. – *량서류는 기원한다.
> 송화강은 <u>백두산에서</u> 발원한다. – *송화강은 발원한다.

이 문장들에서 밑줄을 그어 표시한 상황어들을 빼버리면 비문법적문장이 된다.

이런 시발불완전자동사에는 다음과 같은 것들이 있다.

> 락선되다, 철직되다, 탈퇴하다, 탈회하다, … ;
> 기인되다, 발로되다, 유래되다, 유발하다, ….

⑦ 생각불완전자동사

이런 자동사는 "누가, 무엇이"라는 필수적상황어가 있어야 쓸수 있는 자동사이다. 례컨대,

> 나는 <u>고향마을이</u> 생각혔다. – *나는 생각혔다.
> 나는 <u>그 만년필이</u> 욕심난다. – *나는 욕심난다.

이 문장들에서 밑줄을 그어 표시한 상황어들을 빼버리면 비문법적문장이 된다.

이런 생각불완전자동사에는 다음과 같은 것들이 있다.

> 걱정되다, 고려되다, 근심되다, 탐나다, 우려되다, … ;

⑧ 위함불완전자동사

이런 자동사는 "누구를 위해, 무엇을 위해"라는 필수적상황어가 있어야 쓸 수 있는 자동사이다. 례컨대

> 우리는 <u>인민을 위해</u> 복무한다. − *우리는 복무한다.
> 그는 <u>생계를 위해</u> 애면글면한다. − *그는 애면글면한다.

이 문장들에서 밑줄을 그어 표시한 상황어들을 빼버리면 비문법적문장이 된다.

이런 생각불완전자동사에는 다음과 같은 것들이 있다.

> 분투하다, 혁명하다, 싸우다, 아득바득하다

⑨ 의함불완전자동사

이런 자동사는 "누구에 의해, 무엇에 의해"라는 필수적상황어가 있어야 쓸 수 있는 자동사이다. 례컨대

> 보고회는 <u>연구생학생회에 의해</u> 주최되었다. − *보고회는 주최되었다.
> 물질의 운동은 <u>모순에 의해</u> 추동된다. − *물질의 운동은 추동된다.

이 문장들에서 밑줄을 그어 표시한 상황어들을 빼버리면 비문법적문장이 된다.

이런 의함불완전자동사에는 다음과 같은 것들이 있다.

> 도발되다, 령도되다, 령솔되다, 집행되다, 통솔되다, 야기되다

⑩ 생김불완전자동사

이런 자동사는 "어떻게"라는 필수적상황어가 있어야 쓰일 수 있는 자동

사이다. 례컨대,

    영실이는 <u>귀엽게</u> 생겼다. – *영실이는 생겼다.
    아이가 <u>성가시게</u> 군다. – *아이가 군다.
    얼굴이 <u>곱게</u> 되었다. – *얼굴이 되었다.

이 문장들에서 밑줄을 그어 표시한 상황어들을 빼버리면 비문법적문장이 된다.

이런 생김불완전자동사에는 다음과 같은 것들이 있다.

    날뛰다(기뻐서 ～, 미쳐서 ～), 놀다(귀찮게 ～, 귀엽게 ～), 지나다(무심히 ～, 잠자코 ～), 지내다(구수하게 ～, 남달리 ～), 처신하다(옳게～, 바르게 ～)

⑪ 성구론적상대불완전자동사

이런 자동사는 "누구와, 무엇과"라는 필수적 상황어가 있어야 쓰이는 자동사이다. 례컨대

    나는 <u>성숙이와</u> 마음이 맞는다. – *나는 마음이 맞는다.
    나는 <u>그와</u> 모순이 생겼다. – *나는 모순이 생겼다.

이 문장들에서 밑줄을 그어 표시한 상황어들을 빼버리면 비문법적문장이 된다.

이런 성구론적상대불완전자동사에는 다음과 같은 것들이 있다.

    맞다, 버성기다, 벌어지다, 통하다, 어긋나다, … ;
    나빠지다(관계가～), 붙다(싸움이～, 론쟁이～), 좋아지다(관계가～), 틀려지다(관계가～), 악화되다(관계가～), 완화되다(관계가～), … ;

나. 불완전타동사

불완전타동사에는 지금까지 알려진데 따르면 미침타동사, 바꿈타동사와 여김타동사, 상대타동사와 합침타동사, 시발불완전타동사, 명명불완전타동사, 결과불완전타동사, 미침합침불완전타동사, 성구론적상대불완전타동사 등이 있다.


① 미침불완전타동사

이런 타동사는 목적어를 필수적성분으로 가지는 외에 "누구에게, 무엇에"라는 필수적 상황어가 있어야 쓰일 수 있는 타동사이다. 례컨대

영순이는 <u>시아버님께</u> 아침상을 올렸다. – *영순이는 아침상을 올렸다.
덕순이는 <u>품속에</u> 비밀문서를 간직했다. – *덕순이는 비밀문서를 간직했다.
감돌이는 <u>배돌이에게</u> 그 일을 부탁했다. – *감돌이는 그 일을 부탁했다.


이 문장들에서 밑줄을 그어 표시한 상황어들을 빼버리면 비문법적문장이 된다.

이런 미침불완전타동사에는 다음과 같은 것들이 있다.

가르치다, 갚다, 건늬다, 고발하다, 기별하다, 내주다, 드리다, 발급하다, 배워주다, 선사하다, 팔다, 끼치다, 아뢰다, 여쭈다, 올리다, … ;
기탁하다, 부탁하다, 청탁하다, 위탁하다, 의탁하다, … ;
되묻다, 반문하다, 자문하다, 질문하다, … ;
빌다, 사정하다, 신청하다, 청구하다, 탄원하다, 요구하다, 애원하다, … ;
가설하다, 기입하다, 기재하다, 들록하다, 상설하다, 시설하다, 장치하다, 앉히다, … ;
기억하다, 기울이다, 경주하다, 구금하다, 구류하다, 더하다, 도입하다, 명기하다, 물다, 보태다, 소비하다, 숨기다, 새기다, 저장하다, 적용하다, 주입하다, 지니다,
처넣다, 채우다, 투입하다, 허비하다, 끼우다, 아로새기다, 응용하다, … ;

당하다, 더럽히다, 먹이다, 받다, 적시다, 읽히다, … ;

② 바꿈불완전타동사와 여김불완전타동사

이런 타동사는 목적어를 필수적성분으로 가지는 외에 "누구로, 무엇으로"라는 필수적상황어가 있어야 쓰일 수 있는 타동사이다. 례컨대

우리는 강춘이를 <u>반장으로</u> 선거했다. - *우리는 강춘이를 선거했다.
사람들은 그 로인을 <u>부락장으로</u> 추대했다. - *사람들은 그 로인을 추대했다.
우리는 자갈밭을 <u>논으로</u> 만들었다. - *우리는 자갈밭을 만들었다.
그는 장씨를 <u>형으로</u> 여겼다. - *그는 장씨를 여겼다.

이 문장들에서 밑줄을 그어 표시한 상황어들을 빼버리면 비문법적문장이 된다.

이런 바꿈불완전타동사에는 다음과 같은 것들이 있다.

고용하다, 선거하다, 선발하다, 선출하다, 분장하다, 중용하다, 추대하다, 추천하다, … ;
교체하다, 개작하다, 개편하다, 갱신하다, 대치하다, 번역하다, 치환하다, … ;

여김불완전타동사에는 다음과 같은 것들이 있다.

간주하다, 공인하다, 여기다, 빗보다, 오산하다, 오진하다, 오인하다, 인정하다, …

③ 상대불완전타동사와 합침불완전타동사

이런 타동사는 목적어를 필수적성분으로 가지는 외에 "누구와, 무엇과"라는 필수적상황어가 있어야 쓰일 수 있는 타동사이다. 례컨대

나는 <u>아이들과</u> 공원놀이를 약속했다. － *나는 공원놀이를 약속했다.
우리는 <u>철수네와</u> 집을 맞바꾸었다. － *우리는 집을 맞바꾸었다.
박선생은 <u>김선생과</u> 이 저서를 합저했다. － *박선생은 이 저서를 합저했다.
그는 <u>자갈과</u> 세멘트를 뒤섞었다. － *그는 세멘트를 뒤섞었다.

이 문장들에서 밑줄을 그어 표시한 상황어들을 빼버리면 비문법적 문장
이 된다.

이런 상대불완전타동사에는 다음과 같은 것들이 있다.

공론하다, 기약하다, 밀모하다, 상론하다, 토의하다, 합의하다, 협상하다,
협의하다, 약속하다, 언약하다, … ;
겨루다, 겨룸하다, 교량하다, 내기하다, 쟁탈하다, 비기다, … ;
교류하다, 교환하다, 교역하다, 맞바꾸다, 바꾸다, 상환하다, 사귀다, … ;
공모하다, 공저하다, 공역하다, 동모하다, 합작하다, 합편하다, … ;

합침불완전타동사에는 다음과 같은 것이 있다.

겸관하다, 겸직하다, 뒤섞다, 련합하다, 병설하다, 병치하다, 통합하다,
합동하다, 합설하다, 혼합하다, 엇섞다, … ;
련결하다, 련계하다, 맞받다, 맞잡다, 맞찧다, 직견하다, 잇대다, … ;
견주다, 대보다, 대비하다, 대조하다, 맞추어보다, 비겨보다, 비교하다,
비기다, … ;

④ 시발불완전타동사
이런 타동사는 목적어를 필수적성분으로 가지는 외에 "누구에게서, 무엇
에서, 어디에서"라는 필수적상황어가 있어야 쓰일 수 있는 타동사이다. 례
컨대

그는 <u>회원들에게서</u> 회비를 걷었다. *그는 회비를 걷었다.

우리는 <u>조합에서</u> 그놈을 내쫓았다. *우리는 그놈을 내쫓았다.
그는 <u>"자본에 대하여"에서</u> 이 말을 따왔다. *그는 이 말은 따왔다.

　이 문장들에서 밑줄을 그어 표시한 상황어들을 빼버리면 비문법적문장이 된다.
　이런 시발불완전타동사에는 다음과 같은 것들이 있다.

　가지다, 걷우다, 구입하다, 략탈하다, 빌다, 수탈하다, 절취하다, 접수하다, 징수하다, 차입하다, 빼돌리다, 빼앗다, 얻다, 인수하다, … ;
　감하다, 구축하다, 구출하다, 내몰다, 내보내다, 내쫓다, 내오다, 덜다, 제명하다, 제하다, 철환하다, 축출하다, 끌어내다, … ;
　발췌하다, 선택하다, 채택하다, 옮겨오다, 인용하다, …

⑤ 명명불완전타동사
　이런 타동사는 목적어를 필수적성분으로 가지는 외에 "무엇이라고"하는 필수적상황어가 있어야 쓰일 수 있는 타동사이다. 례컨대

　사람들은 아스필린을 <u>명약이라고</u> 일컫는다.
　*사람들은 아스필린을 일컫는다.
　우리는 선생님을 <u>어머니라고</u> 부릅니다.
　*우리는 선생님을 부릅니다.

　이 문장들에서 밑줄을 그어 표시한 상황어들을 빼버리면 비문법적문장이 된다.
　이런 명명불완전타동사에는 다음과 같은 것들이 있다.

　가칭하다, 변칭하다, 병칭하다, 자칭하다, 존칭하다, 총칭하다, 칭하다, 통칭하다, 혼칭하다, 이름하다, … ;
　부르다, 하다(이름하여 말하다),

⑥ 결과불완전타동사

이런 타동사는 목적어를 필수적성분으로 가지는 외에 "어떻게"라고 하는 (이 "어떻게"는 흔히 뒤에 오는 동사의 동작의 결과로 된다) 필수적상황어가 있어야 쓰일 수 있는 타동사이다. 례컨대

> 그는 동생들의 소행을 <u>고맙게</u> 생각했다.
> *그는 동생들의 소행을 생각했다.
> 그는 그놈들을 <u>우습게</u> 보았다.
> *그는 그놈들을 보았다.
> 마을 사람들은 제방을 <u>충실히</u> 했다.
> *마을 사람들은 제방을 했다.

이 문장들에서 밑줄을 그어 표시한 상황어들을 빼버리면 비문법적 문장이 된다.

이런 결과불완전타동사에는 다음과 같은 것들이 있다.

> 대하다(각별히~, 무심히~),
> 만들다(못쓰게~),
> 보다(밉게~, 우습게~)
> 생각하다(고맙게~, 고깝게~, 기쁘게~, 섭섭하게~, 하찮게~, 우습게~),
> 하다(곱게~, 튼튼히~, 빨리~)
> 여기다(고맙게~, 기쁘게~, 분하게~, 우습게~)

⑦ 미침합침불완전타동사

이런 타동사는 목적어를 필수적성분으로 가지는 외에 "누구에게, 무엇에, 어디에"라고 하는 필수적 상황어와 "무엇과"하는 필수적 상황어가 동시에 있어야 쓰일 수 있는 타동사이다. 례컨대

> 우리는 <u>이 밭에 콩과</u> 옥수수를 혼작하였다.

*우리는 옥수수를 혼작했다.
의사는 <u>나의 병에 양약과</u> 한약을 겸용하였다.
*의사는 한약을 겸용하였다.


이 문장들에서 밑줄을 그어 표시한 상황어들을 빼버리면 비문법적문장이 된다.

이런 미침합침불완전타동사에는 다음과 같은 것들이 있다.


간작하다, 곁들이다, 동봉하다, 병치하다, 병영하다, 혼작하다, 혼양하다, 혼용하다,


⑧ 성구론적상대불완전타동사

이런 타동사는 목적어를 필수적성분으로 가지는 외에 "누구와"라고 하는 필수적 상황어와 "무엇에 대하여"하는 필수적상황어가 동시에 있어야 쓰일 수 있는 타동사이다. 례컨대


우리는 <u>박교수님과 인류의 기원에</u> 대해 견해를 나누었다.
*우리는 견해를 나누었다.
의사는 <u>학부모들과 사고처리에</u> 대해 의견을 교류했다.
*의사는 의견을 교류하였다.


이 문장들에서 밑줄을 그어 표시한 상황어들을 빼버리면 비문법적문장이 된다.

이런 성구론적상대불완전타동사에는 다음과 같은 것들이 있다.


교환하다, 나누다, 주고받다

### 3.2.4.4. 지시동사와 의문동사

동사는 실질적인 동작을 나타내지 않고 다른 동작을 지시하기만 하는 지시동사와 의문의 뜻으로 다른 동작을 가리키는 의문동사로 나뉠 수 있다.


　① 지시동사 : 이리하다, 그리하다, 저리하다
　② 의문동사 : 어찌하다, 아무리하다


의문동사는 의문의 표현의 조응을 필수로 한다.


　그 일을 어찌겠소? *그 일은 내가 어찌하겠다.

### 3.2.4.5. 자립동사와 보조동사

자립성이 강한 동사(형용사도 포함한다), 즉 다른 동사에 의지하지 않고 쓰일수 있는 동사(또는 용언)를 자립동사라 하고 단독으로는 쓰이지 못하고 언제나 다른 동사(또는 용언) 뒤에 와서만 쓰일 수 있는 동사(또는 용언)를 보조동사라 한다. 례컨데

| 자립동사 | 보조동사 |
| --- | --- |
| 우리는 남성으로 간다. | 날씨는 점점 어두워간다. |
| 신문을 읽다가 휴지통에 버렸다 | 이젠 휘발유를 다 써버렸다. |

여기에서 "가다"는 "위치를 옮기다"의 뜻과 "계속된다"의 두 가지 뜻을 나타내는데 "위치를 옮기다"의 뜻으로 사용될 때는 다른 용언에 의지할 필요없이 사용되나 "진행"의 의미로 사용될 때는 반드시 "어둡다"에 의지해야 쓰일 수 있으며 앞 뒤 말을 이어주는 작용을 하는 토도 반드시 "-아/-어/-여"로 되어야 하는 제약성을 보인다. 이와 같이 다른 말에 의지해야 쓰일수 있으며 본동사와의 련결에 특수한 토가 쓰이는 용언을 보조동사라고 한다.

보조동사는 대부분 자립동사로 쓰이기도 하나 다른 용언의 뒤에 오면서 본동사(때로는 체언일 수도 있다)와 련결하는데 특수한 토가 쓰일 때만 비자립성을 가지면서 보조동사로 된다. 그러므로 보조동사인가 아닌가를 가리는데는 세 가지 조건이 필수적인바

첫째, 본용언으로 쓰일 때와 다른 의미를 가진다.

> 가다 : 위치이동(본동사―상대적으로 구체적인 의미를 나타낸다) ;
> 진행(보조동사―더 추상적인 의미를 나타낸다).

둘째, 본용언으로 쓰일 때는 용언의 앞에 나타나는 성분이 특수한 토를 쓰지않고 있으나 보조동사로 쓰일 때는 보조용언 앞성분에 반드시 특수한 토가 제한적으로 붙게 된다.

> 가다 : 집으로 가다, 집에도 간다, 집에서 간다(자립동사)
> 어두어간다. (보조동사)
> *어둡고간다, *어두우며간다, *어두우니간다

셋째, 본용언 앞에 온 성분이 가지는 토들은 각양한 의미를 다 가지나 보조용언 앞에 온 성분들이 가지는 토는 사실상 앞뒤를 이어주기만 하고 다른 뜻을 가지지 않는다.

> 자립동사 "가다" : 집으로(방향) 가다, 집에도 간다(목표), 집에서(출발점)
> 간다
> 보조동사"가다" : 어두어간다. (련결 기능만 노는 "―어", 다른 의미를 상
> 정할수 없다) (보조동사 "가"는 "진행"의미만 나타낸다)

보조동사는 앞에 오는 단어의 류형에 따라 체언 뒤에 쓰이는 것과 용언 뒤에 쓰이는 것으로 나누어 고찰할 수 있다.

## 가. 체언뒤에 쓰이는 보조동사

체언 뒤에 쓰이는 보조동사는 그 형태가 많고  기능도 각이하여 격토의 의미와 관련된 것, 도움토의 의미와 관련된 것, 접속토의 의미와 관련된 것 등으로 나누어 볼 수 있다. 아래 렬거한 것은 대부분이 보조동사이나 아직 은 보조동사로 보기 어려우나 보조동사의 기능을 하고있다고 보는 것들로 보고 " * " 표를 하여 수록하였다. 이제 체언 뒤에 쓰이는 보조동사 또는 보조동사 같은 표현들을 기능별로 묶어 보이면 다음과 같다.

① 격의 의미를 나타내거나 보충하는 형태
• 경과의 의미를 나타내는 부류

으로 하여(경과 장소)
호텔 뒤문으로 하여 겨우 도망을 쳤다.

• 관련의 의미를 나타내는 부류

과 관련하여(관련한)*(대상으로 하여)
조성된 정세와 관련하여 우리의 립장을 천명했다.

• 근거의 의미를 나타내는 부류

만 보아도*(근거하다)
그 심보만 보아도  틀려먹은 놈이다.

에 근거하여(근거한)*(기초를 두거나 근거로 삼다)
과학적인 실험에 근거하여 정확한 결론을 도출하였다.

에 따라(좇아)(원인이나 근거로 되다)
온도에 따라 색깔이 변한다.

에 의하면(정보의 래원)
국무원대변인의 설명에 의하면 미국의 저의는 아주 뚜렷하다고 할 수 있다.

에 의하여(의한)원인, 근거를 나타낸다)
그들의 피타는 노력에 의하여 기술의 약진을 이룰 수 있었다.

에 의하여(의한)(피동의 주체)
공장은 우리의 손에 의하여 건설되었다.

- 대상의 의미를 나타내는 부류

에 관하여(관한)(대상, 목적, 방향)
국제 정세에 관하여 열렬한 토론이 벌어졌다.

에 대하여(대한)(대상으로 하다)
조선력사에 대하여 각별한 관심을 가지였다.

을 놓고(대상으로 하다)
이 공사의 시공절차를 놓고 많은 유익한 건의가 제기되였다.

을 두고(대상으로 하고)
이 문제를 두고 몇번이나 만나자고 했습니다.

을 보고(대상으로 하고)
말 못하는 짐승들을 보고 행패질하다니.

을 향하여(향한)(목표, 본받을 대상)
찬란한 미래를 향하여 힘차게 나아간다.
보범일군을 향하여 따라배운다.

• 범위의 의미를 나타내는 부류

(을) 치고*(그 범위에 포괄됨을 나타낸다)
스물을 갓 지난 청년치고는 어른티가 풍겼다.
농사일을 치고 힘들지 않은 일이 없다.
이 마을 사람을 치고 누에를 기르지 않는 집이 없다.

만 하더라도(해도)*(한정된 범위, 시간)
머슴만 해도 12명이나 있었다.

에 걸쳐(걸친)*(범위와 내용, 시간이나 회수)
여러 어어리론에 걸쳐 자기 견해를 피력했다.

에 들어서는(방면)
예술감상에 들어서는 자네 보다 못하네.

에 이르기까지*(공간, 시간 등 범위)
노인으로부터 어린이에 이르기까지 누구나 도시환경에 관심하지 않는
사람이 없다.

에/에게 있어서(범위와 대상을 강조하여 나타낸다)
그에게 있어서 귀중한 품성은 성실성이다.

을 말하면*(범위나 방면)
공부를 말하면 학과마다 우등입니다.

에(에게) 한하여(한한, −한정된 대상)
이 문제에 한하여 그는 남다른 견해를 가지고 있습니다.

• 비교의 의미를 나타내는 부류

만 못하여(못한)*(비교해보아 그 정도에 따라가지 못함을 나타낸다)
웃방은 크기가 아래방만 못하다.

에 비하여(비하면)(비교)
상해산 자동차는 외국 것에 비하여 그 기술수준이 못한 데가 없다.

• 수단의 의미를 나타내는 부류

을 거쳐(거친)*(과정과 수단)
그는 경쟁의 시련을 거쳐 의지가 아주 굳습니다.

을 통하여(통한)(매개나 수단으로 하여)
편지를 통하여 소식을 알았다.

• 시간의 의미를 나타내는 부류

에 들어서면서*(시기, 기간에 이르러)
90년대에 들어서면서 인민생활은 대폭 향상되였다.

에 즈음하여(제하여)(때, 시기)
공화국창건 50돐에 제하여 많은 나라들에서 축전을 보내왔다.

을 두고(그 기간에 내내)
일생을 두고 잊을 수 없는 사건이였다.

• 원인을 나타내는 부류

으로 말미암아(원인이나 계기로 됨)

그들의 노력으로 말미암아 이 도시의 모습은 일신하였다.


으로 인하여(원인이나 계기로 됨)
이상기후현상은 북극지방의 얼음산으로 인하여 생긴다.


으로 하여(원인)
다함없는 기쁨으로 하여 눈물까지 흘렸다.


이라고 하여(해서)*(원인, 리유, 근거)
제 아들이라고 하여 결함을 덮어두어서야 되겠소?

② 도움토의 의미를 나타내거나 보충하는 형태


• 요인임을 나타내는 부류


에(에게) 달려있다(결정적 요인으로 되다)
일의 성패는 노력에 달려있다.


• 위시함을 나타내는 부류


을 비롯하여(첫자리로 하다)
고기를 비롯하여 닭알, 과일, 남새 등 부식물들이 넉넉하다.


을 위시하여(위시한)(시작이나 첫자리로 하다)
조장을 위시하여 모든 사람들이 모였다.


• 위함을 나타내는 부류


을 위하여(위한)(돕거나 리롭게 하거나 충실히 복무하려고 지향하다)
인민을 위하여 복무하다.

· 제한의 뜻을 나타내는 부류


에 불과하여(불과한)(어떤 수량이나 정도, 상태 등에 지나지 않다)
　우리의 경제성장은 그 총량으로 보아 선진국의 절반에 불과하지만 발전
속도는 아주 놀라운 것이다.
　에 지나지 않는(않아)*(어떤 수량이나 정도, 상태 등에 지나지 않다)
　그는 겨우 중등교육을 받았음에 지나지 않지만 이젠 전국적으로 이름있
는 학자로 되었습니다.


· 조건의 의미를 나타내는 부류


이면 다다(다지)*(충족한 조건이 됨을 나타낸다)
실수이면 단줄 아니?
이면 되다*(조건에 만족됨을 나타낸다)
그런 태도면 되는 줄 아니?


· 포함의 의미를 나타내는 부류


을 물론하고(막론하고, 불문하고)(례외없이, 전부 포괄)
이번 모임에는 누구를 물론하고 다 나와야 하겠습니다.


· 목적의 의미를 나타내는 부류


에 있다*(목적)
중소기업모험자금축적은 수많은 중소기업을 부추기 자는 데에 있다.

③ 접속토의 의미를 나타내거나 보충하는 형태 :


· 합동의 의미를 나타내는 부류

에 이어*(차례 접속관계)
쏘련의 해체에 이어 동유럽도 혼란에 빠졌다.


• 대립의 의미를 나타내는 부류


에 반하여(대립, 반대되다)
경제성장의 고속화에 반하여 정신문명건설에 대한 주의는 부족하였다.


에도/데도 불구하고(구애되지 아니하고)
소나기가 억수로 퍼부음에도 불구하고 모내기를 계속했다.


• 가정의 의미를 나타내는 부류


이라면 몰라도*(가정의 전제)
신입생들이라면 몰라도 졸업반 학생들인데 학교의 규정들을 모를리가
있겠소?


이면 모르겠으나(모르겠지만)*(가정적인 전제 조건)
두 사람이면 모르겠으나 한사람만으로는 그 과업을 완수하기 어려울 것
이다.


이면 몰라도*(가정 전제 조건)
쉬는 날이면 몰라도 다른 날에는 곤난하다.


• 양보의 의미를 나타내는 부류


이라고 치더라도(쳐도)*(양보)
그것이 사실이라고 치더라도 연유가 무엇인지 잘 알아봐야지.


이라고 하더라도(하여도)*(양보)

주는 것이 금덩이라 하더라도 가지 말아야 한다.

• 참조의 의미를 나타내는 부류

에 비추어(참조 기준)
정세의 발전에 비추어 계획을 적당히 조절하는 것도 필요할 것이다.

### 나. 용언뒤에 쓰이는 보조동사

용언 뒤에 쓰이는 보조동사도 그 형태가 많고 기능이 다양한데 대체적으로 양태성범주를 나타내는 부류, 접속범주를 나타내는 부류. 관련범주를 나타내는 부류, 상의 의미를 나타내는 부류로 나누어진다. 그중에사 양태성범주에 관련된 것이 가장 많다. 이런 보조동사들은 다수 경우는 동사 뒤에 쓰이는것이다. 형용사에 쓰이는 것은 례문 앞에 "형"이라고 밝혔다. 아래의 례문에는 소수의 보조동사가 아닌 것들도 나오는데 이것은 기능을 고려하여 첨부한것이고 역시 "*"로 표시하였다. 이제 용언 뒤에 쓰이는 보조동사를 기능과 의미측면에서 라렬하면 아래와 같다.

① 양태성범주를 이루는 것
• 가능성을 나타내는 것

기 쉽다*(가능성)
그렇게 일하다가는 일을 그르치기 쉽다.

• 강조를 나타내는 것

고 들다(힘줌)
이렇게까지 추궁하고 드는 데는 무슨 연고가 있을테지.

기까지 하다(익심)
그는 이 말에 놀라기까지 했다.


어 나다(정도의 가심, 상태의 익심)
그 놈의 보쌈이 죽어나누만.
형-무서워나다.


어 빠지다(익심)
형-그자는 게을러빠진 자식이라구.


어 제끼다(동작의 강세를 더해줌)
한 로인이 껄걸 웃어제낀다. 땅을 푹푹 파제낀다.


고 말고(틀림없음)
꼭 가고말고요.
형-키가 크고말고.


어 먹다(앞 용언에 부정적 색채를 더해준다)
그 일은 까맣게 잊어먹었지?
형-잘 되기는 다 글러먹었네.

• 금지를 나타내는 것


지 말아라(금지)
자신이 없는 일에는 나서지 말아라.

• 당위성을 나타내는것


어야 하다/되다(당위성을 나타낸다)
반드시 잘 해결해야 한다.

- 보존의 의미를 나타내는 것

　어 가지다(보존, 조건)
　선생은 진리를 분명히 알아가지고 학생을 가르쳐야 한다.
　형―그 일은 여간 대담해가지고는 할 수 없는 일이다.

　어 놓다(보존, 조건)
　전화를 걸어놓았다.
　형―길이 질어놓으니 걷기가 힘들다.

　어 두다(보존)
　네가 보관해두었다가 래일 나에게 다오.

- 부정의 의미를 나타내는 것

　기나 하다(의심, 부정)
　내가 제대로 해내기나 하겠는지 모르겠다.
　형―그 사람이 나이가 많기나 하오?

　기는 하다(소극 긍정)
　도망치기는 한다마는 몇발자국 가지 못할거야.
　형―일 속도가 빠르기는 하나 질이 근심된다.

　기야 하겠는가(의심, 부정)
　그까짓 일에 성을 내기야 하겠는가?

　기야 하지(소극 긍정)
　잘못하기야 했지.
　형―그랬으면 좋기야 하지.

　지 못하다(능력부정)

오지 못하는 사람을 어떻게 시키나?

지 못하다(상태부정)
형－살림이 넉넉하지 못했다

지 아니하다(상태부정)
형－그 산은 높지 않았다.

지 아니하다(의도부정)
그는 오늘 떠나지 아니한다.

• 반복의 의미를 나타내는 것

거니 －거니 하다(동작교체반복)
그들은 밀거니 당기거니 하면서 실랭이질이다.

어 대다(반복진행)
저렇게 떠들어대니 글이 머리속으로 들어가는가?

어 쌓다(심하게 반복되다)
수만 귀졸이 싸워쌓는지 만천 벌레가 울어쌓는지 그 소란함이 귀가 따가
울 지경이다.

• 버릇됨을 나타내는 것

어 나다(버릇됨)
그런 욕은 들어나서 욕으로 들리지 않았다.

• 소원을 나타내는 것

　고 싶다/싶어하다(소원)
　좋은 밭을 부지런히 갈고 싶다.

　고 지고(소원)
　량친부모 모셔다가 천년만년 살고지고.
　만고강산 천만경개 언제라도 보고지고.

　고 프다/퍼하다(소원)
　가고프고 보고프고 자랑하고픈 고향이다.
　무던히도 말을 걸고파하고 술을 권하고파한다.

　었으면 하다(소원)
　에지프트로 한번 가보았으면 하는데요.
　형－일이 순조로웠으면 합니다.

　기로 하다(작심하다)
　저녁 여섯시에 떠나기로 했다.

• 시험하다의 의미를 나타내는 것

　어 보다(시험)
　해보면 될 일을 안해보니까 안되지.

• 완료의 의미를 나타내는 것

　고 나다(완료)
　나는 그 일을 다 하고 나서 다른 일에 달라붙었다.

고 말다(끝남을 나타냄)
그들의 꿈은 다 좌절되고말았다.


어 버리다(완료)
너를 싫다고 가버린 사람을 생각해 무엇하니?


어 치우다(완료)
어느새에 그 많은 뽕잎을 다 먹어치웠네.


• 요구의 의미를 나타내는 것


어 달라/다오(요구)
그 애는 인형을 사달라고 졸라대었다.


• 망설임을 나타내는 것


을가말가 하다(망설임과 불확실성)
지금 떠날가말가 하고있소.
갓 스물이 될가말가 한 녀석이 불뚝 내솟았다.


• 진행의 의미를 나타내는 것


고 있다/계시다(동작미완결동작, 상태지속)
물이 줄고있다. 고개를 숙이고 있다.


고(는) 하다(간단지속)
한 사람이 죽을 때마다 한 개의 음악이 생겨나고 하였다.


어 가다/나가다(앞으로 진행)
앞으로 노력해가기만 하면 안 될 일이 어디 있겠어?

형-밤은 점점 깊어간다.


어 내리다(진행)
허기증이 더구나 빈속을 긁어내린다.


어 오다(과거진행, 향현재진행)
많은 곤난을 겪으면서 살아왔다.
형-발자국 소리가 가까워 왔다.
형-온 몸이 나른해온다.


어 있다/계시다(동작완결상태지속)
책상에는 사전 한권이 놓여있다.


• 추측의 의미를 나타내는 것


거니 하다(추측)
그도 돌아왔거니 하고 찾아왔습니다.


ㄴ가/-ㄹ가 보다(추측)
지금쯤 첫눈이 오는가보다.
형-그리 하는것도 옳을가보다.


었나 보다(추측)
집으로 갔나보다.
형-연기가 훌륭했나보다.


• 제공의 의미를 나타내는 것


어 주다/드리다/바치다/올리다(제공)
가급적이면 시간을 지켜주시오.

② 접속의 범주를 이루는 것

• 가정, 조건


기나 하다(가정)
식량이 떨어지기나 해도 구할데가 없지 않소?


기라도 하면(가정)
그러다가 감기에 걸리기라도 하면 어쩌니?


기만 하여도(가정)
듣기만 하여도 고장난 곳을 안다고 한다.


고 보면(조건)
도시로 떠나고 보면 고향의 모든 것이 그립기만 하다.


기만 하면(조건)
나가기만 하면 물고기를 잡아온다.
형-좀 젊기만 하면 나도 해보았을 것이다.


• 대립


기는 하더라도/하여도/하지만/할지라도(대립)
생활이 가난하기는 하여도 서로 의좋게 지냈지요.


• 목적


어 내다(목적달성)
그 어려운 고비를 끝내 참아내였다. 그의 행방을 알아내였다.


기 위하여(위함)(목적, 동기, 지향)

국제경쟁력을 높이기 위하여 힘다한다.


려(고) 들다(의도)
단매에 쳐죽이려드는 태세였다.
쩍하면 때리려 들었다.


• 양보


다(손/고) 치더라도(쳐도)(양보)
설사 재간이 있다쳐도 자만할곳은 못된다.


다고 하더라도/하여도(양보)
자원이 풍부하다고 하여도 아껴 쓸줄 알아야 한다.


• 교체


으락 −으락 하다(동작상태의 교체반복)
서로 손을 잡으락 놓으락 하는 사이에 일진광풍이 불었다.
형− 얼굴이 검으락 푸르락 한다.


거나 −거나 하다(선택)
사실을 확대하거나 축소하거나 하면 진실을 보여줄 수 없다.


• 원인


고 보니(원인)
일이 시원치 못하고 보니 로동자들은 자주 짜증을 냈다.

다고 해서(원인, 리유)
모른다고 해서 배우지 않으면 다 잘못이지.

• 차례

기부터 하다(우선)
오자바람으로 쉬기부터 하겠소?

자 마자(즉시련속)
가자 마자 친구부터 찾는다.

③ 관련범주를 나타내는 것
• 제한

기만 하다(제한되는 동작, 상태)
그저 웃기만 한다.
형－날씨는 10일째 춥기만 하다.

• 포함

기도 하다(포함되는 동작, 상태)
회의에는 참석했지만 동생 일이 근심스러워 밖을 내다보기도 하고 벽시
계를 쳐다보기도 하며 겨우 한 시간을 보냈다.
형－건물은 크기도 했거니와 탄탄하기도 했다.

④ 상의 의미를 도와주는 것
• 사역

게 하다(사역)

그 사람보고 해결하게 하자.

**게 되다**(어떤 정형에 처하다)
이제는 모두 잘 살게 되었습니다.

용언 뒤에 쓰이는 보조동사는 련속 두 개, 세개 내지 네 개까지 겹쓰이여 정밀한 문법적적 의미를 나타내기도 한다. 이제 그 형태들을 렬거해보면 다음과 같다.

① 두개의 보조동사가 겹놓이는 형태

**어 주고 싶다**
그의 비위를 건드려주고 싶었다.

이런 류의 형태에는 다음과 같은 것이 있다.

• "—고" 뒤에 오는 형태

고들지 아니하다 ; —고싶기만 하다 ; —고싶지 아니하다 ; ?—고싶어지다 ; —고있지 못하다 ; —고있지 아니하다 ;

• "—게" 뒤에 오는 형태

—게 되어있다 ; —게 하고싶다 ; —게 하고싶다 ; —게 하고있다 ; —게 하여달라 ; —게 하여두다 ; —게 하여주다 ; —게 하여야 하다 ;

• "—지" 뒤에 오는 형태

—지말아달라 ; —지말아주다 ; —지 못하고있다 ; —지 못하게 하다 ; —지

아니하고있다 ; -지 아니하게 되다 ; -지 아니하려 하다 ; -지 아니하려
하다 ; -지 아니하지 못하다 ;

• "-어" 뒤에 오는 형태

　-어가고있다 ; -어가기만 한다 ; -어가지고있다 ; -어가지 아니하다 ; -
어계시다 ; -어놓고있다 ; -어놓기만 하다 ; -어놓아달라 ; -어놓아보다 ;
-어내려가다 ; -어내지 못하다 ; -어내어야 하다 ; -어 두지 아니하다 ; -
어두고싶다 ; -어두어야 한다 ; -어대고있다 ; -어버리곤 하다 ; -어버리게
되다 ; -어버려두다 ; -어버리어야 하다 ; -어보지 못한다 ; -어보고싶다 ;
-어보곤 한다 ; -어보기나 하다 ; -어보지 아니한다 ; -어주고있다 ; -어
주곤 하다 ; -어 주지 아니하다 ; -어주어야 하다 ; -어치워야 하다 ; -어 있
지 못하다 ; -어있지 아니하다 ; -어있어 달라 ; -어있어주다 ;

• "-으려고" 뒤에 오는 형태

　-으려고들지 아니하다 ; -으려고 하지 아니하다.

② 세개의 보조동사가 겹놓이는 형태
• "-지" 뒤에 오는 형태

　-지 아니하지 못하게 되다 ; -지 않게 해주다

• "-어" 뒤에 오는 형태

　-어가고있지 아니하다 ; -어내려오고있다 ; -어버리지 못하게 되다 ; -
어주고싶지 아니하다 ; -어있고싶지 아니하다 ; -어있지말게 하다 ;

• "-으려고" 뒤에 오는 형태

－으려고 하지 아니하고 있다.

③ 네개의 보조동사가 겹놓이는 형태

어보고싶지 아니하게 되다
이제는 술을 먹어보고싶지도 않게 되었다.

어있고싶지 아니하게 하다
그 생각은 그로 하여금 잠시나마 그 곳에 머물러있고 싶지 않게 하였다.

### 3.2.4.6. 능동동사, 사동동사와 피동동사

조선어동사는 주체에서 동작을 발출하는가, 주체가 동작을 시키는가, 주체가 동작을 당하는가에 따라 능동동사, 사동동사, 피동동사로 나뉠수 있는데 형식상 특징으로 보면 능동동사에는 특별한 형식적 표지가 없고 사동동사, 피동동사에는 그 형식적 표지가 있다. 이리하여 형식적 표지가 없는 능동동사와 형식적 표지가 있는 사동동사, 피동동사가 대립된다. 우리는 형식적 표지가 있는 사동동사와 피동동사만 관찰하기로 한다.

사동동사, 피동동사는 의미적인 것이 아니라 형식적인 표지에 의해나눈 것이고 또 모든 동사가 사동동사, 피동동사로 되는 것도 아니므로 사동, 피동범주형성의 한 가지 표현수단으로 될 뿐 사동, 피동범주형성의 전부의 수단이 되지 않는다는데 주의를 돌려야 한다.

일반적으로 사동, 피동동사형성의 수단으로는 상접미사라고 하는 "－이－, －히－, －리－, －기－, －우－, －구－, －이우－, －히우－, －리우－, －기우－, －으키－, －이키－" 등에 의하여 이루어지나 이런 접사가 붙는 동사는 전체 동사의 2% 정도밖에 안되며 또

"가다, 가다듬다, 가책되다, 갚다, 결원되다, 고조되다, 긋다, 긷다, 낫다, 두근거리다, 모순되다, 문제되다, 뭉치다, 믿다, 상반되다, 끄덕이다, 뛰다, 엉키다, 움직이다, 오다" 등 많은 상용동사에는 상접사가 아예 붙지 못한다.

**가. 사동동사**

① 상접미사가 붙어 이루어지는 사동동사

• 자동사어근에 상접미사가 붙어 이루어지는 사동동사

-이- : 기울이다, 녹이다, 붙이다, 속이다, 죽이다, 줄이다, 끓이다
-히- : 눕히다, 묻히다, 식히다, 앉히다, 익히다
-리- : 곯리다, 날리다, 놀리다, 돌리다, 말리다, 열리다
-기- : 남기다, 숨기다, 옮기다, 웃기다
-우- : 내리우다, 비우다, 메우다, 피우다, 깨우다
-구- : 돋구다, 솟구다, 얼구다, 일구다
-이우- : 놀래우다, 세우다, 재우다, 태우다, 뛰우다
-으키- : 일으키다
-이키- : 돌이키다

• 타동사어근에 상접미사가 붙어 이루어지는 사동동사

-이- : 누이다, 낚이다, 먹이다, 보이다, 핥이다
-히- : 긁히다, 접히다, 업히다, 읽히다
-리- : 갈리다, 걸리다, 놀리다, 물리다
-기- : 굶기다, 넘기다, 맡기다, 빗기다
-우- : 끼우다
-이우- : 채우다, 띄우다, 씌우다

② "하다"를 단어조성요소로 하는 동사에 "하다"를 "시키다"로 교체하여
이루어지는 사동동사

• 자동사에서 이루어지는 사동동사

공부하다 → 공부시키다
변화하다 → 변화시키다
멸망하다 → 멸망시키다

소속하다 → 소속시키다

• 타동사에서 이루어지는 사동동사

참가하다 → 참가시키다
삭감하다 → 삭감시키다
생략하다 → 생략시키다
전달하다 → 전달시키다

"파탄시키다, 마비시키다, 저하시키다, 철직시키다" 등은 사동동사이나 "하다"를 단어조성요소로 쓰던 동사라고는 할 근거가 없다.

## 나. 피동동사

① 상접미사가 붙어 이루어지는 피동동사

• 자동사어근에 상접미사가 붙어 이루어지는 피동동사

−이− : 트이다, 뜨이다
−히− : 걷히다, 속히다, 썩히다
−리− : 그을리다, 날리다, 달리다, 열리다

• 타동사어근에 상접미사가 붙어 이루어지는 피동동사

−이− : 나누이다, 덮이다, 보이다, 펴이다, 꺾이다, 섞이다, 싸이다
−히− : 걷히다, 닫히다, 막히다, 박히다, 뽑히다, 씹히다, 업히다
−리− : 갈리다, 눌리다, 밀리다, 실리다, 털리다, 깔리다, 뚫리다
−기− : 감기다, 뜯기다, 빼앗기다, 씻기다, 쫓기다, 안기다, 잇기다

② "하다"를 단어조성요소로 하는 동사에 "하다"를 "되다, 받다, 당하다"로 교체하여 이루어지는 피동동사

• 자동사에서 이루어지는 피동동사

소속하다 → 소속되다
변화하다 → 변화되다
멸망하다 → 멸망되다
퇴직하다 → 퇴직당하다, 퇴직되다

• 타동사에서 이루어지는 피동동사

고려하다 → 고려되다
존경하다 → 존경받다
처벌하다 → 처벌당하다, 처벌받다
해산하다 → 해산당하다, 해산되다

"마비되다, 저하되다, 파탄되다, 향상되다" 등은 피동동사이나 "하다"를 단어조성요소로 쓰던 동사라고는 할 근거가 없다.

### 3.2.5. 형용사의 하위분류와 특성

조선어형용사 수효는 7만 4천 단어에서 5500여개가 되는바 그 비중이 상당히 크다고 할 수 있다.

### 3.2.5.1. 일반형용사와 태도형용사

형용사는 본래 사물의 성질이나 상태를 나타내므로 상태성을 그 특징으로 한다. 상태성은 사물을 정지적으로 관찰하기 때문에 동작성과 의도성을 가질수 없다. 그러므로 대다수 형용사는 의도관계의 토들과 결합할 수 없으며 명령식, 권유식 표현을 가질 수 없다. 레컨대

*저 꽃이 아름다우려 한다.

*우리 모두 행위가 훌륭하자.
*너 좀 행실이 고와라.


그러나 형용사의 한 부류로 될수 있는 인간의 태도를 나타내는 형용사는 그렇지 않다. 즉 태도형용사는 의도관계의 토들과 결합할 수 있으며 그중 대부분이 권유식, 명령식을 가질 수 있다. 례컨대


충성하다 → 우리는 어디까지나 자기의 사업에 충성하려 하였습니다.
　　　　 → 우리 모두 맡은바 직책에 충성하자.
　　　　 → 당신들은 지고무상의 교육사업에 충성하라.


이런 태도형용사에는 또 다음과 같은 것들이 있다.


골똘하다, 담대하다, 대담하다, 성실하다, 실심스럽다, 정직하다, 질실하다, 착실하다, 충성하다, 충직하다, 용감하다, 용맹스럽다, 용기있다

### 3.2.5.2. 느낌형용사와 평가형용사

### 가. 느낌형용사

느낌형용사는 인간의 주관적 느낌을 나타내는 형용사의 부류로서 제일인칭 주어의 서술식으로만 쓸 수 있고 제이인칭의 서술식이나 제삼인칭의 서술식으로 쓸 수 없는 형용사이다. 례컨대


나는 옷을 적게 입어 자꾸만 춥다.
나는 감기 들었는지 으쓱으쓱하다.
*너는 옷을 적게 입어 자꾸만 춥다.
*너는 감기 들었는지 으쓱으쓱하다.
*저 사람은 자꾸만 춥다.
*이 사람은 으쓱으쓱하다.

이런 형용사들은 제일인칭, 삼인칭의 의문식으로 쓰일 수 없는 반면에 제
이인칭의 의문식으로는 쓰일 수 있다.


  *나는 자꾸 춥니?
  *나는 으쓱으쓱하니?
  *저 사람은 춥니?
  *이 사람은 으쓱으쓱하니?
  너는 지금 춥니?
  너는 으쓱으쓱하니?


이런 형용사가 비인성 체언이 주어로 될 때는 그중 일부가 이런 제약을
받지 않기도 하나 그 한계는 아직 분명하다고 할 수 없다.


  오늘은 날씨가 춥다.
  래일도 날씨가 추울가?
  *오늘은 날씨가 으쓱으쓱하다.
  *오늘은 날씨가 으쓱으쓱하니?


흔히 제일인칭의 서술식으로만 쓰이는 이런 느낌형용사에는 다음과 같은
것들이 있다.


  가렵다, 간간하다, 감미롭다, 갑갑하다, 그립다, 달디달다, 달콤하다, 답답
하다, 덥다, 마땅찮다, 무덥다, 시금하다, 싫다, 새큼하다, 자리다, 저리다,
즐겁다, 지루하다, 지리하다, 탐탁찮다, 쌉쌀하다, 쓰겁다, 씁쓰름하다, 짭짤
하다, 울울하다

## 나. 평가형용사

평가형용사란 객관대상을 평가하는 의미를 가진 형용사인데 이런 형용사
는 일반적으로 제이인칭, 제삼인칭 주어에 대한 서술식만 가지며 제일인칭

주어에 대한 서술식을 가지지 않으나 제이인칭, 제삼인칭 주어에 대한 의문식은 가질 수 있다. 례컨대

　너는 실로 고약하다
　그 녀석은 참으로 고약하다.
　*나는 실로 고약하다.
　네가 고약하지 않니?
　저놈이 과연 고약하다.

이런 평가형용사에는 다음과 같은 것들이 있다.

　가마무트름하다, 강인하다, 거룩하다, 걸직하다, 걸출하다, 고명하다, 고오하다, 교만하다, 괴이하다, 다부지다, 몰렴치하다, 물쩍지근하다, 밉다, 보기싫다, 성망높다, 슬기롭다, 지독하다, 지혜롭다, 징그럽다, 총명하다, 파렴치하다, 팍하다, 험상궂다, 흉덕하다, 흉칙하다, 흉하다, 또릿또릿하다, 똑똑하다, 뛰여나다, 악착스럽다, 억척스럽다, 오만하다, 유명하다, 이상야릇하다, 이상하다, 위대하다

### 3.2.5.3. 완전형용사와 불완전형용사

형용사에도 동사에서처럼 부속성분의 꾸밈을 받지 않고도 쓸수 있는 형용사가 있는가 하면 일부 특정한 필수적상황어가 없이는 문장가운데 쓰일 수 없는 형용사가 있다. 전자를 완전형용사라고 하고 후자를 불완전 형용사라 하기로 한다.

불완전형용사는 여러 갈래가 있기는 하지만 필수적상황어의 도움을 받지 못하면 모두 비문법적문장을 만든다는 특성에서는 일치한다. 례컨대

　아이들이 매우 기특했다.

여기에서 "매우"는 상황어인데 이것 없이도 이 문장은 비문법적문장으로

되지는 않는다.

　　아이들이 기특했다.

　이 문장이 간단하기는 하지만 조선어의 문장으로 되는 데는 충분하며 동시에 문법적문장인 것이다. 그러나 일부 형용사가 술어로 된 문장에서 상황어가 빠지면 비문법적문장으로 된다.

　　그이는 령도예술에 능했다.

　여기에서 "령도예술에"는 상황어이다. 그런데 이 문장에서 이 말을 빼버리면 전혀 문장이 되지 않는다.

　　*그이는 능했다.

　이와 같이 필수상황어와 함께 쓰여야 하는 형용사를 불완전형용사로 본다는 것이다.
　이런 불완전형용사에는 다음과 같은 것들이 있다.
　① 주어외에 "누구에게, 무엇에"라는 필수적 상황어를 가져야 쓰일 수 있는 불완전형용사. 례컨대

　　영실의 모습이 눈에 삼삼하였다. – *영실의 모습이 삼삼하였다.
　　기회는 우리에게 유리했다. – *기회는 유리했다.

　이 문장들에서 밑줄을 그은 부분은 상황어인데 이 부분이 빠지면 옆에 례시한 바와 같은 비문법적문장이 된다.
　이런 불완전형용사들로는 리해관계형용사, 례컨대

리롭다, 무해하다, 불리하다, 불편하다, 편리하다, 해롭다, 유익하다, 유조
하다, 유해하다

가능정도형용사, 례컨대

능하다, 능통하다, 맞다, 적당하다, 적합하다, 합당하다, 알맞다, 유능하다

사업태도형용사, 례컨대

골똘하다, 충성하다, 충실하다

형상재현형용사, 례컨대

삼삼하다, 선하다, 쟁쟁하다, 아물아물하다, 편하다

등이 있다.

② 주어외에 "누구와, 무엇과"라는 필수적상황어를 가져야 쓰일 수 있는
불완전형용사. 례컨대

곱기가 <u>꽃과</u> 같다. – *곱기가 같다.
아들은 <u>아버지와</u> 다르다. – *아들은 다르다.

이 문장들에서 밑줄을 그은 부분은 상황어인데 이 부분이 빠지면 옆에
례시한 바와 같은 비문법적문장이 된다.
이런 불완전형용사들로는 류사비교형용사, 례컨대

근사하다, 동등하다, 동일하다, 류사하다, 비슷하다, 상사하다, 꼭같다, 어

금지금하다, 어슷비슷하다, 어방사하다

상이비교형용사, 례컨대

　같잖다, 다르다, 부동하다, 판이하다

③ 주어외에 "누구보다, 무엇보다"라는 필수적상황어를 가져야 쓰일 수 있는 불완전형용사. 례컨대

　아들이 <u>아버지보다</u> 낫다. − *아들이 낫다.
　우리가 <u>그들보다</u> 못하다. − *우리가 못하다.

이 문장들에서 밑줄을 그은 부분은 상황어인데 이 부분이 빠지면 옆에 례시한 바와 같은 비문법적문장이 된다.
이런 불완전형용사들로는 우렬정도형용사를 들 수 렀다, 례컨대

　우세하다, 우월하다, 월등하다 ;
　렬등하다, 렬세하다, 차하다

④ 주어외에 "누가, 무엇이"라는 필수적상황어를 가져야 쓰일 수 있는 불완전형용사. 례컨대

　나는 범이 무섭다. − *나는 무섭다.
　학수는 눈이 가슴츠레하다. − *학수는 가슴츠레하다.

이 문장들에서 밑줄을 그은 부분은 상황어인데 이 부분이 빠지면 옆에 례시한 바와 같은 비문법적문장이 된다.
이런 불완전형용사들로는 주관느낌형용사, 례컨대

가증스럽다, 겁나다, 고맙다, 귀엽다, 밉살스럽다, 부럽다, 사랑스럽다, 역겹다, 애처롭다

부분모양형용사, 례컨대

가마무트름하다, 갸름하다, 걀팍하다, 기름하다, 날씬하다, 발가우릿하다, 까마반드르르하다, 까슬까슬하다, 또렷또렷하다,

감촉감수형용사, 례컨대

갑갑하다, 가렵다, 간지럽다, 답답하다, 저릿저릿하다, 칼칼하다, 깔깔하다, 뜨끔뜨끔하다, 씁쓸하다, 아프다,

성격특징형용사, 례컨대

강인하다, 강하다, 고약하다, 굳다, 굳세다, 팩하다

처지형편형용사, 례컨대

곤난하다, 극빈하다, 기구하다, 기박하다, 부족하다, 빈한하다, 충분하다, 충족하다, 유족하다

겸비상태형용사, 례컨대

겸전하다, 량전하다, 쌍전하다

부분상태형용사, 례컨대

기웃하다, 다소솟하다, 발록하다, 꺄웃하다, 빨쪽하다, 삐딱하다

⑤ 주어외에 "무엇으로"라는 필수적상황어를 가져야 쓰일 수 있는 불완전형용사. 례컨대

그는 <u>외과의사로</u> 소문높다. – *그는 소문높다.
학수는 <u>싸움대장으로</u> 유명짜하다. – *학수는 유명짜하다.

이 문장들에서 밑줄을 그은 부분은 상황어인데 이 부분이 빠지면 옆에 례시한바와 같은 비문법적문장이 된다.
이런 불완전형용사들로는 자격능력형용사, 례컨대

고명하다, 유서깊다, 유능하다

자격저명형용사, 례컨대

성망높다, 저명하다, 이름나다, 이름높다, 이름있다

⑥ 주어외에 "누구와, 무엇과"라는 필수적상황어를 가져야 쓰일 수 있는 불완전형용사인데 여기의 형용사는 "무엇이 어떠하다"구조속에 들어가서 성구론적으로 된 것들이다. 그러므로 사실상 "무엇이 어떠하다" 전체가 필요로 하는 필수적상황어가 "누구와, 무엇과"가 되는 셈이다. 례컨대

그는 <u>철학이와 *사이가*</u> 좋다. – *그는 사이가 좋다.
                              *그는 철학이와 좋다.
이는 <u>그 일과 *관계가*</u> 없다. – *이는 관계가 없다.
                              *이는 그일과 없다.

이 문장들에서 바른 글씨아래 밑줄을 그은 부분은 상황어으로서 이 부분이 빠지면 옆에 례시한 바와 같은 비문법적문장이 될 뿐만 아니라 사선체아래 밑줄을 그은 부분도 그 차원은 다르기는 하나 역시 빼버리면 이 문장이 비문문법적문장으로 된다.

이런 불완전형용사들로는 친분관계형용사, 례컨대

(사이가) 나쁘다, (친분이) 좋다, (관계가) 괜찮다, (교분이) 쑬쑬하다

리해관계형용사, 례컨대

(알륵이) 많다, (리득이) 적다, (모순이) 첩첩하다, (관련이) 없다

### 3.2.6. 부사의 하위분류와 특성

조선어의 부사 수효는 형용사보다 많아 7만4천 단어에서 약 6,300개(손남익은 8천개 부사를 수집연구하였다) 정도 되며 그 기능과 갈래가 복잡하다.

우선 부사의 개념과 관련하여 상식적으로는 용언을 수식하는 말이라고 보며 그 형식적 특성은 토가 붙지 않는다는 것이다. 그러나 언어사례를 잘 관찰해보면 용언 외에 체언, 관형사, 부사, 수사 등을 수식하기도 한다.

바로 저 차가 선생님 차다. (지시대명사를 수식)
김선생님 사모님은 아주 미인이시다. (명사를 수식)
거의 모든 사람이 그의 엉터리 학설을 믿었다. (관형사를 수식)
증기기관차는 매우 빨리 달렸다. (부사를 수식)
신발은 근근히 열켤레를 장만했을 뿐이다. (수사와 단위명사의 구조를 수식)
만일 철수가 영희를 때리면 가만두지 않겠다. (문장전체를 수식)

우의 문장들에서 사선체로 쓴 것은 모두 부사이나 오직 용언만 수식하는

것이 아니다.

이리하여 종전의 부사의 개념에 관한 규정을 좀더 넓게 잡으려는 시도가 나왔는데 그것이 곧 "조선어의 부사란 동작이나 상태성을 지닌 말을 수식하는 말이다"라고 한 것이다. 이런 개념 규정은 또한 따라서 부사에 대한 연구가 순수 구조적측면만 연구할 것이 아니라 의미적 특성에도 주의를 돌려 연구해야 할 것을 시사해주게 된다.

조선어 부사는 대체적으로 분류하여 그 각각의 비중을 보면 문장부사가 약 1. 4%를 차지하고 시간, 장소 부사가 3. 4%를 차지하며 양태부사가 39. 9%를 차지하고 상징부사가 54. 5%를 차지하며 부정부사는 두 개 뿐으로서 0.02%를 차지한다.

이상의 각 부류 부사들이 량적으로 많고 적음이 실지 언어행위에서 사용되는 사용도 또는 빈도수와는 필연적 련계가 없으며 일반적으로 수량이 적은 부사부류는 상대적으로 출현확률이 크고 의미특성상의 선택제약이 적으며 수량이 많은 부류는 상대적으로 출현확률이 낮은 반면에 의미특성상 선택제약이 강하다. 이런 특성들은 아래의 구체적 류에서 다시 고찰될 것이다.

### 3.2.6.1. 문장론적 특성에 따른 분류

#### 가. 문장부사와 성분부사

부사는 그가 수식하는 대상에 따라 문장부사와 성분부사로 나뉜다. 문장부사는 문장 전체를 수식하는 부사이고 성분부사는 문장내의 다른 성분을 수식하는 부사이다.

결국 영희가 어제 집을 나갔다. 그러나 만약 지금이라도 즉시 돌아오기만 하면 야단은 맞지 않을 것이다.

이 문장에 나오는 "결국, 그러나, 만약"은 문장부사이다.

이 책이 매우/아주 귀한 명작임을 바로 아는 사람은 거의 없다.

이 문장에 나오는 "매우/아주, 바로, 거의"는 각각 그 후행 성분만 수식하므로 성분부사이다.

### 나. 자유부사와 제약부사

문장부사와 성분부사는 수식하는 대상이 다를 뿐만 아니라 문장론적위치의 제약을 받는가 받지 않는가에 따라 다시 자유부사와 제약부사로 갈라볼 수 있다.

문장부사는 문장의 첫머리에 와야 하는 제약성을 가진 부사이다. 례컨대

가령 내가 이 길로 집을 떠난다면 집식구들에게 실망의 씨앗을 묻어주고 말 것이다.

만일 그 자식이 오늘까지 반성을 안한다면 치안소조에 발할 수밖에 없다.

이 두 문장에 나온 문장부사 "가령, 만일"은 위치 이동이 불가능하다(물론 휴지나, 강세를 더 첨가하면 위치이동을 할 수 있으나 이것은 벌써 문장론적인 한계를 넘는 수단들이다).

이상에서 본 문장부사들은 서술어의 양태성과 맞물려 쓰이기 때문에 양태성부사라고 할 수 있다.

양태성(modal)이란 술어형태에 나타나는 화자의 심리적 태도를 나타내는 문법적 범주인데 언어에 따라 좀씩 다르기는 하나 그가 표달하는 의미들로 보면 필연성, 가능성, 확신, 가정, 아쉬움, 의혹, 망설임, 강조, 추정, 부정 등 의미가 포괄된다. 이런 의미들이 문법적격식에 의해 나타나면 일반적으로 양태성범주로 보는 것이 통례였으나 영어같은 경우도 엄밀한 문법적수법이라고 볼 수 없는 양태동사(례컨대 "will(념원하다), must(꼭), ought(응당), may(가능히), can(-ㄹ수있다)"에 의해 실현되는 형식)에 의한 것도 양태성으로 인정하고 있다. 조선어에서도 남들의 이런 처리를 참조한다면 얼마든지 양태성범주를

설정할 수 있으며 이 범주의 설정으로 하여 부사와 양태성 접속토의 조응, 부사와 술어의 조응 등 현상을 좀더 유력하게 묘사할수 있고 언어규칙을 밝히고 응용을 돕는데 유조하게 될 것이다(이런 양태부사를 재래의 전통문법에서는 "삽입부사"라 하였고 일부 문법서는 "서법부사"라고 하는데 다 사실의 진실을 밝히기에는 거리가 멀다. 서법(mood)이란 서술식, 의문식, 권유식, 명령식에 대응되는 것인데 이상 부사들은 이런 것과는 거리가 멀다).

문장부사에는 이런 양태부사 외에 접속부사라는 것이 있다. 접속부사란 문장의 어느 한 성분을 수식하는 것이 아니라(이것은 양태부사와 같다) 문장과 문장을 련결해주기만 하는 부사이다. 례컨대

그는 부지런히 일을 했다. *그렇지만* 재부는 불 줄을 몰랐다.
철호가 어제 갔을 것이다. *또는* 철수가 오늘 갈수도 있다.

이 문장들에 나오는 "그렇지만, 또는" 따위가 바로 접속부사이다.
이들 접속부사는 문장을 련결해주는 작용을 할뿐만 아니라 단어와 단어를 련결하는 작용도 한다.

오늘 영호 또는 철호가 올 것이다.

성분부사는 문장부사처럼 획일적으로 문장론적위치의 제약을 받는 것이 아니라 위치적 제약을 받지 않는 부사와 위치적 제약을 받는 부사, 때로 문장론적위치가 제약받기도 하고 제약받지 않기도 하는 준제약부사로 갈라진다.
성분부사 중에서 위치적 제약을 받지 않는 부사에는 시간부사와 장소부사가 있다. 례컨대

어제 동수가 소설을 읽었다.
동수가 어제 소설을 읽었다.
동수가 소설을 어제 읽었다.

거기에서 동수가 소설을 읽었다.
동수가 거기에서 소설을 읽었다.
동수가 소설을 거기에서 읽었다.

　성분부사 중 방식부사, 정도부사, 부정부사는 문장안에서 위치이동이 자유스럽지 못하다. 례컨대

분이가 빨리 달린다. － *빨리 분이가 달린다.
분이가 매우 바쁘다. － *매우 분이가 바쁘다.
분이가 안온다. － *안 분이가 온다.

　상징부사는 문장론적 위치제약이 있을 때도 있고 그렇지 않을 때도 있다. 그러므로 상징부사는 준제약부사라고 할 수 있다. 례컨대

?반짝반짝 별들이 빛난다.
?사뿐사뿐 아이가 걷는다.
동수가 가득가득 상자를 채웠다.
동수가 상자를 가득가득 채웠다.
*가득가득 동수가 상자를 채웠다.

### 3.2.6.2. 부사의 의미론적 특성에 따른 분류

**가. 양태부사**

① 가정을 나타내는 부사 : 가령, 가사, 만약, 만일, 설령, 설사, 이 부사는 선행문 머리에 놓인다. 례컨대

<u>가령</u> 이 곳을 떠난다 <u>하더라도</u> 이 곳 친구들을 잊지 마오.

이 부사는 또 단일문 형성에도 쓰일 수 있다. 례컨대

만약 실패하면?

이 부사들은 술어의 가정, 양보의 표현들과 조응되여야 한다.

② 가능성을 나타내는 부사 : 가히, 능히, 족히
이런 부사들은 단일문 형성에 참가할 수 있으며 또 술어의 가능성 표현과 조응관계를 이룬다. 례컨대

가히 짐작할 수 있다.

③ 강조를 나타내는 부사 : 결국, 미상불, 분명히, 사실, 실은, 아무튼
이 부사는 단일문 형성에도 쓰일 수 있다. 례컨대

결국 일은 실패로 끝나고 말았다.

④ 첨가를 나타내는 부사 : 게다가, 더구나, 더우기, 대저, 말하자면, 하긴, 왈, 이 부사는 후행문 머리에 놓인다. 례컨대

비가 왔는데 게다가 바람까지 부네.

⑤ 의혹을 나타내는 부사 :  과연, 도대체, 대관절, 설마, 하물며, 하필, 어찌하여, 이 부사는 단일문 형성에도 쓰일 수 있다. 례컨대

그 사람이 설마 그런 노릇이야 했겠소?

이런 문장은 술어의 의문의 표현과 조응관계를 이룬다.

⑥ 소원을 나타내는 부사 : 부디, 제발, 아무쪼록

이런 부사들은 술어의 명령의 표현과 조응되여야 한다.


부디 몸조심 하게(-십시오, -아요, -세요, -시오, -아라, -구려, -오)


⑦ 리유를 나타내는 부사 : 고로, 연고로
이 부사는 후행문 머리에 놓인다. 례컨대


하여놓은 일이라고 이렇달 게 없다. 고로 축하할 것도 없다.


⑧ 전환을 나타내는 부사 : 각설, 그나저나, 근데, 무망중, 하기는, 하기야,
이어서
이 부사는 후행문 머리에 놓인다. 례컨대


그는 아무것도 가지고 떠나지 못했다. 그나저나 비는 오지 말아야겠는데.


⑨ 추정을 나타내는 부사 : 보아하니, 하마트면, 아마, 아마도, 어쩐지, 어
쩌면, 혹, 혹시, 혹시나, 어쩌면
이 부사는 단일문 형성에도 쓰일수 있다. 례컨대


보아하니 오늘은 끝낼 수 없을 것 같다.


이런 부사는 술어의 추측성 표현과 조응된다. 례컨대


아마 그 지대 지형을 잘 모르를 것이다.


⑩ 확신을 나타내는 부사 : 분명, 분명코, 과시,
이 부사는 단일문 형성에도 쓰일 수 있다. 례컨대

분명 무엇인가 잘못 된거야.

⑪ 당위성을 나타내는 부사 : 기어코, 기어이, 반드시, 마땅히, 모름지기
이 부사들은 술어의 당위성 표현과 조응된다. 례컨대
　기어코 우리는 이번에 이겨야 한다.

⑫ 례시하는 뜻을 나타내는 부사 : 례컨대, 무릇, 이를테면

　이를테면 '납질'이라는 것이 볼모를 보낸다는 것이다.

⑬ 부정을 나타내는 부사 : 결코, 구태여, 그다지, 과히, 도무지, 도시, 도
저히, 별로, 별반, 전혀, 절대로, 좀처럼, 통, 여간
　이런 부사들은 술어의 부정의 표현과 조응관계를 이룬다.
　또 단일문 형성에 쓰일 수 있다. 례컨대

　우리는 결코 곤난 앞에서 물러서지 않는다.

### 나. 접속부사

① 합동관계를 나타내는 부사 : 그리고, 및,
이 부사를 쓰는 문장들은 선행문과 후행문이 [±긍정성]이 일치할 때만
문법적문장이 되고 그렇지 못할 경우는 비문법적문장이 된다. 례컨대

　동수가 학교에 갔다. [+긍정성] 그리고 영희가 집에 갔다. [+긍정성]
　동수가 학교에 안갔다. [-긍정성] 그리고 영희가 집에 안갔다. [-긍정성]
　*동수가 학교에 갔다. [+긍정성] 그리고 영희가 집에 안갔다. [-긍정성]
　*동수가 학교에 안갔다. [-긍정성] 그리고 영희가 집에 갔다. [+긍정성]

반의적인 상황어가 두 문장에 쓰일 때도 비문법적문장이 된다. 례컨대

　　동수가 학교에 빨리 갔다. 그리고 영희가 집에 급히 갔다.
　　*동수가 학교에 빨리 갔다. 그리고 영희가 집에 늦게 갔다.


　한쪽에만 정도부사가 나타나도 이상한 문장이 된다. 례컨대


　　동수가 학교에 매우 빨리 갔다. 그리고 영희가 집에 훨씬 급히 갔다.
　　?동수가 학교에 빨리 갔다. 그리고 영희가 집에 매우 빨리 갔다.


　부사 "및"은 류사한 특성을 가진 단어만 이어준다. 례컨대


　　동수는 책과 공책 및 연필을 샀다.
　　동수는 코끼리, 호랑이, 원숭이, 및 기린을 보았다.
　　*동수는 책, 공책 및 닭을 샀다.


　② 대립관계를 나타내는 부사 : 그러나, 그렇지만, 단, 한데
　이런 부사는 선행문과 후행문이 [±긍정성]이 일치하지 않을 때만 문법적
문장이 되고 그렇지 않을 때는 비문법적문장이 된다. 례컨대


　　동수는 학교에 갔다. 그러나 영희는 학교에 안갔다.
　　동수는 학교에 안갔다. 그러나 영희는 학교에 갔다.
　　*동수는 학교에 갔다. 그러나 영희는 학교에 갔다.
　　*동수는 학교에 안갔다. 그러나 영희는 학교에 안갔다.


　[+긍정성]이 일치하더라도 서로 다른 장소상황어가 올 때는 문법적 문장
이 된다. 례컨대


　　동수는 학교에 갔다. 그러나 영희는 공항에 갔다.


　그러나 [−긍정성]을 가진 두 문장은 다른 장소상황어가 와도 비문법적인

문장이 된다. 례컨대

　　*동수는 학교에 안갔다. 그러나 영희는 공항에 안갔다.

　방식부사, 정도부사가 나타날 때는 그들 의미가 류사하면 비문법적이 된다. 례컨대

　　동수는 학교에 빨리 갔다. 그러나 영희는 학교에 천천히 갔다.
　　동수는 학교에 매우 빨리 갔다. 그러나 영희는 학교에 조금 천천히 갔다
　　*동수는 학교에 빨리 갔다. 그러나 영희는 학교에 급히 갔다.
　　*동수는 학교에 매우 빨리 갔다. 그러나 영희는 학교에 훨씬 빨리 갔다.

　③ 선택관계를 나타내는 부사 : 또는, 한편, 혹은
　이런 부사도 선행문과 후행문이 [±긍정성]이 일치해야 문법적이 되고 그렇지 못하면 비문법적이 된다. 례컨대

　　동수는 어제 갔다. 또는 동수는 오늘 간다.
　　동수는 어제 안갔다. 또는 동수는 오늘 안간다.
　　*동수는 어제 갔다. 또는 동수는 오늘 안간다.
　　*동수는 어제 안갔다. 또는 동수는 오늘 간다.

　시간부사, 장소부사 또는 장소상황어가 다를 경우는 선행문과 후행문이 모두 [+긍정성]일 경우만 문법적이다. 례컨대

　　동수가 어제 갔다. 또는 동수가 오늘 간다.
　　*동수가 어제 갔다. 또는 동수가 오늘 안간다.
　　*동수가 어제 안갔다. 또는 동수가 오늘 간다.
　　*동수가 어제 안갔다. 또는 동수가 오늘 안간다.
　　동수가 학교에 간다. 또는 동수가 공항에 간다.

*동수가 학교에 안간다. 또는 동수가 공항에 간다.
*동수가 학교에 간다. 또는 동수가 공항에 안간다.
*동수가 학교에 안간다. 또는 동수가 공항에 안간다.


선택관계의 부사들은 두 단어사이의 선택관계도 나타내는데 이때는 첫 체언의 토가 생략되어야 한다. 례컨대


동수 또는 영희가 간다.
*동수가 또는 영희가 간다.


④ 원인관계를 나타내는 부사 : 그러면, 그러므로, 그러한즉, 그런고로, 그런즉, 그럼, 그리한즉, 따라서, 연즉, 한즉

이런 부사도 선행문과 후행문이 [±긍정성]이 일치해야 문법적이 되고 그렇지 못하면 비문법적이 된다. 례컨대


동수는 매우 착하다. 그러므로 동수는 사랑스럽다.
동수는 매우 착하지 않다. 그러므로 동수는 사랑스럽지 않다.
*동수는 매우 착하다. 그러므로 동수는 사랑스럽지 않다.
*동수는 매우 착하지 않다. 그러므로 동수는 사랑스럽다.


다. 시간부사

① 과거시간을 나타내는 부사 : 막, 방금, 벌써, 진작, 접때, 아까, 아직, 여직, 이미

② 현재시간을 나타내는 부사 : 금시, 지금, 현재, 요즘, 이즘

③ 미래시간을 나타내는 부사 : 금명, 금후, 당장, 향후, 이따, 이후

④ 순간시간을 나타내는 부사 : 갑자기, 냉큼, 단번에, 당장, 대뜸, 대번, 돌연히, 문뜩, 별안간, 잠시, 펀뜻, 홀연

⑤ 지속시간을 나타내는 부사 : 가으내, 겨우내, 그사이, 내내, 당분간, 련

일, 밤낮, 밤새, 시종, 줄곳, 진종일, 한참, 여름내,

⑥ 시칭무관 시간부사 : 당초에, 드디어, 마침내, 먼저, 살아생전, 어느덧, 어느새, 언제, 언제나, 언제든지, 언제인가, 얼마간, 일찍


### 라. 장소부사

① 고정장소부사 : 거기, 여기, 저기, 가가호호, 거리거리, 구석구석, 여기 저기, 집집이,

② 장소이동부사 : 이리, 그리, 저리,


### 마. 방식부사

① 양상부사 : 가급적으로, 가득히, 가증스레, 간단히, 나란히, 날렵히, 능숙히, 다정히, 단조로이, 대폭, 독특히, 막대히, 맛맛으로, 무정스레, 반반히, 별달리, 비참히, 소복히, 세심히, 자못, 자칫, 정성껏, 천천히, 초연히, 충분히, 큼직이, 쾌히, 포근히, 푼푼히, 팽팽히, 허술히, 호한히, 훗훗히, 빨리, 어처구니없이, 어련히, 여실히, 유감스레, 은은히, 응당, 이다지도, 이리저리, 외로이, 의뭉스레, 의심스레, (양상부사는 동작동사의 양상을 나타내는것으로 그 수효가 방대하며 방식부사중에서도 그 다수를 차지 한다.)

② 빈도부사 : 가끔, 간간이, 거듭, 날마다, 매월, 매일, 수차, 이따금, 자주, 종종, 항상

③ 거리부사 : 가까이, 멀리, 멀찍이

④ 방향부사 : 거꾸로, 가로, 세로, 높이


### 바. 정도부사

정도부사는 상태성용언, 즉 형용사의 정도를 보여주는 부사이다. 정도부사는 일반적으로 동작성을 가진 용언, 즉 동사를 직접 수식하지 못한다. 례컨대

동수는 아주 귀엽다.
영희는 매우 착하다.
*동수는 훨씬 먹는다.
*동수는 가장 뛴다.

일부 동작동사가 정도부사의 수식을 받는 경우가 있다. 례컨대

동수는 너무 (많이) 먹었다.
동수는 매우 (많이) 때렸다.
동수는 아주 (멀리) 가거라.

이 경우는 상태성을 가지는 "많이, 멀리"등이 생략된 것으로 볼 수 있다.
정도부사는 정도성을 가지는 일부 명사도 수식할 수 있는데 이것은 정도
부사의 본질이 정도성에 있음을 잘 보여준다.

동수는 매우 부자다.
동수는 아주 천재다.
영희는 아주 미녀다.
동수는 매우 바보다.

정도부사는 그 정도성 차이에 따라 다음과 같이 나눌 수 있다.

① 기준정도부사
기준정도부사란 화자가 기대하고 있거나 설정한 정도 기준에 비교하여
정도를 나타내는 부사이다.
여기에는 "겨우, 고까지로, 고다지, 근근히, 불과" 등이 있다.
② 과도정도부사와 비과도정도부사
기준정도부사에서 본 것처럼 부사에는 기준정도에 맞는 것만 있는 것이
아니다. 례컨대

겨우 목표에 도달했다. [-기준정도]
너무 키가 크다. [+기준정도]
매우 키가 크다. [+기준정도]


"겨우"는 정도미달이고 "너무, 아주"는 정도초월이다. 그중 "너무"는 기준정도에 "과도하다"라는 뜻이 있고 "아주"는 그런 뜻이 없다. 이리하여 과도정도부사와 비과도정도부사를 가를 필요가 생겼다.

• 과도정도부사 : 너무, 너무나, 더군다나, 더더구나, 더더욱, 마구, 매우, 몹시, 무척, 썩, 훨씬

• 비과도정도부사 : 가뜩이나, 꽤, 장히, 좀, 조금, 퍼그나, 아주,


③ 최대정도부사 : 가장, 그중, 그지없이, 극히, 제일


④ 비교정도부사 : 더, 더욱더, 더우기, 더한층, 덜, 보다, 좀더


## 사. 상징부사

상징부사는 문장론적 위치가 가장 많은 제약을 받는 부사이며 의미론적으로도 같은 의미소를 갖춘 동사와만 어울릴 수 있다.

상징부사는 의태부사와 의성부사로 나눌 수 있다.


① 의태부사

의태부사란 자연현상 또는 동물이나 인간의 모습을 시각적인 모습으로 나타낸 것을 기록한 부사이다.

개개의 의태부사는 몇몇 동작동사와만 결합이 가능할 뿐이다. 또한 의태부사는 단어내의 어음교체수단을 리용하여 미세한 어감의 차이를 섬세하게 표달한다.

별들이 반짝반짝 빛난다. (*실룩실룩 빛난다)
소녀가 사뿐사뿐 걷는다. (*나풀나풀 걷는다)
동수가 뒤방에서 어슬렁어슬렁 걸어나온다. (*실기죽실기죽 걸어 나온다)


② 의성부사

의성부사란 자연현상 또는 동물이나 인간의 소리를 청각적인 모습으로
나타낸 것을 기록한 부사이다.

의성부사도 몇몇 동작동사와만 결합이 가능할 뿐이다(때로 대상과도 관련된
다). 또한 의성부사는 단어내의 어음교체수단을 리용하여 미세한 어감의 차
이를 섬세하게 표달한다.


시내물이 졸졸 흐른다(*시내물이 철썩철썩 흐른다)
돌이 와르르 무너진다(*돌이 따르릉 무너진다)
영희가 구슬을 대구루루 굴린다. (*영희가 구슬을 덜커덕덜커덕 굴린다)


아. 부정부사

부정부사에는 "아니(안)"와 "못"이 있다.

"아니"는 단순부정이나 의도적부정을 나타내고 "못"은 능력부정이나 기
대에 못미침을 나타낸다. 전자는 [+자의성]을 가진 부정으로 되며 후자는
[-자의성]을 가진 부정으로 된다.

동작동사는 [±자의성]을 가지므로 "아니"나 "못"이 다 부정할 수 있다.


동수가 밥을 안먹는다.
영희가 학교에 못간다.


상태동사, 즉 형용사에 한하여서는 제약이 있다.


*순희가 안 착하다.

*순희가 못 착하다.

**자. 지시부사와 의문부사**

부사에도 실질적 내용이 없이 다른 부사의 내용을 지시하기만 하거나 의문의 뜻으로 지시하기만 하는 부사가 있다.


① 지사부사 : 이리, 그리, 저리, 요리, 고리, 조리
② 의문부사 : 왜, 어찌


의문부사에는 의문의 표현이 필수적으로 조응된다.


왜 그 일을 하지 않소? - *왜 그 일을 하지 않는다.

### 3.2.7. 관형사

관형사는 토가 붙지 않으며 언제나 체언을 한정하며 다른 용도로 쓰이지 못하는 단어들이다.


연길의 주요 거리에는 모두 <u>새</u> 집이 서서 <u>헌</u> 집을 보기 힘들다.
<u>본</u> 연변대학에서는 금년에 신입생 2천명을 모집한다.


이 문장들에 나온 "새, 헌, 본"은 모두 뒤에 나오는 명사를 한정하며 어느 때나 다른 용도로 쓰이지 못한다.

관형사는 그 의미-기능적 특성에 따라 표식관형사, 지시관형사, 분량관형사로 나누인다.


① 표식관형사

표식관형사는 명사의 성질 또는 상태 등을 한정하는 관형사이다. 여기에

는 다음과 같은 것들이 있다.

　• 성질, 상태를 한정하는것 : 련(連), 만(滿), 몹쓸, 맨, 별별(別別), 별의별, 순(純), 신(新), 새, 한다는, 한다하는, 허튼, 헌, 옹근, 일대, 옛,

　• 관계를 나타내는 것 : 각(各), 정(正), 동(同), 매(每), 주(主), 첫, 여느, 이(異), 원(原),

　• 시간, 공간에 관한것 : 고(高), 긴긴, 대(大), 전(前), 장(長), 장장(長長), 현(現)


　② 지시관형사와 의문관형사

　지시관형사는 직접 명사를 한정하는 것이 아니라 화자의 마음에 있는 어떤 성질, 상태를 가리키기만 하는 관형사이다. 의문관형사는 의문의 뜻으로 다른 체언을 한정한다. 여기에는 다음과 같은 것들이 있다.

　• 지시관형사 : (1) 근칭관형사 : 본(本), 해(該), 이까짓

　　　　　　　　(2) 중칭관형사 : 귀(貴), 그까짓

　　　　　　　　(3) 원칭관형사 : 저까짓

　• 의문관형사 : 의문−무슨, 어느, 웬,

　이 관형사는 의문의 표현과 조응되어야 한다.


　　어느 사람이 책임지오? *어느 사람이 책임진다.


　미정 : 모(某)

　이 관형사는 의문의 표현의 조응을 요구하지 않는다.


　③ 분량관형사

　분량관형사는 명사의 분량에 한하여 한정하는 관형사인데 여기에는 다음과 같은 것이 있다.

　　갖은, 단(單), 모든, 반(半), 전(全), 제(諸), 제반(諸般), 총(總), 약(若), 여러,

온, 온갖

  표식관형사, 지시관형사, 분량관형사가 동시에 나타날 때는 다음과 같은
순서로 놓이며 일반적으로 그 순서를 바꾸지 못한다.


  어느 전 국무총리가 재임되었는가? (지시관형사―표식관형사)
  갖은 새 수단들을 다 리용했다. (분량관형사―표식관형사)
  이까짓 모든 새 수단들이 무슨 소용이 있을가?
  ("지시관형사――분량관형사――표식관형사" 순으로 나오나 이런 례는
  희소하며 지시관형사와 분량관형사중 어느 것이 보다 우선적인지는 확실하
  지 않다.)

### 3.2.8. 감탄사

  감탄사는 화자자신의 느낌이나 의지를 명명하지 않고 직접 감정을 표시
하는 소리로 나타내는 품사이다.
  감탄사는 그 의미에 따라 감정감탄사, 의지감탄사, 태도감탄사로, 군말감
탄사로 나뉠 수 있다.


  • 감정감탄사 : 상대편을 의식하지 않고 내는 감탄의 소리라고 볼 수 있다.


  **기쁨** : 아, 얼씨구, 허, 허허, 하, 하하, 호호, 해해
  **성냄** : 에, 엣, 에끼, 에익
  **슬픔** : 아, 아이고, 어이,
  **한숨** : 허, 후, 후유,
  **놀라움** : 아, 엉, 애고, 에구머니, 이크, 저런
  **뉘우침** : 아, 어, 아뿔싸, 아차
  **비웃음** : 흥, 젠장


  • 의지감탄사 : 상대편을 의식하면서 내는 소리로 볼 수 있다.

자, 여보, 여보세요, 이봐, 어부바, 쉬, 아서, 워리워리, 구구, 이랴

• 태도감탄사 : 물음에 대한 반응을 나타내는 소리로 볼 수 있다. 여기에는
계칭의 구분이 있다.

존대 : 예, 아무렴요, 글쎄요, 그래요, 아니요, 천만에요, 천만의말씀입니
다, 별말씀을요
비존대 : 응, 오냐, 아무렴, 암, 글쎄, 그래, 옳소, 아니, 천만에, 별말씀을

• 군말감탄사

입버릇말 : 머, 뭐, 그래, 말이지, 말이여, 말이요, 말입니다
말더듬말 : 어, 에, 저, 거시기, 음, 에헴, 애햄

# 4. 조선어의 토와 문법적범주

## 4.1. 격토와 격범주

### 4.1.1. 격범주 설정의 리론

격범주에 관한 리론은 크게 나누어 전통문법의 리론과 격문법의 리론으
로 나누어 볼 수 있다.

전통문법의 리론에 따르면 격이란 어떤 사물이 다른 사물이나 동작에 대
하여 가지는 관계를 그 사물(즉 어떤 사물)을 나타내는 명사의 굴절(또는 형태
변화)에 의하여 표현되는 상태나 굴절에 포함되는 각양한 형태를 이르는 말
이다. 례컨대

　　바람이 분다. (명사−동작의 관계 :　주체와 행동)
　　꽃이 아름답다. (명사−상태의 관계 :　주체와 상태)
　　어린애가 우유를 먹는다. (명사−동작의 관계 : 객체와 동작)
　　이것이 책상이다. (명사−명사의 관계 : 주체와 단언물)
　　비행기는 하늘에서 난다. (명사−동작의 관계 : 장소와 동작)

　이상 문장들에서 격토(격토가 명사의 형태인가 아닌가는 아래서 론의된다. 우리는 먼저 형태라고 보아둔다) "−이, −를, −에서"는 명사의 형태, 즉 격의 형식이고 그들이 나타내는 "주체, 객체, 장소" 등은 이 격형태의 의미이다. 그리고 이 의미와 관련되는 동작이나 상태로는 "행동, 상태, 단언물, 소유물" 등이 있다. 격범주란 이런 형태에 의하여 표현되는 각양한 의미를 그 종류에 따라 분류, 종합한 것이다. 그러므로 격 또는 격범주는 언어형식이 있으며 그것에 의하여 표현되는 의미의 유기적인 통일체이다. 다시말하면 언어형식이 없는 격범주가 없을 뿐만 아니라 의미가 없는 격범주도 존재하지 않는다.

　그러나 전통문법의 테두리 안에서도 조금씩 다른 리론이 대립하고있는바 그것은 엄밀한 격범주리론과 광의적인 격범주리론이다.

　엄밀한 격범주리론이란 주로 격형태를 엄밀하게 국한시킨데 따른 리론인바 이 리론에서는 격형태를 순수 굴절형식으로 국한시키는 것이다. 순수굴절형식이란 곧 자립성과 상대적 자립성이 없는 언어형식, 흔히 말하는 "어미"나 "내부굴절" 같은 것에 국한시킨다는 것이다. 서구라파 언어들 중 "어미"나 "내부굴절"이 충분히 발달된 희랍어, 라틴어, 로어같은 것들이 이 리론을 지지할 수 있다. 이 리론에 따르면 조선어의 격토는 격형태의 자격을 못 가지며 따라서 격범주도 운운할 여지가 없게 된다.

　광의적 격범주 리론이란 단어의 굴절형식이 아니더라도 기능상 굴절형식과 같은 상대적자립성이 강한 조선어의 격토, 일본어의 격조사 같은 것도 단어의 형태로 보아 격을 설정하고 격범주를 다루는 리론이다. 이 리론에 따르면 조선어, 일본어, 만주어, 몽골어 같은 교착어들이 격형태가 있는 것으로 되며 따라서 격범주 설정은 가능한 것이다.

현대언어학의 격문법리론에 따르면 문장의 중심술어와 주변의 체언과의 관계만 격관계로 보며 이런 격관계는 문장심층의 의미적관계를 말한다. 이런 격은 형태변화(굴절)가 있는 언어든 형태변화(굴절)가 없는 언어든 다 있다는것이다. 이 리론은 모든 언어에 모두 주격, 대상격, 목적격, 방편격, 조성격, 장소격, 원천격, 목표격, 수익격, 시간격, 범위격, 경로격, 공통격, 영존격, 변환격 등이 있다고 본다. 물론 이런 격의 목록이 조선어에도 완전히 적용되는가 하는 것은 별개의 문제이지만 이 리론이 우리에게 주는 계시는 자못 큰 것이다.

이상의 리론을 참조하여 조선어의 격범주 설정의 리론은 다음과 같이 할 수 있다.

첫째, 조선어의 체언토와 용언토는 모두 단어의 형태이다. 즉 조선어의 단어는 모두 형태변화를 하며 그에 의하여 문법적 의미(격의 의미도 포함)를 나타낸다.

둘째, 조선어에는 아직 단어의 형태변화로는 보기 힘드나 단어의 형태변화와 같은 기능을 노는 수많은 보조적 단어들이 있는데 이들도 격의 의미를 나타내며 또한 격의 의미를 나타내는 이상 격범주의 보충적 수단으로 된다.

셋째, 문장의 앞에 오는 체언과 문장의 핵심으로 되는 술어와의 관계만이 격관계로 되며 체언과 체언의 기타 관계는 격범주에 들 수 없다.

## 4.1.2. 격범주의 분류와 격토의 의미

### 4.1.2.1. 주격

주격이란 "무엇이 어찌한다/어떠하다/무엇이다"에서 앞의 "무엇이" 자리를 차지하는 체언 또는 체언과 비슷한 자격으로 쓰이는 말이 "어찌한다/어떠하다/무엇이다"와 맺는 관계적 의미를 나타내는 격의 한 소범주이다. 그 주요한 의미는 동작을 만들어내는 대상이거나 성질, 상태의 보유자 또는 긍정, 부정의 대상임을 나타내는 것이다.

새가 난다. ("나(>날다)"는 동작은 "새"가 하므로 주체)
꽃이 붉다. ("붉다"의 상태는 "꽃"이 가지고 있어 주체가 된다)
저 사람이 기술자이다. ("저 사람"은 긍정의 대상이어서 주체이고 "기술자"는 긍정의 "범위"이다.)

주격 소범주는 체언에 토를 붙이지 않거나 "나, 너, 저, 이것, 그것, 저것" 등이 "내, 네, 제, 이게, 그게, 저게"로 변하거나 주격토를 붙이는 수단에 의해 표현된다.

주격에는 존경의 범주도 함께 나타나는바 존경해야 할 주체와 보통으로 대하여야 할 주체에 서로 다른 주격토가 쓰인다.

<존경하여야 할 주체에 쓰이는 주격토>
일반 존경 : -께서
오늘밤에 대감께서 댁에 계시겠습니까?
극단 존경 : 께옵서
여보, 내가 엊그제 입시(入侍)하였을 때 전하께옵서
이 말 저 말 하문합시다가 너 이모를 잘 아느냐고
노형 말씀을 물으십디다.
<보통으로 대하여야 할 주체에 쓰이는 주격토>
모든 대상에 두루 쓰이는 것 : -가/-이, -의
구성원으로 이루어진 집단에 쓰이는 것 : -에서/-서
전국갑A급축국경기 길림오동팀에서 6등을 했다.
수적의미를 가진 활동체명사에 쓰이는 것 : -서/-이서
사과를 혼자서 따지 말고 둘이서 따라.

"-께서"가 주체에 쓰이면 그것과 조응되는 동사, 형용사에는 주체존경을 나타내는 존칭토 "-시-"가 반드시 와야 한다.

할아버지께서 진지를 잡수시ㄴ다.
할머니께서는 훌륭한 고향친구들이 많으시다.

“－께서”는 동사의 계칭과는 조응관계를 이루지 않는다.

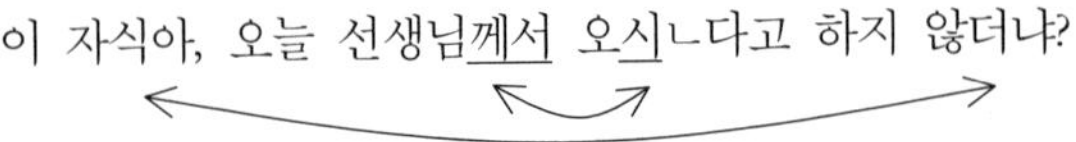


“－가/－이, －에서/서, －서/이서”가 주체에 쓰일 경우는 동사, 형용사에 “－시－”를 쓰지 않는다.

주격의 의미를 나타낼 수 있는 보조적 단어의 형태에는 “－로 하여금”이 있다.

주격이 나타내는 뜻은 “주체”라는데 있고 “주어”와는 다르다.

　　산이 움직인다. (이 단일문에서는 주어와 주체가 일치하다)
　　나는 네가 그곳으로 가기를 바란다. (“나는” 주어인 동시에 의미적으로 “바라다”의 주체이다. “네가”는 “가다”의 주체다)
　　그 사람이 찾는 사람은 다른데 있다. (“사람은”이 주어, “그 사람이”는 찾는“의 주체이다.)
　　우리는 유리창이 깨끗해지게 잘 닦았다. (이 문장의 주어는 “우리”이고 “유리창이”는 “깨끗해지”의 주체이다. “우리”도 속뜻은 “주체”로 될수 있는데 “닦았다”의 주체는 되나 “깨끗해지”의 주체는 되지 못한다. “유리창이 깨끗해지게”는 상황 절이 되어 이 전체가 “닦았다”를 수식해준다. “주어”는 문장 전반을 보고 술어의 서술대상이 되는 부분인데 반하여 “주체”라는 것은 동사와의 관계에서 동작을 만들어 내는 대상으로 되는 것이다)
　　코끼리는 코가 길다. (“코가 길다”는 술어절이 술어로 되는 것인데 이 안에서 “코”는 “길다”의 주체이다. “코끼리”는 주어는 되지만 “길다”의 주체는 될 수 없다.)

“－의”는 “밤의 어두운 틈을 타고 쳐들어갔다”와 같이 쓰이나 “밤이”로 쓰이는 경우가 많아지고 있다.

주격토 "-가/-이"는 강조의 의미로도 쓰인다.


    올 사람은 거의가 다 왔다.
    그 일대는 원래가 그들의 소굴이였다.
    그 사람들은 대개가 자기네를 과대평가한다.
    그 사람은 잘못해도 밉지가 않아요.
    자꾸 울어야만이 젖을 더 준다고 한다.
    오늘은 일하러 나가고싶지가 않다.
    어디가 그런게 있다구 그럽니까?


    참고 : 격문법의 의미격을 고려하면 대부분 도움토들도 주체의 의미를 나타낼 수 있다. 그러나 이들은 존경의 범주를 나타낼 수 없다.


    선생님께서부터 안가시면 저희들은 섭섭하게 생각할 것입니다.
    *선생님부터 안가시면 저희들은 섭섭하게 생각할 것입니다.


주격토와 다른 토들의 어울림
주격토는 많은 다른 토들과 어울려 특별한 의미를 첨가하여 나타내는데
이런 어울림에서 주격토의 위치는 언제나 제일 마감에 놓인다.


① 다른 격토와의 어울림
• 위치격토와의 어울림


    첫 수업이라는 것도 대학의 교실에서가 아니라 공장에서였다.
    의지가 약한 사람에게가 아니라 의지가 강한에게만 성공의 열매가 주어
진다.

• 방편격토와의 어울림

　남자의 자존심<u>으로가</u> 아니라 그런 말을 강제로 시키기가 가엾은 생각이
들었던 것이다.

② 도움토와의 어울림

　이제 이야기에서 어디<u>까지가</u> 사실인가요?
　매 학생<u>마다가</u> 농촌에 내려가서 아주 좋은 형세를 선전하였다.
　이 과오 때문에 그의 밥통<u>마저가</u> 문제되였소.
　오직 그 험난한 좁은 길을 톺아올라가는 사람<u>만이</u> 과학의 빛나는 절정에
도달할수 있다.
　그리고보면 아직 별일 없다는 그 <u>말부터가</u> 이상하게 생각된다.
　초기에 그한테는 누구<u>나가</u> 다 선생이였다.
　그의 목소리<u>조차가</u> 듣기 싫었다.

③ 기타 용언토와의 어울림

　"다시 온다면 내일 가게 하지만 그렇지 않으면 내일은 못 갈테니 그리
알어" "보아서 오지요." "보아서가 아니야. 꼭 온대야 봐보낼테야."
　그들 자신의 총명재질이 없어서가 아니니 절대로 그들을 탓할 바가 아니다.
　남은 고집쯤은 풀기가 쉬우리라 생각합니다.
　그 녀자가 어떠한 치료를 받았는가가 알고 싶었다.

### 4.1.2.2. 목적격

　목적격이란 "무엇을 어찌한다"에서 "무엇을" 자리를 차지하는 체언 또는
체언과 비슷한 자격으로 쓰이는 말이 "어찌한다"와 맺는 관계적 의미를 나
타내는 격의 한 소범주이다. 그 주요한 의미는 타동사의 동작대상임을 나타
내는 것이다.

목적격에는 목적격토 "－를/－을" 하나가 있다.

목적격의 의미를 나타낼 수 있는 보조동사들의 형태에는 "－를/－을 두고, /－를/－을 놓고, －에 관하여, －에 대하여" 등이 있다.

목적격이 나타내는 타동사의 동작대상의 의미로 되는 것들로는 다음 몇 가지가 있다.

① 행동이 직접, 간접으로 미치는 대상임을 나타낸다.

오죽하면 농사군이 소를 팔겠소?
뜨적뜨적 바지괴춤을 들추더니 돈주머니를 꺼냈다.
간이 마르게 고대하던 기별이 그를 기다리고 있었다.
총 메구 대포두 끌구 철모자를 썼어요.
덩치가 커다란 계집애가 집에 있으면서 골골하는 제 에미를 고생시켜?
농민들도 오늘 일제히 떨어나와서 사구려를 외쳐대고있는 장거리였다.
어린 동생을 주려고 소중히 가져온 놀음감이다.

② 어떤 행동의 결과로 만들어지는 대상임을 나타낸다.

이 사건을 배경으로 하여 실화문학작품을 썼다.
나무를 심기위하여 구덩이를 팠다.
그 애는 심심할 때 휘파람을 잘 분다.
밥을 짓고 또 국을 끓인다.

목적격토는 강조의 의미로도 쓰인다.

빨리 학교<u>에를</u> 가지 않고 뭘 꾸물거리냐?
덕순에게<u>를</u> 와서 보니 덕순도 없고 덕순의 아우 덕무도 없다.
어머니는 밥숟가락을 입에 떠넣었으나 그것이 메여오는 목에 넘어<u>가지</u>
<u>를</u> 않았다.
지가 애부가 있다고 하오면 사또를 기망하는 것이웁고 없다고 하오면 사

또께서 곤이를 안 들으실 테니까 그래서 대답을 아뢰기가 어렵소이다.
　그들은 서로 모른체를 한다.
　아무리 이르니 들어를 주어야지요.
　대학에서 극 연구를 하는 김 상철이나, 이전에서 음악을 배우는 심순례나, 다 저대로 조선 사람의 생활을 돕기에 일생을 바치기 위하여 한 번 더 결심을 굳게 하였다.
　그는 학생시대에 형법 선생에게 끌려 감옥 구경을 한 일이 있다.
　잠을 잔다, 꿈을 꾼다, 뜀을 뛴다, 웃음을 웃는다.(이와 비슷한 "춤을 춘다"와 "그림을 그리다"는 동사가 타동사이므로 목적격으로 된다.)

목적격토는 동작의 목적, 시간, 회수, 분량 나타내기도 하나 이때는 목적격 범주를 나타내지 않는다.


　답사를 떠난다, 마중을 나간다, 소풍을 갔다, 산책을 나갔다.
　한달에 나흘을 쉰다.
　벌써 열번을 타일렀다.
　바구니에는 사과를 20알을 담았다.

　참고 : 격문법의 의미격을 고려하면 대부분 도움토도 목적격을 나타낼 수 있다.

　우리는 외국어시간에 랑독도 하고 작문도 짓는다.

목적격토와 다른 토들의 어울림
　① 다른 격토와의 어울림은 아직 발견되지 않은듯하다. 외견상 "－에를, －에게를, －께를, －한테를"을 언급하기도 하나 이때의 "－를/－을"은 격토로 쓰이는 것이 아니라 단순 강조만 나타낸다.

　○○○는 마침 형의 집에를 왔다가 혼자 울기만 하고 있는 봉단에게 대

강 사정을 듣고 향교마을을 향하여 오던 것이다.


　나는 점심 먹구 곧 대장께를 가야겠소.
　소월향의 인물 칭찬이 하도 굉장하기에 작정한 마음을 깨뜨리고 소월향
에게를 가보았다고 이야기하였다.


② 도움토와의 어울림


　손가락마다를 세이며 중얼거리기도 하던 로인이 점점 이야기가 깊이 들
어가서 멍하니 이야기하는 그 처녀의 눈을 마주 바라보기만 하였다.
　그리고 고마운 고학생에게 동생 면회하러 온 사정만을 대충 이야기하였다.


③ 기타 용언토와의 어울림


　나도 내 음성이 어떻게 그렇게 컸던가, 또 떨렸던가를 놀라지 아니 할
수 없었소.
　녀자의 마음에 선악을 판단하는 능력이 있는가를 의심하지 아니할 수가
없었다.


### 4.1.2.3. 위치격

위치격이란 "어느때에, 어디에, 어디로, 누구에게 어찌한다"에서 앞의
"어느때에, 어디에, 어디로, 누구에게"의 자리를 차지하는 채언 또는 체언과
비슷한 자격으로 쓰이는 말이 "어찌한다"와 맺는 관계적 의미를 나타내는
격의 한 소범주이다.

　그 주요한 의미는 동작의 시간, 장소, 방향, 상대를 나타내는 것이다.

　위치격토에는 "-에, -에서, -에게서, -한테서, -로/-으로, -를/-을,
-에게, -한테, -께, -더러" 등이 있다. 위치격토에는 행위상대를 나타낼
때만 존경과 비존경의 구분이 있는데 자체의 체계성이나 다른 존경범주와
의 일치관계로 볼 때 완전하지 못하므로 위치격에 존경의 범주가 있다고 보

기는 곤난하다.

　위치격의 의미를 나타낼 수 있는 보조동사들의 형태에는 "−에 즈음하여, −에 제하여, −에 들어서면서, −를/−을 보고, −를/−을 향하여, −로/−으로 하여, −과 관련하여, −에 걸쳐, −에 이르기까지, −에 있어서, −에 한하여, −를 치고, −만 하더라도, −를 말하면, −만 보아도, −에 근거하여, −에 따라, −에 의하여(면), −에 비추어" 등이 있다.

　위치격토들이 나타내는 의미는 다음과 같다.


　① −에
　• 동작의 시간점


　아침 여덟시에 학교에 간다.


　• 동작의 시간단락


　이 발전소는 3년에 다 건설되였다.
　금년 여름은 한주일에 비가 세 번씩 온다.


　• 동작의 도착점


　밤 9시에 연길공항에 도착한다.
　어제 연길역에 내렸다가 오늘 돌아가는 길이요.


　착점의 의미확대로 볼 수 있는 종전의 "분량", "작용을 미치는 대상"의 의미가 있다.


　장강은 그 길이가 5, 800킬로메터에 달한다.
　이 비는 농작물에 유익하다.

• 대상, 상태의 존재장소

연변대학은 연길시에 있다.
학교 정문에 "불조심"이란 프랑카드가 나붙었다.

존재장소의 의미확대로 볼 수 있는 환경, 범위, 담당부서, 대조, 첨가 등 의미도 나타낸다.

이 소낙비에 어디를 가십니까?
그런 일에 성을 내다니요.
장백산고산식물에 무엇이 유명합니까?
심청에 박옥순, 심학규에 강범식이다.
그 애비에 그 아들이다.
흰 샤쯔에 파란 넥타이를 맸다.

• 동작의 방향

오늘 밤차로 북경에 갑니다.

② -에서
• 동작의 시작시간

오전 8시에서 오후 5시까지 일한다.

• 동작의 시작점

장거리뻐스는 연길정거장에서 떠난다.

동작시작점의 의미확대로 볼 수 있는 "동기, 근거"의 의미도 있다.

사람을 교육하려는 목적에서 이런 규정들이 세워졌다.
규률을 위반했다는 점에서 비판을 받아야 할 것이요.

• 동작의 진행장소

우리는 교실에서 공부하고 운동장에서 뽈을 찬다.

동작진행장소의 의미확대로 볼 수 있는 성질, 상태의 존재범위도 있다.

세계에서 제일 높은 산은 쵸몰랑마봉이다.

③ -에게서/-한테서/-께서
• 동작의 시작점

이건 영호한테서 받은 선물이다.

• 동작의 진행장소

그는 어려서 외할머니한테서 자랐다.

④ -로/-으로
• 동작의 방향을 나타낸다.

중경으로 귀주으로 헤어졌던 가족들이 서로 만났다.
인간은 누구나 죽어서 한줌의 흙으로 돌아간다.

동작방향의 의미확대로 볼 수 있는 종전의 "변화되여 이루어지는", "인정하는 내용” 등이 들어간다.

가랑비가 갑자기 폭풍우로 변하였다.
당신 나를 무슨 사람으로 보오?
• 동작의 경로를 나타낸다.

노루는 산중턱으로 다닌다.

⑤ －에게/－한테/－께
이 토들은 활동체명사에만 쓰인다.

• 대상, 상태의 존재장소

그런 실은 영숙이한테 있다.

• 동작의 방향

이 책은 돌고돌아서 마지막에는 나에게 왔다.

• 동작의 상대

새 공책을 동생에게 주었다. (“동생을 주었다”도 가능)

“－께”는 존경의 의미를 가지는데 술어에 “드리다, 올리다”등 존경의 의미를 가진 동사들이 배합되어 쓰인다.

할아버님께 따뜻한 솜옷을 지어 생신선물로 드렸다.

⑥ -더러

"-에게/-한테"와 같이 동작의 상대를 나타내나(동작의 방향은 나타내지 못
한다) 동사는 반드시 "말하다, 묻다"등 의미를 가진 것이여야 한다.


당신이 날더러 야구 구경 가자고 안했소?
내 아버지더러 집이랑 다 팔아 달래 가지고 오리다.
이 말이 믿기지 아니하거든 이 경력 많은 회나무더러 물어보라.
방이 비니까 날더러 같이 있으라시데그려.
우리더러 뒤쫓아 나오라구 일부러 도망하는체 한단 말 아니겠소?


⑦ -를/-을 : 동작의 경로를 나타낸다.


잠수함은 물속을 다닌다.
인공위성은 지구를 돈다.


이상 위치격토들이 나타내는 의미는 "시간, 장소, 방향, 상대"이고 세부적
으로는 좀더 자세한 분류가 가능하다. 이 토들에는 또 활동체에 쓰이는 것
과 비활동체에 쓰이는 것, 존경과 비존경의 구분이 있다.

이상 위치격의 범주는 다음과 같이 분류를 할 수 있다.

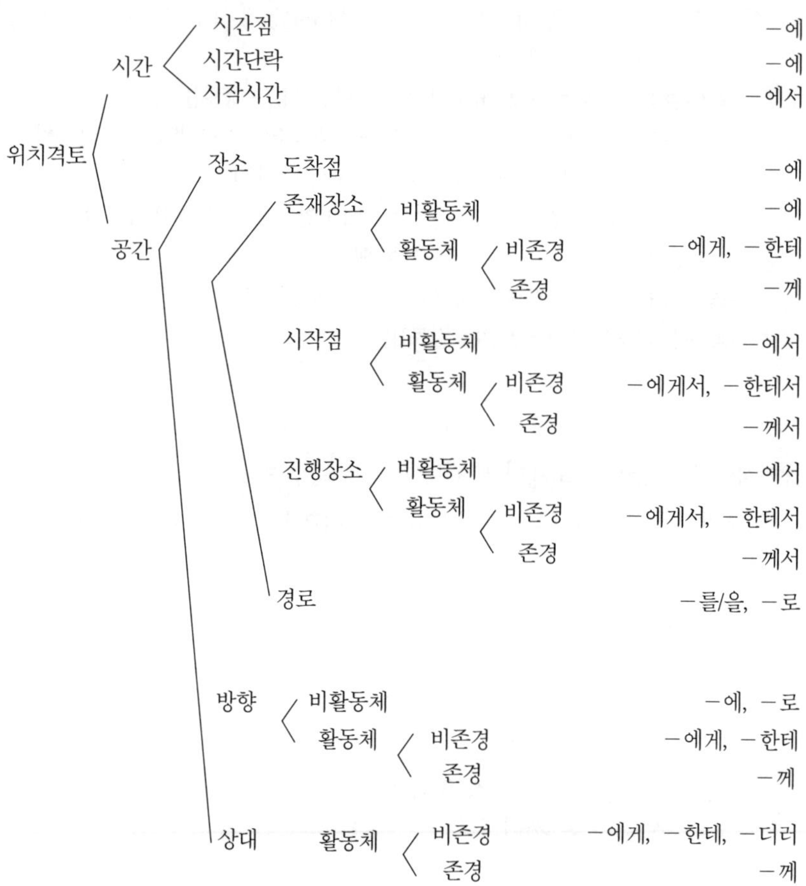

형태에 따른 뜻의 변별성을 정리해보면 다음과 같다.

-에 : [+위치[+시간[+시간점, +시간단락]],
　　+공간[+장소[+도착점, +존재장소], +방향[+비활동체]]]
　　-에서[+위치[+시간[+시작시간]],
　　+공간[+장소[+시작점, +진행장소]]]
　　-에게서/-한테서[+위치, +공간[+장소[+존재장소[+활동체, +비
　　존경], +진행장소[+활동체, +비존경]]]

　　-께서 : [＋위치, ＋공간[＋장소[＋존재장소[＋활동체, ＋존경], ＋진행장소
　　　　　[＋활동체, ＋존경]]]]
　　-로/-으로 : [＋위치[＋공간[＋방향[＋비활동체], ＋경로]]
　　-에게/-한테 : [＋위치[＋공간[＋장소[＋존재장소], ＋방향[＋활동체[＋비
　　　　　존경]]], ＋상대[＋활동체[＋비존경]]]]
　　-께 : [＋위치[＋공간[＋장소[＋존재장소[＋활동체[＋존경]]], [＋방향[＋
　　　　　활동체[＋존경]], ＋상대[＋활동체[＋존경]]]
　　-더러 : [＋위치[＋공간[＋상대[＋활동체[＋비존경]]]]]
　　-를/-을 : [＋위치, [＋공간[＋경로]]]

　　"-에, -로/으로, -에게, -에서"에 각각 다른 의미가 더 있는데 관련되는 격이나 토들에서 소개하게 된다.

　　격문법의 의미격을 고려하면 도움토에 의해서도 위치격이 표시될 수 있으나 그중 동작진행장소, 동작시작시간, 존재장소, 동작방향을 나타내는 의미는 대부분 도움토로 나타내거나 격토를 쓰지 않고 표현할 수 없다.

　　우리는 교실에서 공부하고 운동장에서 뽈을 찬다.
　　*우리는 교실 공부하고 운동장 뽈을 찬다.
　　오전 8시에서 오후 5시까지 일한다.
　　*오전 8시 오후 5시까지 일한다.
　　연변대학은 연길시에 있다.
　　*연변대학은 연길시 있다.
　　사람은 누구나 죽어서 한줌의 흙으로 돌아간다.
　　*사람은 누구나 죽어서 한줌의 흙 돌아간다.
　　중경으로 귀주으로 헤여졌던 가족들이 서로 만났다.
　　*중경 귀주 헤여졌던 가족들이 서로 만났다.
　　이 책은 돌고돌아서 마지막에는 나에게 왔다.
　　*이 책은 돌고돌아서 마지막에는 나 왔다.
　　(방향성이 분명한 경우 ("가다"같은) 경우는 "-에, -로/으로"의 생략이 가능한 듯하다.)
　　북경으로 간다, 북경에 간다 → 북경 간다.

“-더러”는 상대를 나타냄에도 불구하고 생략할 수 없다.
내 아버지더러 집이랑 다 팔아 달래 가지고 오리다.
*내 아버지 집(다른 뜻으로 된다)이랑 다 팔아 달래가지고 오리다.


위치격토와 다른 토들의 어울림

위치격토와 다른 토와의 어울림에 대하여 다른 저작들에서는 많은 결합 양상을 소개하고 있으나 조사에 따르면 아래와 같은 것이 흔히 쓰이는 것인 것 같다.


① 다른 격토와의 어울림

위치격토는 다른 격토와 어울릴 수 있으나 마지막 위치에 오는 아주 적다. 그러므로 아래의 례는 주격, 비교격의 례로는 될수 있으나 위치격의 례로는 될 수 없는 것들이다.


수업이라는 것도 대학의 교실에서가 아니라 공장에 내려가 하였다.
래세에는 이승에서보다 더 호화로운 천당에서 살기를 빌었다.


이 례구들은 위치격의 례로 되는데 앞에 온 “-에, -에게, -한테, -께”는 여기에서 격의 기능은 상실하고 의미를 첨가(도움토?)하는 작용만 한다.


한첨지 큰집에로 와서 보니 사랑방에 빈소(殯所)를 만들고 앞마루를 달아 내어서 려막(廬幕)을 지었는데, 려막안에 한온이가 혼자 있었다.
중구난방으로 지껄이며 백손 어머니에게로 대들었다.
진솔한 삶으로 자기한테로 거짓없이 돌아왔을 때야만이 상대를 감화시킬 수 있는 향기를 지니게 된다.
한바탕 줄달음박질을 치고 나으리께로 왔습니다.


② 도움토와의 어울림

도움토는 대부분 위치격토 뒤에 온다.

"-에" 뒤에 오는 도움토
지난봄<u>에는</u> 새로 집도 한채 붙여지었다.
눈을 잃은 다음<u>에도</u> 어두워만지면 불을 켜라고 한다.
과학연구는 입문<u>에마저</u> 이르지 못한 불모지였다.
손님들 앞<u>에부터</u> 돌라놓게.
큰 돌덩이들을 집어서 언덕 위로 던지는데 조약돌로 팔매치 듯 하여  늙은 도적 섰는 앞<u>에까지</u> 가서 떨어졌다.
있다 해진 뒤<u>에나</u> 또 만나세.
첫날에 신부를 어찌 걷게 하겠는가 싶어 평판마차<u>에라도</u> 신부를 태워가지고 연변대학까지 왔다.
80년대<u>에야</u> 비로서 세상을 내다보니 중국은 너무나도 남들에게  뒤떨어져 있었다.
임금을 만난 뒤<u>에라야</u> 그 재조를 다하실 수 있습니다.
우선 소반<u>에다가</u> 차려놓은 것이 다르고 하얀 입쌀밥이 달랐다.
너 인생전환기<u>마다에</u> 은인이 나타나듯 막차를 타는 너에게 앞으로의 동반자와 함께 꽃밭에서 밀꿀을 만드는 한쌍의 꿀벌이 되라.(이 례구만은 도움토가 앞에 왔다.)


"-에게서" 뒤에 오는 도움토
갑에게서는 인물을 취하고 <u>을에게서는</u> 재주를 취한다.
아무러한 사람<u>에게서도</u> 흠점을 집어낼만하게 날카롭다.


"-에게" 뒤에 오는 도움토
<u>그에게는</u> 큰 야망이 있었다.
젊은 시절, <u>그에게도</u> 꿈이 많았다.
형은커녕 나 자신<u>에게까지도</u> 숨기려고 하였던 것이오.
<u>누구에게나</u> 발표하지 못할 고민을 가슴 속에 감추고 왔었다.
자식들<u>에게나마</u> 자기와 같은 운명이 되풀이되지 않기를 바라서였다.
보는 사람<u>에게마다</u> 대군이 임금 노릇하게 된 것이 저의 공이라고  자랑했다.
이순경사<u>에게만</u> 말을 하고 자기에게는 말을 안한다.
어린 동생을 아이 어머니<u>에게만</u> 맡겨두면 참말로 죽일 것 같았다.

**"-에서" 뒤에 오는 도움토**

어여쁜 사람 앞<u>에서는</u> 점잖은 이의 머리가 자라목같이 들어가는  법이야.

촌농가<u>에서도</u> 자고 절간 판도방<u>에서도</u> 자고 서당에서도 잤다.

심지어는 공장, 농촌, 공안경찰부문<u>에서마저</u> 대립되는 반란단이 나와 파벌싸움을 벌렸다.

제 엄마나 언니앞<u>에서조차도</u> 선뜻 말을 꺼내지 못하고 어색한 웃음을 지으며 망설인다.

사진<u>에서만</u> 보아오던 위인들을 가까운 곳에서 직접 제눈으로 뵙게 되였다.

지어는 화장실<u>에서까지도</u> 외우고 쓰고 하면서 익히다나니 그의 머리속에는 한자가 가득 들어찼다.

연구<u>에서나</u> 발전방면<u>에서나</u> 다 더 나을 것이라고 여겨졌다.

저세상<u>에서라도</u> 어머님이 기뻐하실테지!

지금쯤 궁중<u>에서야</u> 야단 여부가 있겠소.


**"-한테" 뒤에 오는 도움토**

난 참 조선 남자들<u>한테는</u> 낙망하였다.

김서방<u>한테나</u> 가봅시다.

우리<u>한테도</u> 살길이 나질거예요.

당신은 나<u>한테만</u> 큰소리지 내 집에 치는 종머슴 내고들이는 처사 하나 제대로 못해서 이모양 만들었소?

우리같은 부스레기장사<u>한테야</u> 차례지느냐?


**"-로/-으로" 뒤에 쓰이는 도움토**

묘향산 같은 먼 곳<u>으로는</u> 가지 말게.

혜산진<u>으로도</u> 가고 갑산읍<u>으로도</u> 가고 대중이 없어.

이때껏 어른<u>으로만</u> 알았더니 알구보니 우리 동물세그려.

처음 만난 뒤<u>로부터</u> 두어 장 지난 때다.

집<u>으로까지</u> 머슴을 보냈다.

정신상<u>으로나마</u> 얼마나 큰 위로를 받을지 몰랐다.

그럼 서울<u>로나</u> 통기를 헙시다요.

해외<u>로라도</u> 나가 보기를 권고한다.

③ 종속련결토("속격토")와의 어울림


지식창조란 곧 교육, 과학기술을 경제사회와 밀접하게 련결시키고 새사상, 새지식의 산생을 의미하며 신제품과 봉사에의 응용을 의미한다.

과학기술발전을 가속화하여 국제경쟁력을 제고하고 국제시장에서의 제품의 점유력을 제고시켰다.

윤 참판은 아버지로의 걱정, 재산가로의 걱정, 세상을 위한 걱정까지도 하여 가며 스승의 승낙을 구하였다.


④ 체언이음토와의 어울림


소설에서와 신문에서 본 자살의 여러 장면을 상상해보았다.

### 4.1.2.4. 방편격

방편격(수단과 방법)이란 "무엇으로(써/서) 어찌한다"에서 앞의 "무엇으로(써/서)"의 자리를 차지하는 체언 또는 체언과 비슷한 자격으로 쓰이는 말이 "어찌한다"와 맺는 관계적 의미를 나타내는 격의 한 소범주이다.

그 주요한 의미는 동작의 도구, 재료, 수단, 신분, 지위, 처지 등 의미를 나타내는 것이다.

방편격토에는 "-로/-으로(써/서), -에"가 있다.

방편격의 의미를 나타낼 수 있는 보조동사들의 형태에는 "-를/-을 거쳐, -를/-을 통하여" 등이 있다.

방편격토가 나타내는 의미는 다음과 같다.


① 도구의 의미를 나타낸다.


삽으로(써) 구덩이를 판다.

② 방안의 의미를 나타낸다.


　생산량을 대폭 늘이는 실제행동으로(써) 국경 50주년을 맞이 하기로 결의했다.
　아침차에 도착했다.

③ 재료의 의미를 나타낸다.


　벽돌로(써) 집을 짓는다.

④ 자격의 의미를 나타낸다.


　가난한 농민의 아들로(서) 태어났다.
　20년간 경찰서장으로(서) 일해왔다.
　부모로(서) 나서기가 면구스러웠다.

형태에 따른 뜻의 변별성을 정리해보면 다음과 같다.


　-로/-으로(써)$_1$[+방편[+수단[+도구]]]
　-로/-으로(써)$_2$[+방편[+수단[+방법[+재료]]]]
　-로/-으로(써)$_3$[+방편[+수단[+방법[+방안]]]]
　-로/-으로(서)$_1$[+방편[+형편[+자격[+신분]]]]
　-에[+방편[+수단[+방법[+방안]]]]


"-로/-으로(써/서)"에는 다른 의미도 있는데 관련되는 격에서 소개된다.
방편격의 의미는 도움토로 나타낼 수 없는 것이 특수하다.


　*삽은(-도/-마저/-까지/-조차/-이나/-이나마/-야) 구덩이를 판다.

방편토와 다른 토들의 어울림

① 격토와의 어울림

방편토는 격토와 어울리는 것이 없는 것도 특수한 현상이다. 얼핏 보면 "−에로, −에게로, −께로, −한테로"가 있을 듯하나 모두 위치격일 때(방향)만 가능하다. 위치격의 격토와의 어울림의 례문을 보라.

② 도움토와의 어울림

"−로/으로" 뒤에 오는 도움토
자기 형편으로는 데릴사위를 얻어야 할 터인데...
내색으로도 알리지 아니하려고 속으로 애를 썼다.
나수 된 죄인의 신세로만 생각하면 고만 아니겠습니까?
꽃동산호텔의 경리로까지 초빙되었던 것이다.
공장이나 농촌에 가서 노동자로나 농민으로 되는 것이 오히려 마음 편할 것 같았다.
그 녀자를 간접으로나마 알고있었다.
엽서로라도 미리 회답을 하여주시면 더욱 감사하겠습니다.
댁 아기로야 이런 일이 있을 까닭이 있습니까?

"−로서/−으로서" 뒤에 오는 도움토
물질이 미세함도 사람으로서는 능히 짐작할 수 있음이 아니로다.
교수님은 과학자로서만으로 알려진 분이 아니다.

③ 종속련결토와의 어울림

충심으로의 경의를 드립니다.
순수한 과학자로서의 풍격을 지니신 분이다.

### 4.1.2.5. 원인격

원인격이란 "무슨 까닭에/(으)로 어찌한다"에서 앞의 "무슨 까닭에/(으)로"의 자리를 차지하는 체언 또는 체언과 비슷한 자격으로 쓰이는 말이 "어찌한다"와 맺는 관계적 의미를 나타내는 격의 한 소범주이다.

그가 나타내는 의미는 아주 단일한바 오로지 원인만 나타낸다.

원인격토에는 "-에, -로/-으로" 가 있다.

원인격의 의미를 나타낼 수 있는 보조동사들의 형태에는 "-로/-으로 말미암아/인하여/하여, -라 해서, -는 관계로" 등이 있다.

원인격토의 의미는 다음과 같다.


-에
할아버지는 두려움에 떨리는 눈으로 지주놈을 지켜보고 있었다.
돌이킬 수 없는 후회에 가슴이 터지는 것 같았다.
연기에 가득찬 방안은 지척을 분간할 수 없었다.
(이때의 "-에"는 "-로/-으로"로 교체 할 수 있다.)


-로/으로
장마로(에) 강물이 많이 불었습니다. ("이번 장마에"는 "환경" 같다)
무슨 일로(에) 오셨습니까?
에제는 감기로(*에) 결석했습니다.
(이때의 "-로/-으로"는 "-에"로 교체할 수 있는 것도 있고 없는 것도 있는데 해석이 어렵다.)


원인격의 의미는 도움토로 나타낼 수 없는 것이 역시 특수하다.


돌이킬 수 없는 후회에(*-는/-도/-만/-까지/-조차/-마저/-나마/-나) 가슴이 터지는 것 같았다.


원인격토는 다른 토와의 어울림도 없다.

### 4.1.2.6. 비교격

비교격이란 "무엇같이/마따나/처럼/마냥/만/에(서)/보다/과/하고  어떠하다/어찌하다"에서 앞의 "무엇같이/마따나/처럼/마냥/만/에(서)/보다/과/하고"의 자리를 차지하는 채언 또는 체언과 비슷한 자격으로 쓰이는 말이 "어떠하다/어찌하다"와 맺는 관계적 의미를 나타내는 격의 한 소범주이다.

그가 나타내는 의미는 상등성, 차등성과 보편비교이다.

비교격토에는 "-같이/-나/이나/-마따나/-처럼/-마냥/-만/-에(서)/-보다/-과/-하고"가 있다.

비교격의 의미를 나타낼 수 있는 보조적 단어의 형태에는 "만큼, -과 같이, -에 비하여" 등이 있다.

비교격토의 의미는 다음과 같다.


-같이 : 같은 모양, 정도임을 나타낸다
추녀밑에 초롱같이 생긴 붉고 푸르고 노란 전등이 쭉 달려있다.
영순이는 기둥같이 억센 팔에 달리여 일어섰다.
보름달은 대낮같이 밝았다.


-나/이나 : "다름없다, 마찬가지다" 등 단어형태와만 어울려 "같음"을 나타낸다
그의 목소리는 옛날이나 다름없었다.
말이 자식이지 남이나 마찬가지다.


-마따나 : "말한 바와 같이"의 뜻을 나타내며 "말, 말씀"같은 단어 뒤에만 쓰인다
박로인 말씀마따나 삼십륙계가 우리의 상책이니까 그건 변경하시지 않는게 좋을 것 같습니다.
서참판의 말마따나 그는 서기나 청지기가 아니라 [비서관] 대우였다.
-처럼/-마냥 : 류사한 대상을 비교하는 뜻을 가진다
찬란한 광선이 방안으로 물결처럼 몰아 들어왔다.
하루종일 살기 위하여 허덕거린 자취마냥 먼지가 뽀얗게 끼여 있는 거리와 하늘에 붉은 노을빛이 더욱 짙어졌다.

("마냥"은 구두어에는 쓰이지 않는다.)


−만 : 비교되는 정도가 차이남을 나타낸다
그렇지만 김서방의 맹세만(보다/*에서) 못하리다.


−에(서)− : 비교되는 정도가 차이남을 나타낸다
그 일에서(만/보다) 더 힘든 일이 어디 있겠소?


−보다 : 비교되는 정도가 차이남을 나타낸다
이것은 저것보다(만/*에서) 못하다/낫다.


−과/−하고 : 비교되는 정도가 같거나 다름을 나타낸다
이것은 그것과 같다.
이것은 그것과 비슷하다.
이것은 그것과 다르다.


형태에 따른 뜻의 변별성을 다음과 같이 정리해볼 수 있다.


−같이[+비교[+정도[+상등성[+동일성]]]]
−나[+비교[+정도[+상등성[+동일성[+[다름없다, 마찬가지다]]]]]]
−마따나[+비교[+정도[+상등성[+동일성[+말]]]]]
−처럼[+비교[+정도[+상등성[+류사성]]]]
−마냥[+비교[+정도[+상등성[+류사성[+서사어]]]]]
−보다[+비교[+정도[+차등성]]]
−만[+비교[+정도[+차등성]]]
−에(서)[+비교[+정도[+차등성[+?]]]]
−과[+비교[+보편]]
−하고[+비교[+보편[+구두어]]]


비교격의 의미는 도움토로 나타낼 수 없는 것이 역시 특수하다.

보름달은 대낮같이(*−은/−도/−만/−까지/−조차/−마저/−나마/−나) 밝
았다.
　찬란한 광선이 방안으로 물결처럼(*−은/−도/−만/−까지/−조차/−마저/
−나마/−나) 몰아 들어왔다.
　이것은 그것과(*−은/−도/−만/−까지/−조차/−마저/−나마/−나) 같다.
　이것은 그것과(*−은/−도/−만/−까지/−조차/−마저/−나마/−나) 비슷하다.
　이것은 그것과(*−은/−도/−만/−까지/−조차/−마저/−나마/−나) 다르다.


비교격토와 다른 토와의 어울림
① 다른 격토와의 어울림


지금 세상에 어디 가서 이 댁에서처럼 제 한몸이나마 잘 먹느냐말이야?
사또께서 과도하게 먹지 말라구 분부하셨으니까 낮에처럼만 먹지말게.
이승에서보다 더 호화로운 천당에서 살기를 빌었다.
（여기에 나오는 “−에, −에서”는 격토의 작용을 상실하고 도움토처럼
“장소”의 의미만 보충해준다.）


② 도움토와의 어울림


그 눈이 사람을 원망하는 것같이도 보이고 신세를 슬퍼하는 것같이도 보
였다.
　아득한 옛날에 부르던 추억의 노래같이만 들려왔다.
　나 하나를 무슨 천사처럼이나 알어 주는 그 고장 사람들을 차마 버릴 수
가 없어요!
　보통 있는 공식과는 달라서 사랑을 죽이기 위해서 제 목숨을 죽이는 것
이었다.
　딸을 시집보낸 것과도 달라서 아주 내 집과는 인연이 끊어지는 것이니까.


### 4.1.2.7. 공동격
공동격이란 “무엇과/하고 어찌하다”에서 앞의 “무엇과/하고”의 자리를 차

지하는 체언 또는 체언과 비슷한 자격으로 쓰이는 말이 "어찌하다"와 맺는 관계적 의미를 나타내는 격의 한 소범주이다.

그가 나타내는 의미는 어떤 동작을 함께함을 나타내는 것이다.

공동격토에는 "-와/-과, -하고"가 있다.

공동격의 의미를 나타낼 수 있는 보조적 단어의 형태에는 "-와/-과 더불어, -와/-과 같이, -와/-과 함께" 등이 있다.

공동격토의 의미는 다음과 같다.


　　-와/-과/-하고 : 동작을 함께하는 대상임을 나타낸다
　　많은 사람들과 이야기를 나누어보았다.
　　하나의 민족은 그가 가지고 있는 민족어와 운명을 같이한다.
　　이 일은 누구하고 토의했느냐?


공동격의 의미도 도움토로 나타낼 수 없다.


　　이 일은 누구하고($^{*}$-는/-도/-만/-까지/-조차/-마저/-나마/-나) 토의
했느냐?


다른 토들과의 어울림
① 다른 격토와의 어울림은 없다.
② 도움토와의 어울림


도움토가 공동격앞에 오는 경우는 없고 뒤에 오는 경우만 있다.


　　그는 이제는 술과는 담을 쌓았다.
　　그는 누구와도 이야기를 꺼린다.
　　나는 그 남자와만 인사를 나누었다.
　　주인더러 딴짓할 생각 말고 저하고나 놀자는 것 같았다.

③ 다른 토들과의 어울림

종속련결토 "-의"가 뒤에 오는 형식이 있다.

오가와의 말다툼에 지기가 싫어서 청석골로 안 간다고 황소 고집을 부렸다.

(이때의 "-와"는 격토의 기능을 상실하고 도움토처럼 "동반"이라는 뜻을 보충해주고 "오가"와 "말다툼"사이의 규정적 관계는 "-의"에 의해 표현된다.)

### 4.1.2.8. 인용격토

인용격이란 "무엇이라고/고 어찌하다"에서 앞의 "무엇이라고/고"의 자리를 차지하는 체언 또는 체언과 비슷한 자격으로 쓰이는 말이 "어찌하다"와 맺는 관계적 의미를 나타내는 격의 한 소범주이다.

그가 나타내는 의미는 "인용됨"을 나타내는 것이다.

인용격토에는 "-라고/-고"가 있다.

인용격의 의미를 나타낼 수 있는 보조적 단어의 형태에는 "하고"가 있다.


이중 환률의 변동으로 수출가격이 변화되는 비률을 환률에 대한 가격전가률이라고 한다.

전문용어는 일상어휘와 더불어 인간의 언어생활을 구성하는 중요한 요소라고 할 수 있다.

조선어의 고도 정보화를 위해서 반드시 필요한 작업이라 생각된다.

근로자들이 스스로 사업의 동반자라고 느낀다.

그들은 이것이 다 허변호사의 덕이라 하였다.

남편에게 대해서 시골에 있으마고 말은 해 놓았으나 도무지 서울이 잊히지를 아니하였다.

"차에서 밤잠을 못 자고 곤하겠군." 하고 반말을 하는 아주머니조차 나서게 되었다.


인용격의 의미는 도움토로 나타낼 수 없다.

그들은 이것이 다 허변호사의 덕이라[*]-는/-도/-만/-까지/-조차/-마저/-

나마/-나) 하였다.

다른 토들과의 어울림
① 다른 격토와는 어울리지 않는다.
② 도움토와의 어울림

잡화상주인 같은 차림을 한 이 사람이 혁명가라고는 잘 믿어지지 않았다.
상중농을 부유중농이라고도 불렀다.
조선족협회는 조만간에 없어지리라고만 믿고있었다.
불구에 조정에 큰 변이 생기리라고까지 단언하였다.
외할머니가 항상 말이 가난이 원쑤라고 하니까 가난을 저의 원쑤라고나
말할까요.

### 4.1.2.9. 호격토

호격이란 주의를 불러일으키기 위하여 청자를 부르는 체언에 붙어 뒤에
오는 문장과 일정한 관계를 나타내는 간접적인 격이다. 문장안의 기타 성분
과 직접적인 관계는 없다고 보나 주어 또는 술어와 지시관계 또는 일치관계
를 가지는 경우가 많다. 례컨대

그리운 사람아, 나만 홀로 두고 너는 어디로 멀리 사라졌느냐?
나비야, 청산 가자, 범나비야 너도 가자.

웃문장에서 “너”는 “그리운 사람”을 지시하고 아래 문장에서 술어 “가
자”를 쓸 수 있는 것은 “나비야”를 부름과 관련이 있다.

호격토의 의미는 아주 단일한바 오로지 부름만 나타내나 “하대, 존경, 아
주존경”의 계칭의 구별이 있다.

호격토에는 “-아/-야, -여/이여, -시여/이시여”가 있다.

호격의 의미는 토를 쓰지 않을 때도 나타낼 수 있다.

김학수, 앞으로 나와!

호격의미를 나타낼 수 있는 보조적 단어는 없다.
호격토의 의미는 다음과 같다.


-아/-야 : 구두어에서 하대하여도 좋을 대상을 부름에 쓰인다
영숙아, 옆집에 가서 절구 빌어 오너라.
철수야, 오늘은 학교에 안가니?


-여/이여 : 서사어에서 존경해야 할 대상을 부름에 쓰인다
사랑하는 그대여, 부디 건강하십시오.
사랑하는 어른이여, 저는 멀리서 당신을 존경하고 신뢰하는 마음에서만
살아야 할 것을 잘 압니다.
외롭던 원산이여! 슬프던 원산이여! 그러나 나는 원산을 축복한다.


-시여/-이시여 : 서사어에서 아주 존경하는 사람을 부를 때 쓰인다
현능하시고 자비하신 전하시여, 백성들을 굽어 살피소서.
하느님이시여, 힘을 주시옵소서. 천하를 이기는 힘보다도 나 자신을 이
기는 힘을 주시옵소서.


호격토의 의미는 도움토로 나타내지 못한다.
호격토는 다른 토와의 어울림도 없다.


## 4.2. 련결토와 련결범주

련결토란 두 개 이상의 체언 또는 체언 자격으로 쓰이는 단위를 련결시
켜 주는 토를 가리켜 이른다. 이렇게 련결된 단위는 그 전체가 용언과 관계
를 맺게 되는데 이때의 관계는 다른 격토들이 나타내는 관계와 마찬가지이
다. 례컨대

아버지의 신발이 여기에 있다.
철이와 용수는 3학년에 다닌다.
오늘이든 래일이든 가보기로 합시다.

우의 세 문장에 나오는 "아버지의 신발", "철이와 용수", "오늘이든 래일이든"은 모두 두 단어가 련결된 다음에 같은 자격으로 뒤에 오는 동사와 관계적의미를 가지게 된다. "아버지의 신발"은 "아버지"가 "신발"에 종속되는 관계이며 "철이와 용수", "오늘이든 래일이든"은 모두 병렬관계이면서도 전자는 합동관계이고 후자는 선택관계이다. 련결토의 이런 의미는 련결범주로 종합할 수 있다.

련결토의 분류
종속련결토(종전의 속격토 "－의")
이전에 속격토라고 보아온 토이다. 이 토가 나타내는 의미는 다양하지만 뒤에 오는 체언에 종속된다는 점에서는 공통성을 가지고 있다.

사람의 자식, 안경의 왼쪽 유리알(전체와 부분)
진시황의 중국통일, 뉴톤의 법칙, 아인슈탄의 상대론(주체와 조성물)
예술의 아름다움, 꽃의 향기, 생각의 보금자리(주체와 성질, 상태)
자연의 관찰, 발전의 과정, 승리의 길(객체 또는 목표)
연안의 성지, 현대화의 위업(동일자격)
선생님의 아드님, 인민의 지도자, 축하의 편지(사회관계 또는 기타)
책상우의 책, 운동장의 모래, 백두산의 인삼, 대흥안령의 화재 (장소)
여름의 장백산, 고대의 문화, 삼년의 노력(시간)
열사람의 밥, 두줄의 금, 고도의 기술, 절세의 미인(수량, 정도)
강철의 의지, 철벽의 방어선(비유)
대리석의 기둥, 무쇠의 보습, 건축의 재료(재료, 용도)
서로서로의 사랑, 곡선의 미, 슬픈 가락의 민요(특성)

“－의”는 격토, 도움토와 비교적 자유롭게 어울리는데 아래 것들은 일정한 의미해석이 필요하다.

일제 침략에의 반항의식(“에”는 “방향” 의미만 나타낸다.)
타국에서의 생활(“에서”는 “장소” 의미만 나타낸다.)
앞으로의 자세(“으로”는 방향“ 의미만 가진다.)
공민으로서의 자질(“로서”는 “자격” 의미만 가진다.)
그와의 소꿉장난(“와”는 “동반”의 의미만 가진다.)
말로만의 현대화, 일제통치로부터의 독립, 어제까지의 노여움, 저마다의 삶(각 도움토들이 자체의 뜻을 그대로 나타낸다.)

<병렬련결토>
합동련결토 : －와/과 …(－와/과), －하고…(－하고), －이고…(－이고), －이니…(－이니), －이며…－이며, －이라든가…(－이라든가), －이요…－이요, －이랑…－이랑, －와/과…－이며, －에…－에, －와/과…－에, －와/과…－이라든지

선택련결토 : －이든(지)…－이든(지), －이거나/이건…－이거나/이건, －이든가…－이든가, －인가…－인가, －인지…－인지, －이나…(－이나), －는/은 커녕

<합동련결토>
와/과 …(－와/과)
밥과 떡이 다 있다.
현대의학의 능력과 인생문제를 해결하는 능력과는 그 성질이 다르다.
(뒤의 “과”는 생략할 수 있다. )

－하고…(－하고) : 우의 형식과 같은데 주로 구두어에 쓰인다
가야 할 사람은 너하고 나하고이다.

-이고…-이고

체면이고 염치고가 없기 때문에 천대를 하는것이다. (뒤의 "고"를 생략
하지 못한다.)


-이니…-이니

그는 빨래니 바느질이니 찾아했다. (뒤의 "-이니"는 생략할수 없다. )


-이며…(-이며)

심어놓은 화초며 고추모며 도무지 자라지 않는단 말이야. (뒤의 "며"는
생략할 수 있다. )


-이라든가…(-이라든가)

담배를 피워 문 솜씨라든가 앉음앉음아라든가가 여염집 부인같지가 않
았다. (뒤의 "이라든가"는 생략할 수 있다. )


-이랑…-이랑

도배를 하기 위하여 신문지랑 창호지랑 사왔다. (뒤의 "이랑"을 생략하
지 못한다. )


-에…-에

술에 떡에 잘 먹었다. (뒤의 "에"를 생략하지 못한다. )


<선택련결토>

-이든(지)…-이든(지)

벼든지 콩이든지 잘 되기만 하면 좋겠다. (뒤의 "이든지"를 생략하지 못
한다. )


-이거나/이건…-이거나/이건

밥이거나 죽이거나 상관없다. (뒤의 "이거나/이건"을 생략하지 못한다. )


-이든가…-이든가

이 사람이든가 저 사람이든가 한 사람은 떠나야 한다. (뒤의 "이든가"를

생략하지 못한다.)


　　－인가…－인가 : 의문을 품고 망설이는 뜻을 가지고 있다
　　그는 천진인가 북경인가에 가고 없었다. (뒤의 "인가"는 생략하지 못한다. )


　　－인지…－인지
　　성림인지 섬림인지 하는 사람이 찾아왔댔습니다. (뒤의 "인지"는 생략하지 못한다. )


　　－이나…(－이나)
　　그 모양으로나 기품으로나 제왕이 날듯한 곳이다.
　　활이나 검을 다루는 솜씨가 대단하였다. (뒤의 "이나"는 생략할 수 있다.)


　　－는/은커녕 : 이 토에 의해 련결되는 체언은 부정－－부정 또는 부정－－긍정으로 나타날 수 있다
　　청년은커녕 장년도 찾아보기 힘들다. (부정－부정)
　　책망은커녕 칭찬을 받았다. (부정－긍정)


## 4.3. 도움토와 관련범주

도움토란 주로 체언에 붙어서 뒤에 오는 단어와의 관계적 의미를 나타내지 않고 문맥속이나 문맥밖에 있는 단어들과의 계렬적 구별관계를 나타내는 토이다.


　　해마다 꽃은 핀다.
　　그는 담배는 피우지 않는다.
　　그들도 남경은 간다.


이 세 문장에서 밑줄을 그은 "는/은"은 각각 주어, 목적어, 상황어 자리에

와서 단일하고 명백한 문장론적 관계를 나타내지 못한다. 이로 보아 전후 단어사이의 관계적 의미는 나타내지 못한다고 볼 수 있다. 그리고 여기의 "는/은"은 문맥이나 문맥 밖의 같거나 류사한 계렬체 속에서 꼬집어내는 뜻을 나타낸다. 바로 이런 계렬적 구별관계를 나타내는 것이 도움토의 의미가 되며 이 의미들의 추상화가 관련범주를 만든다. 지난 시기 도움토는 체언에 붙어 "정밀한 뜻을 더해준다"고 했는데 그 뜻의 성격을 밝히지 않았었다.

도움토가 나타내는 의미는 크게 나누어보면 포용성 관련의미, 한계성 관련의미, 만족도 관련의미, 확실성 관련의미, 문말첨가의미라 할 수 있다.

아래에 의미류형에 따라 분류하면서 구체적인 도움토의 뜻을 살피기로 한다.

### 4.3.1. 포용성 관련류형

포용성 관련류형은 [+포용성]류형과 [−포용성]류형 두 가지로 나뉜다.

[+포용성]류형은 "함께, 한가지"같은 포함의 뜻을 나타내고, [−포용성]류형은 "홀로, 단독"같은 지정, 한정의 뜻을 나타낸다.

### 4.3.1.1 [+포용성]류형

이 류는 또 포괄적인 것과 낱개적인 것으로 나뉜다.

① 포괄적 부류

−도

역시 포괄됨을 나타낸다.

어린이도 관람할 수 있다. (계렬체 "어른, 늙은이, 젊은이"중에 어린이를 포괄시킨다. 어른들의 관람의 가능성이 전제된다.)

강조의 의미를 나타낸다.

　　거리에는 차도 많구나. (“차가 많다”에 대한 강조)
　　경치가 참 아름답기도 하구나. (“아름답다”에 대한 강조)

－조차
어떤 일에 더하여 포괄됨을 나타낸다.

　　기계조차 말썽을 부린다. (계렬체 “사람, 기후” 중에 “기계를 포괄시킨
다. 다른 것이 이미 말썽을 부리는 것이 전제된다.)

다같이 포괄을 나타낸다 하더라도 “－도”와 “－조차”는 차이를 보인다.

　　억수로 퍼붓는 비에다 바람조차 휘몰아친다.
　　²억수로 퍼붓는 비에다 바람도 휘몰아친다.

　　“－도”에는 [＋포괄], [＋역시]가 있으나 “－조차”에는 [＋포괄], [＋첨가]
가 있기 때문이다.
　　“－까지”와도 차이를 보이는데

　　그 문제를 아직까지 풀지 못했다. (이 “－까지”는 [＋한도]를 내포하고
있다.)
　　²그 문제를 아직조차 풀지 못했다. (“조차”의 [＋첨가]가 문장 내용과 충
돌된다. )

－마저
“더더구나, 더 보탬(마지막성 포함)”의 뜻을 나타낸다.
　　형식뿐 아니라 내용마저 불충실하다.

이때의 의미는 “－조차”와 통한다.

당신마저/조차 그럴줄 몰랐소.

"마지막, 남김없이"의 뜻을 나타낸다.

남은 한 잎새마저 떨어졌다.

이때는 엄밀한 의미에서는 통하지 않으나 추상적 개념의 다룸에서는 큰
차이를 볼 수 없다.
엄밀한 의미에서

이것마저 가져가라. ("남김없이" 의미)
이것조차 가져가라. ("더 보태어" 의미)

추상적 개념

일생의 행복마저/조차 다 바쳐 싸웠다.

－서껀
"함께 섞여"의 뜻을 나타낸다.

세 접시의 중국료리서껀 놓은 상을 대하여 둘은 마주 앉았다.
김선생님서껀 다 왔습니다.

－들
체언에 붙어 둘이상임을 나타낸다.

그분들이 모두 함께 나를 찾아왔다.

일부 격토 뒤, 용언의 접속형, 부사 등에 붙어 동작의 주체가 둘 이상임을 나타낸다.

일이 끝나고 집으로들 갔습니다.
노래를 부르면서들 행진합디다.
어서들 나가 집합하지 못할가?

"-들"을 복수토로 보지 않는 리유는 "-들"이 주로 활동체명사에 붙으며, 활동체명사라 하더라도 복수의 뜻을 나타내는데 필수적이 아니고 필요성에 따라 쓰기도 하고 쓰지 않기도 하기 때문이다.

② 낱개 부류

-마다
"저마다, 개별적으로 포괄시킴"의 뜻을 나타낸다.

사람마다 비를 기다리나 오늘도 불볕만 퍼붓는다.

### 4.3.1.2 [-포용성]류형

이 류형에는 "단독, 홀로, 특별함, 다름"의 뜻을 가진 것과 여럿가운데서 하나를 선택하는 류형이 포함된다.
① 다름의 부류

-는/은
특별히 정하여 가리켜서 다름의 뜻을 나타낸다. 여기에 부정, 대립, 반대의 뜻이 있다.
한쪽에 숨어있는 부정의 뜻을 전제로 한다.

　　어른은 관람할 수 있다. ("아이들은 관람할수 없다"를 전제로)
　　밤을 많이는 먹는다. ("살이 찌지 않는다"를 전제로)

이 뜻은 "-도"와 상반되는 뜻이다.

　　어른도 관람할 수 있다. (어린이 관람의 가능성이 전제된다.)
　　어른은 관람할 수 있다. (어린이 관람의 불가능성이 전제된다. )

상이한 대상의 대립을 나타낸다.

　　달은 밤하늘의 등이요, 등은 방안의 달이다.

반대의 뜻을 전제하고 있다.

　　소리는 요란하나 (반대로) 속은 비었다.

서술의 제목임(화제 또는 주제)을 나타낸다.

　　가물의 비는 만물의 생명이다.
　　박쥐는 새가 아니다.

-(이)란
특별히 정하여 가리키는 뜻이나 풀이의 제목임을 나타낸다.
　　이 두해동안이란 공주에게는 가장 괴로웠던 때였다.
　　행복이란 당신의 의무를 다하는 것입니다.
　　글자란 말을 적는 기호이다.

-을랑/ㄹ랑
특별히 정하여 가리키는 뜻을 가진다.

량식을랑 걱정마시오.


－만
제한과 강조의 뜻을 나타낸다.


꽃만 피고 열매는 맺지 않는다.
칭찬을 받으니 좋기만 하다.


－밖에
"단독, 한정"의 뜻을 나타내며 부정의 표현을 가지는 술어와 조응되어 쓰인다(그러나 문장의 내용은 타부정적인 한정의 긍정이 된다).


그는 돈밖에 모른다. (…만 안다)
그중 쓸만한 것은 하나밖에 없다. (…만 있다)


그러므로 다음과 같이 짝을 맞추어 쓰게 된다.
밖에+[부정성 술어] : －밖에 없다, 모른다, 더하겠는가, …
－만+[긍정성 술어] : －만 이다, 있다, 안다, …


② 선택의 부류
－(이)나
다른 대상에 대한 배제, 무관심을 전제로 하여 다만 제시 대상만을 선택함을 나타낸다.


공부나 열심히 해라. ("다른 것은 관계말고"의 뜻이 깔린다.)
힘으로나 해결할 수 있을가?("다른 것으로는 해결 못하는데"의 뜻이 깔려있다.)

뜻밖의 일에 놀라는 느낌을 나타낸다.

　고향을 떠난 지도 50년이나 되었구나.

짐작을 나타낸다.

　열시나 되었겠다.

－(이)든(지)
여럿가운데 아무것이나 가려도 상관없음을 나타낸다.

　그 말을 들으면 누구든지 그를 동정하게 된다.
　어떤 묵밭이든 부지런히 갈고 거름을 주면 옥토가 된다.

"－든지"와 "－나"는 선택한다는 데서는 같으나 차이가 있다.
　공부나 잘해라. [+다른 대상 배제]
　*공부든 잘해라. [+다른 대상 포괄]

－(이)든가
"－든지"와 같은 뜻으로 쓰인다.

－(이)거나/(이)건
"－든지"와 같은 뜻으로 쓰인다.

### 4.3.2. 한계성 관련류형

여기에는 시작을 나타내는 류형과 끝을 나타내는 류형이 있다.

### 4.3.2.1. 시작의 부류

－부터

시간, 장소의 기점과 우선순위를 나타낸다.


    경기는 오전 9시부터 시작한다. (시간 기점)
    어서 떠나기부터 한다. (시간 우선순위)
    연길(에서)부터 떠났다. (장소 기점)
    백화점부터 돌아보자. (장소 우선순위)


### 4.3.2.2. 끝의 부류

－까지

"－부터…－까지" 형태로 시간과 공간, 셈, 상태의 미치는 범위를 나타낸다.


    집부터 직장까지 30분 거리다.
    저녁식사는 6시부터 8시까지다.
    하나부터 열까지 가르쳐야 하겠니?
    가난한 이부터 부자에 이르기까지 환영을 받았다.


단독으로 쓰여 "극한에 미침, 함께 포함됨"을 나타낸다.


    그는 과학의 탐구에 생명까지 바쳤다.
    그는 너무도 분하여 울면서까지 호소했다.
    이 사건에 경찰총장까지 련루되였다.


－토록

"어떤 지경에 이르기까지"의 뜻을 나타낸다.


    일이 바빠 종일토록 놀지 못했다.
    그는 평생토록 물욕과는 담을 쌓고 산다.

### 4.3.3. 만족도 관련류형

#### 4.3.3.1. 충족성 부류

-(이)나

"그 정도면 만족 또는 충족함"의 뜻을 나타낸다.


아홉 번이나 갔지만 만나지 못했다.
그는 건강한 사람의 몇갑절이나 일한다.

#### 4.3.3.2. 부족성 부류

-(이)나마

"마음에 만족할 정도는 못되나 아쉬운대로 허용함"의 뜻을 가진다.


변변찮은 진지나마 많이 드십시오.


-(이)라도

"마음에 차지는 않지만 가리지 않고 허용함"의 뜻을 나타낸다.


불속이라도 뛰어들 각오가 되어있다.
누구라도 갈수 있다.


"-나마"와 "-라도"는 서로 통하지 않을 때도 있다.


불속이라도 뛰여들 각오가 되어있다. ([+가리지 않음])
²불속이나마 뛰여들 각오가 되어있다. ([+아쉬운 대로])

### 4.3.4. 확실성 관련류형

#### 4.3.4.1. 확실성 부류

확실성 부류는 모두 강조의 의미만 전문적으로 나타내는 토들이다.

-(이)야
밤이야 길건 짧건 밤차는 간다.


-(이)야말로
농부야말로 이 나라의 보배다.


-(이)라야/(이)여야
이 일은 그 사람이라야/이여야 해낼 수 있겠다.


-(이)ㄴ즉
사람인즉 묘하게 생겼는걸.


-(이)면
휴식시간이면 이따금 꾸벅꾸벅 졸군 합니다.


-다(가)
신문지를 말아서 그걸로다가 아기를 때리는 시늉을 했다.

### 4.3.4.2. 불확실성 부류

의심스러워 꼭 짚어 말할 수 없는 뜻과 망설이는 뜻을 나타낸다.


-인가
누군가가 그 사람을 군인으로 착각했다.


-인지
어느 사이인지 마음이 가라앉았다.


-이고
그는 무엇이고 꼬치꼬치 따지고들었다.


-인들 : 흔히 반문의 표현이 술어에 따른다
성실하게 살고싶은 마음을 낸들 왜 가지지 않았겠습니까?

### 4.3.5. 문말첨가 류형

종결토 뒤에 붙어서 감탄, 대립의 의미를 나타낸다.


-그려
자네 여전히 허수아비 철학을 뇌까리네그려.
공연한 오해를 하고계신 것 같습니다그려.
그럼 일찍 가보게그려.
이번에 같이 떠나기로 합시다그려.


-마는(만)
그 옷이 좋기는 하다마는 값이 비싸네.


도움토의 기능을 수행할 수 있는 보조적 단어들에는 "따름, 뿐, -는/은 그만두고, -는/은 제쳐놓고, 외에, 밖에, -를/을 막론하고" 등이 있다.


## 4.4. 종결토와 식, 계칭범주

종결토란 용언어간에 붙어 문장을 종결짓는 토이다.

종결토는 그 전반에 걸쳐 식과 계칭이란 문법적 범주를 나타내는데 매개 종결토들에도 식과 계칭이 나타나므로 동시에 이 범주들을 고찰하게 된다.

식(mood, modality, mode ; (漢)式, 語氣, 情態(日)敍法, 語氣, (韓)敍法, 意向法)이란 넓은 의미로 사용할 때 양태(modality)라고 할 수 있고 좁은 의미로 사용할 때는 식(mood)라고 한다.

넓은 의미로 사용하는 양태는 용언의 토, 보조동사, 양태적 뜻이 내포된 어근 자체의 어휘적 형식에 의해 나타나며 그가 나타내는 의미는 "말하고 있는 사실에 대한 화자의 태도"를 나타내는 것이다.

좁은 의미로 사용하는 식이란 용언의 토에 의하여 표현되는 "말하고 있는 사실에 대한 화자의 태도"를 나타내는 것이다. 즉 화자의 담화목적, 담화

의향을 가리켜 이른다. 조선어에서는 이런 담화목적이나 의향이 종결토에 많이 반영되므로 종결토에 대한 고찰은 담화목적이나 의향을 대부분 찾아낼수 있다. 그런데 종결토에는 동시에 또 말하는 사실에는 관련되지 않으나 청자에 관련되는 태도가 반영된다. 종결토에 나타나는 청자에 관련되는 화자의 태도를 나타내는 것이 곧 계칭이 된다. 그러므로 계칭이란 화자가 청자를 존대하는 위치(정중성을 기하는 경우도 포함됨)에 놓고 말하는가, 대등한 위치에 놓고 말하는가, 하대해도 좋은 위치(아주 친근한 사이나 아이들을 대상으로)이나에 놓고 말하는가에 따라 각각 존대, 대등, 하대의 계칭적 구분이 생기게 된다.

어떤 사람들은 계칭이 담화내용에 대한 태도가 아니고 또 담화쌍방이 가담하여 사실은 문장과 문장 사이에서 발생한다고 보아서 이것은 화용론적 범주라고 보는 사람도 있다. 그러나 사정이 이렇다 하더라도 우리는 계칭이 단어의 형태변화(어미변화)에 의해 나타나므로 형태론적 범주로 보는 것이 타당하다고 본다.

이리하여 우리는 종결토의 식, 계칭 범주를 소개할 때 좁은 의미의 식을 기본으로 고찰하며 서술방식상 식을 우선 가르고 각 식안에 반영되는 계칭을 차례로 서술하기로 한다.

종결토에 의해 반영되는 식에는 청자에 대한 별다른 요구 없이 다만 어떤 사실을 말하기만 하는 서술식이 있고 그와 짝을 이루는 것으로서는 화자에 대한 어떤 요구를 반영하는 따위가 있는데 이는 다시 청자에게 대답을 요구하는 의문식, 청자에게 어떤 행동을 요구하는 명령식, 화자가 청자에게 어떤 행동을 함께 하기를 요청하는 권유식이 있다. 식의 체계는 다음과 같다.

```
식 ┌ 요구 없음                              서술식
   └ 요구 있음 ┌ 답을 요구                    의문식
              └ 행동 요구 ┌ 청자만           명령식
                         └ 화자, 청자 함께    권유식
```

### 4.3.1. 서술식

서술식은 화자가 자기의 할 말을 청자에게 아무런 요구없이 서술하고마는 식인데 이 서술식 안에서 화자의 심리적 태도에 따라 청자를 의식하면서 청자에게 향하는 것과 청자를 의식하지 않고 자기자신의 심리적 태도를 주로 나타내는 것으로 가를 수 있다. 전자는 또 청자에게 어떤 사실을 알려주는데 그치는 것과 청자에게 어떤 약속을 하는 것으로 나눌 수 있고 후자는 또 자기의 의욕을 나타내는 것, 추측을 나타내는 것, 느낌을 나타내는 것의 세 가지로 나눌 수 있다. 이리하여 서술식의 하위 분류는 다음과 같이 된다.

<pre>
서술식 ┬ 청자를 향하는 것    ┬ 알림
       │                    └ 약속
       └ 자기 마음을 향하는 것 ┬ 의욕
                              ├ 추측
                              └ 감탄
</pre>

그리고 각 부분에서 모두 존대, 대등, 하대의 계칭이 있으므로 가장 간단하면서도 충분히 분화발달된 계칭이라고 할 수 있는 하대부터 살펴보기로 한다.

### 4.3.1.1. 하대

• 알림

아래 토들은 모두 알림, 현재, 하대의 의미를 나타낸다.

-다/라

"-다"는 형용사의 종결토로 쓰이고 시칭토와 어울릴 때나 "-더-"뒤에서는 동사 뒤에도 쓰일 수 있다. 특수한 경우 동사어간에 직접 쓰이기도 한다.

높다, 크다, 책이다(책이라), 아니다(아니라)

갔다, 날겠다 ; 가더라, 오더라, 높더라
오다, 가다(사전의 올림말) ;
3월에 왕이 붕하고 태자가 왕위에 오르다(력사년표) ;
그는 뛰다싶이 뒤를 쫓았다. (동사와 형용사 "싶이" 사이)


－ㄴ다/는다
이 토는 동사에만 쓰이는 종결토이다.


간다, 달린다, 잡는다, 핥는다


"－다/라"와 "－ㄴ다/는다"는 중간에 "하(다)"가 줄어질 경우, 례컨대


높단다(>높＋다＋고＋하＋ㄴ다)
아니란다(>아니＋라＋하＋ㄴ다)
간단다(가＋ㄴ다＋고＋하＋ㄴ다)
웃는단다(웃＋는다＋고＋하＋ㄴ다)


"－단다/란다, －ㄴ단다/는단다"같은 합성토 형태가 이루어지는데 전자는 형용사 어간 뒤에 후자는 동사 어간 뒤에 붙으며 시칭토와 함께 쓰일 때는 동사에도 쓰인다. "－더－, －으리－"와 같이 쓰일 때는 "－란다"가 쓰일 수도 있다. 이 토들도 알림, 현재, 하대의 뜻을 가지나 좀 다른 점이라면 전달의 뜻으로 쓰였는지 강조, 자랑의 뜻으로 쓰였는지는 문맥을 보아서 판단할 수밖에 없다.


우리 마을은 참 아름답단다. (자랑)
그 곳의 경치가 참 아름답단다. 꼭 한번 가보자. (전달)


－아
용언에 두루 쓰이며 일부 토와 "하(다)"가 줄어지는 경우는 융합 현상이

생긴다.

> 나는 그것을 알아, 난 그게 좋아
> 많은 책을 읽는대(>다+고+하+여)
> 그는 어부가 아니래(>라+고+하+여)
> 저분이 날더러 빨리 가재(>자+고+하+여)

－지
용언에 두루 쓰인다.

> 너도 가지, 그 사람 참 복도 없지, 그런게 아니지.

접속토 "－아야/어야/여야"와 "지" 사이에 있던 "하(다)"의 줄임으로 "아야지"같은 합성토 형태가 이루어지는데 "마땅히 그래야 함"을 강조하는 뜻으로 쓰이고 용언 전체에 쓰인다. 판단불완전형용사("－이다", "아니다") 뒤에서는 "－라야지"로 쓰인다.

> 단 삼년을 살아도 잘 살아야지.
> 물론 낡은 것은 아니라야지.

### 4.3.1.2. 약속

약속이란 청자에게 어떤 일을 해줄 것을 약속하는 서술식의 한 갈래로서 의식성 동사에만 있을 수 있다. 그리고 시칭토, 존칭토와 어울리지 못한다.

－마
꽃이 피면 다시 오마, 그 일은 내가 맡으마.

－ㄹ게
래일 아침 아홉시에 집에 들릴게, 잘 준비해놓아.

### 4.3.1.3. 의욕

의욕을 나타내는 토는 청자를 의식하지 않고 자기를 향하여 어떤 의사를 나타내며 의식성 동사에만 붙고 시칭토, 존칭토와 어울리지 않는다.

-ㄹ래
그 일은 내가 할래, 나는 고향으로 돌아갈래.

-ㄹ란다
나도 밥을 먹을란다.

### 4.3.1.4. 추측

추측이란 화자가 어떤 사실에 대한 마음속으로의 추측이나 결의를 나타내는 것이다.

-렷다
추측하거나 결의를 말할 때 쓰인다.

지금쯤이면 집에 왔으렷다. (추측)
네 말대로 꼭 제 시간에 도착하렷다.

-거니
마음속에서 짐작한 일을 나타내는데 인용형식 비슷한 구조에 자주 쓰인다.

그저 "내 집이거니" 생각하고 편히 지내도록 해라.

-려니
"-거니"와 비슷한 뜻으로 쓰이며 인용형식 비슷한 구조에 자주 쓰인다.

"그가 도와주려니" 생각했소.

### 4.3.1.5. 감탄

감탄이란 화자가 어떤 사실에 대한 감탄을 동반하는 것을 가리켜 말한다.

─구나/로구나

형용사 어간에 붙으며 시칭토, 존칭토와 어울려 쓰일 때는 동사 뒤에도
쓰인다. "─군/로군"으로 줄 수 있다. 새롭게 알게 된 사실에 대하여 서술하
면서 어느 정도 감탄의 의미를 더해준다.

경치가 참으로 아름답구나, 너도 결국 그 놈들과 한 통속이로구나, 이 사
람이 보통이 아니로구나.
왔구나, 자겠구나, 가더구나, 읽으시더구나

─는구나

"─구나"와 같은 의미로 동사 어간 뒤에 쓰이며 "─는군"으로 줄 수 있다.

이 놈이 묻는 말에 대답도 않고 딴전을 피우는구나.

─아라

서사어에 많이 쓰인다.

어릴 때 같이 놀던 그 친구들 그리워라.

─노라/로라

자기 자신에 관한 일을 서술할 때 감탄을 동반하여 쓰인다. 서사어에 쓰
이고 구두어에는 쓰이지 않는다. "─노라"는 동사에 "─로라"는 체언전성토
"아니다"에 쓰인다.

우리는 나라의 주인임을 선언하노라.
나는 산을 사랑하는 사람이로라.
(개별적으로 "좋았노라, 좋겠노라, 꿈이었노라"가 쓰인다.)


─ 다니/라니

놀람, 분개따위를 나타낸다. "─다니"는 용언에, "─라니"는 체언전성토
"아니다" "─더─"와 어우른 동사 뒤에 쓰인다.


이 산꼭대기에 비석을 세우다니, 저 얼굴이 아름답다니.
그게 사실이 아니라니, 집으로 가더라니.


─ ㄴ다니/는다니

"─다니"와 같은 의미로 동사에만 쓰인다.


죽는다니, 그런 어리석은 짓이 어디 있어.


─ ㄴ걸

형용사와 시칭토, 존칭토와 어우른 동사에 쓰인다. 후자의 경우는 현재
의미가 없어진다. 새롭게 알게 된 사실에 대하여 서술하면서 감탄의 의미를
가미해준다.


우리 어머니는 손도 흰걸, 나 혼자라도 하겠던걸.


─는걸

"ㄴ걸"과 같은 의미로 동사 어간에 붙어 쓰이며 시칭토, 존칭토와 어우르
면 형용사에도 쓰인다.


당신 말을 들으니 어제 일이 생각나는걸, 래일은 날씨가 좋겠는걸.

–ㄹ걸

후회하는 뜻을 나타낼 때는 동사 어간에 오며 "–었–"이 쓰이는 형용사
뒤에도 온다.

그럴줄 알았으면 공부를 더 해둘걸, 나도 갔으면 좋았을걸.

추측의 의미를 나타낼 때는 용언에 두루 쓰인다.

거기까지 한시간 더 걸릴걸, 남방은 아직도 나뭇잎이 푸를걸.

–누나

동사에만 쓰인다. 진행 중의 사실을 새로 알고 감탄하는 뜻을 나타낸다.

나무가지가 흔들리누나.

### 4.3.1.2. 대등

• 알림

–오/소

용언에 두루 쓰이며 체언전성토 "아니다" 뒤에서는 "–요"로 쓰인다. 존
칭, 시칭 형태 중 "–으리–"와 "–더–"와는 결합하지 않는다.

백성들은 격양가 부르며 기뻐한다 하오, 나는 지금 책을 읽소, 이것은 사
진이 아니요, 선생님께서 지금 강의를 하시오, 잘 알았소.

"–다오/라오, ㄴ다오/는다오"는 합성토 형태로서 형용사와 시칭토, 존칭
토와 어우르는 동사 또는 동사에 쓰인다.

-네

용언에 두루 쓰인다.

초대에 응할 수 없어 유감으로 생각하네, 자네가 나보다 낫네.

"-다네/라네, -ㄴ다네/는다네"는 합성토 형태로서 형용사와 시칭토, 존칭토와 어우르는 동사 또는 동사에 쓰인다.

-다나/라나

형용사 어간 뒤나 시칭토 "-았-, -겠-"과 어울리는 동사에 쓰이며 "-라나"는 체언전성토 "아니다"와 시칭토 "-더-"와 어울리는 동사에 쓰이어 자랑으로 알리거나 남의 말에 대하여 의심을 품거나 빈정거리는 뜻을 나타낸다.

래일은 비가 올 것 같다나, 그게 사실이라나, 그가 직접 보고왔다나. 그래도 가더라나.

-ㄴ다나/는다나

동사 어간 뒤에만 쓰인다.

그는 잘 모른다나, 하루에 한섬씩 먹는다나.

• 약속
-ㅂ세

동사에 쓰여 약속의 뜻을 나타낸다.

그 책은 내가 읽읍세.

• 의욕

서술식 대등 계칭에서 의욕의 뜻을 나타내는 토는 결여되어 있다.


• 추측

서술식 대등 계칭에서 추측의 뜻을 나타내는 토도 발견되지 않는다.


• 감탄

－구려/로구려

형용사 어간 뒤와 시칭토와 어우르는 동사 뒤에 쓰여 새롭게 알게 된 사실에 대하여 감탄의 의미를 가미해준다. "－로구려"는 수의적으로 체언전성토 "아니다" 뒤에 오기도 한다.


별소리가 다 많구려, 참 오래간만에 또 만났구려, 정말 재주 많은 학생이
(로)구려.


－는구려

"－구려"와 같은 의미로 동사 어간과 존칭토와 어우르는 동사 뒤에 쓰인다.


저 비행기가 높이도 뜨는구려, 기다리던 그분이 저기 오시는구려.


구만/로구만

"－구려"와 같은 의미로 형용사 어간과 시칭토와 어우르는 동사에 쓰인다. "－로구만"은 체언전성토 "아니다"일 경우 수의적으로 쓰인다.


돼지가 살이 찌여서 윤기가 반지르르하구만, 온다더니 왔구만, 그 물건
이 보통 비싼게 아니(로)구만.

－는구만

“－구만”과 같은 뜻으로 동사에만 쓰인다.


저런, 소낙비가 쏟아지는구만.

－ㄹ세/로세

용언에 쓰이며 추측과 감탄의 의미를 나타낸다. 체언전성토 “아니다”에는 “－로세”가 수의적으로 쓰인다.


아, 벌써 가을이 무르녹는 가을일세 ; 그러다가 눈이 빠질세 ; 나는 국화만 사랑함이 아니로세.

### 4.3.1.3. 존대

존대 계칭은 청자에 대하여 격식을 제대로 차리고 정중하게 존경하는 “하십시오” 계렬과 격식을 차리지 않고 꽤 친숙한 년장자에게 두루 존경하는 “해요”(대개는 대등, 하대의 종결토에다 “요”를 덧붙이여 구성된 토들이다) 계렬로 나눌 수 있으나 때로는 분별하기 어려운 때가 많다. 이외에도 아주 존경하는 “하옵시오” 계렬을 설정하는 사람도 있으나 지금은 사용이 아주 쇠퇴한 상태이다. 이런 상황에서 어느 정도 차이를 보이더라도 존대 계칭을 하나로 보아 고찰하려 한다.


• 알림

－ㅂ니다/습니다

용언에 두루 쓰인다. 15세기에는 객체 존경을 나타내던 “－습－”이 녹아든 토이다.


곧 일이 끝납니다, 누에가 뽕잎을 참 잘 먹습니다, 그 사람은 키가 큽니다, 그 사람의 인품은 참 좋습니다.

이 토보다 더 정중하게 존경함을 표하는 토로는 "–옵니다/사옵니다"가 있다. 이것은 이미 옛말투로 되어 력사소설 같은데 나온다.

아뢰옵기 황공하오나 래력있는 집의 규수이옵니다.
그 절의 나발소리를 듣자오면 곧 낫사옵니다.

"–답니다/랍니다", "ㄴ답니다/는답니다"의 합성토 형태가 있는데 알림과 인용의 두 뜻으로 쓰이는 것이 하대 계칭의 "–단다"와 같으며 품사에 따라 달리 쓰는 상황도 같다. 다만 여기의 토는 존대에 쓴다는 것이 다르다.

–으이다

옛말투의 토인데 다른 토들과 결합하여 여러 꼴로 나타날수 있으므로 여기에서 소개해둔다. 15세기의 "–으이–"에서 온 것인데 청자 존경 표시에 사용하였었다. 지금도 그 잔재로 다음과 같은 표현들이 가끔보인다.

나도 무척 가고싶으이다, 거 매우 좋으이다.

–나이다

역시 옛말투의 토인데 시, 력사소설 같은데 쓰인다.

그 충렬을 지금까지 세상 사람이 경모하나이다.

–올시다

체언전성토 "아니다"에만 쓰인다.

시키는 일은 무엇이든지 각오가 돼있는 사람이올시다.
그것은 제가 한 일이 아니올시다.

-네요

용언에 두루 쓰인다.

    친구들이 다 떠나고 혼자 남으니 쓸쓸하네요.
별 생각이 다 드네요.

-아요

용언에 두루 쓰인다.

    달이 구름속으로 숨어요, 저 산이 아주 높아요, 우리는 행복해요.

-지요

용언에 두루 쓰인다. 구두어에서는 "-죠"로 줄 수 있다.

    추석이나 쇠여서 가시지요, 그런 일이 아니지요, 물론 훌륭하지요.

-다나요/라나요

"-다나요"는 형용사와 "-았-, -겠-"과 어울리는 동사에, "-라나요"
는 판단형용사와 "-시-"와 어울리는 동사에 쓰인다. 의혹성을 갖거나 자
랑하는 뜻이 있다.

    그렇게 하는 것이 좋다나요, 소설책을 샀다나요 ; 그런 일이 절대 아니라
나요, 그런 것을 상으로 주더라나요.

-ㄴ다나요/는다나요

"-다나요"와 같은 뜻으로 동사 어간에만 쓰인다.

    오늘 어디로 떠난다나요, 그대로 놔두면 썩는다나요.

• 약속

존대 계칭에서 약속은 나타나지 않는다.

• 의욕

－ㄹ래요

동사에 쓰여 화자의 의욕을 나타낸다.

　다른 사람이 다 떠났으니 나도 갈래요.

－리다

용언에 두루 쓰이나 형용사에 쓰일 때는 추측을 나타내고 동사에 쓰일
때는 의욕을 나타낸다.

　우리의 미래는 더욱 찬란하리다.
　그 일은 제가 꼭 여축없이 해드리리다.

(4) 추측, (5) 감탄을 단독으로 나타내는 토가 없는듯하다.

## 4.3.2. 의문식

의문식은 청자에게 답을 요구하는 식으로서 청자에 향해지는 심리적 태
도는 뚜렷하지만 자기에게로 향해지는 심리적 태도는 뚜렷하지 않거나 또
는 있다고 하더라도 량자의 구별이 미미하다. 그리하여 의문식에서는 심리
적 태도에 따른 하위분류를 하지 않기로 한다.

### 4.3.2.1. 하대

의문식에서도 하대는 가장 잘 발달되어 있다.

　-냐/느냐
“-냐”는 형용사 어간과 “-더-”와 어울리는 동사에 붙으며 “-느냐”는
동사 어간과 “-았-, -겠-”과 어울리는 형용사에 붙는다.


　　강물이 얼마나 깊으냐?선생님 요즘 건강이 어떠시냐?
　　이번 협상이 며칠동안 진행되느냐?그렇게 해도 좋겠느냐?


　-나
용언에 두루 쓰이나 판단형용사에는 쓰이지 않는다.


　　저 집에서는 무슨 일로 밤에 군불을 때나? 뭐 먹을게 없나?
　　*그게 무슨 물건이나? *저건 사람 아니나?


　-니
“-느냐”보다 친근감이 있다.


　　무슨 일을 그렇게 하니? 풀벌레는 뭘 먹니? 너도 퍽 반갑니?


　-아
용언에 두루 쓰인다. 서술식의 “-아”와 같은 형태이나 의문식으로 쓰일
때는 문장의 어조가 다르다.


　　그런걸 어떻게 사람이 먹어? 저 지붕이 정말 높아?


　　“하여”가 “해”로 줄고 “-ㄴ다/는다고 해”가 “-ㄴ/는대”로 줄어드는 일
이 있고


　　그 사람이 지금은 잘산대?

"-라고 해"가 "-래"로 줄어드는 일이 있다.


그게 누가 잘못이래? 누가 어제 먼길을 떠나더래?


-지

용언에 두루 쓰이며 의문을 품어보거나 긍정적인 대답을 요구하는 경우에 많이 쓰인다. 서술식의 "-지"와 형태가 같으나 이것이 쓰인 의문식 문장은 어조가 다르다. "-으리-, -더-"와 결합하지 않는다.


무슨 좋은 일이라도 생겼는가 보지? 그의 말이 조금도 그른데가 없지?펑권새는 새가 아니지?


-랴

추측하여 반문할 때 쓰이어 속뜻은 긍정의 의미를 가지는 경우가 많다. 상대방에게 묻는 의미로 쓰일 때는 희소하다. 감탄의 의미로도 쓰인다.


누구의 명이라고 감히 거역을 하랴?
너희 일손 좀 도와주랴?
인간들이 누구나 선량하고 량심적이라면 얼마나 좋으랴?

-ㄹ지/ㄹ는지

장래에 있을 일에 대하여 의심하며 묻는 뜻을 나타낸다. 용언에 두루 쓰이며 "-겠-, -더-"와는 결합하지 않는다.


한달만에 완성할 수 있을지(ㄹ는지)?
그 산이 얼마나 높을지(ㄹ는지)?

－ㄹ래

동사에만 쓰인다.


　　오늘 눈 치우는데 누가 나갈래?

### 4.3.2.2. 대등

－오/소

용언에 두루 쓰이며 "－으리－, －겠－"과 결합하지 않는다. 판단형용사 뒤에서는 "－요"로 쓰인다.


　　령감님은 어찌 우리 집안일을 그리 소상히 아시오?
　　돈만 보고 사람을 찾는 것은 사랑이 아니요.


　－ㄴ가/는가

"－ㄴ가"는 형용사 어간에 쓰이고 "－더－"와 결합한 동사에도 쓰이며 "－는가"는 동사 어간에 쓰이며 "－았－, －겠－"과 결합하는 형용사에도 쓰인다.


　　사람의 마음이 어찌면 그리도 독한가? 누가 그런 말을 하던가? 무슨 좋은 묘수가 있는가? 이 사람을 보내도 좋겠는가?


　－ㄹ가

의심, 망설임, 불확실 등 뜻을 가지고 묻는다. 용언에 두루 쓰이며 "－으리－, －겠－"과는 결합하지 않는다.


　　이 강이 어디에서 발원할가? 래일도 날씨가 맑을가?

- ㄴ지/는지

"-ㄴ지"는 형용사 어간과 "-더-"와 어우르는 동사에 쓰이고 "-는지"는 동사  어간에 쓰이며 "-었-, -겠-"과 어우르는 형용사에도 쓰인다.

울라지보스토크까지 거리가 얼마 되는지? 그 때 누가 왔던지?
우리 친구들은 모두 잘 있는지? 이런 시책이 옳겠는지?

### 4.3.2.3. 존대

- ㅂ니까/습니까

용언에 두루 쓰인다.

그렇게 힘든 일을 저 혼자 힘으로 어떻게 감당합니까? 천지의 물은 왜 저렇게 푸릅니까? 어제 어떤 분이 찾아오셨댔습니까?

보다 정중하게 존경함을 표하는 토로는 "-옵니까/사옵니까"가 있다. 이것은 이미 옛말투로 되어 력사소설같은데 나온다.

그렇게 하시겠사옵니까?

"ㄴ다/는다/라+고+하+ㅂ니까"가 줄어든 합성토 형태 "-ㄴ/는답니까, "-랍니까"가 있다.

- 리까

추측하며 반문하거나 자기 의사를 표하면서 묻는 뜻을 가진다.

그 앤들 왜 학교에 가고싶지 않으리까?
신기 불편하시면 제가 대신 갔다오리까?

－나이까
옛말투로 주로 동사에 쓰인다.

　사또님께서도 나오셨나이까?

－ㄴ가요/는가요
"－ㄴ가/는가"와 같고 계칭만 다르다.

－ㄹ가요
"－ㄹ가"와 같고 계칭만 다르다.

－ㄴ지요/는지요, ㄹ지요/ㄹ는지요
"－ㄴ지/는지, ㄹ지/ㄹ는지"와 같고 계칭만 다르다.

－나요
"－나"와 같고 계칭만 다르다.

－아요
의문식 하대의 "－아"와 같고 계칭만 다르다.

－지요
의문식 하대의 "－지"와 같고 계칭만 다르다.

－ㄹ래요
의문식 하대의 "ㄹ래"와 같고 계칭만 다르다.

### 4.3.3. 명령식

명령식은 청자에게 어떤 행동을 할 것을 요구하는 식으로서 동사중의 의식성 동사에만 있을 수 있다. 명령식에는 현재 시칭만 있다.

### 4.3.3.1. 하대

-아라/거라/너라

"-아라"는 의식성 동사에 두루 쓰이며 "-거라"는 "가다, 자다"류 동사에, "-너라"는 "오다"류 동사에 쓰인다.

> 이제는 추우니 창문을 닫아라, 그림을 저 벽에 걸어라, 교통질서가 문란하니 안전에 류의하여라.
> 어서 물러가거라, 잘 자거라 ; 어서 나오너라, 걱정 말고 들어오너라.

일부 동사에는 "-어라"와 "-거라"가 다 쓰인다.

> 있어라(거라), 서라(거라), 앉아라(거라), 들어라(거라).

일부 심리형용사에도 "-아라"가 쓰인다.

> 너는 무슨 일에나 부지런하여라, 매사에 성실하여라.

-렴/려무나

친절하게 권고하는 뜻을 나타낸다.

> 새벽 공기가 시원한데 밖에 나가 산책이나 해보렴.
> 오늘은 날씨가 찬데 옷을 더 껴입으려무나.

-아

자꾸 칭얼거리지 말구 이거 좀 놓아, 잔소리 말구 빨리 걸어, 딴눈 팔지 말고 공부나 열심히 해.

-지

명령조로 청자의 뜻을 다짐한다.

한 우물만 파지 말구 다른 길도 좀 뚫어보지.

### 4.3.3.2. 대등

-오/소

어떤 곤경에서도 락망하지 마오, 이 약은 병에 맞으니 어서 먹소.

-시오

"-시오"의 "-시-"를 존칭토라고 볼 근거가 없으므로 "-시+오"로 볼 수 없다.

여러분 이제 그만 웃음을 걷우어주시오.
동무 이리 좀 나오시오.

-게/게나

"-게"는 명령, 권고, 요청, 허용 등 뜻을 나타낸다. "-게나"는 같은 뜻으로 친절한 느낌을 보태준다.

발차 시간이 얼마 없네, 어서 플래트홈으로 나가게.
그거야 당신 생각대로니까 마음대로 하게.

-구려

친절하게 권고, 요청의 뜻을 나타낸다. 일부 심리형용사에도 쓰인다.

이왕 왔던 바에 며칠 더 묵다 가구려.
자네 모든 일에 좀더 대담하구려.

### 4.3.3.3. 존대

명령식의 존대는 간청, 소원, 제의의 뜻을 나타낸다.

－ㅂ시오

어서 차에 오르십시오 ; 동무들, 보십시오, 저 곳이 바로 진시황릉입니다 ; 밤도 깊었는데 어서 주무십시오.

명령식의 존대는 직접 청자에게 간청하는 것이므로 그 동작의 주체는 청자가 된다. 그리하여 "ㅂ시오"가 "－시－"와 결합한 형태가 나타난다. 그러나 "－십시오"를 곧 명령식의 존대를 나타내는 토로 보기는 곤란하다.

－소서
청자에게 소원을 나타낸다.

리상의 날개여, 나를 실어 저 멀리 행복의 동산으로 이끌어주소서.

더 간절한 소원은 "－옵소서, －시옵소서" 같은 토나 합성토로 나타낸다.

가시는 걸음걸음 놓인 꽃을 사뿐히 즈려밟고 가시옵소서.
(김소월 : 진달래꽃)

－아요
명령식 하대의 "－아"에 "－요"를 덧붙인 형태이다. 계칭이 다르고 간청, 소원 등을 나타낸다.

여기 가만히 계셔요, 제가 나가보겠습니다.

"시+여요"의 합성토 "-셔요"나 "-세요"는 이 때의 "-시-"가 존칭토 아니라는 것을 립증할 수 없으므로 토로 잡지 않는다.


-지요

명령식 하대의 "-지"에 "-요"를 덧붙인 형태이다. 계칭이 다르고 간청, 소원 등을 나타낸다.


다 준비되었으니 사진을 빨리 찍으시지요.

## 4.3.4. 권유식

권유식은 화자가 청자에게 어떤 행동을 함께 하기를 요청하는 식으로서 원칙적으로 의식성 동사에만 나타난다.

### 4.3.4.1. 하대

-자

우리 인차 약을 달여들이자, 자연과 같이 건강하자.

-자꾸나

"-자"보다 친절하다.

함께 가서 장리를 받아오자꾸나.

-아

음식은 그닥잖다만 같이 먹어, 우리도 부지런히 일해.

-지

오늘 저녁에 별일 없으문 영화 구경이나 가지.

### 4.3.4.2. 대등

-세

가서 다시한번 따져보세.

ㅂ세

그렇다면 다시 한번 같이 가봅세.

### 4.3.4.3. 존대

-ㅂ시다

서울갔던 얘기를 오늘 좀 똑똑히 들어봅시다.

-아요

우리 빨리 집으로 가요, 차시간이 되어오는데 우리 서둘러요.

－지요

우리 다 같이 일해보지요.

이상에서 서술된 종결토를 도표로 보여주면 다음과 같다.

〈표 13 조선어 종결토 분류표〉

| 식 ＼ 계칭 | | 하대 | 대등 | 존대 |
|---|---|---|---|---|
| 서술식 | 알림 | 다/라, ㄴ다/는다, 아, 지 | 오/소, 네, 다나/라나, ㄴ다나/는다나 | ㅂ니다/습니다, 나이다, 올시다, 네요, 아요, 지요, 다나요/라나요, ㄴ다나요/는다나요 |
| | 약속 | 마, ㄹ게 | ㅂ세 | X |
| | 의욕 | ㄹ래, ㄹ란다 | X | ㄹ래요, 리다 |
| | 추측 | 렷다, 거니, 려니 | X | X |
| | 감탄 | 구나/로구나,는구나,아라,노라/로라,ㄴ다니/는다니,ㄴ걸,ㄹ걸,누나 | 구려/로구려,는구려,구만/로구만,는구나,ㄹ세/로세 | X |
| 의문식 | | 냐/느냐,나,니 아,지 랴, ㄹ지/ㄹ는지, ㄹ래요 | 오/소,ㄴ가/는가, ㄹ가, ㄴ지/는지 | ㅂ니까/습니까,나이까, 리까,ㄴ가요/는가요,ㄹ가요, ㄴ지요/는지요,ㄹ지요/ㄹ는지요,아요,지요,나요, ㄹ래요 |
| 명령식 | | 어러/거라/너라, 렴, 려무나, 아, 지 | 오/소, 시오, 게/게나, 구려 | ㅂ시오, 소서, |
| 권유식 | | 자, 자꾸나, 아, 지 | 세, ㅂ세 | ㅂ시다, 아요, 지요 |

## 4.5. 접속토와 접속범주

접속토란 용언 어간에 붙어서 용언을 술어로 되게 하면서(구조적으로 하나의 문장을 만들면서도 구조와 억양면에서 완전한 문장을 만들지 못하고) 문장을 끝맺

어주지 않고 뒤에 다른 문장이 이어지도록 하는 토이다. 이 토는 접속범주를 형성한다.

### 4.5.1. 접속범주와 하위분류

조선어의 접속토는 이와 같은 기능을 가지고 문장들 사이의 다양한 관계를 표시하고 있으나 지난날 많은 사람들은 이런 문장 사이의 관계는 구조적 관계가 아니고 흔히는 론리적 관계를 나타내는 것이라고 보아 문법적 범주로 설정하는 것을 회피해왔다. 그러나 우리는 첫째 접속토는 당당한 굴절접사이며 둘째 그들이 나타내는 의미가 순수 론리적인 것이 아니므로 전통적 문법범주리론에 의해서도 응당 문법적 범주의 자격을 가져야 한다고 본다.

접속토에 대한 오랫동안의 편파적 견해는 그 자체의 구조적 또는 준구조적 및 기타의 의미체계에 대한 연구가 깊이있게 진행될 수 없게 하였고 학자들마다의 의견이 크게 차이나 어느 것을 따를지 종잡을 수 없게 하였다. 그리고 특별히는 의미체계에 대한 연구가 깊지 못하고 많이는 주차가 없이 평면적인 라렬을 해왔다.

우리는 이 책에서 극히 제한된 자료를 참고하여 구조적으로나 의미적으로 개성이 있으면서도 체계가 있는 분류를 해보려고 시도하였다.

접속토를 먼저 의미적으로 크게 나누어보면 선행문이 후행문에 대하여 내용상 제약하는 힘을 가지면서 후행문에 종속되는 종속관계와 선행문과 후행문이 각각 의미적으로 독립되어 있으면서 같은 자격으로 이어지는 병렬관계를 찾을 수 있다.

3년만에 우리 집 복제비가 다시 돌아왔으니 올해에는 운수가 좀 틔울라나부다.

이 문장은

3년만에 우리 집 복제비가 다시 돌아왔다.
올해에는 운수가 좀 틔울랴나부다.

의 두 문장이 접속토 "－니"에 의하여 이어진것인데 "복제비가 돌아오"는
사실이 "운수 트이"는 사실을 제약하며 "복제비가 돌아오"는 것은 원인이
고 "운수 트이"는 것은 결과이다. 구조적으로나 의미적으로 "복제비가 돌아
오"는 것은 "운수 트이"는 사실에 종속되어있다. 그러나

오늘은 비가오고 바람이 분다.

에서는 사정이 전혀 다르다. 이 문장은

오늘은 비가 온다.
(오늘은) 바람이 분다.

의 두 문장이 접속토 "－고"에 의하여 련결되었다. 여기서는 "비가 오다"와
"바람이 불다"는 앞의 사실이 뒤의 사실을 제약할 수 없으며 서로 독립되어
있는 것이다.
  종속관계를 다시 관찰하면 선행문의 내용이 후행문 내용에 대하여 제약
하는 것과 제약하는 것이 없이 단순 풀이를 이어나가기만 하는 두 가지가
있음을 발견할 수 있다.

농사를 억척같이 지을테니 걱정될게 없다.
겨울이 되어도 춥지 않다.

  "농사를 억척같이 짓다"는 "걱정될게 없다"라는 내용이 나오는데 어떤
제약을 주고있다. "겨울이 되다"도 "춥지 않다"는 내용이 나오는데 일정한
제약을 주나 후행문이 부정이란 점이 다를 뿐이다. 그러나

작대기를 짚고 일어서려는데 인기척이 났다.

에서 선행문의 "일어서다"는 후행문의 "인기척이 나다"에 대해 무슨 제약을 하는 것은 아니고 그런 상황에서 일어나고 있는 일을 이어놓고 있을 뿐이다.

이리하여 종속관계는 제약류와 비제약류로 갈라진다.

제약류를 살펴보면 또 당연류와 대립류로 갈라진다. 당연류란 선행문에서 원인, 조건, 리유를 제공하고 후행문은 그에 대하여 당연히 있을 수 있는 예측한대로의 결과나 반응을 나타내는 류이고 대립류란 선행문으로 보아서는 예측밖의(대립되는) 사실을 나타내는 류이다. 례컨대

농사를 억척같이 지을테니 걱정될게 없다.

에서 "농사를 억척같이 짓"는것이 원인으로 나오면 "걱정될게 없다"는 당연히 있을수 있는 일이며 예측한대로의 결과인 것이다. 반대로

겨울이 되어도 춥지 않다.

에서는 당연히 있을 수 있는 예측한대로의 결과를 뒤엎고 상리와 다르게 대립되는 결과를 가져오고 있다.

다음으로 병렬관계를 보면 두 사실, 현상가운데 어느 하나를 가리더라도 상관하지 않는 선택류와 아예 가리는 뜻이 없이 두 현상이 어우르는 합동류가 있다. 례컨대

너는 가거나 말거나 나는 안 간다.
○○○가 어디를 가게 되든지 무슨 계책을 내서 바치든지 하거든 아는대루 곧 이 집주인에게 알려두어라.

우의 첫문장에서 "너"가 "가고 안가"는 사실 중 어느쪽이 실현되더라도 "내가 안간다"는 사실에는 영향을 미치지 못한다. 둘째 문장에서 "어디를 가"든지 "계책을 바치"든지 두 가지 일중에서 어느 하나가 실현되더라도 "주인에게 알리"라는 것이다.

합동류를 다시 더 쪼개면 동시류와 차례류가 나온다. 례컨대

　　인부들의 한줄은 짐을 지고 흐르고 다른 줄은 빈몸으로 내려온다.
　　더러는 장기를 두고 더러는 윷놀이를 한다.

이 문장들의 선후 문장의 사실은 시간적으로 동시에 일어나는 것이나

　　그날밤 그렇게 헤매이다가 어떤 려인숙에 들어가 잤다.
　　마가을숲에 찬바람이 스치자 락엽이 화르르 흘어져 날렸다.

이 문장의 선후 문장의 사실은 차례로 일어난 것이다. 이런 문장의 선후 순서는 마음대로 바꿀 수 있는 것이 아니다.

　　*어떤 려인숙에 들어가 자다가 그날밤 그렇게 헤매이였다.
　　*락엽이 화르르 흘어져 날리자 마가을숲에 찬바람이 스쳤다.

그밖에도 본동사와 보조동사를 이어주는 접속토도 기원상 접속토에 들지만 보조동사 앞에 나타날 때는 아무런 의미가 없으므로 보조동사 부분을 참조하도록 하고 여기에서는 다루지 않는다. 단 접속술어로 쓰이지 못하는 일부 접속토만은 합성용언을 조성하는 류로 보아 따로 특별히 다루고저 한다.

이리하여 접속토의 분류는 다음과 같은 체계로 된다.

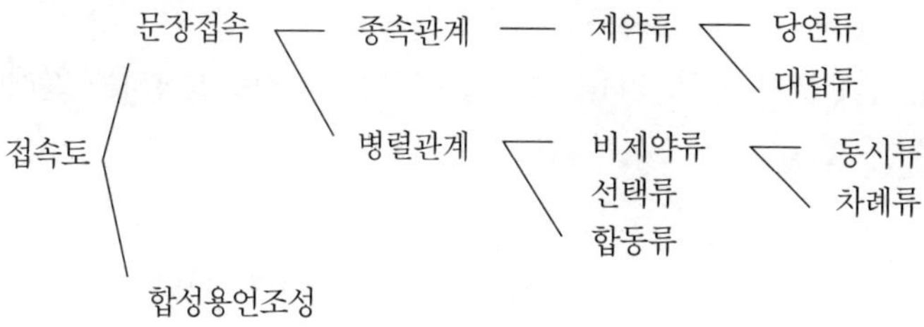

## 4.5.2. 접속토의 의미와 용법

접속토는 그 기능으로 보아 크게 문장접속 접속토와 합성용언조성 접속토로 나뉜다.

### 4.5.2.1 문장접속 접속토

문장접속 접속토는 크게 종속관계와 병렬관계로 나뉜다.

### 가. 종속관계 접속토

종속관계 접속토는 크게 제약류와 비제약류로 나뉜다.

### ① 제약류

제약류는 당연류와 대립류로 나뉜다.

#### 당연류

당연류는 선행문이 나타내는 원인, 조건, 리유에 대해 후행문이 나타내는 결과, 반응의 관계가 예측한대로이며 당연히 있을 수 있는 일임을 나타내는 접속법의 한가지이다. 이런 접속법은 조선어에서 가장 잘 발달되어있다. 이 부류는 사실, 가정, 필수, 비교, 의도 등 작은 갈래로 나뉜다.

1. 사실

사실이란 선행문의 원인, 리유, 조건이 사실인 것으로 인정되는 갈래이다.


－니

용언에 두루 쓰이며 존칭토, 시칭토와 잘 어울린다. 다만 "－더－"하고
어울릴 때는 비제약 부류로 넘어간다.


　　우리 삼형제가 함께 심었으니 삼형제꽃이라구 하자꾸나.
　　대돈변이라도 좋으니 한몫 돌려달라고 간청하였다.
　　굶는 것이 장사가 아니니 밥을 먹도록 해라.


－니까

"－니"보다 그 뜻이 강조된다.


　　선생님을 위해서 하는 일이니까 저 혼자 뒤에 떨어져두 섭섭하지 않습니다.


－므로

용언에 두루 쓰이나 "－더－, －으리－"와는 어울리지 않는다.


　　상감이 편전에서 인견하였으므로 상감을 위하여 그만한 말씀을 아뢸 수
가 있었던 것이다.
　　안면 있는 사람이 많았으므로 마음에 서먹서먹한 생각은 없었다.
　　령암군은 요해처이므로 성이 토성(土城)이 아니고 당당한 석축이다.


－아서/라서

용언에 두루 쓰이며 존칭토와는 어울리나 시칭토와 어울리지 않는다. "－
라서"는 체언전성토 "아니다"에 수의적으로 쓰인다. 병렬관계에도 나오는데
그때는 차례를 나타낸다.

말이 별안간 뒤를 솟치며 냅다 뛰어서 하마터면 떨어질번하였다.
길가 방에 벼룩이 많아서 잠 못 자고 부스대기치다가 새벽에야 잠에 들
었다.
마르지 않은 땔나무라서 몹시 내였다.

"-아서/라서"뒤에 주격토가 와서 쓰일 때는 "원인"이란 의미만 나타내
고 문장을 접속하는 기능을 상실한다.

거리가 낯설어서가 아니라 보는 얼굴이 낯설어서 타향에 온 것을 느낀다.
돈을 모으는 것은 실업자를 돕기 위해서이다.

다른 토들과 "하(다)"의 준 형태들과의 결합으로 "ㄴ/는대서, -대서, -
래서" 등 합성토 형태들이 쓰인다.

-아
용언에 두루 쓰이며 존칭토와는 어울리나 시칭토와는 어울리지 않는다.
"-아"는 접속토의 다른 갈래로도 쓰인다.

그 길에는 돌이 많아 차로 가기 힘들다.
"손"이나 "가슴"이 다양한 표현을 이루어 직설적 의미로의 해석이 불가
능하다.

-ㄴ즉
용언에 두루 쓰인다. "-니까"와 같은 뜻으로 쓰이며 "-더-, -으리-"
와 어울리지 않는다.

지금 이 동네것들의 말을 들은즉 산우에 올라가있는 도적놈이 일곱놈이
라고 합니다.

－기에, 길래, 기로

용언에 두루 쓰이며 “－더－, －으리－”와 어울리지 않는다. 이 토들은 각각 다른 토이나 의미는 같다.

뒤에서 경종소리가 나기에 다급히 옆으로 물러섰다.
가까운 일가거나 친척이길래 특별히 친하게 하시지.
꽃이 아름답기로 뜨락에 심어보았다.

－ㄴ지라/는지라

“－ㄴ지라”는 형용사에 현재 의미로 쓰이고 동사에는 과거 의미로 쓰이며 “－는지라”는 동사와 “－았－, －겠－”과 어울리는 형용사에 쓰인다.

워낙 남은 땅쪼각이 얼마 되지 않은지라 기울어진 가산은 바로 서지를 못하였다.
이전에 뽈을 많이 차보았는지라 그는 그 뽈을 멋지게 차서 날려보냈다

－ㄴ만큼/는만큼

“－ㄴ만큼”은 용언에 두루 쓰이는데 동사에 쓰일 때는 과거를 나타낸다. “－는만큼”은 동사에 쓰인다.

이 승용차가 질이 좋은만큼 값이 비싸겠다.
변명을 모르는만큼 병의 경중도 알리 없었다.

－거늘

용언에 두루 쓰이며 “－더－, －으리－”와 어울리지 않는다. 옛스러운 토이다.

대지의 목소리는 심령에 감응하거늘 나는 봄날의 꽃송이에게 베풀어주

는 모든 것을 그들에게 마련해주고 싶은 심정이였다.

이 부류의 의미를 나타낼 수 있는 보조적단어들의 형태에는 "-니/-는 관계로, -니/는 고로, -다 보니, -다 나니, -니/는 통에, -니/는 바람에, -기때문에, -아 가지고" 등이 있다.

2. 가정

선행문에서는 원인, 조건, 리유를 가정하고 후행문에서는 그로 하여 당연히 일어날 일을 서술한다.

-면

용언에 두루 쓰이며 "-으리-"와 어울리지 않는다.

의미가 확연히 구별되면  동형어로 처리하는 경우도 있다.

배만 불룩하면 쓰러져 잠이 들고 만다.
타처루 도망할 준비가 아니면 조정에 귀순한 모양이다.

"-면"이 나타내는 가정적 조건 외에도 예정적 조건, 규칙적 조건, 병렬적 조건 등을 나타낼 수 있다.

21세기에 들어서면 과학기술이 더 급속도로 발전할 것입니다. (예정적 조건)
여기는 해마다 봄이 오면 세찬 바람이 붑니다. (규칙적 조건)
우리가 부속품을 구입하면 그들은 그것을 전군에 분배해줍니다. (병렬적 조건)

"-았으면" 형태로 가정과 동시에 소원을 나타내기도 한다.

만일 돈이 있었으면 멋지게 살아보았을 것을.

이 형태가 종결술어자리에 나타나기도 한다.

나 집에 좀 가보았으면.

－노라면/느라면
동사에만 쓰인다.

소광교를 향하고 천변을 내려가노라면 조선 집을 반 양제로 꾸민 집이
있다.

－ㄹ라치면
동사에만 쓰이며 시칭토와 어울리지 않는다.

말을 꺼낼라치면 얼음에 박 밀듯 거침이 없었다.

－ㄹ것 같으면
용언에 두루 쓰이며 "－겠－, －더－, －으리－"와 어울리지 않는다.

리사회의 공기가 자기에게 불리할 것 같으면 반드시 또 어떠한 음모를
할 것이 눈에 보이오.

－거든, 거들랑
용언에 두루 쓰이며 "－더－, －으리－"와 어울리지 않는다.

더 공부가 하고싶거든 내게 말해라.
제가 편지 드리거든 답장 주세요.

-ㄹ진대

용언에 두루 쓰이고 "-겠-, -던-, -으리-"와 어울리지 않는다. 정중한 맛이 있으나 옛스럽다.

자그마한 한개 자치주가 이러할진대 온 나라야 더 말할 나위 있겠는가!

3. 필수

선행문이 후행문의 필수조건으로 되는 접속관계이다.

-아야/라야

용언에 두루 쓰이며 "-더-, -겠-, -으리-"와 어울리지 않는다. "-라야"는 체언전성토 "아니다"에 수의적으로 쓰인다.

가을걷이품이라도 한이틀 팔아야 며칠 걸어갈 로자나 길량식을 얻는다.
오는 정이 있어야 가는 정도 있지?

4. 비교

선행문의 내용으로 보아 후행문도 당연히 그리해야 함을 나타내거나 앞뒤를 비교하는 뜻을 나타낸다.

-거든

선행문의 뜻을 비교하면서 후행문의 뜻을 강조하는데 강조의 방법으로 반문법이 쓰이기도 한다. "-더-, -으리-"와 어울리지 않는다.

짐승도 은혜를 갚을 줄 알거든 하물며 사람으로 남의 은덕을 배반하면 이는 짐승만도 못하다.
작품은 이미 그러하거든 어찌 후세에 전하게 되랴?

－느니

앞의 일보다는 뒤의 일이 더 낫다는 뜻으로 쓰인다. 동사에만 쓰이며 시칭토와 어울리지 않는다.

앉아서 걱정하느니 나가서 해보겠다.

－나

앞이나 뒤나 한가지임을 나타낸다. "다름없다, 같다"와 같은 말이 이어진다.

그것은 남의 것을 빼앗으나 다름없다.

5. 의도

선행문에서 의도나 목적을 나타내고 후행문에서 그것을 받음을 나타낸다.

－고저

주체의 의도를 나타내며 의식성 동사에만 붙고 시칭토와 어울리지 않는다.

나라에서는 그를 잡고저 사방팔방에 군사를 놓았다.

"－고저"뒤에 직접 "하다"가 올 때는 문장을 이어주는 것이 아니라 그 전체가 술어로 된다. 이것은 "하다"가 형식적인 동사이기 때문이다.

이번 기회에 여러분과 함께 믿고저 하는 바입니다.

－려/려고

의미와 쓰임은 "－고저"와 같다. "－려"는 단어 련결에, "－려고"는 문장 련결에 쓰이는 경향이 있다.

그는 추한 모습을 남기지 않으려고 사진 찍기를 싫어했다.

무의식성 동사에 쓰일 때는 "방금 할듯 함"의 뜻을 가진다.

담이 무너지려고 여기저기 금이 갔다.

-자/자고
의도(-려고), 미침(-도록)의 뜻으로 쓰인다.

고향을 떠나자고 마음을 먹었다. (의도)
죽자(고) 일을 해도 밥벌이가 안되였다. (미침)

-자니
주체의 뜻함을 나타내는 점, "-노라니/느라니"와 같다.
산을 기어오르자니 더욱 숨이 차고 땀이 비오듯 하였다.

-노라고/느라고
주체의 의도를 나타낸다. 의식성 동사에 쓰이며 시칭토 "-더-"와 어울리지 않는다.

정말 저 파랑새가 우라를 행복에로 데려다주느라고 저렇게 조잘대며 까불어치며 줄곧 앞질러 날아가는지도 몰라.
신이 북도로 도망하와 구명도생하압노라고 천인(賤人)의 딸과 육례(六禮)를 갖추었삽니다.

"-노라고"는 "-노라 하고"의 뜻을 나타내는데 이때는 시칭토와 어울릴 수 있다.

본부에 들어가서 행동지시를 받겠노라고 강동무에게 이르라고 하였소.


－러
목적을 나타낸다. 의식성 동사에만 쓰이고 시칭토와 어울리지 않는다.


며칠 동안 주삼의 집에는 치하하러 오는 사람에 문이 메이었다.
두 사람이 사발정에 물 먹으러 올라가다가 이웃 젊은 사람들 눈에 뜨이
었다.


② 대립류
대립류는 선행문에서 어떤 일이 생기면 후행문에서 당연한 결과가 나타
나는 것이 아니라 예측과는 반대되는 대립의 결과가 나타나는 류이다.
대립류의 하위 분류는 서로 넘나드는 일이 많으나 대체로 사실과 가정
두 가지로 나눌 수 있다.
사실이란 선행문에서 일어난 일이 현실적인 사실로 인정되는데도 후행문에
서는 당연히 있을 수 있는 결과와는 반대로 뜻밖의 사실이 이어나는 것이다.
가정이란 선행문에서 어떤 사실을 가정(가상)해보는데도 후행문에서는 그
가상 밑에서 일어날 것으로 예측되는 결과와는 반대로 예상 밖의 일이 벌어
지는 것이다.


1. 사실


－지마는/지만
용언에 두루 쓰이는 사실류 대립의 대표적인 토이다. “－더－, －으리－”
와 어울리지 않는다.


나는 앓기나 해서 해쓱하다지만 앓지도 않은 사람이 얼골이 왜 저 모양
이야.

별 재주는 가졌는지 모르지만 아는 것은 많아.

"-지만"은 앞에서 설명한 내용을 대립시키지 않고 일보 더 설명하는데
도 쓰인다.

지금 그 편지를 보셔도 짐작하시겠지만 통상시에는 아주 점잖고 명민하
고 온화한 청년입니다.

"-고 하"가 줄어든 형태와 결합하여 "-다지만/는다지만" 같은 합성토
형태를 구성하기도 한다.

-건만/언만
용언에 두루 쓰이며 "-더-"와는 어울리지 않는다. "-언만"은 수의적으
로 쓰인다.

그동안 여러 번 가르쳐 주십사고 했건만 그건 배워 무엇하느냐고 영영
안 가르쳐 주십디다.
급한 일이 있어서 가는 길이언만 숭의 집이 가까울수록 가슴이 울렁거렸다.

"-으리-"와 결합하여 이루어지는 "-련만"은 토로 되었다고 보는 견해
가 많으며 선행문에 추정의 뜻을 더해준다.

저 달을 따라가면 님을 보련만 산수첩첩 수만리에 무얼로 따라 갈가?

-ㄴ데도/는데도
"-ㄴ데도"는 형용사 어간과 "-더-"와 어울리는 동사에 쓰이고 "-는
데도"는 동사 어간과 "-었-, -겠-"과 어울리는 형용사에 쓰인다.

동네 사람이 다 왔는데도 순씨가 아니 오셨길래 찾아 왔지요.
강연을 시작하기 전인데도 그 큰 학생식당 안에 사람이 꽉 찼다.

"-고 하"가 줄어든 형태와 결합한 "-다는데도/는다는데도" 같은 합성
토 형태가 쓰인다.


-나/나마
용언에 두루 쓰이며 "-더-, -으리-"와 어울리지 않는다. "-나마"는
아쉬운 느낌을 더 가진다.

그는 기급하여 기둥을 잡고 일어서려 하였으나 채 서지 못하고 땅우에
도로 무너져내렸다.
나는 재주가 모자라나마 이런 일을 해보려 한다.


-기로(서)(니)/-기로선들
"-기로"는 당연류의 사실애도 쓰이나 경우에 따라 대립으로 쓰이고 "-
기로니, -기로서, -기로서니, 기러선들"은 대립류에만 쓰인다. "-으리-,
-더-"와 어울리지 않는다. 후행문에 보통 의문문이 따른다.

아무리 빨리 걷기로 자동차를 따를수 있나?
아무리 송낙을 쓰기로니 머리가 자라기 전에야 중인 것을 어떻게 감추겠
습니까?
아무리 바쁘기로서(니) 그 약속을 잊었겠소?
그가 가난한 사람이로선들 그런 짓을 했겠느냐?


-지
선행문의 사실을 긍정하지만 후행문에는 부정적인 일이 벌어진다.
용언에 두루 쓰이며 "-시-, -었-"과 어울린다.

고생에 찌들어서 그렇지 타고난 미모야 어디 가겠습니까?
콩을 심으면 콩이 나지 팥이 날수는 없다.

이 류의 의미를 나타낼수 있는 보조적 단어 형태들에는 "－는/－은/－ㄴ 반면에, －를/－ㄹ 대신에, －ㅁ/－음에도 불구하고, －기는 고사하고" 등이 있다.

2. 사실과 가정에 두루 쓰이는 것

사실과 가정은 한계가 모호할 때가 많은데 구체적 의미는 상황을 보아서 판단할 수밖에 없다.

－아도/라도

어떤 사실적 또는 가정적 상황이 선행문에 일어났는데도 후행문에서는 있을수 있는 예측과는 반대로 대립되는 상황이 발생한다. 용언에 두루 쓰이며 "－시－, －었－"과만 어울린다. "－라도"는 판단형용사에만 쓰인다. 사실에도 쓰이고 가정에도 쓰인다.

사실
아무리 생각해보아도 동혁이 말따나 가맥하면 본전두 건지기가 어렵겠다.
가정
아무리 약한 사람이라도 그 전력(全力)을 단 한가지 목적에 기우려 쏟을 것 같으면, 반드시 성취할 수가 있다.

"－고 하"가 줄어든 형태와 결합하여 "ㄴ대도/는대도, －래도, －으매도, －으래도, －ㄹ래도" 등 합성토 형태들이 쓰인다.

－ㄹ망정
용언에 두루 쓰이고 "－시－, －었－"과는 어울리지 않는다.

**사실**
가난하게 살망정 마음만은 부자다.
**가정**
래일 죽을망정 오늘은 바르게 살고싶다.


　**-ㄹ지언정**
용언에 두루 쓰이며 "-겠-, -더-, -으리-"와 어울리지않는다.


　**사실**
교양 있고 어진 그의 어머니는 품팔이를 할지언정 딸만은 곱게 길렀습니다.


　**가정**
설혹 그가 나를 배신한다 할지언정 나는 그를 배신할 수 없소.


**-ㄹ지라도**
용언에 두루 쓰이며 "-시-, -었-"과 어울린다.


　**사실**
고기를 잡을지라도 새끼고기는 잡지 말라.


　**가정**
태산보다 더한 장애물이 있다 할지라도 이와 대결하여 새로운 국면을 개척해야 한다.


　**-더라도**
용언에 두루 쓰이며 "-더-, -으리-"와 어울리지 않는다.


　**사실**
우리가 헤어지더라도 서로 잊지는 맙시다.

가정
왕을 위하여 이마가 갈라지고 발꿈치가 닳더라도 갈충보국할 것을 굳게
다짐한다.

"—고 하"의 준형태와 결합한 합성토 형태 "—ㄴ다/는다더라도"가 쓰이
고 "—다손치자"와 결합한 합성토 형태 "—다/는다손치더라도, —라손치더
라도, —다치더라도" 등이 쓰인다.

—ㄴ들
용언에 두루 쓰이며 "—겠—"과 어울리지 않는다. 흔히 후행문에 의문의
표현이 온다.

사실
내가 떠나간들 어떻게 너희들을 잊는단 말이냐?

가정
이야기를 한들 네가 다 알아들을수가 있겠느냐?

"—고 하"가 줄어든 형태와 결합한 합성토 형태 "ㄴ/는단들, —단들, 란
들"이 쓰인다.

—아야
당연류의 필수를 나타내나 경우에 따라서는 대립도 나타낸다.

사실
사방을 돌아보아야 낯익은 사람은 없다.

가정
몇 년 걸려야 기차가 통한다고 한다.

-았자

용언에 두루 쓰인다.

**사실**

아무리 후회하였자 쓸데없는 일이다.

**가정**

도토리가 굵었자 밤만 하랴?

"-고 하"가 줄어든 형태와 결합한 "ㄴ/는댔자, -랬자" 등 합성토 형태가 쓰인다.

이 부류의 뜻을 나타낼 수 있는 보조적 단어의 형태들에는 "-다 한들, -다 하더라도" 등이 있다.

② 비제약류

선행문이 후행문에 대하여 영향과 제약이 별로 없는 류가 비제약류인데 이는 또 "설명법"이라고도 한다. 이 부류안에도 당연류와 대립류가 있으나 분류를 하지 않고 구체적인 토에서 갈라보기로 한다.

-ㄴ데/는데

선행문이 서술한 일을 이어 그와 관련된 사실을 계속 설명해나간다. "-ㄴ데"는 형용사 어간과 "-더-"와 어울리는 동사에 쓰이고 "-는데"는 동사 어간과 "-었-, -겠-"과 어울리는 형용사에 쓰인다.

그사람은 곧 입당할 생각두 없지 않은데 그 어머니때문에 주저하는 모양입디다.

아직두 장근 한 달이나 남았는데 지금부터 준비 안 하기루 낭패되겠나.

"-고 하"가 줄어든 형태와 결합한 합성토 형태 "-다는데, -ㄴ/는다는데, -라는데, -려는데" 등이 쓰인다.


-ㄴ바/는바

"-ㄴ바"는 형용사 어간에, "-는바"는 동사어간에 쓰여 현재시간을 나타낸다. "-ㄴ바"가 동사에 쓰일 때는 과거시간을 나타낸다. 이 토는 구두어에 잘 안 쓰인다.


    래일 나는 그 곳으로 떠나는바 너희들은 저마다 자기 뜻대로 하라.
    꽃이 아름다운바 모두 가지고 싶어한다.
    그 책을 읽은바 참 재미있었습니다.

-ㄴ지/는지

사실이나 회의적인 사실을 선행문에서 서술하면서 후행문에서 그와 관련된 일을 더 서술한다. "-ㄴ지"는 형용사 어간과 "-더-"와 어우리는 동사에 쓰이며 "-는지"는 동사 어간과 "-었-, -겠-"과 어울리는 형용사에 쓰인다.


    부엌에서 상을 차리는지 덜그럭 소리가 들리곤 한다.
    그 이상 말하기가 거북한지 한동안 말을 멈추고 먼산을 바라본다.
    어떤 집인지 들여다나마 보고싶었다.


"-고 하"의 줄어든 형태와 결합한 "-려는지, -라는지" 등 합성토 형태가 쓰인다.


-ㄹ지/ㄹ는지

추측적인 회의를 나타낸다. 용언에 두루 쓰인다. "-더-, -겠-"과는 어울리지 않는다.

누구의 말을 믿어야 할지 통 갈피를 잡을 수 없다.

"-고 하"의 줄어든 형태와 결합한 "-랄지"가 쓰인다.


-되/로되

용언에 두루 쓰이며 "-었-, -겠-"과 결합하는 경우외에는 자음으로 끝나는 어간 뒤에도 "-으-"가 덧들어가지 않는다. "로되"는 수의적으로 쓰이고 정중한 느낌을 준다.


경상감사는 추고(推考)하라고 명하고 일변으로 엄중히 기찰하여 기어코 체포하되 체포하는 자에게는 중상(重賞)이 있으리라고 팔도에 령을 내리었다.
키는 작되 마음은 크다.


-기를/길

"말하다, 생각하다, 쓰다"등 동사에만 쓰여 전달되는 말 앞에서 그 출처를 밝혀준다. 시칭토와 어울리지 않는다.


도청의 지령을 알려주던 바로 그 순사부장이 말하기를 철길이 수리봉산 줄기너머로 돌아놓이게 될지도 모른다는 것이였다.


-더니

용언에 두루 쓰인다.


어제 낮에는 하늘에 닿은 회친회친한 상가지 끝에 파아란 애기잎이 한잎 돋았더니 오늘아침은 진분홍빛 꽃 한송이가 반쯤 버그러져 피여났다.


"-고 하"의 준 형태와 결합하여 "-다더니, -라더니, -려더니, -잤더니" 등 합성토 형태가 쓰인다.

-나니/노니

동사에만 쓰이고 서사어이다. 시칭토와 어울릴 때는 형용사에도 쓰인다.

　내 너의 품은 한을 짐작하나니 금일로부터 호형호부함을 허하노라.

-노라니/느라니

동사에만 쓰이고 "-겠-"과 결합하지 않는다.

　행여 무슨 소식이나 있을가 기다리고 있노라니 유유한 세월에 오장은 거
의 다 끊어졌다.

-거니와/어니와

용언에 두루 쓰이며 "-더-, -으리-"와 결합하지 않는다.

　이 절이 전일에는 무엇으로 명가람 노릇을 하였는지 모르거니와 오늘은
이 세 가지의 국보를 보존한 점에서 당당한 명찰 노릇을 할만합니다.

-려니와

선행문에서 현실적으로 또는 추측적으로 어떤 사실을 서술하고 후행문에
서는 그에 더 다른 일을 서술한다. 용언에 두루 쓰이며 "-더-, -으리-"
와는 어울리지 않는다.

　그런데 그날은 벌써 린근동네에서 저마다 나물을 들고나왔기 때문에 값
도 헐값이려니와 팔리지도 않았다.
　조정에서도 떠들고 나서려니와 첫째 대전에서 잘 좇지 않으실 듯 하외다.

-건대

용언에 두루 쓰이고 "-더-, -겠-"과는 결합하지 않는다.

엎드려 바라건대 대왕은 소인들의 머리를 참하사 군중을 계훈하소서.


– ㄹ세라

"그렇게 될가봐 렴려스러워"같은 뜻을 나타내면서 다음 말을 잇는다. 용언에 두루 쓰이며 "–시–, 으리–"와 결합한다.


원씨의 잠이 행여 깰세라 가만 가만 웃간에 나와서 지게문을 살며시 여닫고 밖으로 나왔다.


– 라

앞 일을 서술하고 특별한 딸림관계를 맺지 않으면서 뒷말을 잇는다. 체언전성토 "아니다"에만 쓰이고 시칭토와 결합하지 않는다.


뒤숭숭한 꿈이라 깨고나서도 그리 유쾌한 기분은 아니였다.
다친 몸이라 로동하는게 힘에 겨웠다.
내 조카딸이라서 하는 말이 아니라 그 아이는 참 착합니다.
이것은 콩이 아니라 팥이올시다.


–을작시면

동사에만 쓰이며 좀 해학적인 느낌을 준다.


네 모양 볼작시면 괴괴망측 가소롭다.


**나. 병렬관계 접속토**

병렬관계는 그 관계의 긴밀도가 가장 약하다.

병렬관계는 선택류와 합동류로 갈라지며 합동류는 또 동시류와 차례류로 갈라진다.

① 선택류

접속범주는 본래 선행문과 후행문 사이의 관계를 나타내는 범주이다. 그런데 선택류는 선행문과 후행문 사이에 일어나는 것도 있으나 대개는 그 선택이 선행문 안에서 일어난다. 선행문 안에서 여러 가지 일들 가운데 어느 하나를 선택하고 그 결과를 가지고 후행문에 이어나가도록 한다. 그리고 선행문안에는 같은 토가 여러번 되풀이 된다. "무슨, 아무, 어떤, 누구"같은 말이 선행문에 올 때는 선택의 뜻을 암시하고 있으므로 토가 되풀이 되지 않아도 되고 때로 그런 말이 없는 경우도 토가 되풀이 되지 않는수가 있다. 선택의 의미를 분명히 하기 위하여 토 뒤에 "간에"형태를 덧붙이는 경우도 있다.

-든지…(든지)
용언에 두루 쓰인다. "-든…(든)"으로 줄 수 있다.

그 뒤로는 굿을 하든지 경을 읽든지 곤두를 놀든지 도무지 관심을 두지 않았다.
어느 사회에서 살든지 인간은 그 사회의 규범을 따라야 한다.

"고 하"의 줄어든 형태와 결합하여 ", -다든지, -ㄴ/는다든지, 라든지" 등 합성토 형태가 쓰인다.

-든가…(든가)
"-든지…(든지)"와 같은 뜻으로 쓰인다. "-든…(든)"으로 줄 수 있다.

좋든가 싫든가 간에 알려주오.
그것이 무엇이든가 상관하지 않겠다.

-거나…(거나)
의미와 쓰임이 "든지", "든가"와 비슷하다. "-건…(건)"으로 줄 수 있다.

　칭찬을 하거나 비난을 하거나 네 마음대로 해.
　비가 오거나 날이 추우면 옆구리가 결린다.

“고 하”의 줄어든 형태와 결합하여 “－다거나, －ㄴ/는다거나” 등 형태가 쓰인다.

　－나…나
되풀이 되는 형태로 쓰인다. 뜻은 다른 선택토와 같다.

　눈이 오나 비가 오나 그는 쉬지 않고 일을 한다.

② 합동류
1. 선행문과 후행문에 갈라나오는 류
합동류는 겹쳐지며 서술되고 선택하지 않는다. 그 관계는 서로 어울리는 관계로 된다. 그런데 합동류에는 차례가 있는 것도 있고 차례가 없는것도 있지만 대개 하나의 토가 이 두 가지를 다 나타낼 수도 있으므로 토의 분류는 따로 할 수 없고 구체적인 토에서 밝히려 한다.

　－고
용언에 두루 쓰이며 “－더－, －으리－”와 결합하지 않는다. 동사에서

　차례
차례류는 선후 위치를 바꿀 수 없다. 주요 원인은 말의 뜻이 달라지며 때로는 상리에 어그러지는 일이 생기기 때문이다.

　그는 일을 끝마치고 집으로 돌아갔다.
　(*그는 집으로 돌아가고 일을 끝마쳤다.)
　겨울이 가고 봄이 왔다. (*봄이 오고 겨울이 갔다.)

차례류에는 시간적으로는 선후라고 할 수 없는 것이 그 순서를 바꿀 수 없는 관계로 병입되는 것이 있는데 이것은 차례이면서도 선행문이 방식을 나타낸다.

손을 맞붙들고 울었다. (*울고 손을 맞붙들었다 ; 울었다, 손을 맞붙들었다.)
이불을 뒤집어쓰고 누웠다. (*눕고 이불을 뒤집어썼다 ; 누웠다, 이불을 뒤집어썼다.)

동시
동시류는 선후를 바꿀 수 있다.
밤이면 새끼를 꼬고 짚신을 삼고 보통 머슴의 두갑절 세갑절 일을 했다.
꽃은 피고 버들은 푸르고 한창 꾀꼬리가 노래하기 좋은 때다.

형용사
형용사에는 동시성이 절대 우세하다.

**동시**
좋고 나쁘고는 써봐야 알지.
서먹서먹하고 멈칫거리고 어색하고 그러면서도 대담하고 서투른 꼴은 틀림없이 사랑에 갈팡질팡하는 꼴이었다.

**차례**
날씨가 이렇게 무덥고 비가 안올라고?

체언전성토 "아니다"
언전성토 "아니다"에는 동시류 밖에 없으며 나타내는 의미도 같은 특질을 가진 것을 이어준다.

그는 운동선수이고 우등생이다.

그것은 본질적인 결점이 아니고 능히 개선될 수 있는 결점이다.

"-고 하"의 줄어든 형태와 결합하여 "-ㄴ/는답시고, -답시고-랍시고" 등 합성토 형태가 쓰이는데 빈정거리는 뜻이 섞여있다.

> 잘 한답시고 한 것이 그렇게 되였소.
> 선비랍시고 글깨나 짓는 모양이야.

－고서

차례를 나타내는데 조건을 나타내기도 한다. 형용사에 쓰일 때는 거개 조건을 나타낸다.

> 이교리가 잘라 말하는 것을 듣고서 여러 가지로 애걸하다시피 말하였건만 듣지 않았다.
> 저렇게 정성이 지극하고서 안될 일이 있나?(조건)

－아/아서

당연류 사실에 쓰이는 토이나 병렬합동의 차례도 나타낸다. 이때는 주로 방법, 수단을 나타내며 전후를 바꿀 수 없다.

> 석냥을 그어(서) 권련을 붙인다.
> 그는 풀이 죽어(서) 말소리까지 꺼져들어갔다.
> 세 식구는 밤을 새워(서) 울었다.
> (동시－"울어 밤을 새웠다"도 가능하므로)

"-고 하"의 줄어든 형태와 결합하여 "-ㄴ/는대서, -대서, -래서, -려서" 등 합성토 형태가 쓰인다.

-며

동시를 나타내며 대개는 전후를 바꿀 수 있다. "-더-, -으리-"와는
어울리지 않는다.


바깥주인이 질화로에 모기불을 놓으며 '왔다간 서울 손님이 누구냐'하고
물었다.
주인집 아이가 여러 아이들과 헤엄치며 장난하고, 한 곳은 이웃동리의
어부들이 그물을 고치며 두런거린다.


"-고 하"의 준 형태와 결합한 "-ㄴ/는다며, -다며, -라며" 등이 쓰인다.


-면서

동시를 나타내며 앞뒤를 바꿀 수 있다.


며칠 만에들 보면서 인사 한마디가 없단 말이냐!
바가지에 담은 묽은 조죽을 내끼얹고 또 왼발을 구르면서 식칼을 세 번
내던지고 그리하고 돌아서 들어온다.


"-고 하"의 준 형태들과 어울려 "-ㄴ/는다면서, -다면서, -라면서, -
노라면서, -자면서" 등 합성토 형태들이 쓰인다.


-ㄹ뿐더러

그 우에 더 겹침을 나타내는데 동시이며 앞뒤를 바꿀 수 있다.


김산이는 친치도 못할뿐더러 긴치도 않았다.
몇 대학에 있는 동안에 항상 뛰어나는 성적을 가졌을뿐더러 일찍 남녀간
에든지 무엇에든지 좋지 못한 풍문을 낸 일이 없었다.

－기는커녕／긴커녕

"그것은 말할 것도 없고 오히려 다른 것도"의 뜻으로 다음 말에 이어준다.
용언에 두루 쓰이며 시칭토와 결합하지 않는다.


　약이 되기는커녕 배탈이 나겠어요.
　한눈을 팔기는커녕 죽을래야 죽을 틈이 없는 터에, 연애는 뭐구 결혼은
다 뭐야요?


－자／자마자

차례의 한가지인데 한 순간의 여유도 없이 곧 잇달아 일어남을 나타내며
앞뒤를 바꿀 수 없다. 용언에 두루 쓰이며 시칭토와 결합하지 않는다.
　어쩌면 인사를 허자마자 대뜸 저이 집으루 가재요?
　기골이 장대한 고농학생이 뭇 사람이 쏘는 시선을 한 몸에 받으며 뚜벅
뚜벅 걸어 나오자 우뢰 같은 박수소리가 강당이 떠나갈듯이 일어났다.


－다(가)

앞의 일을 하다가 다른 일로 옮겨감을 나타내는 차례류이다. 앞뒤를 바꿀
수 없고 때로 근거, 리유를 나타낸다. 용언에 두루 쓰이며 "－겠－"과 어울리
지 않고 "－었－"과 어울릴 때는 앞일을 끝내고 뒷일로 옮겨감을 나타낸다.


　안경 너머로 서류를 드려다보다가 얼굴을 들고 선생이 출석부를 부르듯
이 『××고등농림의 박동혁(朴東赫) 군!』하고 목소리를 높였다.
　어떤 죄수는 나갔다가 다시 들어오지 아니하여서 그 자리가 하루 이틀
비어 있는 일도 있었다.


　이 부류의 의미를 나타낼 수 있는 보조적 단어의 형태들로는 "－ㄴ/는 동
시에, －ㄴ/는 한편, －ㄹ뿐만아니라, －ㄴ/는가 하면" 등이 있다.

### 2. 선행문에서 되풀이되는 류

선행문에서 여러 사실이 순서없이 이어지면서 되풀이되고 그 상황에서 후행문에 이어지는데 그 전후의 이음법은 앞에서 본바와 같다.

-며…-며
강남의 더운 나라로 제비가 울며 불며 떠났다.

-고…-고
꽃은 피고 지고 그 어느 왕국이 망한들 이처럼 슬플소냐!

-다가…-다가
중단하기도 하고 끝내기도 하면서 되풀이함을 나타낸다.

일하다가 놀다가 저래서야 무슨 일을 해내겠는가?

-니/느니/거니…-니/느니/거니
있느니 없느니 시비를 한다.
일행은 앞서거니 뒤서거니 미진한 정담을 나누며 걸어간다.

#### 4.5.2.2. 합성용언조성

합성용언조성에는 본용언과 보조동사를 이어주는 뜻이 없는 부류와 접속토의 뜻이 있으면서 합성용언을 구성하는 두 부류가 있는데 전자의 내용은 보조동사 부분을 보기로 하고 여기에서는 후자만 설명한다.

**가. 접속토와 "하다, 들다"가 이어나는 경우**

이 경우는 서로 독립성이 없어 따로 절을 이루는 것이 아니라 하나의 서술어를 이룬다. 이런 형식에는 다음과 같은 것이 있다.

-어야 하다, -려고 하다, -고자 하다, -군 하다, -음직 하다, -고 들다, -러 들다, -려고 들다.

## 나. 강조를 나타내는 부류

형용사에,

-고(넓고 넓은), -디(차디 차다), -나(머나 먼)

## 다. 되풀이 되는 접속토에 "하다"가 이어나는 경우

-니/느니/거니…-니/느니/거니 하다, -(었)다가…-(었)다가 하다, -거나…-거나 하다, -든지…-든지 하다, -든가…-든가 하다, -든…-든 하다, -고…-고 하다, -으락…-으락 하다.

아래에 문장접속 접속토만 종합하면 다음과 같다.

〈표 14〉 접속토 분류 도표

| | | | | |
|---|---|---|---|---|
| 종속관계 | 제약류 | 당연류 | 사실 | 니, 니까, 므로, 아서/라서, 아, ㄴ즉, 기에, 길래, 기로, ㄴ지라/는지라, ㄴ만큼/는마큼, 거늘 |
| | | | 가정 | 면, 노라면/느라면, ㄹ라치면, ㄹ것 같으면, 거든, 거들랑, ㄹ진대 |
| | | | 필수 | 아야/라야 |
| | | | 의도 | 고저, 려/려고, 자/자고, 자니, 노라고/느라고, 러 |
| | | 대립류 | 사실 | 지마는/지만, 건만/언만, ㄴ데도, 나/나마, 기로서니/기로선들, 지 |
| | | | 가정 | 아도/라도, ㄹ망정, ㄹ지언정, ㄹ지라도, 더라도, ㄴ들, 아야, 았자 |
| | 비제약류 | | | ㄴ데/는데, ㄴ바/는바, ㄴ지/는지, ㄹ지/ㄹ는지, 되/로되, 기를/길, 더니, 나니/노니, 노라니/느라니, 거니와/어니와, 려니와, 건대, ㄹ세라, 라, ㄹ작시면 |
| 병렬관계 | | 선택류 | | 든지, 든가, 거나, 나 |
| | 합동류 | 전후문장 | | 고, 고서, 아/아서, 며, 면서, ㄹ뿐더러, 기는커녕 |

| | | | /긴커녕, 자/자마자, 다(가) |
|---|---|---|---|
| | | 되풀이 | 고…고, 며…며, 다가…다가, 니/느니, 거니…니/느니/거니 |

## 4.6. 전성토와 그의 이중 기능

전성토란 체언 또는 용언 어간에 붙어서 본래의 품사 속성을 보유하면서도 여러 가지 다른 자격으로 후행 성분과 관계를 맺을 수 있게 해주는 토를 가리켜 말한다.

이것은 좋은 책입니다.
나는 네가 그 일을 하기를 바란다.
우리가 래일 할 일을 의논하자.
목이 터지도록 고함을 지른다.

우의 문장들에서 "이"(책+이+ㅂ니다)는 "책"이 명사 속성을 그대로 가지고 있으면서도("좋은"의 수식을 받아 규정어를 가질 수 있다) "책"으로 하여금 체언 술어로 되게 하며 용언에 오던 토들이 자유롭게 붙을 수 있게 한다. 또 두 번째 문장에서 "기"는 동사 "하"로 하여금 목적격으로 된 대상 "그 일"을 여전히 지배하고 있으면서도 술어 "바란다"에 대하여서는 "하기"에 의해 통솔되는 부분을 목적어로 되게 하며 체언만이 가지던 목적격토까지 가지게 되었다. 여기에서 보면 "기"는 용언의 서술성을 보장하는 동시에 또한 체언의 성격을 유지하고 있다. 세 번째 문장 "할"에 붙은 규정토 "-ㄹ"의 경우도 "하"로 하여금 앞으로는 "우리가"와 주술관계를 맺고 있으면서도 뒤의 "일"에 대하여서는 그것을 규정하는 작용을 하게 된다. 네 번째 문장의 "터지"는 그대로 동사 성격을 유지하는 동시에 수식토 "도록"를 붙인 다음 술어를 수식하는 부사적 성격을 가지게 되었다.

이와 같이 전성토는 자기의 품사 속성을 보유하면서도 또 다른 한 가지

성질을 가지게 하는 토라고 하여 일부 문법서에서는 "두자격법"이라는 제목으로 다루고 있다. 우리의 생각으로는 용언이 본래 가지고 있는 성질에 새 자격이 더 부여되므로 새 자격으로 이름짓는 것이 더 낫겠다고 생각하고 또 재래의 술어와 너무 멀어지지 않도록 하기 위하여 우의 세 가지 종류의 토를 각각 체언전성토, 용언전성토, 규정토, 수식토라고 부르기로 한다.

### 4.6.1. 체언전성토

체언전성토에는 "–이–" 하나가 있다.

체언전성토 "–이–"는 문장에서 단독으로 사용할 수 없으므로 단어로는 될수 없으며(체언전성토 "–이–"를 지정사, 형식용언이라고 보는 사람들이 있다) 조사로도 될 수 없다(서술격조사로 보는 사람들이 있다).

"–이–"는 체언에 두루 쓰이며 "–이–"뒤에는 형용사에 쓰이는 용언토들이 올 수 있으나 명령식, 권유식 같은 토들은 오지 못한다.

> 저것은 연필이다. 언어는 민족의 중요한 표식의 하나이다.
> 일을 잘못 만든 것은 나이다./내다.
> 그 사람은 상인이다./였다./*인다./*이라./*이자./이려 한다.
> ("그는 로동자이자 사무원이다."에서 "이자"는 "겸해서"의 뜻을 나타내
> 는 접속토이고 권유식을 나타내지 않는다.)

"–이–"는 체언술어로 쓰이는 개음절언간 뒤에서 생략될 수도 있으나 수의 적이며 규정어로 쓰일 때는 생략할 수 없다.

> 저 건물이 우리 학교이다, 저 건물이 우리 학교다.
> 새 시대의 가수인 그는 언제나 우리 마음속에 있었다.
> *새 시대의 가순 그는 언제나 우리 마음속에 있었다.

### 4.6.2. 용언전성토

용언전성토에는 "-기"와 "-ㅁ"이 있다.


-기

용언에 두루 쓰이며 "-시-, -었-, -옵-"과는 결합하나 "-겠-"과
는 결합하지 않는다. 그 뒤에 체언토는 아주 활발히 쓰인다. 현대에 "-기"
는 서술성이 강하고 생산적이다.


> 그것은 매우 견디기 어려운 일이다.
> 어찌 황하 맑기를 기다릴 수 있겠는가?
> 나는 그가 좋은 사람이기를 바란다.


"-고 하"의 준 형태와 어울려 "-다기, 라기" 따위 합성토 형태들이 쓰
인다.

"-기"뒤에 오는 일부 동사들은 그 앞성분과 함께 왕왕 하나의 문장성분
으로 쓰이므로 이들을 우리는 합성술어로 보는 편이 좋다고 생각한다. 이런
것들에는 다음과 같은 것이 있다.


> -기는 하다, 기도 하다, 기만 하다, 기까지 하다, 기조차 하다, 기나 하
> 다, 기라도 하다, 기부터 하다, 기야 하다. ("기"뒤의 토는 생략 못한다)
> -기가 무섭게, 기가 바쁘게, 기가 일쑤이다, 기 마련이다, 기 십상이다,
> 기 쉽다, 기에 망정이지


-ㅁ

용언에 두루 쓰이며 시칭토, 존칭토와 잘 어울린다. "-ㅁ" 뒤에 오는 체
언토도 대개는 자유스럽다. 그러나 "-기"보다는 자유롭지 못할 때가 많다.
"-ㅁ"은 서술성보다는 대상성에 치우치고 현대에서 쇠퇴의 길을 걷지 않
나 의심스럽다.

말할 수 없이 신비한 가슴 설레임이 있었다.
누가 젊은 가슴의 뛰놂을 막을 수 있으랴?

### 4.6.3. 규정토

규정토에는 "-ㄴ, -는, -던, -ㄹ" 네 가지가 있다. 이 토들은 용언을
규정어로 만듦과 동시에 문장의 술어 동사가 나타내는 시간을 기준으로 한
상대적시칭을 나타낸다. "-ㄴ"은 형용사에 쓰여 현재를 나타내고 동사에
쓰이여 과거를 나타낸다. "-는"은 동사에 쓰여 현재를 나타낸다. "-던"은
용언에 두루 쓰이어 과거지속을 나타낸다. "-ㄹ"은 용언에 두루 쓰여 미래,
추측, 의도 등을 나타낸다.


-는
동사에만 쓰이며 "-었-, -겠-"과 잘 어울리지 않는다.


굽힐줄 모르는 용기와 후퇴할줄 모르는 신념으로 그는 아메리카 대륙을
발견했다.
사랑이 없고 서로 속이고 서로 의심하는 곳에 무슨 기꺼움이 있으며 행
복이 있겠소?

"-고 하"의 준 형태와 결합한 "-다는, 단, -ㄴ/는다는, -라는, -리라
는, -더라는, -느냐는, -더냐는, -자는, -려는, 런다는" 등 합성토 형태
들이 쓰인다.


-ㄴ
동사와 형용사에 다 쓰이나 동사에서는 과거를, 형용사에서는 현재를 나
타낸다. "-었-, -겠-"과는 어울리지 않는다.

동사
간 사람, 온 사람, 먹은 밥, 받은 돈

형용사
맑은 물, 붉은 꽃, 푸른 하늘, 좋은 사람


－던
과거 지속을 나타낸다.


어제 우리가 말하던 박동무입니다.


"－고 하"의 준 형태와 결합하여 "－다던, －ㄴ/는다던, －노라던, －마던, －지던, －려던, －는갑다던" 등 합성토 형태들이 쓰인다.


－ㄹ
"－시－, －었－"과만 결합한다.
　떠날 날, 돌아올 사람, 앉을 자리
　래일은 꽤 추울 모양이다.


"－고 하"의 줄어든 형태와 결합하여 "－달, －ㄴ/는달, －랄, －느랄, 럴" 등 합성토 형태가 쓰인다.

## 4.6.4. 수식토

수식토에는 "－듯, －듯이, －게, －도록, －ㄹ수록"이 있다. "－듯, －듯이"는 앞뒤가 비슷함을 나타내고 "－게, －도록"은 "어떠한 경지에 이름"을 나타내고 "－ㄹ수록"은 앞말의 정도에 따라 뒤말의 내용이 이루어짐을 나타낸다.

-듯

"그렇게 함과 같이"와 같은 뜻을 나타낸다. 용언에 두루 쓰이며 "-시-, -었-"과만 어울린다.


계집애는 말이 모자라 안타까운듯 뒤꿈치를 들고 손가락으로 나무 꼭대기를 가리켰다.

순희의 큰 눈은 그것도 모르냐는듯 굽어보며 슴벅거린다.


-듯이

"-듯"의 강조형이다.


텁석부리는 긴 소리가 듣기싫다는 듯이 툭 내지른다.

젊은 아낙네는 저도 알고있다는 듯이 고개만 끄덕이였다.


-게/게끔

"(장차)어떤 지경에 이르도록"의 뜻을 가지고 용언에 쓰이며 "-시-"와만 결합한다.


기진하여 헐떡거리는 눈을 쳐들고 맞은편 어둠속을 뚫어지게 쏘아 본다.

오로지 사랑이야말로 사람을 가장 행복하게끔 늘 아름다운 새출발의 밝은 길로 이끌어준다.


많은 경우에는 "-게"가 절을 만들 수 없는 말에 붙으므로 부사가 아닌가 하는 착각을 준다. 례컨대


우물을 깊게 파다, 눈을 가느다랗게 뜨다, 목을 꼿꼿하게 가누다, 음성은 가냘프게 울려퍼졌다.

그러나 "-게"는 용언에 널리 붙으므로 접미사로 볼 근거가 없고 또 "-게"는 절을 이끌기도 하므로 수식토로 보아야 타당하다.

또 "-게"를 접속토로 보지 않는 리유는 "-게"에 의해 이끌리는 절이 언제나 술어와 관계를 발생하고 종속이든 병렬이든 다른 절과 이어지지 않기때문이다. 이것은 수식토의 특성이기도 하다.


-도록

"어떤 지경에 이르기까지"같은 뜻으로 용언에 쓰이며 판단형용사에는 그 쓰임이 어색하다.


손가락마디가 하얗게 질리도록 오빠의 가슴을 움켜쥐며 부르짖는다.
마을사람들은 밤이 깊도록 의논하였느나 돌이를 구해낼 아무런 신통한 수도 생기지 않았다.


-ㄹ수록

앞의 일이 되어가는 정도에 따라서 뒤의 일이 이루어짐을 나타낸다. 용언에 두루 쓰이나 "-시-"와만 결합한다.


거리 막바지에 올라갈수록 점점 집이 드물고 한산해지더니 나중에는 집도 사람의 그림자도 아주 없어졌다.
마음이 조급할수록 걸음은 더 안 나간다.


"-ㄹ수록"은 "-면…-ㄹ수록" 같은 말로 잘 쓰인다.


만나면 만날수록 좋은 이상이 깊어간다.
힘이 세면 셀수록 그 힘을 함부로 쓰지 않는 법이다.

## 4.7. 존칭토와 주체존경범주

주체존경범주란 말속에 등장한 주체를 존경하는 범주이다. 이 범주에는 존칭토 "-시-" 하나가 있다. 이 범주는 청자를 존경하는 계칭의 존대와 다르다.

오늘 그애가 왔습니다. ("-습니다"에 의하여 청자는 존경할 대상임을 나타낸다.)
선생님께서 존선어문법을 강의하신다. ("-시-"에 의하여 강의하는 사람이 존경할 대상임을 나타낸다. 주격에서 본바와 같이 "-께서"도 이와 같은 기능을 가지며 이는 술어에서의 일치관계를 요구한다.)

주체존경은 직접존경과 간접존경으로 나눌 수 있다. 직접존경이란 말 안에 존경할 대상이 나타날 때 그에 대한 존경을 표시하기 위하여 동사에 "-시-"를 붙여 쓰는 것이고 간접존경이란 말 안에 존경해야 할 대상이 나타나있지 않을 때 주체를 존경하는 방법이다.

그분은 이미 떠나셨습니다. (직접존경-대상 : 그분)
댁이 어디십니까?(간접존경-대상 : 댁)
음악을 좋아한다는 건 좋은 취미세요. (간접존경 : 대상 : 행동)
점잖으신 어른이 이게 무슨 짓이세요(간접존경-대상 : 이게)
혹시 그런 이야기 아니세요?(간접존경-대상 : 이야기)

이와 같이 간접존경은 존경해야 할 사람과 관련되는 사실, 행동 등을 존경함으로써 표현된다.

-시-
용언에 두루 쓰이며 시칭토와의 결합에 제약이 없다.
"-시-"의 의미와 쓰임은 규정어의 자리가 다른 특성을 보이므로 따로

따로 서술한다.

규정어 아닌 자리
애, 아버님 나가신다.
아버님께서 부르십니다(주체와 청자를 동시에 존경)
그이는 생각이 깊으신데다가 인생경험도 있으시거든. (간접)
그이도 너와 함께 떠나시는가?(주체만 존경)

본용언과 보조동사가 이어져 있을 때 보조동사에 "-시-"가 붙는 것이 자연스럽다. 이것은 또 보조동사를 가려내는 시금석으로도 쓸 수 있다.

일하고계신다(*일하시고 있다.)
일을 다 해버리시였다(*일을 다 하시여버렸다.)

규정어 자리
이 경우는 완전한 절이 규정로 되는 것과 본래의 절 안에 있던 성분이 빠져나와 피규정어로 되는 두 경우가 있다.

절이 규정어로 되는 것
[그런 놈을 나무라시는] 것도 잘못인가요?
[그분이 떠나시는] 줄도 모르고 있었네

절의 성분이 피규정어 되는 것
[간간히 찾아오시는] 손님도 계셨습니다. (피규정어 존경)
(>손님이 간간히 찾아오신다.)
[50년동안 기구한 목숨을 이어오시던] 어머님(피규정어 존경)
(>어머님이 기구한 목숨을 이어오시다.)

## 4.8. 시칭토와 시칭범주

시칭이란 용언에 의해 표현되는 행동, 상태, 존재의 시간과 화자가 말하는 순간 또는 말하는 시간, 규정어로 표시되는 시간과의 시간적 관계를 표시하는 범주이다. 여기에서 전자를 절대적 시칭이라 하고 후자를 상대적 시칭이라고 한다. 여기서 말하는 시간은 시간과 관련된 표식도 포함하는데 례컨대 앞으로 있을 일에 대한 추측, 앞으로 하려는 행동을 나타내는 의도, 앞으로 할 수 있는 행동을 나타내는 가능성 같은 것이다.

시칭을 나타내는 문법적 수법에는 두 가지가 있다. 한 가지는 시칭토, 규정토이고 다른 한 가지는 시간적의미를 내포하고 있는 종결토이다. 그외에 보조적 단어, 심지어는 자립적 단어에 의해서도 표시될 수 있으나 이것은 문법적수법이 아니라고 보아 일반적으로 시칭 표현 수단에 포함시키지 않는다.

절대적시칭은 주로 시칭토에 의해 표시되며 보조적으로는 종결토에 의해 표시된다. 상대적시칭은 주로 규정토에 의해 표시된다.

## 4.8.1. 절대적시칭

절대적시칭은 용언으로 표시되는 동작, 상태, 존재의 시간과 화자가 말하는 시간과의 시간적관계를 나타내는 범주이다. 화자의 시간은 조선어에서는 종결술어에만 나타나므로 또한 종결술어에 의해 표현되는 시간으로도 된다.

절대적시칭을 나타내는 토들을 보면 다음과 같다.

> 시칭토 : "-았-, -겠-, -더-, -리-"
> 종결토 : 현재를 나타내는것 : "-다/라, -ㄴ다/는다, -ㅂ니다/습니다 ; -냐/느냐, ㅂ니까/습니까, …
> 미래를 나타내는 것 : "-ㄹ라, -ㄹ래, ㄹ러라, -ㄹ걸, -ㄹ까, -ㄹ지, …

절대적시칭은 의미-기능상 현재, 과거, 회상, 미래로 나눌 수 있다.

### 4.8.1.1. 현재

현재는 진행 중의 동작, 상태, 존재를 나타내는데 시칭토를 사용하지 않고 특정한 종결토를 써서 표시한다. 현재는 또 현재로 삼아 표시하는 과거나 앞으로의 사실, 영원한 진리, 법칙같은 것도 나타낸다.

> 용수의 마음도 한없이 흥겹다.
> 성삼이 한발 다가서며 불쑥 이렇게 묻는다.
> 회계할것을 말끔히 하라는 주사나으리의 엄명이시네.
> 그까짓 나 고무신 안신어두 좋아.
> 원 무슨놈의 가을비가 사납게도 오는구나.
> 어머니, 제 걱정은 마십시오. 저는 잘 있습니다.
> 날마다 밤늦게까지 어디로 가느냐?
> 해는 언제나 동쪽에서 뜬다.

### 4.8.1.2. 과거

과거는 이미 끝나 결정적인 사실이 되었거나 그 끝난 결과 상태가 아직도 유지되여있는 모습을 나타낸다. 과거는 시칭토 "-았-", "-았었-"에 의해 표시된다. 시칭토, 존칭토의 결합순서는 "-시 었 겠 더" 또는 "-시 었 으리"로 된다.

> 그는 진창을 걷어차며 경황없이 걸었다.
> 뒤울안을 향하여 빠른 걸음을 옮기였다.
> 마당에 선채 검은 구름 흘러가는 하늘을 바라보았다.
> 오늘 펜을 들어 부득히 말 한마디 꼭 해야한다고 생각이 들었네요.
> 너의 젖동생 누가 교리 다니다가 귀양갔다고 하지 않었느냐?
> 그 아들은 청석골 떨어져 있다더니 어떻게 되었습니까?
> 4년 전에 끝났었습니까?

### 4.8.1.3. 미래

앞으로 있을 일을 나타내거나 추측하거나 의도, 가능성 등을 나타내는데 그중에서 앞으로 있을 일을 나타내는 것이 주가 된다.

종결토, 접속토로 나타내는 것은 해당 부분을 보라.

-겠-

미래, 추측, 의도, 가능의 의미를 나타낼 수 있다.

그 일은 내가 하겠다. (의도)
그 리유를 나는 모르겠다. (가능)
앞으로 날씨가 더워지겠다. (추측)
이렇게 무더운걸 보니 래일 날씨는 흐리겠다(미래, 추측)
일찍 떠나는 것이 어떠하시겠습니까?

-리-

추측, 의도, 가능을 나타낸다. 그러나 "-겠-"보다 토의 결합양상은 많은 제약을 받는다.

내가 호흡을 하는한 인간에게 있어서 산소같이 없어서는 안 되는 책을 한없이 사랑하리라.

### 4.8.1.4. 회상

회상이란 지난 어느 때를 기준으로 하고 그 때에 되어가던 일, 그 때에 경험한 일을 나타낸다. 종결술어, 접속술어에는 "-더-"로 표시된다. 종결토에는 "-디-"형태로 융합되어 있다. 다른 토와의 어울림이 제한되어 있다.

정박사가 성격이 활달하고 마음씨도 고와보이더라.
주사어른께서 찾으시거든 얼핏 웃말 다녀온다구 일러달라구 하시던데요.

선생님이 그 편지를 보시고 무어라데?

졸개들 없는 것이 되려 주체궂지 않아서 좋습디다.

서종사 보기엔 춘동이 사람이 어떻습디까?

제가 만일 가야금 고만두고 일찍 잤던들 하루밤 한데서 떠실번하셨지요?

## 4.8.2. 상대적시칭

상대적시칭은 규정토에 의해 나타난다.

"-는"은 동사에 붙어 현재를 나타내고 "-ㄴ"은 형용사에 붙어 현재를 나타내고 동사에 붙어 과거를 나타낸다. "-ㄹ"은 특수하여 미래를 나타내기도 하지만 때로는 사간과 관계없기도 하다.

-는

금강산의 유점사는 항상 산새가 지저귀는 소리와 중들이 경을읽는 소리만이 들리는 평화스러운 곳이었다. (술어의 과거를 기준으로 본 그때 현재)

그런 짓을 하는 자는 가만두지 않겠다. (술어의 미래를 기준한 현재)

-ㄴ

**형용사에 쓰일 때는 현재**

그와 나와는 가까운 친척이다.

너는 그가 무구인줄 아느냐?

**동사에 쓰일 때는 과거**

비에 젖은 치마가 몸에 감긴다.

사방은 쥐죽은듯 조용하다.

-ㄹ

미래, 추측, 가능, 의도 등을 나타낸다.

갈 사람은 모두 모였다.
구경꾼이 너무 많아 앉을 자리도 찾을 수 없다.

이 토가 특수하다는 리유는 다른 시칭토와 대립이 불가능할 때 아무 시간도 표시하지 않고 규정어 작용만 하기 때문이다.

책을 읽을 때는 자세를 바로 가져라(“읽는 때”, “읽은 때”는 불가능한 형태로 사실상 “-ㄹ”이 이 자리를 다 차지한다. 그것은 즉 시간 의미를 표시하지 않는다는 말과 같다.)

“때, 적, 즈음, 녘, 결, 사이, 일” 등 명사와 구속명사 앞에서 이런 쓰임이 보인다.

-던
현실과 관계를 끊은 이전에 있은 일을 나타낸다.

밥을 먹던 내외는 나를 보고 일어선다.
몹시도 춥던 대륙의 벌판에서 우리들은 한 겨울을 났다.

—1999년 12월 초고
—2006년 8월 수정

# 주요 참고문헌

강은국(1993), ≪조선어문형연구≫, 서울 : 서광학술자료사
고신숙(1987), ≪조선어리론문법(품사론)≫, 평양 : 과학,백과사전출판사
김석득(1991), ≪우리말 형태론≫, 서울 : 탑출판사
김용구(1986), ≪조선어리론문법(문장론)≫, 평양 : 과학,백과사전출판사
김일성종합대학편찬출판, ≪조선어리론문법(1)≫
남기심・고영근(1985), ≪표준 국어문법론≫, 서울 : 탑출판사
두산 동아 사전 편찬실(1998), ≪동아국어사전≫
리근영(1985), ≪조선어리론문법(형태론)≫, 평양 : 과학, 배과사전출판사
사회과학원 언학연구소(1992), ≪조선말대사전≫, 평양 : 사회과학출판사
서정수(1996), ≪국어문법≫, 서울 : 한양대학출판사.
연세대학교 언어정보개발연구원(1998), ≪연세한국어사전≫
이광호(1988), ≪국어 격조사 '을/를'의 연구≫, 서울 : 국어학회
이정민・배영남(1987), ≪언어학사전≫, 서울 : 박영사
임용기(1999), ≪음운론≫, 서울 : 신원문화사
최윤갑(1980), ≪조선어문법≫, 심양 : 료녕민족출판사
최윤갑(2000), ≪한국어문법≫, 장춘 : 길림인민출판사
허웅(1995), ≪20세기 우리말의 형태론≫, 서울 : 샘문학사

저자 **김 진 용**

1937년 1월 23일 경북 영덕 병곡리 삼읍동 출생
1961년 9월 연변대학 조선언어문학학부 졸업
1962~1976년 중고등학교 교사
1977~2000년 연변대학 교수
2001~2006년 한국 경희대 객원교수, KISTI 전문가
2007년~현재 연변대학, 연변과학기술대학, 청도빈해대학 교수

## 현대조선어 **문법연구방법론 탐구**

초판 인쇄  2009년 4월 20일
초판 발행  2009년 4월 28일

저    자 김진용
펴 낸 이 이대현
책임편집 김지향
편    집 이태곤 권분옥 이소희 추다영

펴낸곳  도서출판 역락
주  소  서울 서초구 반포4동 577-25 문창빌딩 2층
전  화  편집부 02-3409-2060 영업부 02-3409-2058
팩  스  02-3409-2059
등  록  1999년 4월 19일 제303-2002-000014호
이메일  youkrack@hanmail.net

정  가  30,000원
ISBN   978-89-5556-700-7   93710